mächtig stolz
40 Jahre Feministische Theologie
und Frauen-Kirche-Bewegung
in der Schweiz

MÄCHTIG
STOLZ

**40 JAHRE
FEMINISTISCHE THEOLOGIE
UND FRAUEN-KIRCHE-BEWEGUNG
IN DER SCHWEIZ**

Herausgegeben von Doris Strahm und Silvia Strahm Bernet
Unter Mitarbeit von Monika Hungerbühler

Die Herausgabe dieses Buches wurde grosszügig unterstützt von der Marga Bührig Stiftung (Basel), der Stiftung Dialog zwischen Kirchen, Religionen und Kulturen (Basel) und der Stiftung Interfeminas (Zürich).

Gedruckt mit Unterstützung der Berta Hess-Cohn Stiftung, Basel

Gestaltung und Satz: Christine Hirzel, Baden
Illustration Umschlag: Isabelle Häcki
Redaktion: Doris Strahm und Silvia Strahm Bernet

ISBN 978-3-906199-27-6

40 JAHRE FEMINISTISCHE THEOLOGIE UND FRAUEN-KIRCHE-BEWEGUNG IN DER SCHWEIZ

Bücher entstehen aus vielfältigen Motiven und Gründen. Unser Buch zu den Anfängen und Entwicklungen der feministisch-theologischen Bewegung in der Schweiz hat eine sehr spezielle Entstehungsgeschichte: Es verdankt sich nämlich der Anregung einer deutschen Kollegin. Es war im April 2020, mitten im ersten Corona-Lockdown, als Marie-Theres Wacker, feministische Bibelwissenschaftlerin aus Münster, mich, Doris Strahm, kontaktierte. Sie wollte für einen Lexikon-Artikel zu den Anfängen der feministischen Theologie im deutschsprachigen Raum bei mir Informationen zur Schweiz einholen. Ich stellte ihr eine Fülle von Fakten zu den Anfängen der feministischen Theologie und Frauen-Kirche-Bewegung in der Schweiz zusammen. Ihr Kommentar: «Ich habe den Eindruck, dass ihr in der Schweiz wirklich mal hingehen und aus diesen Materialien eine Publikation machen solltet, ein schönes, illustriertes Buch!» Und das haben wir gemacht.

Wir, das sind Doris Strahm, Silvia Strahm Bernet und Monika Hungerbühler, die das Buch geplant und konzipiert haben, sowie rund 70 Akteurinnen und Protagonistinnen der feministisch-theologischen Bewegung in der Schweiz, die die Buchbeiträge verfasst haben. Die Autorinnen haben selber feministisch-theologische Projekte und Initiativen ins Leben gerufen, kirchliche Fachstellen geleitet, Bildungsarbeit gemacht, Zeitschriften gegründet, Frauengottesdienste gefeiert, Netzwerke aufgebaut, ökumenische Frauenkirchenfeste und Frauensynoden organisiert, neue spirituelle Räume geschaffen und feministisch-theologische Forschung vorangetrieben.

Ja, Stoff für ein Buch gab und gibt es genug. Und wie wichtig und nötig es ist, die eigene Geschichte zu dokumentieren, beweist ein Blick in die Geschichte der Frauenbewegung, deren Aufbrüche und Errungenschaften immer wieder vergessen gingen. Dies wollen wir mit unserem Buch verhindern: Es geht darin um die Würdigung der feministisch-theologischen Bewegung in der Schweiz, um ihre Anfänge und die Entwicklungen bis in die Gegenwart. Und es geht um all die vielfältigen Errungenschaften, die wir gleichsam als Reservoir an Ideen und Unternehmungen an die nächste Generation von jungen Theolog:innen* und Frauenbewegten weitergeben möchten.

* Wir verwenden in den vorliegenden Beiträgen für die geschlechtergerechte und inklusive Schreibweise nicht den Gender-Stern, sondern den Gender-

11

Doppelpunkt. In den Schilderungen der Anfänge und Entwicklungen feministischer Theologie werden in den Buchbeiträgen auch die Begriffe «Frauen» (und «Männer») mehrheitlich ohne Gender-Stern verwendet, da in der kirchlichen Frauenbewegung und feministischen Theologie des letzten Jahrhunderts, um die es im vorliegenden Buch hauptsächlich geht, die Diskussion um die vielfachen Geschlechtsidentitäten noch nicht stattgefunden hat. Dies heisst aber nicht, dass wir damals «Frauen» als eine feste, homogene Grösse verstanden. Bereits in den 1990er Jahren haben feministische Theologinnen, herausgefordert durch die Kritik von «Women of Color», gelernt, die Unterschiede zwischen Frauen wahrzunehmen und zu erkennen, dass Frauenerfahrungen durch unterschiedliche Faktoren und nicht nur vom Geschlecht geprägt sind.

Zum anderen verstehen wir «Geschlecht» nicht einfach als eine feststehende «natürliche» Identität, sondern als eine durch historische, soziale und kulturelle Zuschreibungen und biologische Dimensionen entstandene Grösse. Mit «Frauen» meinen wir also Personen, die als Frauen sozialisiert wurden, sich ganz oder teilweise als Frauen identifizieren und von der Gesellschaft als Frauen gelesen werden.

«Frauen» ist für uns überdies auch ein politisch-strategisch wichtiger Begriff, um geteilte Erfahrungen sichtbar zu machen und politische und rechtliche Forderungen in Kirche und Gesellschaft gemeinsam durchzusetzen.

Anfänge und Anliegen feministischer Theologie

Der Begriff «Feministische Theologie» taucht im europäischen Raum Mitte der 1970er Jahre auf. Anfänglich werden damit christliche Initiativen zur Frauenbefreiung als Forderungen nach «Menschenrechten für die Frau» (Moltmann-Wendel 1974) diskutiert. Das Adjektiv «feministisch» zeigt an, dass sich diese neue Theologie historisch dem Feminismus, der neuen Frauenbewegung, verdankt und dessen Kernanliegen teilt: die Befreiung der Frauen aus patriarchaler Unterdrückung zu einem selbstbestimmten Leben. In den deutschsprachigen Ländern sind zudem die nachkonziliare Lai:innenbewegung sowie die Aktivitäten der ökumenischen Bewegung für die Entwicklung feministischer Theologie von Bedeutung gewesen. Wichtige Impulse lieferten auch Bücher aus den USA (Mary Daly, Carter Heyward, Mary Hunt, Rosemary Radford Ruether, Elisabeth Schüssler Fiorenza u. a.). In den 1980er Jahren publizierten europäische Theologinnen wie Elisabeth Gössmann, Catharina Halkes, Elisabeth Moltmann-Wendel, Helen Schüngel-Straumann, Luise Schottroff und Dorothee Sölle ebenfalls grundlegende Bücher zum Thema, die in Kreisen der kirchlichen Frauenbewegung auf grosse Resonanz stiessen.

Wie das Adjektiv «feministisch» zur Charakterisierung dieser neuen Theologie anzeigt, geht es um eine feministische Analyse und Kritik theologisch begründeter Frauenfeindlichkeit, um eine Veränderung patriarchaler kirchlicher Lehren und Strukturen und um die Überwindung patriarchaler Geschlechterordnungen und Geschlechterrollen, auch in den Kirchen. Antrieb ist die Erfahrung der Frauen, von einer patriarchalen christlichen Tradition über Jahrhunderte verschwiegen und zum Schweigen gebracht worden zu sein, und der Protest gegen dieses Unsichtbarmachen von Frauen, gegen ihren Ausschluss von der Bibelauslegung, von der theologischen Lehre und den kirchlichen Macht- und Entscheidungsfunktionen. Feministische Theologie ist aber nicht nur eine fundamentale Kritik an einer patriarchalen und frauenfeindlichen Theologie und Kirche, in der der Mann über Jahrhunderte die Norm des Menschseins darstellte und Frauen als das minderwertige und dem Mann untergeordnete Geschlecht galten. Sie ist ebenso sehr eine Neuformulierung der Theologie aus der Sicht von Frauen.

Weltweit begannen Frauen in den 1970er und 1980er Jahren ihre kontextuell unterschiedlich geprägten Erfahrungen von Unterdrückung, aber auch ihr Verlangen nach Befreiung auszudrücken, theologisch zu reflektieren und die Deutungshoheit über die biblische Botschaft und die christliche Theologie nicht länger den Männern zu überlassen, sondern selber Definitionsmacht zu beanspruchen. So auch in der Schweiz. Vorläuferinnen der feministisch-theologischen Bewegung bei uns waren Pionierinnen der kirchlichen Frauenarbeit und Frauenbewegung wie Ruth Epting, Marga Bührig, Else Kähler und Gertrud Heinzelmann.

Ende der 1970er Jahre, als sich die neue Frauenbewegung in ihrer Hochblüte befand, fand auch unter christlichen Frauen an vielen Orten ein neuer, ein feministischer Aufbruch statt. Theologiestudentinnen gründeten Lektüregruppen an den theologischen Fakultäten, lasen und diskutierten feministische Bücher wie Simone de Beauvoirs «Das andere Geschlecht» und Mary Dalys «The Church and the Second Sex» (1968), das 1970 auf Deutsch erschien. Dalys Buch öffnete vielen Frauen die Augen für die Zusammenhänge von christlicher Theologie und Frauenunterdrückung, gab erste Einblicke in die theologische Konstruktion der Frau als dem *anderen,* sprich dem *minderwertigen Geschlecht.* Weitere Analysen folgten: So wurde der Sexismus in der christlichen Rede von Gott entlarvt und nach neuen Gottesbildern gesucht – «Jenseits von Gottvater, Sohn & Co» (Mary Daly). Die Weiblichkeit Gottes und vergessen gegangene weibliche Gottesbilder in der Bibel wurden wiederentdeckt, ebenso das historische Erbe unserer biblischen Vor-Schwestern, die in den Anfängen des Christentums als Jüngerinnen, Apostelinnen, Diakoninnen, Gemeindeleiterinnen und Missionarinnen eine zentrale Rolle spielten. Exegetinnen wie Elisabeth Schüssler Fiorenza und andere entwickelten eine feministisch-kritische Hermeneutik von Bibeltexten, die deren unterdrückende und befreiende Elemente freilegte und eine Vielzahl von feministischen Bibelarbeiten und exegetischen Studien auslöste. Auch die Christologie, Kernthema der dogmatischen Theologie, die die Lehre von der Menschwerdung Gottes über Jahrhunderte als Mannwerdung ausgelegt hat, wurde einer feministischen Kritik unterzogen und so umformuliert, dass sie auch dem Verlangen von Frauen nach Heilwerden Ausdruck verleiht. Neue liturgische Formen und eine liturgische Sprache ohne androzentrische Verengungen, vor allem in Bezug auf das Gottesbild, wurden entwickelt und praktiziert, Frauengottesdienste fanden statt und alte spirituelle Traditionen wurden wiederentdeckt.

Wenn in einzelnen Beiträgen des Buches der Begriff «Frau» doch mit Gender-Stern verwendet wird, um trans Menschen und nicht-binäre Geschlechtsidentitäten zu inkludieren, dann wurde dies von den Autorinnen bewusst so gehandhabt.

Es war eine Zeit der fundamentalen Kritik an einer frauenunterdrückenden Theologie und Kirche, aber auch des befreienden Aufbruchs unzähliger christlicher Frauen, die endlich mit ihren eigenen religiösen Erfahrungen zu Wort kommen wollten. Die katholische Paulus-Akademie Zürich und das evangelische Tagungs- und Studienzentrum Boldern wurden für viele Frauen zu wichtigen Räumen dieses Aufbruchs; für andere waren es die evangelischen Heimstätten Leuenberg und Gwatt und das RomeroHaus in Luzern. «Sisterhood is powerful»: Das war damals nicht einfach ein Slogan, sondern wurde an Frauentagungen gelebt und erlebt, beflügelte unseren Geist und vibrierte in unseren Körpern. Unser Horizont wurde weit, kritisches Denken konnte sich frei entfalten, keine patriarchalen Glaubenssätze und Dogmen, die ihm Grenzen setzten. Voller Leidenschaft möblierten wir damals die christlichen Glaubensräume aus der Sicht von Frauen neu.

Hochblüte der feministisch-theologischen Bewegung in der Schweiz

Die 1980er und 1990er Jahre waren eine Zeit der Hochblüte der feministischen Theologie und der Frauen-Kirche-Bewegung in der Schweiz: Ab Mitte der 1980er Jahre fanden in vielen Schweizer Regionen lokale Frauenkirchentage und Frauenkirchenfeste statt, in Luzern, Interlaken und Basel wurden drei grosse ökumenische Frauen-Kirchen-Feste durchgeführt, mit bis zu 1000 Teilnehmerinnen. 1985 haben acht junge Theologinnen die feministisch-theologische Zeitschrift FAMA gegründet – als autonomes Sprachrohr ihrer feministischen Anliegen. Auch an Universitäten hielt feministische Theologie Einzug: Ab Mitte der 1980er Jahre gab es auf Betreiben von Studentinnen feministisch-theologische Lehraufträge an den Universitäten Bern, Luzern und Fribourg, später auch in Basel. Von 1987 bis 2003 wurden Fachstellen für feministische Theologie sowie verschiedene kirchliche Frauen- und Gender-Fachstellen gegründet, zuerst von den reformierten Kirchen, ab den 1990er Jahren auch von der römisch-katholischen Kirche. 1991 schlossen sich katholische und reformierte feministische Theologinnen zu einer IG zusammen: der Interessengemeinschaft Feministischer Theologinnen der Deutschschweiz (und Liechtensteins). Und schliesslich fanden ab 1995 bis 2021 alle paar Jahre grosse ökumenische «Frauensynoden» statt – ein Projekt der Frauen-Kirche-Bewegung Schweiz. Die Synoden wurden in verschiedenen Schweizer Städten durchgeführt und versammelten jeweils gut 500 Frauen aus dem ganzen Land.

Einiges von damals wurde wieder abgeschafft, wie die meisten kirchlichen Frauenstellen, aus Spargründen, wie es oftmals hiess, und einige Projekte und Initiativen wurden mangels personeller Ressourcen oder fehlendem Interesse wieder aufgegeben. Doch anderes hat erfreulicherweise heute noch Bestand: so die Zeitschrift FAMA, die nach einem Generationenwechsel 2006 von jüngeren Theologinnen herausgegeben wird. Ebenso die ESWTR, die Europäische Gesellschaft für die theologische Forschung von Frauen, die 1986 in der Schweiz, in Magliaso, gegründet wurde und heute Mitgliedsfrauen aus über 30 Ländern zählt. Auch die IG Feministische Theologinnen existiert weiterhin, umfasst aktuell 150 Mitgliedsfrauen und feierte 2021 ihr 30-jähriges Bestehen. 2021 gab es nochmals eine Frauensynode – diesmal zum Thema «Wirtschaft ist Care». Und es ist auch Neues entstanden: 2019 gingen feministische Theologinnen und Kirchenfrauen im Rahmen des nationalen Frauen*streiks unter dem Motto «Gleichberechtigung. Punkt. Amen.» gemeinsam für ihre Anliegen auf die Strasse. Ein Zeichen, dass es, in neuen Formen, weitergeht? Dass das, was bisher geschah, noch nicht alles gewesen ist?

Was das Buch bietet – und was nicht

In neun Kapiteln werden die unzähligen Projekte und Initiativen, Ausbildungskurse und Weiterbildungen, Netzwerke und Zusammenschlüsse, die bis und mit 2021 entstanden sind, dokumentiert. Damit die Autorinnen beim Verfassen ihrer Texte alle relevanten Daten und Fakten vermitteln, aber trotzdem frei(er) erzählen konnten, wurde eine Trennung der Texte in einen narrativ angelegten Textteil und in Randspalten mit chronologischer Erfassung zentraler Daten und Fakten gewählt. Das erhöht nicht nur die Lesbarkeit der Texte, sondern unterstützt die schnelle Suche nach Daten, Namen oder Veranstaltungen, was wiederum dem dokumentarischen Charakter des Buches zugutekommt. Da und dort ergänzen Bilder die Buchbeiträge. Eine Vielzahl der Bilder – Fotos, Flyer, Comics – wurden uns von Autorinnen zur Verfügung gestellt. Etwas von der damaligen Stimmung wird so spürbar und lässt bei der einen und anderen gewiss Erinnerungen wach werden. Grosse Unterstützung bei der Bildersuche erfuhren wir aber auch durch die Fotografin und

Filmemacherin Tula Roy, die unzählige feministisch-theologische Anlässe dokumentiert hat.

Die Beiträge innerhalb der Kapitel sind chronologisch geordnet, d. h. nach der Entstehungszeit der beschriebenen Projekte. Jedes Kapitel wird mit einer kurzen Einleitung eröffnet und mit einem Kommentar aus heutiger Sicht abgerundet. Ausserdem ist jedem Kapitel ein Selbstporträt zugeordnet, in dem ältere und jüngere Akteurinnen der Bewegung berichten, was feministische Theologie in ihrem Leben bedeutet.

Das Buch bietet keine umfassende, wissenschaftlich-historische Aufarbeitung der feministisch-theologischen Bewegung beziehungsweise der Geschichte der feministischen Theologie in der Schweiz. Nicht nur, weil die Quellenlage schwierig und häufig sehr lückenhaft war, Erinnerungen zum Teil verblasst und Dokumente bereits entsorgt waren, sondern auch, weil wir keine rein objektive wissenschaftliche Darstellung anstrebten. Es ging uns, nebst Daten und Fakten, die in Randspalten aufgelistet sind, ebenso um Innensichten der Autorinnen, um ihren Rückblick auf die Geschichte, der durchaus persönlich gefärbt sein durfte. So wird die Geschichte der feministisch-theologischen Bewegung in der Schweiz im vorliegenden Buch anhand vieler verschiedener Geschichten – kürzeren und längeren – erzählt und zeigt deren Fülle und Reichtum auf. Beim Lesen der Texte ergeben sich immer wieder Querverweise, und so entsteht vor den Augen der Leser:innen ein immer grösseres und vielfältigeres Gewebe von Fäden und Verbindungen.

Trotz des Bemühens, möglichst alle Projekte und Initiativen zu erfassen, ist unserer Aufmerksamkeit sicherlich das eine und andere entgangen, was die Anfänge der feministisch-theologischen Bewegung ausmachte. Vieles von dem, was an konkreten Orten, aber eben oftmals auch privat stattfand, konnte nicht zur Sprache kommen – wie etwa die unzähligen Lesegruppen und Frauenzirkel, die so viel bewirkten. Nicht zu vergessen auch all die Arbeitsgruppen in den Städten und auf dem Land, in den Kirchgemeinden und Pfarreien, und die vielen «unbesungenen Heldinnen» der feministisch-theologischen Bewegung, die uns nicht mehr namentlich bekannt sind, an ihrem Ort aber Wichtiges in Gang setzten.

Das Buch fokussiert zwar auf die feministisch-theologische Bewegung in der Deutschschweiz, weil hier unglaublich viel entstanden ist. Doch wir schauen auch über den Deutschschweizer Tellerrand hinaus.

Zwei Beiträge geben Einblick in die Entwicklungen und die aktuelle Situation feministischer Theologie in der Romandie und im Tessin.

Was wurde erreicht – und was bleibt zu tun?

Das Hauptaugenmerk des Buches liegt auf dem, was sich in den letzten gut 40 Jahren ereignete, was initiiert wurde – und auch wieder verschwand. Natürlich stellt sich dabei auch die Frage: «Was haben wir erreicht?» beziehungsweise «Was bleibt zu tun?» Fassen wir kurz zusammen, was wir durch Projekte, Fachstellen, universitäre Forschung, Ausbildungskurse, Netzwerke und Vereine bewirkt haben: Unzählige Frauen der Generation unserer Grossmütter und Mütter, aber auch unserer eigenen Generation, wurden durch die feministische Theologie von der Last einer christlichen Sozialisation befreit, die Frauen zu minderwertigen und sündigen Wesen gemacht und das Selbstwertgefühl vieler Frauen nachhaltig beschädigt hat. Unzählige Frauen haben sich dank feministischer Theologie von einem Gottesbild verabschieden können, das die Herr-schaft von Männern religiös legitimierte, haben gelernt, sich als «Gottes selbstbewusste Töchter» (Jensen 1992) zu verstehen, und für sich als Frauen Gottebenbildlichkeit reklamiert. Unzählige Frauen haben die biblische Botschaft mit einer feministischen Brille zu lesen begonnen und sie als eine Befreiungsbotschaft auch für sich als Frauen entdeckt, haben neue, frauenbefreiende Theologien kennengelernt, sich dadurch verändert und sind aufrecht und frei eigene Wege gegangen – in und ausserhalb der Kirchen. Feministische Theologie hat die Kirchen und die traditionelle Theologie zwar nicht nachhaltig verändert, aber sie hat *uns* verändert, hat sich eingeschrieben in unsere Biografien und in jene unzähliger Frauen weltweit.

Feministische Theologie schlägt derzeit keine hohen Wellen mehr und wird von einigen bereits totgesagt: Sie habe sich überlebt, ihre Zeit sei vorbei in einer Gesellschaft wie der unsrigen, in der die Entkirchlichung immer weiter fortschreitet und die christliche Glaubenslehre für immer weniger Menschen von Bedeutung ist. Dass also in unserer Gesellschaft allenthalben die kirchliche Basis wegbricht, da jede jüngere Generation etwas weniger religiös ist als die vorhergehende, wie eine Studie von Ende 2021 zeigt (Stolz/Senn 2021), die vormaligen Adressatinnen feministischer Theologie also immer weniger werden, stellt auch feministische Theologinnen vor grosse Herausforderungen. Doch eines ist gewiss:

Solange es die christlichen Kirchen als moralische Instanzen und Hüterinnen der Transzendenzfrage noch gibt, solange bleibt für all jene Frauen, die mit Energie und feministischem Impetus noch in den Kirchen und an den theologischen Fakultäten tätig sind, weiterhin genug zu tun. Denn noch immer dominieren in den christlichen Kirchen männliche Gottesbilder von Gottvater, Sohn & Co., patriarchale theologische Konzepte von Sünde und Erlösung, eine heteronormative Geschlechterordnung – und noch immer werden Frauen in der römisch-katholischen Kirche aufgrund ihres Geschlechts vom Priesteramt und damit von allen an die Weihe gebundenen Ämtern und Leitungsaufgaben in der Kirche und von der kirchlichen Entscheidungsmacht ausgeschlossen.

Wie die Zukunft feministischer Theologie bei uns aussieht, wissen wir nicht. Was wir versuchen, ist in «Kommentaren» am Schluss der einzelnen Kapitel da und dort die Frage zu stellen, ob sich nicht doch auch, an neuen Orten, in neuen Kooperationen etwas anbahnt, das Zukunft haben könnte. Doch zunächst einmal sind wir einfach mächtig stolz auf das, was wir als feministische Theologinnen und als Frauen-Kirche-Bewegung in die Welt gesetzt haben!

Dank

Dieses Buch ist nur dank der grossen Bereitschaft und auch Begeisterung der Autorinnen möglich geworden, die sich mit viel Engagement daran gemacht haben, mittels noch vorhandener Dokumente und Erinnerungen über ihre damaligen oder aktuellen Projekte und Aktivitäten zu berichten. Ihnen allen gilt unser grosser Dank. Denn vieles musste von ihnen aufwändig recherchiert werden, da in den meisten Fällen keine Archive vorhanden waren. Ein Versäumnis, das wohl etwas über die damalige Einschätzung der Bedeutung unserer Arbeit aussagt, aber auch mit fehlenden Ressourcen zu tun hatte.

Ein besonderer Dank gilt unserer Kollegin Monika Hungerbühler, die anfangs am Buchprojekt mitgearbeitet hat, das Buch mit uns geplant und konzipiert hat, sich dann aber im Sommer 2021 aus Ressourcengründen als Mitherausgeberin zurückziehen musste. Danken möchten wir auch unseren reformierten Kolleginnen Tania Oldenhage, Sabine Scheuter, Luzia Sutter Rehmann und Evelyne Zinsstag, die das Buchkonzept kritisch durchgesehen und ergänzt haben.

Ein grosser Dank der Herausgeberinnen geht an Hans-Beat Jenny, den Mann im Hintergrund, der uns die ganze Zeit geduldig und unermüdlich arbeitstechnisch unterstützt und das Ablagesystem für die gut 100 Texte gemanagt hat. Dies hat es uns ermöglicht, uns ganz auf die inhaltlichen Aspekte unserer Redaktionsarbeit zu konzentrieren. Für die Unterstützung beim Korrekturlesen bedanken wir uns herzlich bei Carmen Jud. Ein herzlicher Dank gebührt auch Isabelle Häcki, die für uns das Bild auf dem Cover kreiert hat. Und schliesslich danken wir den Geldgeber:innen, der Marga Bührig Stiftung, der Stiftung Dialog zwischen Kirchen, Religionen und Kulturen, der Berta Hess-Cohn Stiftung und der Stiftung Interfeminas, die unser Buchprojekt mit namhaften Beiträgen unterstützt haben, sowie unserer Verlegerin Doris Stump, die das Entstehen des vorliegenden Buches engagiert begleitet hat.

Basel/Luzern im März 2022
Doris Strahm und Silvia Strahm Bernet

ORTE DES FEMINISTISCH-THEOLOGISCHEN AUFBRUCHS

Eine Bewegung braucht Räume, wo neue Ideen entwickelt und Beziehungen geknüpft werden können, Orte, wo gemeinsam debattiert, gestritten und gefeiert wird. Die Paulus-Akademie war Ende der 1970er Jahre ein solcher Raum des Aufbruchs für die feministische Theologie in der Schweiz. Brigit Keller bot hier im September 1978 die erste explizit feministisch-theologische Veranstaltung an: «Feministinnen hinterfragen unser männliches Gottesbild. Was ist und was will feministische Theologie?» Von da an gab es unzählige Veranstaltungen zum Thema, und die PAZ entwickelte eine Strahlkraft weit über die Region Zürich hinaus. 1984 kam auf Boldern ein weiterer solcher Frauen-Raum hinzu. Als Nachfolgerin von Marga Bührig und Else Kähler baute Reinhild Traitler, in engem Austausch mit der Ökumenischen Frauenbewegung Zürich, ein breites feministisch-theologisches Angebot auf. An den Themenbereichen der beiden Bildungshäuser lässt sich exemplarisch ablesen, wie sich feministische Theologie von den frühen 1980er bis Ende der 2000er Jahre entwickelt hat – weshalb ihnen in diesem Buch viel Platz eingeräumt wird. Auch in anderen kirchlichen Bildungsstätten wurde ab Mitte der 1980er Jahre feministische Theologie allmählich Thema. So in den reformierten Heimstätten Gwatt und Leuenberg, die nebst Gleichstellung und Rolle der Frau in der Gesellschaft auch feministisch-theologische Themen aufgriffen. Und schliesslich ist das RomeroHaus Luzern zu nennen, zu dessen Profil feministisch-theologische Befreiungstheologie gehörte und das ab 1987 Begegnungen mit feministischen Theologinnen des globalen Südens ermöglichte. Jedes Bildungshaus hat für sich und in Kooperation mit den anderen Orte des Aufbruchs geschaffen, Frauen zusammengebracht und zum Entstehen der feministisch-theologischen Bewegung der Schweiz entscheidend beigetragen. (ds)

DIE PAULUS-AKADEMIE ZÜRICH

Brigit Keller

Im Folgenden sind vorwiegend Tagungen, Abendveranstaltungen, Gruppen, Kurse und Studienwochen im Bereich «Feministische Theologie» chronologisch aufgelistet. Veranstaltungen und Tagungen zu feministischen Themen sowie Themen im Bereich Frauen/Kultur sind hier nicht aufgeführt.

17.9.1978: Feministinnen hinterfragen unser männliches Gottesbild. Was ist und was will feministische Theologie?

Ab 23.10.1979: Christin und Feministin? Frauengruppe zur Feministischen Theologie

4./5.10.1980: Das ist (nicht) unser Leib. Unser Körper – unsere Geschichte: Manipulationen mit Frauen. Tagung für Frauen

Ab 24.2.1981: Frauenerfahrungen mit Religion und Kirche. Frauengruppe

Ab 10.5.1982: Maria aus Nazareth – unsere Schwester? Frauengruppe

Reihe: «Heilige Frauen – Aktives Erinnern unserer Tradition»

9.11.1982: Caterina von Siena

23.11.1982: Hildegard von Bingen

8.12.1982: Teresa von Avila

15./16.1.1983: Maria aus Nazareth – Unsere Schwester? Nachdenken über Maria aus der Sicht Feministischer Theologie. Tagung für Frauen

26.1.1984: Ursa Krattiger: Die perlmutterne Mönchin. Lesung und Diskussion

9.–13.7.1984: Matriarchale Spiritualität und Feministische Theologie. Studienwoche für Frauen

«der mensch meines lebens bin ich.» Dies war der Schlusssatz von Verena Stefan in ihrem Buch «Häutungen». Ich war damals 33 Jahre alt, seit 1970 verheiratet, habe 1975 mein zweites Kind geboren. Aufgewachsen in einer katholischen Familie in der Innerschweiz, war das Studium in Zürich eine befreiende Erfahrung. Das war ein Privileg, aber vieles war für mich wie im Nebel. Wer war ich? Warum fühlte ich mich eingeschränkt, oft stumm, wagte nicht laut zu sprechen? Es war ein längerer Weg, Frau meines Lebens zu werden. Ich hatte Hunger nach Klärung. Wichtig war mir die Mitarbeit bei den «Politischen Nachtgebeten» in Zürich, wichtig die Gruppe «Christen für den Sozialismus», wichtig die Mitarbeit bei der Zeitschrift «Für eine offene Kirche». Besonders wichtig wurde die Frauenbewegung. Der erste Besuch im Frauenzentrum der Frauenbefreiungsbewegung (FBB) war nicht ermutigend; ich war verheiratet, gläubige Katholikin, fühlte mich fremd. Bei der Gründung der Organisation für die Sache der Frau (OFRA) 1977 wurde ich wie selbstverständlich Mitglied. Ich sehnte mich nach der Zusammenarbeit mit anderen Frauen, ich sehnte mich nach einer eigenen Sprache, nach der Möglichkeit, meine Herkunft und mein Jetzt zu verbinden.

Max Keller, mein Mann, war seit 1969 Studienleiter an der Paulus-Akademie Zürich (PAZ), seit 1975 ihr Direktor. Ich war verantwortlich für die Kunstausstellungen und beriet ihn bei literarischen Veranstaltungen. Themenmässig gingen wir in den folgenden Jahren verschiedene Wege, aber der Freiraum, den ich in der Paulus-Akademie hatte, wurzelte im Respekt und Vertrauen von Max Keller mir gegenüber. Es war nicht konfliktlos, als Frau und Mann in der gleichen Institution zu arbeiten, ich war zudem lange Jahre nur freie Mitarbeiterin, Studienleiterin wurde ich erst 1996. Lange nicht zur Leitungsgruppe zu gehören, gab mir wohl auch eine gewisse Freiheit – die Einengung durch die Institution hat mich weniger gebremst.

Ich suchte einen Ort, viele Frauen suchten einen Ort, um ihre eigenen Erfahrungen auszutauschen und gemeinsam gegen die Unterdrückung von Frauen zu kämpfen. Ab März 1977 habe ich zur Bildung von Frauengruppen in die PAZ eingeladen – auftragslos, aus eigenem Bedürfnis. Verschiedene Gruppen entstanden, waren teils Selbsterfahrungsgruppen oder wählten ein Thema als Ausgangspunkt. «Die Lust Frau zu sein – Literatur und Selbsterfahrung» war beispielsweise ein Titel, oder eine andere hiess einfach «Frauenerfahrung». Im Herbst 1979 begann die erste feministisch-theologische Arbeitsgruppe: «Christin und Feministin?»

Die feministische Theologie in der PAZ hat sich nicht gradlinig zielgerichtet entwickelt. Sie war eingebunden in ein Geflecht verschiedener Arbeitsstränge. Zentral war meine persönliche Suche. Sie führte von der Literatur über eine thematische Frauenausstellung zur Theologie. Ich konnte meinem Impuls nachgehen, weil ich einfach machte und man(n) mich machen liess. Gegnerische Reaktionen machten mir keine Angst, ich war damals meiner Sache sicher, fühlte mich erstarkt, getragen von vielen Frauen. *Wir Frauen* – es war noch nicht problematisiert, wer dieses WIR ist und wer nicht, und ich war begeistert davon. Viele Frauen waren für dieses Gefühl von Stärke wichtig – wichtig eine Fragerin wie Silvia Bernet-Strahm, wichtig eine spirituelle kreative Freundin wie Rosmarie Schmid. Wir waren zu uns selber gekommen oder eher ein Stück weiter auf diesem Weg. Barbara Starrett formulierte es so: «Am Anfang war das Wort / Und das Wort waren / Wir. / Frauen. / Wir wurden zu Fleisch / Und hausten unter Männern / Und die Männer wussten Bescheid. / Wir kamen nie zu uns selbst.» (Starrett 1978, 141)

1978 realisierte ich mit 22 Frauen eine erste thematische Frauenausstellung: «Wir Frauen Mai 78 – Rollen und Aufbruch»; im Herbst dann die erste Veranstaltung zur feministischen Theologie. Im Mai 1979 folgte die erste Frauentagung «Frauen Damen Weiber Hexen». In vielen Bereichen haben wir Fremdbestimmung untersucht und dann neue Entwürfe formuliert. Neben Sprache, Medizin, Energie, Werbung, Politik war ein Bereich «Weltanschauung und Religion». Dazu sprachen Ursa Krattiger und Dorothee Meili über «Frauenreligion – Auf der Suche nach Ganzheit». Das Tagungsprogramm zeigt, wie vieles wir damals zusammendenken konnten. Die Gruppe «Sprache» zum Beispiel vertiefte ich im Folgejahr mit der ersten Tagung zu Frauensprache, zu der ich Senta Trömel-Plötz als Referentin gewinnen konnte.

27./28.10.1984: Feministische Theologie – Eine Herausforderung an die «Männertheologie». Tagung für Frauen und Männer

2./3.3.1985: Matriarchale Spiritualität. Tagung für Frauen

Reihe: «Gespräche mit Feministischen Theologinnen»

13.3.1986: Elga Sorge: Feministische Theologie mit oder ohne «Göttin»?

4.4.1986: Catharina J.M. Halkes: Feministische Theologie als befreiende und schöpferische Kraft

14.5.1986: Vorpfingstliches Nachdenken mit Li Hangartner, Conni Jacomet-Kreienbühl, Dora Wegmann

25./26.10.1986: Die Pietà: Ein Bild für weibliche Ohn-macht oder ein Bild für weibliche Lebens-Macht? Tagung für Frauen

12.–17.7.1987: Feministische Ethik. Studienwoche für Frauen

9.9.1987: Marga Bührig «Spät habe ich gelernt, gerne Frau zu sein» – Eine feministische Autobiographie. Buchvernissage

7./8.5.1988: Der Geist weht, wo sie will. Tagung für Frauen

1./15./29.9.1988: Feministische Theologie für «AnfängerInnen». Information, persönlicher Zugang, Standortbestimmung

11.2.1989: Wir wollen (nur) Gerechtigkeit – Nous (ne) voulons (que) la justice. Begegnung und Austausch zwischen Frauen aus verschiedenen europäischen Ländern. Tagung für Frauen

Ab 12.4.1989: Frühchristliche Frauengeschichte als Geschichte der Nachfolgegemeinschaft von Gleichgestellten – Inspiration für unseren heutigen Kampf für Frauenbefreiung? Frauengruppe

10.4.1990: Catharina J. M. Halkes: Das Antlitz der Erde erneuern. Gedanken zu einer neuen feministisch-ökologischen Schöpfungstheologie

2.5.1990: Weise Frauen und Ratgeberinnen in Israel – die Vorbilder der göttlichen Weisheit, mit Silvia Schroer

7.6.1990: Helen Schüngel-Straumann: Eva und die Folgen. Wirkungsgeschichte und Aussage der Texte von Genesis

15.–20.7.1990: Frauenkirche und Feministische Theologie. Studienwoche für Frauen

17.11.1990: Elisabeth Schüssler Fiorenza: Die feministisch-kritische Exegese und die Erfahrungen mit Frauenkirche in den USA

12.1.1992: Brennpunkt: Feministische Christologie. Doris Strahm und Regula Strobel im Gespräch mit Elisabeth Schüssler Fiorenza

3./4.4.1992: Befreiung – wovon und wozu? Standortbestimmung der feministisch-theologischen Bewegung der deutschsprachigen Schweiz. Tagung für Frauen

12.–17.7.1992: Schatz im Acker oder Leiche im Keller? Auseinandersetzung mit der eigenen religiösen Biografie. Studienwoche für Frauen

Ab 2.3.1993: Gott ist unser, damit wir sie teilen. Frauengruppe

28.2.1994: Sr. Mary John Mananzan. Frauenstudien auf den Philippinen

21./22.10.1994: Spiritualität für das Leben – Frauen kämpfen gegen Gewalt. Feministisch-theologische Tagung für Frauen in Verbindung mit der Weltkonferenz der EATWOT-Frauen in Costa Rica

Die erste feministisch-theologische Veranstaltung in der PAZ

Ursa hat mir bei einer Besichtigung der Frauenausstellung von der Theologin *Catharina J. M. Halkes* erzählt, die einen Lehrauftrag für Fragen von Christentum und Feminismus an der katholischen Universität von Nijmegen innehatte. Sie war die erste Frau in Europa, die zu diesem Themenbereich lehrte. Ich war begeistert darüber und wollte sie kennenlernen. Ich lud sie zu einer Veranstaltung in die PAZ ein und versuchte, Boldern als Mitveranstalterin zu gewinnen. Else Kähler hatte zugesagt, Catharina und Ursa auch.

Der Abend wurde für den 17. September 1978 geplant. Titel der Veranstaltung: «Feministinnen hinterfragen unser männliches Gottesbild». Dem damaligen Einladungstext lag ein nicht publiziertes Manuskript von Catharina zugrunde, in dem sie Grundgedanken der feministischen Theologie entwickelt hatte: «Mit ‹Menschen› sind in der Religionsgeschichte in der Regel ‹Männer› gemeint. Vor allem Männer haben sich ihre ihnen gemässen Bilder von Gott gemacht und die Theologie bestimmt. Sie haben Gott mit allen Eigenschaften versehen, die sie selbst als die höchsten betrachteten und damit ihre Männlichkeit im Gottesbild sublimiert.»

Frauen müssten selber zum Subjekt des Theologisierens werden, sollten auf ihre eigenen religiösen Erfahrungen vertrauen. Um dies zu wagen, sei die Gemeinschaft von Frauen notwendig – Frauen, die einander zuhören und sich so zum Sprechen bringen. Diese Gedanken deckten sich mit dem damaligen Verlangen vieler Frauen. Eine grosse Enttäuschung war, dass Catharina wegen eines Unfalls nicht reisen konnte. Ursa sprang ein, fasste die Gedanken von ihr in einem Vortrag zusammen. Ich erinnere mich nicht mehr, wer an diesem Abend dabei war, aber an eine Rückfrage erinnere mich: «Sollten wir nicht eher von femininer statt von feministischer Theologie sprechen?» Es war eine Klosterfrau, die dies fragte, ihr wurde heftig widersprochen. Das Wort *feministisch* wollten einige der Anwesenden auf keinen Fall preisgeben.

Es vergingen einige Jahre, bis Catharina selber in die PAZ kam, zuvor aber waren ihre Bücher wichtig, vor allem «Gott hat nicht nur starke Söhne» (1980). Von da führte auch eine Linie zu Mary Dalys «Jenseits von Gottvater Sohn & Co» (1978) – das Buch habe ihr, Catharina, den Weg zum Feminismus geöffnet.

Die Bedeutung von Frauengruppen

War die Einladung der ersten feministisch-theologischen Veranstaltung an Frauen und Männer gerichtet, ging die Vertiefung in Frauengruppen weiter. Wir hatten Hunger und Sehnsucht nach dem Austausch unter Frauen. Es war neu, sich wirklich ernst zu nehmen, nicht nach der Beurteilung von Männern zu schielen. Wir hatten vor diesen Erfahrungen gar nicht gewusst, wie sehr wir uns selber zurückgestellt hatten. Der Schmerz über Geringschätzung war uns klar, aber über den eigenen Anteil an dieser Geringschätzung hatten wir nicht nachgedacht. Auch über unseren Körper lernten wir offen zu sprechen.

In den Einladungstexten zu diesen Gruppen wiederholt sich besonders ein Aufruf immer wieder: *unsere Erfahrungen* wichtig zu nehmen und sie nicht als Privatsache abzutun. Aber was waren denn unsere Erfahrungen? Damals haben wir noch ziemlich ungehemmt von *uns Frauen, allen Frauen* gesprochen. Später lernten wir, Unterschiede wichtig zu nehmen. Damals waren keine Frauen aus dem Süden in unseren Gruppen. Doch unser *weisser Tunnelblick* hat uns damals nicht beschäftigt, wir hatten gleichsam genug zu tun, uns selber anzusehen.

Christin und Feministin?

Die erste feministisch-theologische Gruppe kam am 23. Oktober 1979 zum ersten Mal zusammen und traf sich in den folgenden Monaten jede Woche. Wichtig war das Fragezeichen im Titel «Christin und Feministin?». Konnten wir uns weiterhin als Christinnen verstehen, trotz vieler negativer Erfahrungen in der Kirche? Viele Frauen empfanden eine grosse Spannung zwischen ihrem gestärkten Selbstbewusstsein und ihrer Position in der Kirche. Erfahrungen von Ausgeschlossensein, die dienende Rolle, die Frauen immer wieder zugewiesen wurde und wird, haben Frauen verletzt und misstrauisch gemacht. Es war auch gar nicht leicht, unseren eigenen religiösen Erfahrungen zu vertrauen.

Christin und Feministin? Diese Frage hat mich noch Jahre umgetrieben und ist immer noch lebendig. Als wichtige Feministinnen 2018 aus der Kirche ausgetreten sind, musste ich mich erneut fragen, warum ich in dieser Kirche bleibe. Damals wurde ich zudem oft gefragt, wie kannst du solche feministischen Veranstaltungen organisieren in dieser katholischen Kirche? Ich habe mich trotzig und klar behauptet: Wir sind auch

Ab 9.1.1995: «Jenseits von Gottvater Sohn & Co.» – Auseinandersetzung mit Mary Daly. Frauengruppe

28.1.1995: Soirée FAMeuse. 10 Jahre FAMA – Reflexion und Fest

17.–19.3.1995: Projekt Labyrinth – Symposium zur Vision öffentlicher Frauenplätze. Symposium für Frauen

21.10.1995: Symposium zum 80. Geburtstag von Marga Bührig. «Das Leben leidenschaftlich lieben – Gerechtigkeit leidenschaftlich suchen»

8.12.1996: Der Schrei der Marias – Gedanken und Lieder von Frauen aus dem Nordosten Brasiliens

3.5.1997: Mercy Amba Oduyoye: Töchter Afrikas, steht auf!

3./4.5.1997: Vom Rand in die Mitte – Feministische Christologien von Frauen aus Afrika, Asien und Lateinamerika. Tagung für Frauen und Männer

1.6.1997: Im Gespräch mit Catharina Halkes

21.10.1997: Dorothee Sölle: Mystik und Widerstand. Buchvernissage

20./21.3.1998: Inkarnation im weiblichen Fleisch. Tagung für Frauen

13./14.6.1998: Miteinander zu Rate gehen. Feministische Befreiungshermeneutik: Standortbestimmung, Perspektiven, Ermächtigung. Tagung mit Elisabeth Schüssler Fiorenza und Fest zu ihrem 60. Geburtstag

8.4.1999: Ökofeminismus – eine Ethik des Lebens. Tagung mit Ivone Gebara

Kirche. Ich war von meiner Arbeit überzeugt, der Widerstand dagegen hat mich eher beflügelt. Natürlich gab es immer wieder Reibungen und Konflikte. Doch sie konnten mich nicht aufhalten.

Ab Februar 1981 bildete sich eine neue Gruppe zum Thema «Frauenerfahrungen mit Religion und Kirche». Konfessionelle Unterschiede waren selten ein Thema, wir verstanden uns ökumenisch. Zentral blieb das Beharren, Christin und Feministin zu sein. Leiden an Rom? Nur zum Teil, nur teilweise empfanden wir Scham, aber es war eine andere Welt. Zwar war das Gebäude der PAZ neben der katholischen Kirche. Aber wenn wir uns in einer Frauengruppe trafen, die Tür des Gruppenraums geschlossen hatten, dann waren wir an einem Ort der Freiheit, in einem anderen Raum, *unserem* Raum.

In der Gruppe haben wir Texte von Catharina Halkes und Elisabeth Moltmann-Wendels Buch «Ein eigener Mensch werden. Frauen um Jesus» diskutiert. Es waren Texte, in denen wir uns zuhause fühlten, wir sahen neue Wege und Wertungen vor uns. Härter wurde es mit Mary Dalys «Jenseits von Gottvater Sohn & Co». Die Autorin imponierte uns mit ihrem kühnen Buch, dem «Aufbruch zu einer Philosophie der Frauenbefreiung», erschreckte uns aber auch. Gottvater, den alten Mann mit weissem Bart, zu verabschieden, das war nicht schwer. Aber Jesus war vielen von uns damals nah. Genau anzuschauen, wie Jesus vergöttlicht wurde, das hat uns Mühe gemacht. Es gab ja erst später Werke über feministische Christologie wie «Vom Verlangen nach Heilwerden» (Strahm/Strobel (Hg.) 1991) oder «Vom Rand in die Mitte» (Strahm 1997), die die Sicht klärten. Damals, 1981, passte es uns zwar nicht, dass der Erlöser männlich war, es genügten nicht die Hinweise, dass dies jener Zeit entsprochen hat; denn es ging ja nicht um jene Zeit, sondern um unsere und darum, was mit der Betonung der Männlichkeit von Jesus angerichtet wurde. Aber damals war Jesus auch *unser Jesus*.

Beim Diskutieren über Mary Daly wurden die Diskussionen vielstimmig, zustimmend oder ablehnend. Wir mussten uns vielen Fragen neu stellen. Die Suche nach dem eigenen Weg blieb wichtig. Wir wollten uns selber akzeptieren, aber auch *die Welt* verändern.

Dies ist mein Leib

Parallel zu den Frauengruppen waren mir andere Arbeitsformen wichtig. 1980 erarbeitete ich mit 40 Frauen eine zweite thematische Frauenausstellung: «Muttersein – NichtMuttersein». Im Rahmen der Ausstellung fanden viele Veranstaltungen statt, eine davon war die Tagung: «Das ist (nicht) unser Leib». Den Satz von Adrienne Rich «Der Körper der Frau ist das Gebiet, auf dem sich das Patriarchat errichtet» teilten die Tagungsteilnehmerinnen. Der Körper war ja auch zentrales Thema in den damaligen Frauengruppen. Das Wort *Leib* drückte zusätzlich einen gewollten Bezug zur Eucharistiefeier aus, zum Wandlungssatz «Dies ist mein Leib».

Neben Referaten und Gruppengesprächen planten wir eine Feier, die wir in der Unterkirche erleben wollten. Sie hiess: «Nachtgedanken für Seele und Leib: Leib-/Frauenfeindlichkeit in der Kirche, Frauenspiritualität als Verlangen nach Ganzheitlichkeit». Wir haben Erfahrungen zusammengetragen, Texte gelesen, unseren ganzen Körper benannt, ihn geheiligt, Eileen Nemeth hat getanzt. Mit dieser Feier haben wir den Kirchenraum neu besetzt.

Im folgenden Jahr, 1981, lud ich zur «Frauenwoche über feministische Kultur» ein. Es war die erste *Frauensommerwoche,* eine Arbeitsform mit vielen Möglichkeiten. Die Auseinandersetzung mit Religion war eingebettet in ein ganzheitliches Nachdenken über «Frauen-Kultur». Unter dem Stichwort utopisch schrieb ich ins Programm: «Reisen in unkartografiertes Land. Erfahrungen mit feministischer Theologie und Frauenspiritualität». Es war eine reiche, wunderbare Woche, voll Kreativität und Inspiration.

Maria aus Nazareth – unsere Schwester?

1982 organisierte ich eine Tagung zu «Frauen und Macht», ein Thema, das damals noch wenig bearbeitet war. Gleichzeitig befasste ich mich mit Maria von Nazareth. Maria hatte für mich eine tiefe persönliche Bedeutung von Kind an. Gemeinsam mit *Silvia Bernet-Strahm* habe ich zu einer Frauengruppe eingeladen: «Maria aus Nazareth – unsere Schwester?» Im Folgejahr realisierten wir dazu eine Tagung. Die Zusammenarbeit mit Silvia war sehr bereichernd; wir haben uns als unterschiedliche Frauen auf verschiedene Weise mit dem Thema auseinandergesetzt. Was für uns beide wichtig war, war das Fragezeichen im Titel. Fragend gingen wir ans

Interreligiöse / interkulturelle Arbeit mit Frauen, PAZ in Zusammenarbeit mit verschiedenen Bildungshäusern:

Sept. 1998–Juli 1999: Neuer Himmel – neue Erde? Reichgottesvisionen von Frauen. Erster Ökumenischer Ausbildungskurs Feministische Theologie

Nov. 2000–Aug. 2001: Frauen im Judentum, Islam und Buddhismus. Theologische Lehren – Religiöse Praxis – Weibliche Traditionen. Zweiter Ökumenischer Ausbildungskurs Feministische Theologie

Nov. 2002–Mai 2003: Im Zeichen des Einen. Frauenblicke auf Gewalt fördernde und Frieden stiftende Traditionen in Judentum, Christentum und Islam. Erster Interreligiöser Theologiekurs für Frauen

27./28.5.2005 und 10./11.9.2005: «Frieden – Du leiseste aller Geburten.» Interreligiöser Theologiekurs für Jüdinnen, Christinnen, Musliminnen

Silvia Strahm Bernet hat bei diversen Veranstaltungen von Brigit Keller mitgearbeitet. Von 1988–1998 war sie zudem Mitglied des Vorstands der PAZ, 1998–2010 Mitglied, später Vizepräsidentin des Stiftungsrates und der Programmkommission der PAZ.

Thema heran: Was bringt uns Frauen dazu, uns in einer Gruppe «Feministische Theologie» mit der Mariengestalt zu beschäftigen? Viele von uns hatten unter diesem Modell für christliche Frauen gelitten und setzten sich im jetzigen Selbstverständnis von diesem Ideal ab – dem Ideal einer demütigen *Magd des Herrn*. Aber gibt es in Maria nicht auch Elemente, die für Frauen bedeutend sind? Zum Beispiel die Maria des Magnifikats, die von Befreiung singt. Und was sagen uns ihre Titel wie *Gottesmutter, Jungfrau, Stern des Meeres?*

In jener Zeit habe ich mich auch ins Thema «Heilige Frauen» vertieft. Eine Reihe hiess «Heilige Frauen – Aktives Erinnern unserer Tradition». Eine Tradition zu haben, eine weibliche Tradition, hat mich begeistert. Es gab und gibt diese Frauen, wir können mit unserer Suche an sie anschliessen, aus der Namenlosigkeit herauskommen.

Feministische Theologie und matriarchale Spiritualität

Im Januar 1983 fand die erste Tagung über Maria statt, im gleichen Jahr eine Begegnung mit *Heide Göttner-Abendroth,* die als Matriarchatsforscherin bekannt war. Meine Freundin *Rosmarie Schmid* hatte sie an einem Vortrag an der Uni Zürich kennengelernt. Fasziniert von ihr haben wir sie zu einem Vortrag zu «Matriarchaler Aesthetik» eingeladen. Es folgten weitere Referate, auch eine Tagung: «Matriarchale Spiritualität». Das Interesse war gross, aber auch die Ablehnung von Theologinnen. Matriarchales, Jahreszeitenfeste, sich gründende Ritualgruppen wurden als fragwürdig, auch als biologistisch beargwöhnt. Es entstand ein Richtungskampf zwischen religiös interessierten Frauen. Für mich waren die Auseinandersetzung mit diesen Quellen und neuartige Erlebnisse eine Station auf dem Weg der Selbstfindung. Über Göttinnen und warum sie uns nur herabsetzend vermittelt wurden, hatten wir bereits in der Sommerwoche über feministische Kultur von 1981 diskutiert.

Um eine Gelegenheit zu bieten, diese unterschiedlichen Positionen kennenlernen zu können, habe ich zur Frauenwoche über «Matriarchale Spiritualität und Feministische Theologie» eingeladen. Solche Studienwochen, wie auch die meisten Tagungen, habe ich nie allein entwickelt, sondern mit einer je verschieden zusammengesetzten Gruppe von Frauen in vielen Sitzungen entworfen. Die Woche fand 1984 statt und ist vielen Teilnehmerinnen durch die Intensität der Erlebnisse stark in Erinnerung geblieben. Was als Ausgleich geplant war, endete teilweise in Spaltungen und gegenseitigem Misstrauen. Wenn ich die Einladungstexte jetzt durchlese, realisiere ich: Wir, die gestaltenden Frauen, hatten uns etwas viel vorgenommen. Die Verschiedenheiten zwischen uns waren gross. Dass der Austausch nicht reibungslos gelingen konnte, ist nicht verwunderlich. Es bleibt aber die Erinnerung an wichtige gemeinsame Tage.

In einer solchen Woche haben wir den konkreten Ort manchmal vergessen, auch die andern Menschen im Haus. Unsere Zusammenkünfte waren farbig, teils auch ungehemmt laut. Ob es Widerstand vom Sekretariat, von der Küche oder von Kollegen gab, weiss ich nicht mehr. Jedenfalls wiederholten sich über Jahre grundsätzliche Diskussionen im Haus, bei Bekannten und auch im Vorstand der PAZ: *Frauen*tagungen, *Frauen*gruppen, Abende *für Frauen*. Muss das sein? Seid ihr gegen Männer? Es gab Gehässigkeiten, aber auch ernsthafte Fragen: Sollten wir Theologen nicht zusammen mit Feministinnen arbeiten und neue Wege suchen? Aus solchen Diskussionen entstand 1984 die Tagung «Feministische Theologie – Eine Herausforderung an die ‹Männertheologie›», Tagung für Männer und Frauen. Die Tagung habe ich gemeinsam mit den Kollegen Guido Vergauwen und Max Keller organisiert. Es wurde heftig, aber verständnisvoll diskutiert. Die Tagung war zahlenmässig ein Erfolg, viele Frauen, jedoch nur wenige Männer nahmen teil. Trotzdem wurden keine gemeinsamen Folgetagungen geplant. Warum nicht? Wohl auch von meiner Seite waren die Lust und das Interesse für Frauentagungen grösser als für gemeinsame Arbeit mit den Kollegen. Die Abendveranstaltungen sowie auch spätere feministisch-theologische Tagungen waren weiterhin offen für Frauen und Männer.

Audre Lorde – «Eine Knute der Offenbarung»

Am 27. Mai 1984 konnte ich die afro-amerikanische Dichterin *Audre Lorde* zu einer Lesung in die PAZ einladen (eine zweite folgte dann 1988). Ihr würdiger Auftritt sowie ihre Lesung waren ein Ereignis. Die Gespräche über Rassismus, ihre Vorwürfe, wir täten nicht genug dagegen, ihre Forderungen, uns mit Schwarzen Frauen zu verbünden, haben uns herausgefordert und unseren Blick geweitet. Sie warf kritische Blicke auf blinde Flecken, auch innerhalb der feministischen Theologie. Audre fragte nach den Schwarzen Frauen, die bei uns leben und arbeiten. Kennt ihr sie, wisst ihr um die Un-

Barbra Seiler (links) und Carmen Jud (rechts), Studienwoche für Frauen an der PAZ zu «Feministische Ethik», 12.–17. Juli 1987.

Studienwoche für Frauen zu «Feministische Ethik» an der PAZ, 12.–17. Juli 1987.

terschiede? Der Weg, sich selber zu werden, hatte sich geweitet, verlangte nach Bündnissen, nach aktiver Solidarität mit vielfach Unterdrückten.

Meine Zusammenarbeit mit Schwarzen Frauen war von der Begegnung mit Audre Lorde geprägt, auch die Tagungen mit Frauen verschiedener Herkunft. Für die feministische Theologie waren sowohl der Verweis auf die reiche spirituelle *nicht* weisse Tradition wichtig wie auch die Aufforderung, die Privilegien, die wir weissen Frauen haben, zu nutzen und genau zu überlegen, was Solidarität mit «Women of Color» bedeuten könnte. Was Frauensolidarität überhaupt heissen könnte.

Catharina J. M. Halkes (links) und Brigit Keller (rechts) im Mai 2000, anlässlich einer Vor-Feier zu Catharinas 80. Geburtstag.

Catharina Halkes – Feministische Theologie als befreiende Kraft

1986 war das Interesse für feministische Theologie auf einem Höhepunkt. Ein Abend mit *Elga Sorge* über «Feministische Theologie mit oder ohne Göttin» hat provoziert. Grösser noch war das Interesse für die Theologin *Catharina Halkes* aus den Niederlanden. Sie sprach über «Feministische Theologie als befreiende und schöpferische Kraft». 324 Personen haben an dieser Veranstaltung teilgenommen. Die Stimmung an diesem Abend war feierlich. Catharina war damals 66 Jahre alt, ihr Lehrauftrag war 1983 in einen Lehrstuhl umgewandelt worden. Sie war eine erfolgreiche Frau, eine Autorität, eine zutiefst spirituelle Frau. Feminismus war für sie eine Lebenshaltung. Feministische Theologie, so führte sie aus, ist «eine kritische Befreiungstheologie, die sich nicht auf die Besonderheit der Frauen als solche stützt, sondern auf ihre historische Erfahrung des Leidens, auf ihre psychische und sexuelle Unterdrückung, Infantilisierung und strukturelle Unsichtbarmachung infolge des Sexismus in den Kirchen und in der Gesellschaft.» Ihre Worte kamen an, besonders auch weil ihre optimistische Sensibilität ansteckend war. Sie war überzeugt, dass eine Befreiungsbewegung von Frauen auch zu einer prophetischen Bewegung in der Kirche werden kann. Trotz Rückschlägen hat sie ihre Hoffnung auf Veränderungen nie aufgegeben, hielt mit Ausdauer an ihrer Utopie einer gerechten Gesellschaft und Kirche fest.

Noch zweimal konnte ich sie einladen. 1990 hiess ihr Vortrag wie auch das damals erschienene gleichnamige Buch «Das Antlitz der Erde erneuern». Sie hat darin eine feministisch-ökologische Schöpfungstheologie entworfen. Es sind Gedanken, die später von Theologinnen wie Ivone Gebara und Doris Strahm weitergeführt wurden.

Die Zusammenarbeit wächst

In den späten 70er Jahren war die Paulus-Akademie ein Ort des Aufbruchs für die feministische Theologie. In den 80er Jahren ist auch andernorts vieles entstanden und gewachsen. Ich freute mich, immer öfter mit Kolleginnen und andern Institutionen planen zu können. Ein Programmblatt von 1986, das Veranstaltungen von Frauen für den Frieden, Boldernhaus, PAZ und cfd-Frauenstelle für Friedensarbeit auflistet, ist mit einer Umrandung gestaltet, die mehrfach wiederholt: *Gemeinsam sind wir stark*. Dieser Slogan drückt die damalige Stimmung gut aus. Mit den genannten Gruppierungen und mit Boldern habe ich oft zusammengearbeitet. Später kamen andere dazu: Verein Frauen und Kirche Luzern, RomeroHaus, Gwatt, Women of Black Heritage, jüdische und muslimische Frauen.

1992 versuchten wir, cfd-Frauenstelle und PAZ, eine Standortbestimmung der feministisch-theologischen Bewegung der deutschsprachigen Schweiz: «Befreiung – wovon und wozu?» Die Bewegung hatte sich verbreitet, es gab immer weniger *die* feministische Theologie. Wir fragten uns: Wie und für welche Frauen hat sich die feministische Theologie konkret befreiend ausgewirkt? Hat sich durch unsere Arbeit irgendetwas an der Machtverteilung in Kirche und Gesellschaft verändert? Wie politisch ist unsere Bewegung, wie welthaltig unsere Spiritualität? Kurz, wir suchten in der Vielfalt der Bewegung nach Verbindlichkeit und Konkretisierung. In einigen Gottesdiensten wurden ja Gestaltungselemente von Frauen aufgenommen, die Gottesdienste sind sinnlicher geworden – doch was änderte das wirklich? Hatten wir unsere Befreiungsarbeit nicht gründlicher gedacht? Marga Bührig sprach das damalige Begehren in einem Impulsreferat aus: «Eine Leidenschaft für Gerechtigkeit oder warum ich mir Verbindlichkeit wünsche».

Das Suchen nach Verbindlichkeit ging weiter, war aber oft nicht leicht zu realisieren. Aktive Solidarität war zudem in den Grenzen des Bildungsortes PAZ nur teilweise zu erfüllen. Rückblickend frage ich mich: Haben wir uns nicht oft etwas vorgemacht? Von Gerechtigkeit und Solidarität gesprochen, sie uns leidenschaftlich gewünscht, aber die Schritte daraufhin waren eher kärglich.

Brigit Keller (links) und Elisabeth Schüssler Fiorenza (rechts), anlässlich der Tagung «Miteinander zu Rate gehen. Feministische Befreiungshermeneutik» und dem Fest zu Elisabeth Schüssler Fiorenzas 60. Geburtstag an der Paulus-Akademie Zürich, 13./14. Juni 1998.

Wichtige Forscherinnen – breite Themenvielfalt

Die Themen haben sich aufgefächert. Ich kann hier nur zusammenfassend auf einige verweisen. In der Studienwoche über «Feministische Ethik», wesentlich geprägt von *Ina Praetorius,* hat uns die Frage, sind «Frauen Mittäterinnen oder Opfer», umgetrieben. *Silvia Schroer* hat uns die «Weisheits- oder Sophia-Theologie» nähergebracht und den Blick auf die frühchristliche Bewegung als Gemeinschaft von Gleichen gelenkt. Wesentlich für diese Impulse war die Forschung von *Elisabeth Schüssler Fiorenza.* Ihr Buch «In Memory of Her» (1983) lag 1988 in deutscher Übersetzung vor: «Zu ihrem Gedächtnis … Eine feministisch-theologische Rekonstruktion der christlichen Ursprünge».

Elisabeth Schüssler Fiorenza wurde 1990 und in den Folgejahren von verschiedenen Gruppen zu Vorträgen in die Schweiz eingeladen. 1990 referierte sie in der PAZ über «Die feministisch-kritische Exegese und die Erfahrungen mit Frauenkirche in den USA». Ihre Forschung führte zu vielen Fragen: Wie wirkt sich diese Rekonstruktion der Frauengeschichte im frühen Christentum auf die Politik der Frauenkirche bei uns aus? Gelingt es uns, die Vision der *Nachfolgegemeinschaft der Gleichgestellten* im Kampf für Frauenbefreiung fruchtbar zu machen? Fragen, die teils Fragen blieben.

Ein weitere Etappe der Auseinandersetzung war der «Brennpunkt: Feministische Christologie». *Doris Strahm* und *Regula Strobel* gaben dazu ein brisantes Buch heraus: «Vom Verlangen nach Heilwerden. Christologie in feministisch-theologischer Sicht» (1991). Sie wagten sich damit an fundamentale Glaubensfragen heran. Die Rolle von Jesus und die Erlösungsvorstellung haben Frauen Jahre vorher durch die Lektüre von Mary Daly tiefgreifend beschäftigt, nun wurden diese Fragen durch verschiedene Theologinnen erweitert.

Die Tagung «Miteinander zu Rate gehen. Feministische Befreiungshermeneutik: Standortbestimmung, Perspektiven, Ermächtigung» wurde 1998 von vielen Gruppierungen gemeinsam veranstaltet. Es war eine Tagung mit Elisabeth Schüssler Fiorenza und ein Fest zu ihrem 60. Geburtstag. Der Titel schlägt die Arbeitsrichtung vor: miteinander zu Rate gehen auf ein Projekt hin, das Elisabeth Schüssler Fiorenza *radikale Demokratie* nennt. Eine radikale Demokratie ist verwirklicht, wenn alle Menschen die sie betreffenden Angelegenheiten gemeinsam regeln und alle eine Stimme haben. Eine umfassende feministische Gesellschaftsperspektive.

Diese politische Perspektive war eine Herausforderung. Es war schwierig, ihr standzuhalten. «Spiritualität für das Leben – Frauen kämpfen gegen Gewalt» (Vorbereitungstagung für die Weltkonferenz der EATWOT-Frauen in Costa Rica 1994) entsprach eher unseren Möglichkeiten. In vielen Facetten hatten wir auch hier in der Schweiz gegen Gewalt gekämpft, uns mit Gruppierungen vor Ort verbunden. In Feiern stärkten wir uns für die tägliche Arbeit, für die Bejahung des Lebens.

Die Verbindung mit vielen Frauen hier wie auch die Verbindung mit Frauen aus anderen Kontinenten war sehr wichtig. Teil einer globalen feministischen Bewegung zu sein, hat uns neu verortet. Über die Jahre wurde das einst unreflektierte Wir-Frauen-Gefühl differenzierter, aber auch bescheidener; wir wussten mehr um unsere Grenzen und auch um unsere Bedürftigkeit. Wir wollten den eurozentrischen Blick verändern, wegkommen von Verengungen.

Dafür war die Forschungsarbeit von *Doris Strahm* grundlegend. «Vom Rand in die Mitte» heisst ihr bedeutendes Buch, an das wir uns mit einer Tagung 1997 annäherten. «Mit den Augen der Anderen sehen lernen» verweist auf die Richtung, die Doris selber verkörpert und zu der sie uns anregte. Dazu war es sehr wichtig, Theologien von Frauen aus dem globalen Süden kennenzulernen. An der Tagung war Mercy Amba Oduyoye aus Ghana zu Gast; mit Ivone Gebara, einer Theologin aus Brasilien, machte uns Doris bekannt. Aus dem asiatischen Raum hatten wir schon früher Sr. Mary John Mananzan aus den Philippinen kennengelernt. Die Anregungen waren bereichernd und herausfordernd zugleich.

Audre – Carmen – Doris – Elisabeth – Ivone – Li – Madeleine – Marga – Rosmarie – Silvia – Veronika – Zeedah…

Eine Litanei mit vielen Namen von Frauen würde ich gern schreiben! Das Lernen, neu lernen, hörte nie auf. Neben theologischen Texten waren über die Jahre Begegnungen besonders bereichernd. Ich kann nicht alle aufzählen, viele fanden auch im nicht theologischen Arbeitsbereich statt. Eine Begegnung innerhalb der feministischen Theologie möchte ich noch hervorheben: die Begegnung mit *Ivone Gebara*. Ihre spirituelle Ausstrahlung, ihr authentisches Sprechen haben mich sehr beeindruckt – so tief wie früher Catharina Halkes oder Audre Lorde. 1999 sprach sie über «Ökofeminismus – eine Ethik des Lebens». Der Ökofeminismus kritisiert eine Theologie, die Gott über den Dingen stehend sieht. Er unterstreicht vielmehr, «dass Gott überall und deshalb alles heilig ist». Eine neue Beziehung mit der Erde und dem ganzen Kosmos tat sich auf.

Schöpfungstheologie und *Theologie der Beziehung* wurden wichtige Begriffe. Die Frage nach dem Gottesbild war in vielen Aspekten in der feministischen Theologie präsent. Durch Theologinnen wie Ivone Gebara oder Carter Heyward hat sich die Vorstellung, was wir damit meinen, wenn wir von *Gott* sprechen, erweitert, und wir wurden auf neue Formen der Solidarität aufmerksam. «Gott ist nicht mein, sondern unser», hatte Carter Heyward in ihrem Buch «Und sie rührte sein Kleid an» geschrieben. Sie entwarf eine feministische Theologie der Beziehung: «Gott gehört nicht nur uns, sondern auch anderen Menschen, und nicht einmal einfach anderen Menschen. Gott ist die Macht in Beziehung zwischen Pflanzen und Hunden und Walen und Bergen und Städten und Sternen.» (Heyward 1986, 30) Welche Öffnung, welche neue Sicht! Durch Beziehung, durch Liebe, machen wir Gott in der Welt leibhaftig.

Abschiede und Allianzen

Ab 1998 haben wir die Kräfte zusammengelegt, in vielen Modulen an verschiedenen Orten «Ökumenische Ausbildungskurse» durchgeführt und ab 2002 «Interreligiöse Theologiekurse». Diese Zusammenarbeit hat die feministisch-theologische Arbeit in der PAZ bereichert und bestimmt.

Zwei grosse Frauen möchte ich zum Schluss noch hervorheben: *Marga Bührig* hat mir immer wieder Mut gemacht. Sie hat an vielen Tagungen mitgewirkt. Ihre Autobiografie «Spät habe ich gelernt, gerne Frau zu sein» haben wir in der PAZ mit einer Vernissage gewürdigt und ihren 80. Geburtstag mit einem Symposium gefeiert. Ich verdanke ihrem Engagement für Gerechtigkeit und Würde der Frauen viel. «Zu ihrem Gedächtnis» haben wir am ersten Todestag, am 13. Februar 2003, in Basel, Luzern und Zürich dankend ihr Wirken vergegenwärtigt. Erwähnen möchte ich auch eine andere grosse Theologin, auf die ich hier nicht näher eingehen kann, die mich über Jahre inspiriert hat: *Dorothee Sölle*. Ihr letzter Auftritt in der PAZ war eine Buchvernissage zu ihrem Werk «Mystik und Widerstand».

Im März 2006 wurde ich pensioniert. Meine letzte feministisch-theologische Veranstaltung in der PAZ befasste sich mit dem *Interreligiösen Dialog aus der Sicht von Frauen*. Das gerechte Zusammenleben in unserer multikulturellen und multireligiösen Gesellschaft hatte mich im Bereich Theologie wie in meinem ganzen Studienbereich *Frauenfragen, Frauenkultur und Literatur* beschäftigt. «Damit es anders wird zwischen uns», der Titel des Buches, herausgegeben von Doris Strahm und Manuela Kalsky, über das wir diskutierten, kann ich als Zusammenfassung meiner Hoffnung bezeichnen.

Am 2. Mai 1999 wurde ich im RomeroHaus mit dem *Ersten Marga-Bührig-Anerkennungspreis* «für die kontinuierliche und bedeutende Arbeit in der Vermittlung feministischer Theologie» ausgezeichnet. Der Verein Frauen und Kirche Luzern und der Arbeitskreis Feministische Theologie Luzern hatten die Idee und haben zur Preisverleihung eingeladen. Diese Würdigung hat mich sehr gefreut.

Dankbar blicke ich auf meine Arbeit zurück. Sie war reich an Begegnungen, sie war reich durch die Zusammenarbeit mit vielen; sie war getragen von meiner persönlichen Suche. Sie ist durchsetzt von vielen Fragezeichen. Die eigene *Selbstbekräftigung* hat sich geweitet. Dabei blieben das Verlangen nach mehr Gerechtigkeit oft auch ungestillt, die eigenen Kräfte beschränkt. Trotzdem möchte ich auch jetzt gross von mir und meiner Arbeit denken, und trotz vieler Auslassungen weiss ich, dass ich mit vielen Frauen, Freundinnen, Schwestern Schritte gemacht habe. So wagte ich es, diesen Rückblick auf den Aufbruch der feministischen Theologie in der PAZ auch als meine persönliche Geschichte zu skizzieren, als ein Werden, das weiter werden will.

Brigit Keller (rechts) und Marga Bührig (links), anlässlich der Verleihung des Marga-Bührig-Anerkennungspreises im RomeroHaus Luzern, 2. Mai 1999.

Als Schlussrednerin übergibt Silvia Strahm Bernet (links) den Marga-Bührig-Anerkennungspreis an Brigit Keller (rechts).

«Das Leben leidenschaftlich lieben – Gerechtigkeit leidenschaftlich suchen». Symposium zum 80. Geburtstag von Marga Bührig am 21. Oktober 1995, gemeinsam organisiert von Boldern und der Paulus-Akademie Zürich

Gina Schibler (links) und Doris Strahm (rechts), die das Symposium eröffnet.

Else Kähler (links) und Marga Bührig (rechts).

(v. l. n. r.) Herta Leistner, Diann L. Neu, Mary E. Hunt, Aruna Gnanadason, Marga Bührig.

(v. l. n. r.) Bärbel Wartenberg-Potter, Elisabeth Schüssler Fiorenza und Ursa Krattiger (Moderation).

Elisabeth Schüssler Fiorenza.

DAS EVANGELISCHE TAGUNGS- UND STUDIENZENTRUM BOLDERN

BOLDERN (1984–2003)
Reinhild Traitler

Als ich Anfang August 1984, nach vierzehn Jahren Mitarbeit im Ökumenischen Rat der Kirchen (ÖRK) in Genf, in Zürich ankam, öffnete ich die Tür zu unserer neuen Wohnung im Boldernhaus Zürich mit einer Mischung von Erwartung, Neugier und einem Schuss Aufregung vor dem Neubeginn! Hier, wo es gerade einmal ein gutes Dutzend Jahre her war, dass die Frauen das Stimm-und Wahlrecht erkämpft hatten, sollte ich im Evangelischen Tagungs- und Studienzentrum Boldern ein Ressort «Frau, Theologie, Gesellschaft» aufbauen? Die Erwartungen waren hoch. Würde ich ihnen genügen? Auch vor mir selbst bestehen? Würden ich und mein Sohn Sascha, der mittlerweile elf Jahre alt war, in dieser Stadt Fuss fassen, Freunde finden und gerne hier leben?

Das am Fuss des Zürichbergs in der Voltastrasse gelegene Boldernhaus war das Stadthaus des Evangelischen Tagungszentrums Boldern bei Männedorf. Es führte eigene Veranstaltungen durch und vermietete die Räumlichkeiten an kirchliche Gruppen oder an die nahe gelegene Universität. Die würdevolle Villa samt Umschwung war Anfang des 20. Jahrhunderts von einer Arztfamilie gebaut worden und strahlte solid-bürgerlichen Geschmack aus. «Gemütlich, gediegen, qualitätsvoll, Zürichberg eben» hörte ich immer wieder. Wie passte dieses Ambiente zu den feministischen Themen, die hier Raum finden sollten?

Das Boldernhaus war schon seit längerer Zeit schwerpunktmässig ein «Frauenhaus» gewesen. In der Wohnung im zweiten Stock, in die ich nun einziehen würde, hatten viele Jahre lang zwei Ikonen der Schweizer Frauenbewegung residiert: Marga Bührig und Else Kähler. Marga, die mir schon in meiner Zeit im Ökumenischen Rat als Vorsitzende der Vereinigung der Tagungszentren in Europa bekannt war, wurde dann bei der Vollversammlung des Ökumenischen Rates in Vancouver 1983 zu einer der Präsidentinnen des Rates gewählt. Sie vertrat Westeuropa und war mit Bischof Johannes Hempel aus der DDR, der Mittel-/Osteuropa re-

1959: Marga Bührig und Else Kähler werden als erste Frauen zu Studienleiterinnen des Evang. Tagungs- und Studienzentrums Boldern berufen. Gemeinsam leiten sie den Bereich «Die Frau in Kirche und Gesellschaft».
1971–1981: Marga Bührig leitet bis zu ihrer Pensionierung Boldern.

Studienleiterinnen 1984–2003
– Reinhild Traitler, Ressort «Frau-Theologie-Gesellschaft» (1984–2003), ab 1996 Leiterin von Boldern
– Gina Schibler, Ressort «Theologische Erwachsenenbildung» (1985–2000), u.a. Tagungen für lesbische Frauen und schwule Männer, gemeinsam mit der PAZ
– Susanne Kramer-Friedrich, Ressort «Lebensfragen und Literatur» (1993–1997)

Quellen für die Liste der Veranstaltungen und Kurse von Reinhild Traitler und Team waren für die Herausgeberinnen die Boldernberichte 1984–1994 (Gosteli-Archiv) sowie die Jahresberichte 1994–2003, die uns der Trägerverein Boldern zur Verfügung gestellt hat.

präsentierte, eine gewichtige, auch weltweit vernehmbare Stimme für die Ökumene in der Zeit von «Glasnost» und «Perestroika» und einer sich abzeichnenden «Wende» in Europa.

Feminismus – die Vokabel war mir damals zwar bereits geläufig, aber noch etwas blass. Ich hatte jahrelang mit gescheiten Männern zusammengearbeitet, für welche die Frauenfrage ein «Nebenwiderspruch» war. Zudem machte ich im ÖRK immer wieder die Erfahrung, dass Frauen ihre Anliegen in einer anderen Sprache und durch andere Vermittlungen darstellen wollten und deswegen oft nicht gehört oder ernst genommen wurden. Auch war das, was wir feministische Theologie nannten, kein Monolith, sondern eher ein Konglomerat, das die unterschiedlichen Lebenssituationen von Frauen unter dem Stichwort «Erfahrung» ebenso einbezog wie kreative Formen des Ausdrucks oder liturgische Experimente wie «ein Abendmahl am Küchentisch». Wir fragten nach, wieweit der weibliche Körper die soziale Existenz von Frauen geprägt hatte und noch prägte und wie das sichtbar gemacht werden konnte. Dabei haben wir im Lauf der Zeit gemerkt, dass dies nur in den Frauen vorbehaltenen Räumen möglich war, etwa bei den Frauengottesdiensten im Zürcher Fraumünster, bei den von Frauen geplanten und verantworteten Frauensynoden, in der Zürcher Ökumenischen Frauenbewegung, bei den Frauentagungen auf Boldern und in der Paulus-Akademie Zürich oder in jenen Gemeinden, wo Pfarrerinnen diese Experimente mittrugen und vertieften.

All das – die viel zu grossen Erwartungen und die Hoffnung, dass daraus dennoch etwas werden könnte, all das stand auf einmal vor mir bei meinem Einzug ins Boldernhaus in diesem August 1984. Als wir im Eiltempo die Wohnung eingerichtet hatten, waren auch schon die Frauen an der Tür, die mir helfen wollten, das Haus nach der Pensionierung von Marga Bührig und Else Kähler neu zu positionieren. Einige von ihnen hatte ich in den Anfangswochen in Zürich bereits kennengelernt. Besonders Pfarrerin Dora Wegmann war in dieser Zeit des Sich-zurecht-Findens eine grosse Hilfe. Bei vielen Tassen Kaffee hörte ich von der langen Tradition von Frauenarbeit im Boldernhaus, die vor allem auf Angebote zur Lebenshilfe fokussiert war.

Bei diesen Gesprächen mit einem langsam grösser werdenden Kreis von Frauen ging es letztlich immer wieder um die mangelnde Sichtbarkeit von Frauen im öffentlichen Leben, auch im öffentlichen Leben der Kirchen;

also um die Teilhabe von Frauen an der Macht und damit an der Möglichkeit, das Leben der Gemeinschaft mitzugestalten. Schliesslich ging es auch um die kritische Betrachtung des privaten Raums als eines ambivalenten Ortes, wo Frauen nicht nur Schutz erhielten, sondern auch Gewalt erlitten. Schon damals und nicht erst mit der #MeToo-Bewegung haben sich Frauen mit sexueller Gewalt in all ihren Formen auseinandergesetzt: von der unsichtbaren häuslichen Gewalt bis zu brutalster sexueller Gewalt an Frauen als Mittel der Kriegsführung, etwa im Bosnienkrieg.

Gott-Ebenbildlichkeit – Mann-Ebenbildlichkeit?

Theologisch fragten wir nach, was es bedeutet, dass die Menschen im biblischen Schöpfungsverständnis nach dem Bild Gottes geschaffen sind. Da sie sich von diesem Gott kein Bildnis machen dürfen, waren sie auf Bilder von sich selbst zurückgeworfen. Und da mussten Frauen entdecken, dass Gottebenbildlichkeit in der christlichen Tradition weitgehend Mann-Ebenbildlichkeit bedeutet hatte. Frauen wurden von Männern gedacht, beschrieben, gemalt, besungen, aus der Perspektive von Männern «erfunden» und beherrscht. Kurz: Die Definitionsmacht über weibliche Existenz hatten Männer.

Wir fragten uns, ob Gottebenbildlichkeit für Frauen etwas anderes bedeutet und was dieses andere wäre? Wenn der Ebenbildlichkeit nicht ein männliches und weibliches Urbild der göttlichen Gestalt zugrunde liegt, muss sie also etwas anderes bedeuten, haben männliche Interpreten gefolgert und haben sich ganz schnell ins Geistige gerettet. «Worin der Mensch nach dem Bilde Gottes geschaffen ist, ist dass es sich nicht um körperliche Züge handelt, sondern um eine gewisse, intelligible Form des erhellten Verstandes», kommentiert Augustin, «und dieses Argument begegnet uns auch im modernen Gewand immer wieder» (Traitler 1990, 92). Das Körperliche ist Problem in Bezug auf die Frau, nicht auf den Mann. Es findet seinen Ausdruck in einer Jahrtausende alten leibfeindlichen Tradition, in der die Argumentationsketten – Frau, Leib, Natur – parallel liefen mit den Geboten des «dominium terrae» und der Beherrschung der Frau.

Die entstehende Arbeits- und Begleitgruppe «Feministische Theologie» war sich bald einig: In den kommenden Jahren wollten wir uns schwerpunktmässig mit den Gottes- und Menschenbildern unserer Tradition auseinandersetzen und nachfragen, ob und wie in ihnen Erfahrungen

12.5.1986: Die Frau im Judentum. Vortrag von Marianne Wallach-Faller
26.5.1986: Feministische jüdische Theologie. Vortrag und Seminar mit Pnina Navè Levinson
17.6.1986: Feministische Theologie in Lateinamerika mit Cora Ferro, Costa Rica
29.11.1986: Geboren von der Jungfrau Maria. Eine Adventstagung für Frauen mit Christa Mulack
28.12.1987: Friedensfürst – noch gefragt? Adventstagung für Frauen
Mai/Juni 1988: Auf den Spuren von Maria und Martha. Frauen leben Engagement und Spiritualität. Drei Nachmittage und Reise in eine Frauenkommunität in Südfrankreich
26./27.11.1988: Zärtlichkeit und Zorn. Adventstagung für Frauen. Leitung: Gina Schibler und Reinhild Traitler
16.,23.,30.11.1989: Frauen in anderen Religionen. Wie erleben Frauen ihren Glauben im Islam, im Buddhismus? Wie leben sie?
2./3.12.1989: Das Recht eine eigene Frau zu sein. Adventstagung. Leitung: Gina Schibler, Reinhild Traitler und Team
29./30.9.1990: Mehr als Schleier und Harem. Begegnungstagung mit muslimischen Frauen
6.12.1990: Das Unrecht und die durchgehaltene Liebe. Adventstagung für Frauen
28.5.1991: Aufbruch zu neuen Räumen. Frauen in der Kirche – Vision und Wirklichkeit. Mit Irene Gysel, Carmen Jud (cfd) und Gina Schibler

14.6.1991: «Wenn Frau will, steht alles still» – Streikwanderung auf die Rigi am Frauenstreiktag

März 1992: Feministische Theologie – eine Befreiungstheologie? 4 Vorlesungen von Reinhild Traitler

Mai/Juni 1992: Jüdisch-feministische Theologie. 4 Leseabende zu Judith Plaskows «Standing again at Sinai»

31.5.–5.6.1993: Selber wieder Sonne werden. Woche der Begegnung von asiatischen und schweizerischen Christinnen, u.a. mit Chung Hyun Kyung

4./5.12.1993: Das Leben leidenschaftlich lieben. Adventstagung mit Jutta Voss. Leitung: Gina Schibler, Reinhild Traitler und Team

März–Juni 1994: Schöpfungstheologie – Feministisch betrachtet. Ein alternativer Lehrauftrag im Boldernhaus. 9 Vorlesungen: Marianne Wallach-Faller, Gina Schibler, Reinhild Traitler, Florianne Koechlin, Cornelia Vogelsanger, Elga Sorge, Monika Stocker, Helen Schüngel-Straumann, Marianne Inselmini

3./4.12.1994: Heilige Familie. Frauenadventstagung mit Judith Giovannelli-Blocher. Leitung: Gina Schibler und Reinhild Traitler

5.8.1995: Einweihung eines Labyrinths auf Boldern, das von Susanne Kramer-Friedrich initiiert worden war.

21.10.1995: Das Leben leidenschaftlich lieben – Gerechtigkeit leidenschaftlich suchen. Symposium zum 80. Geburtstag von Marga Bührig, mit und in der Paulus-Akademie Zürich

Mai/Juni 1996: Feministische Überlegungen zur Christologie. Alternativer Lehrauftrag (5 Abendvorlesungen)

von Frauen gespiegelt sind: Unterdrückungserfahrungen, aber auch Utopien von Befreiung und gelungenem Leben. Und welche Konsequenzen das für ein Frauen-Menschenbild hätte.

Mit dabei war nun auch Gina Schibler, die junge Pfarrerin, die der Vorstand des Boldernvereins für das Ressort «Persönliche Lebensgestaltung» ins Studienleitungsteam gewählt hatte und die 1985 ihre Arbeit aufnahm. Wir waren uns schnell einig, dass wir ein grösseres feministisch-theologisches Projekt gemeinsam entwickeln wollten. Gina hatte am 1. März 1984 im Zürcher Kirchenboten ein Gedicht veröffentlicht, das die Männerzentriertheit der reformierten Kirche und den Mangel an Macht der Frauen thematisierte:

Das Kreuz
der Frauen: mit den Männern
Ein Mann hat dich getauft
Ein Mann hat dich konfirmiert
Ein Mann hat dir von Gott erzählt:

Vater – Sohn – Geist
Männer unter sich.
Und vermutlich auch weiterhin:

Ein Mann wird dich trauen
Ein Mann wird dein Kind taufen
Ein Mann wird deine Leichenrede halten

Am Kreuz hängt ein Mann
Am dritten Tag aufersteht ein Mann
Am Jüngsten Tag richtet ein Mann

Doch der sagt zu uns Frauen: Steht auf!
Wann, wo und wie dürfen wir Frauen endlich auferstehen?

Die Ausbildungskurse feministische Theologie (1986–1998/99)

So schnell wir uns einig wurden, ein kontinuierliches feministisch-theologisches Programmangebot zur Entfaltung des Themas «Gottesbild – Menschenbild» zu entwickeln, so lange dauerte dann der tatsächliche Prozess der Verwirklichung dieses Vorhabens. Wir wollten das neue Angebot nicht von oben nach unten entwerfen, sondern machten es umgekehrt: Wir produzierten «Bausteine». In unseren Ressorts boten wir ab 1985/86 vertiefende Bibellektüre zu den Geschichten biblischer Frauen an, griffen feministische Themen auf, die uns wichtig schienen, veranstalteten Schreibwerkstätten mit dem Ziel, liturgische Texte in einer anderen, frauengerechten Sprache zu entwerfen (manchmal schrieben wir Texte «ohne das Wort Gott»), gestalteten Gottesdienste im Rahmen des Langzeitangebots «Frauen feiern» der Ökumenischen Frauenbewegung Zürich. Wir veranstalteten ab 1990 Sommerakademien und mehr als zehn Jahre lang gab es auf Boldern Adventstagungen, wo wir «unseren» Frauen-Advent feierten. Kurz, wir sammelten Bausteine für die Entfaltung eines kontinuierlichen, in der Grundstruktur wiederholbaren, themenbasierten Angebots in feministischer Theologie. Etwas kühn und selbstbewusst konzipierten wir mit unseren Bausteinen schliesslich einen einjährigen «Ausbildungskurs». Gleichzeitig sondierten wir Möglichkeiten für Kooperationen. So waren abwechselnd und zu verschiedenen Modulen Studienleiterinnen verschiedener Tagungszentren mit dabei, u. a. Elisabeth Miescher (Leuenberg), Helmute Conzetti (Gwatt) und Brigit Keller (PAZ).

Der einjährige Kurs wurde schliesslich ab 1992 insgesamt sechsmal durchgeführt. Darüber hinaus gab es zusätzlich, von 1998–1999, eine ökumenische Kooperation verschiedener Bildungszentren im gleichen Format. Dass wir dieses Programm «Ausbildungskurs feministische Theologie» nannten, signalisierte einen Anspruch auf Anerkennung, die uns allerdings nicht gewährt wurde. Das mag damit zusammenhängen, dass wir von den Bedürfnissen der Frauen ausgegangen waren und die Lernziele und den Nutzen des Angebots nicht klar genug für bestimmte institutionelle Zielgruppen definiert hatten. Auch unser Versuch, mit der theologischen Fakultät an der Universität Zürich ins Gespräch zu kommen, misslang – zu verschieden war die Ausgangslage. Aber viele Teilnehmerinnen – Theologiestudentinnen, Katechetinnen, Pfarrerinnen und Lehrerinnen sowie theologisch interessierte Frauen – haben uns immer wieder

31.1.1998: Rituale in der Frauenkirche, in Zusammenarbeit mit der Ökumen. Frauenbewegung Zürich

25.5.1999: Die Erde heilen – uns selber heilen, mit Chung Hyun Kyung (Südkorea)

13.11.1999: Denk – Mahl. Jahrhundertgastmahl widerständiger Frauen. In Kooperation mit der Ökumen. Frauenbewegung Zürich und metapuls. Ehrengäste: Mary Daly, Marga Bührig, Josi Meier, Carola Meier-Seethaler, Janis Pozzi Johnson, Dagmar von Garnier, Katharina Issler, Margrit Linder, Susanna Jacober, Rosemarie Welter-Enderlin

16.,23.11./7.12.1999: Woran glauben wir eigentlich? Frauen-Schreibwerkstatt «Glaubensbekenntnisse 2000». In Zusammenarbeit mit der Ökumen. Frauenbewegung Zürich. Leitung: Reinhild Traitler, Ingeborg Schultz, Susanne Kramer-Friedrich

20.–24.8.2000: Miteinander göttlich handeln. Feministisch-theologische Sommerstudientage für Frauen, mit Carter Heyward (USA)

18.–21.8.2002: Erdweisheit. Auf dem Weg zu einer ökofeministischen Theologie. Frauensommerstudientage, mit Anne Primavesi (GB)

Denk–Mahl. Jahrhundertgastmahl widerständiger Frauen am 13.11.1999 auf Boldern.

Ausbildungskurse Feministische Theologie (1986–1998)

Leider gelang es uns nicht, alle Kurse im Detail zu dokumentieren. Die Kurse wurden von Gina Schibler und Reinhild Traitler gemeinsam geleitet. Bei einigen Zyklen waren zudem Verena Hungerbühler, Elisabeth Miescher und Doris Walser als Co-Leiterinnen dabei.

Nov. 1986–Juni 1987: 1. Ausbildungskurs Feministische Theologie. Für Frauen, die sich in umfassender Weise mit der Feministischen Theologie auseinandersetzen wollen

April/Mai 1988: 2. Ausbildungskurs Feministische Theologie. «Eva lässt sich scheiden und Noah lernt schwimmen» – Die Bibel feministisch gelesen

Nov. 1988–Juni 1989: 3. Ausbildungskurs Feministische Theologie

Okt. 1992–Juli 1993: 4. Ausbildungskurs Feministische Theologie zum Thema «Schöpfungstheologie aus feministischer Sicht»

– 16./17.1.1993: Am Anfang war die Frau. Weibliche Schöpfungsmythen. Mit Cornelia Vogelsanger und Gerda Weiler

– 20./21.2.1993: Zur Sprache bringen – zur Welt bringen. Leitung: Gina Schibler, Reinhild Traitler

– 26.–30.4.1993: Welt wird nicht gemacht, Welt wird geboren. Mit Elisabeth Moltmann-Wendel, Brigitte Weisshaupt, Florianne Koechlin, Christine Wieland. Leitung: Gina Schibler, Reinhild Traitler

– 15.5.1993: Schöpferische Theologie und Ethik. Mit Ina Praetorius

gesagt, dass es genau diese relative Distanz zu den Institutionen war, die viele kreative Energien freigesetzt und die Attraktivität des Angebots ausgemacht hätte. Die konfessionelle und kirchliche Verankerung erschien uns zunächst nicht so wichtig, hätte aber vielleicht bei den Bemühungen um Anerkennung helfen können.

Wir haben interaktiv gearbeitet, und zwischen dem Dutzend über das Jahr verstreuten Wochenend-Modulen trafen sich sogenannte Lerngruppen, jeweils begleitet von einer der Leiterinnen, zur Nacharbeit und zur Vorbereitung auf die nächste Einheit.

Eva lässt sich scheiden und Noah lernt schwimmen

So hiess die erste, zwischen 1986 und 1992/93 entstandene Sammlung von Texten aus der Planungs- und Pilotphase. Schon der Titel verriet Augenzwinkern und eine Portion Ironie, die wir beibehalten wollten und die uns vor dogmatischer Rechthaberei (auch feministischer) bewahren sollte. Unsere Narrative wollten keine feministische Meistererzählung sein, sondern die Vielfalt innerhalb der Frauenbewegung zum Ausdruck bringen.

In den fünf Kursen ging es uns darum, Kernbereiche der christlichen Theologie auf ihre Relevanz im Leben und Glauben von Frauen zu prüfen und umgekehrt (durchaus diverse) weibliche Erfahrungen und ihren Einfluss (oder Mangel an Einfluss) auf theologische Entwicklungen und das Leben der Kirchen zu untersuchen. Die Kurse wurden von den Teilnehmerinnen dokumentiert und bieten ein Kompendium des Diskussionsstands bis zirka Ende der Neunzigerjahre des vergangenen Jahrhunderts.

Inhalte und Methodik der Kurse entwickelten wir im Dialog mit den Exponentinnen bestimmter Themen und Thesen. Diese Treffen mit den «Stars» der feministisch-theologischen Bewegung übten auf uns alle – Teilnehmende und Leiterinnen – eine grosse Faszination aus. Wir erfanden uns als nicht-hierarchische Lerngemeinschaften, sassen gemeinsam am runden Tisch und lernten die Frauen kennen, deren Bücher wir gelesen und deren Ideen wir diskutiert hatten. Sie hörten uns zu und machten das, was die US-amerikanische Theologin Virginia Mollenkott einmal «listening each other into speech» genannt hatte: einander so zuzuhören, dass im Prozess des Redens und Zuhörens gemeinsame Erkenntnisse entstehen können. Dabei wollten wir jedes Mal nach einem ähnlichen Schema vorgehen:

– Wir wollten die gesellschaftlichen Rahmenbedingungen offenlegen, unter denen wir das jeweilige Thema untersuchten.

– Wir wollten kritische Bibellektüre fördern und gingen, wie von Elisabeth Schüssler Fiorenza empfohlen, mit einer «Hermeneutik des Verdachts» an biblische Texte heran. So wollten wir lernen, sie nicht als «bis in alle Ewigkeit unveränderliche Archetypen» zu verstehen, sondern als «Prototypen» – in eine bestimmte Zeit hinein gesprochene Beispielgeschichten des Glaubens, an denen Frauen, auch wenn sie im Text nicht genannt werden, Anteil hatten.

– Wir wollten das Gedächtnis des Leidens in und an patriarchaler Vergangenheit und Gegenwart hochhalten und so die Frauengeschichte in der Männergeschichte freilegen.

– Und schliesslich wollten wir kreative Aktualisierungen fördern.

Diese wichtigen Elemente einer feministischen Hermeneutik lernten wir mit Elisabeth Schüssler Fiorenza, aber auch mit Luise Schottroff, die uns die sozialgeschichtliche Bibellektüre nahebrachte. Dabei ging es darum, den gesellschaftlichen Kontext zur Zeit der Entstehung eines biblischen Textes und den Kontext der heutigen Bibelleser:innen in Beziehung zu setzen. Diese Bibelauslegung fragt so präzise wie möglich nach den konkreten Lebensbedingungen der Menschen und dem Einfluss ihrer sozialen und wirtschaftlichen Situation, ihres Geschlechts und ihrer Möglichkeiten zur gesellschaftlichen Mitgestaltung auf ihr Leben und ihren Glauben. Sie versteht sich als Beitrag zur Entwicklung einer Befreiungstheologie im europäischen Kontext.

Über diese Kontexte haben wir im persönlichen Austausch viel gelernt, nicht zuletzt durch die Einbindung der persönlichen Biografie in einen systemischen Zusammenhang: Doris Strahm eröffnete feministisch-befreiungstheologische Perspektiven auf die Christologie, Silvia Schroer und Helen Schüngel-Straumann warfen neue Blicke auf «Eva und die Folgen». Mit der Grazer Alttestamentlerin Irmtraud Fischer lasen wir in Genesis die «Geschichte der Erzeltern». Elisabeth Moltmann-Wendel stellte uns die Gemeinschaft der Frauen um Jesus vor. Ina Praetorius sprach über «Weiberwirtschaft» und Maria Mies über «Moral Economy». Und Carter Heyward machte klar, was es heisst, eine radikal inkarnatorische feministische Theologie zu entwickeln und zu vertreten, in der uns Gottes Bild in

Okt. 1994–Sept. 1995: 5. Ausbildungskurs Feministische Theologie zum Thema «Ein Traum von Christus». Feministische Christologie. Leitung: Reinhild Traitler, Gina Schibler, Doris Walser, Verena Hungerbühler u. a.

– 29./30.10.1994: Begegnungen mit Jesus – Begegnungen mit uns selbst

– 12.11./10.12.1994: Ein Traum von Christus. Frauenbilder von Christus

– 21./22.1.1995: Maria, Göttin, Gottesmutter – Mutter Gottes. Wochenende mit Christa Mulack

– 11./12.3.1995: Frauenbilder von Jesus. Bibliodrama-Wochenende. Leitung: Gina Schibler, Reinhild Traitler, Verena Hungerbühler, Doris Walser

– 25.–29.4.1995: Das Kreuz mit dem Kreuz. Befreiungstheologisch-feministische Zugänge zur Kreuzestheologie

Okt. 1996–Juli 1997: 6. Ausbildungskurs Feministische Theologie zum Thema «Gut sein und schön sein». Auseinandersetzung mit feministischer Ethik und Ästhetik. Leitung: Gina Schibler, Reinhild Traitler

– 26./27.10.1996: Ethik und Ästhetik – feministisch betrachtet

– 25./26.1.1997: Alte Schachtel oder tanzende Göttin. Zu einer Theologie der Weiblichkeit

– März/April 1997: Ethik und Ästhetik – feministisch betrachtet (je 1 Tag)

– 23.–25.5.1997: Aufmerksam für das Alltägliche. Bibliodramawochenende

– 1.–13.7.1997: Warum gerechte Beziehungen schön sind

11.–18.8.1990: 1. Sommerakademie zum Thema «Früh möcht' ich lernen, gerne Frau zu sein». Weibliche Anthropologie und Frauenmacht. Referentinnen: Carola Meier-Seethaler, Gina Schibler, Ina Praetorius, Reinhild Traitler, Mascha Madörin, Elisabeth Michel-Alder, Gret Haller

11.–18.8.1991: 2. Sommerakademie zum Thema «Vergiftete Liebe – lebendige Liebe». Frauenvorstellungen für eine lebensfreundlichere Kultur. Referentinnen: Dorothee Sölle, Marga Bührig, Beatrice Wehrli, Brigitte Weisshaupt, Florianne Koechlin, Gerda Weiler. Leitung: Gina Schibler, Reinhild Traitler

8.–15.8.1992: 3. Sommerakademie zum Thema «Häuser bauen, in denen wir wohnen können …» Frauenvorstellungen für eine wohnlichere Welt, ein wohnlicheres Europa. Referentinnen: Christa Mulack, Margareta Nelubowa, Luise Pusch, Luise Rinser, Elga Sorge, Christina Thürmer-Rohr. Leitung: Reinhild Traitler, Gina Schibler

31.7.–6.8.1994: 4. Sommerakademie zum Thema «Das Leben leidenschaftlich lieben». Zugänge zu einer Ethik der Solidarität und Leidenschaft. Mit Senta Trömel-Plötz, Flois Knolle-Hicks, Elisabeth Schnellmann, Matwali van der Linden. Leitung: Reinhild Traitler, Gina Schibler

der Fülle der Verschiedenheit aller geschaffenen Wesenheiten entgegentritt.

Immer wieder lernten wir die spirituelle Praxis von Frauen kennen – ob es um die Texte mittelalterlicher Mystikerinnen ging, um die Gemeinschaft der Schwestern von Grandchamp oder um die prophetische Kraft der Klage der Frauen, die uns die dänische Theologin Annemarie Aagard nahe brachte. Dorothee Sölle war eine ständige Begleiterin und kritische Mitdenkerin, die immer wieder auf das befreiungstheologische Engagement feministischer Theologie hinwies.

Für wen haltet ihr mich?

Von Anfang an bemühten wir uns, Jesus von Nazareth eingebettet in seine jüdische Kultur und Spiritualität zu verstehen und uns die Gefahr einer antijudaistischen Vereinnahmung bewusst zu machen. Dies war umso nötiger, als es eine Reihe von feministisch-theologischen Ansätzen gab, die die (vermeintliche) Neuartigkeit des Jesus von Nazareth in Bezug auf den Umgang mit Frauen als Zeichen seiner Loslösung vom (patriarchalen) Judentum interpretierten. Das erste Referat im 1. Ausbildungskurs hielt deswegen eine Jüdin, die Heidelberger Judaistin Pnina Navè Levinson, über «Frauen in der hebräischen Bibel». Sie präsentierte die biblischen Frauen nicht als Opfer des Patriarchats, sondern als weitgehend eigenständig und in Vollmacht Handelnde. Und die jüdische Germanistin Marianne Wallach-Faller brachte uns schöpfungstheologische Überlegungen zu einem Midrasch nahe.

Gleichzeitig bemühten wir uns um eine kollegiale Auseinandersetzung mit den «Matriarchinnen», die jenseits des Christentums, aber nicht unbeeinflusst von ihm, nach einer ihrem Anliegen angemessenen Sprache suchten. «Ich brauche die Göttin» postulierte die feministische Psychologin Gerda Weiler, und die feministische Theologin Christa Mulack sah in Jesus den «Gesalbten der Frauen». Heide Göttner-Abendroth faszinierte viele Frauen mit ihrer Matriarchatsforschung und den parallel dazu von ihr entwickelten Ritualen. Im Grossen und Ganzen fanden nicht wenige Frauen die Vorstellung von der Göttin oder einem göttlichen Weiblichen ermutigend und ermächtigend – waren sich aber bewusst, dass die Göttin heute keine bruchlose religiöse Tradition repräsentiert, sondern am ehesten eine Metapher für weibliche Macht und Stärke darstellt. Wir wollten auch diesen Stimmen Gehör schenken, auch wenn die Auseinandersetzung mit den «Matriarchinnen» kontrovers blieb.

Kreative Aneignung und Aktualisierung

Auch und vor allem war es uns wichtig, Experimente zu ermutigen, die eine kreative Aneignung fördern könnten. Im Christologiekurs «Ein Traum von Christus» haben die Teilnehmerinnen einmal mehrere Tage lang in Zweiergruppen einander und an Jesus Briefe geschrieben: Beatrice an Jesus, Jesus an Madeleine, Madeleine an Elfie, Elfie an Jesus, Jesus an Alice …, um dann, nach etwa hundert Seiten sich kreuzender Briefe festzustellen: «Der Blick auf Jesus ist der Blick auf uns selbst».

Ebenso haben wir regelmässig die «Praxis-Tauglichkeit» unserer Studienarbeit getestet und z. B. im Rahmen der Zürcher ökumenischen Frauengottesdienste als Beispiel kreativer Aktualisierung mehrmals einen Gottesdienst gestaltet. Unter anderem einen, in dem wir – grossteils protestantische Christinnen – uns mit Maria auseinandersetzten.

Die europäischen Frauensommerakademien (1993–2001)

Schon seit Anfang der Achtzigerjahre waren Schweizer Frauen, etwa die Pfarrerin Ruth Epting oder die vormalige Präsidentin des Genfer Consistoire, die Dolmetscherin Nicole Fischer, massgeblich beteiligt gewesen an der Gründung des «Ökumenischen Forums christlicher Frauen in Europa» (ÖFCFE). Ich selbst wurde kurz nachdem ich in Boldern zu arbeiten begonnen hatte, eingeladen, den ÖFCFE Ausschuss «Friede und Gerechtigkeit» zu moderieren. Die Mitglieder in diesem Team kamen alle aus dem kirchlichen Umfeld: Silvia Irga aus Polen, Reeta Leskinen aus Finnland, Christa Springe aus Deutschland und Ploni Robbers aus den Niederlanden. Es bedeutete für Boldern, Teil eines internationalen Netzwerks zu werden und Kooperationsmöglichkeiten über die Landesgrenzen hinaus angeboten zu bekommen. In gewisser Weise war es eine praxiszentrierte Weiterführung der feministisch-theologischen Studienarbeit – im europäischen Umfeld. Die erste konkrete Herausforderung war die Organisation der Frauenkonferenz als Vorbereitung auf die grosse ökumenische Versammlung «Friede in Gerechtigkeit», die im Mai 1989 in Basel stattfinden sollte. Elisabeth Raiser (Genf) und Annemarie Schönherr (DDR) waren mit mir im Leitungsteam der Frauenvorkonferenz, zu

Europäische Frauensommerakademien (1993–2001)

7.–14.8.1993: Willens, im kommenden Wind … jeder Herkunft zu leben. Frauenidentität und multikulturelle Gesellschaft im neuen Europa. Leitung: Gina Schibler, Reinhild Traitler und Ökumenisches Forum christlicher Frauen in Europa

12.–19.8.1995: Miteinander das Leben verwandeln. Gemeinschaft und Verschiedenheit von Frauen im neuen Europa. Mit Carter Heyward, Beverly Harrison, Paloma Fernandez de la Hoz, Stasa Zajovic, Eva Quistorp. Leitung: Reinhild Traitler, Elisabeth Raiser

9.–16.8.1997: Für Gemeinschaft streiten. Mit Weisheit, Witz und Widerstand weben am neuen Europa. In Zusammenarbeit mit dem Ökumenischen Forum christlicher Frauen in Europa und dem European Women's College

7.–14.8.1999: Computer, Kuh und Weiberwirtschaft. Zum vorsorglichen Wirtschaften und nachhaltigen Leben in Europa. Mitveranstaltet vom Ökumenischen Forum christlicher Frauen in Europa und dem European Women's College

11.18.8.2001: Lieben, lachen, mitbestimmen – Frauen und die Zukunft der Demokratie in Europa. In Zusammenarbeit mit dem Ökumenischen Forum christlicher Frauen in Europa

45

Treffen von Frauen des Ökumenischen Forums christlicher Frauen in Europa (ÖFCFE) 1989 auf Boldern.

Denk–Mahl. Jahrhundertgastmahl widerständiger Frauen am 13.11.1999 auf Boldern.

der über hundert Frauen aus allen Teilen Europas (sogar aus Island) in Boldern zusammenkamen.

Die Verbundenheit, vor allem auch mit den Frauen aus dem sozialistischen Europa, die wir an der Konferenz gespürt hatten, wollten wir aufrechterhalten. Dass schon im Herbst des Jahres 1989 Mauern bröckeln und eiserne Vorhänge hochgehen würden, kam dann als Überraschung dazu. In der folgenden Zeit des Übergangs wollten wir unsere Schwestern in den Kirchen Europas begleiten und die bereits bestehenden Kontakte vertiefen. Dies umso mehr, als es nach der Wende in Ländern wie der (damaligen) Tschechoslowakei eine wahre Invasion von US-amerikanischen Sozialwissenschaftlerinnen gab, die die Situation der Frauen im Sozialismus untersuchen und mit Hilfe der tschechischen Kolleginnen ihre Bücher schreiben wollten! Demgegenüber war uns als Europäerinnen daran gelegen, die schon bestehenden Verbindungen zu stärken und gemeinsam Fragen an die Zukunft von ganz Europa zu formulieren. Dieser Prozess brachte auch eine Annäherung von Frauen des Forums und Frauen aus säkularen Umfeldern, z. B. den neu entstandenen Gender-Studies Programmen an verschiedenen Universitäten. Ich lernte die Pädagogin Irina Siklova (von der Prager Karlsuniversität) und die Gymnasiallehrerin Mirka Holubova (vom Forum) kennen und wir begleiteten das erfolgreiche Oral History Project, das von Paula Friedlova geleitet wurde. Es gewährte ganz neue Einblicke in das Leben der Frauen im Sozialismus: Die Frauen, die für dieses Projekt interviewt wurden, beklagten sich nicht – wie von uns erwartet – über die systemische Doppelbelastung von Frauen in sozialistischen Ländern, sondern sprachen von der Macht, die ihnen daraus erwuchs.

Aus diesen und ähnlichen Erfahrungen entstand seit 1990 mit der Öffnung der Grenzen und in Kooperation mit dem ÖFCFE die Idee einer europäischen Frauensommerakademie, die christliche Frauen aus allen Teilen des Kontinents zusammenbringen und so ein Netzwerk entstehen lassen würde. Mit dabei waren von Anfang an Frauen aus Mittel- und Osteuropa, so die Linguistikprofessorin Svenka Savic aus Novi Sad und die Architektin Mihaela Rabu aus Bukarest. Aus Belarus kam die Germanistin Irina Gruschewaja und aus Österreich war die katholische Theologin Michaela Moser mit im Team. Das spanische Forum schickte Paloma Fernandez de la Hoz und Teny Pirri-Simonian, die armenisch orthodoxe Leiterin der kirchlichen Bildungsarbeit beim Ökumenischen Rat der Kirchen, machte sich für die orthodoxen Frauen stark, mit Erfolg! Schon in der Pilotphase 1992 luden wir die junge Dolmetscherin Margareta Nelubova vom Moskauer Patriarchat ein. Zusammen mit Elisabeth Raiser hatte ich die Hauptverantwortung für dieses komplexe Projekt.

Zielgruppen für die Sommerakademien (die immer in Boldern stattfanden) waren Frauen des Forums und seiner Mitgliedsorganisationen. Nach einer Pilotphase von 1991–1992 fand die erste Sommerakademie im August 1993 auf Boldern statt. Sie war ganz der eskalierenden Situation in Jugoslawien gewidmet; es war uns gelungen, Vertreterinnen aus allen Teilen des ehemaligen Vielvölkerstaats zusammenzubringen. Marijana Grandits, Abgeordnete der Grünen im österreichischen Parlament, moderierte die zentralen Debatten über die Situation auf dem Balkan mit Vertreterinnen aus den Nachfolgestaaten des ehemaligen Jugoslawien.

Die Begeisterung der gut 120 Frauen aus 25 Ländern Europas war gross. Dem Vorbereitungsteam war es gelungen, genügend finanzielle Unterstützung zu finden, um den Frauen aus Mittel-Osteuropa die Teilnahme zu ermöglichen. Und die Frauen waren findig, ihre «Quoten» noch etwas zu erhöhen: Den Polinnen hatten wir zwei bezahlte Plätze zugesichert. Sie kamen aber zu fünft! Statt mit dem Flugzeug anzureisen, hatten sie fünfundzwanzig Stunden Busfahrt auf sich genommen und waren müde, aber überglücklich in Boldern gelandet. Dass wir jetzt für drei von ihnen im übervollen Zentrum Quartier finden mussten, hatten sie nicht bedacht, aber sie waren so begeistert, dass sie sogar auf dem Boden geschlafen hätten!

Begegnungstagungen zwischen jüdischen und christlichen Frauen

Ich weiss nicht, wann genau in mir die Überzeugung gewachsen ist, dass christliche feministische Theologie den Dialog mit jüdischen Theologinnen suchen müsste. Es hatte etwas mit dem (christlichen) feministischen Blick auf das Alte Testament zu tun. Hier sollten wir Christinnen uns unbedingt kundig machen, wie jüdische Theologinnen ihre Tradition verstanden und interpretierten. Also gründeten wir eine Arbeitsgruppe von christlichen und jüdischen Frauen. Unser Ziel: Begegnungen möglich zu machen. Von christlicher Seite waren Frauen mit dabei, die schon seit längerem eine feministische Position im christlich-jüdischen Dialog

Begegnungstagungen zwischen jüdischen und christlichen Frauen (1987–1993)

31.10./1.11.1987: Abraham und seine Töchter. Jüdische und christliche Frauen befragen die Tradition. Leitung: Reinhild Traitler und Team

13.–15.1.1989: Eine Frauentagung als Fortsetzung der Tagung «Abraham und seine Töchter» vom Nov. 1987. Referentin: Leonore Siegele-Wenschkewitz. Leitung: Reinhild Traitler und Team

20.–22.4.1990: Befreiung und Erlösung – Pessach und Ostern. Leitung: Marianne Wallach-Faller und Reinhild Traitler

24.–26.5.1991: Im Bilde Gottes geschaffen – männlich und weiblich. Leitung: Ingrid von Passavant, Marianne Wallach-Faller, Reinhild Traitler und Team

26.–28.3.1993: Gemeinschaft und Verschiedenheit – Frauenvorstellungen von Pluralismus und geteilter Macht. Begegnungstagung zwischen jüdischen und christlichen Frauen mit Judith Plaskow. Leitung: Ingrid von Passavant, Reinhild Traitler, Marianne Wallach-Faller

Abschiedsfest für Reinhild Traitler (2003):
Susanne Kramer-Friedrich würdigt die Arbeit
von Reinhild.

Abschiedsfest für Reinhild Traitler (2003): Doris
Walser (vorne links) und Elisabeth Miescher
(vorne rechts) im Gespräch.

suchten, etwa die Pfarrerrinnen Ruth Wirz und Ingrid von Passavant oder die Theologiestudentin Esther Hürlimann. Von jüdischer Seite kamen die Frauen aus viel unterschiedlicheren religiösen Kontexten: von der Israelitischen Kultusgemeinde ebenso wie von der liberalen Gemeinde. Mirjam Brassloff, Marianne Wallach-Faller, Ruth Blumenthal, Rachel Rybowsky und Eva Pruschy haben das Format der Begegnungstagungen wesentlich mitgeprägt. Sie waren an feministischen Fragestellungen interessiert, aber noch wichtiger war ihnen, so schien es mir, eine angemessene Partizipation als Frauen in ihren Gemeinden zu erlangen. Während die Christinnen schon eine gewisse Übereinstimmung in Bezug auf feministische Perspektiven erreicht hatten, waren die Positionen der jüdischen Frauen heterogener. Das haben die mehrheitlich protestantischen Christinnen allerdings nicht sofort gemerkt, auch nicht, dass ein Machtgefälle in unsere Begegnungen eingeschrieben war. Als wir schlussendlich alle begriffen, dass feministische Theologie für jüdische Theologinnen bedeutete, die Minderheit in der Minderheit einer Minderheit zu sein, war das eine befreiende Erkenntnis. Es ging für uns alle – Jüdinnen wie Christinnen – darum, feministische Fragestellungen in ihrer Unterschiedlichkeit und ihrer Anbindung an verschiedene Traditionen und Kontexte zu begreifen. Auch dies kein leichter Prozess: Ich erinnere mich, wie erstaunt, ja schockiert manche Christinnen waren, die jüdische Segnung von Brot und Wein am Beginn des Sabbat zu erleben. War nicht das Abendmahl einzigartig christlich? «Wurde uns etwas weggenommen?»

Diese Begegnungstagungen waren ein beherzter Versuch, miteinander und voneinander zu lernen. Dabei wollten wir die Selbstdefinition der jeweils anderen Person respektieren, uns aber auch mit den historischen und aktuellen Zuschreibungen befassen, die unsere jeweilige Tradition für die andere bereithält. Und waren nicht selten erstaunt, wie sehr wir Christinnen die eine oder andere schon im Neuen Testament vorhandene Polemik verinnerlicht hatten und trotzdem meinten, tolerant und offen zu sein.

Das Mitreissende dieser Begegnungstagungen war aber unser Wunsch, nicht nur ein Stück Wissen, sondern ein Stück Leben zu teilen. Höhepunkt in diesem Prozess war immer das Feiern, wo wir die jeweils anderen einluden, am eigenen spirituellen Reichtum teilzunehmen. Gleichzeitig waren die Tagungen auch «Lehrhaus». Wir haben die wichtigsten Exponentinnen des christlich-jüdischen Dialogs unter Frauen zu diesen Begegnungen eingeladen, unter anderen: die früh verstorbene deutsche Theologin und Leiterin der Evangelischen Akademie Arnoldshain, Leonore Siegele-Wenschkewitz, die Heidelberger Judaistikprofessorin Pnina Navè Levinson, Marianne Wallach-Faller, die als Germanistin und Jüdin an einer kritischen Ausgabe von Johannes Schefflers «Cherubinischem Wandersmann» arbeitete, die jüdischen feministischen Theologinnen Susannah Heschel sowie Judith Plaskow aus den USA, deren Buch «Und wieder stehen wir am Sinai» (1992) wir zur Vorbereitung durchgeackert hatten.

Jahre später habe ich einen ähnlichen Prozess für einen Dialog zwischen christlichen und muslimischen Frauen in Gang zu setzen versucht. Hier war der Lernbedarf auf beiden Seiten noch viel grösser. Es gab kein «Altes Testament», das eine Brücke anbot, um die beiden Ufer miteinander in Beziehung zu setzen. Und die Geschichte mit dem Islam, die das christliche Europa durchaus hat, war jahrhundertelang negativ aufgeladen. Dennoch hat dieser Dialog 2002 zur Gründung des «Europäischen Projekts für Interreligiöses Lernen» (EPIL) zwischen christlichen und muslimischen Frauen geführt, das immer noch besteht.

Wenn ich auf die fast 20 Jahre unserer feministisch-theologischen Arbeit auf Boldern zurückblicke, bleiben zwei Schwerpunkte wichtig: die Verknüpfung unseres feministischen Ansatzes mit den Methoden der Befreiungstheologie sowie die Solidarität zwischen Frauen aus allen Teilen Europas, die Verbundenheit untereinander, die gewachsen ist. Und wächst!

Ökumenische und interreligiöse Ausbildungskurse für Frauen, in Zusammenarbeit mit anderen Bildungshäusern (1999–2005)
1998–1999: «Neuer Himmel, neue Erde» (1. Ökumenischer Ausbildungskurs Feministische Theologie)
2000–2001: «Frauen im Judentum, Islam und Buddhismus» (2. Ökumenischer Ausbildungskurs Feministische Theologie)
2002–2003: «Im Zeichen des Einen» (1. Interreligiöser Theologiekurs für Frauen)
2005: «Frieden – Du leiseste aller Geburten» (2. Interreligiöser Theologiekurs für Jüdinnen, Christinnen, Musliminnen)

Abschiedsfest für Reinhild Traitler (2003): Tanz von Reinhild Traitler (erste von rechts) mit Angela Römer (zweite von rechts) und anderen.

BOLDERN (2003–2012)

Tania Oldenhage

Studienleiterinnen ab 2003:
- Tania Oldenhage, Ressort Theologie im gesellschaftlichen Dialog (2003–2008)
- Inger Muggli-Stokholm, Ressort Persönliche Lebensgestaltung (2003–2005)
- Jeannette Behringer, Ressort Sozial- und Gesellschaftsethik (2009–2012)
- Brigitte Becker, Ressort Theologie im gesellschaftlichen Dialog (2008–2012)

2012 verliert Boldern die finanzielle Unterstützung der Zürcher Kantonalkirche. Die Studienbereiche werden daraufhin geschlossen.

Veranstaltungen (Auswahl):
2004: Querbeet Feministisch. Tagung zu feministisch-theologischen Fragen der dritten Generation Leitung: Tania Oldenhage, Esther Straub, Ursina Parr-Gisler und Veronika Bachmann
2006: Feministisch Predigen. Leitung: Monika Frieden und Tania Oldenhage
2006-2009: Neuland Bibel. Veranstaltungsreihe zur Bibel in gerechter Sprache, in Zusammenarbeit mit Susanne Kramer und der Ökumenischen Frauenbewegung Zürich. Leitung: Susanne Kramer mit Tania Oldenhage, ab 2008 mit Brigitte Becker
2006: Wie hast du's mit dem Christentum? Feministische Gespräche zur christlichen Identität. Veranstaltungsreihe im Boldernhaus. Leitung: Tania Oldenhage, Esther Straub, Ursina Parr-Gisler und Veronika Bachmann
2007: Mein ganzes Glück bist du allein (Psalm 16,2) – Die Frage nach dem Glück in den Religionen. Interreligiöser Theologiekurs für Jüdinnen, Christinnen und Musliminnen, zusammen mit anderen Bildungshäusern

Im Sommer 2003 zog ich in mein neues Büro im Evangelischen Tagungs- und Studienzentrum Boldern. In den Regalen standen Bücher meiner Vorgängerin. Auf meinem Schreibtisch stapelten sich Ordner mit Material von früheren Tagungen. Unter dem Sofa fand ich ein Paar blaue Ballerinas. Sie wurden für mich zum Symbol für die Frage, die mich in den ersten Monaten beschäftigte: Wie tritt frau in die Fussstapfen grosser feministischer Theologinnen? Würde es mir gelingen, das feministisch-theologische Erbe von Boldern nach der Pensionierung von Reinhild Traitler auf gute Weise weiterzuführen?

Weitergeführt wurde es jedenfalls und zwar nicht nur von mir, sondern auch von meinen Kolleginnen und Nachfolgerinnen, Inger Muggli-Stokholm, Jeannette Behringer und Brigitte Becker zusammen mit vielen Kooperationspartnerinnen. Weitergeführt wurden die Interreligiösen Theologiekurse in Zusammenarbeit mit Brigit Keller von der Paulus-Akademie. Weitergeführt wurde auch der internationale feministische Austausch. Tagungen mit Luise Schottroff, Andrea Günter, Lucia Scherzberg, Laura Levitt, Claudia Schippert, Marian Ronan, Katharina von Kellenbach oder Susanne Scholz brachten uns ins Gespräch über aktuelle feministische Forschungen in anderen Ländern. Einen neuen Akzent bildeten dabei u. a. Auseinandersetzungen mit Queer Theorien und theologischen Genderdebatten. Mit dem Aufbau des «Netzwerks geschlechterbewusste Theologie» kooperierte das Team auf Boldern mit der theologischen Männerforschung in Zürich und an anderen Orten.

Einige Veranstaltungen blieben mir in besonderer Erinnerung: Unter dem Titel «Querbeet Feministisch» leitete ich im Sommer 2004 zusammen mit Esther Straub, Ursina Parr-Gisler und Veronika Bachmann eine Tagung zu feministisch-theologischen Fragen der dritten Generation. Die Tagung war gut besucht, aber auch kontrovers, weil wir einen Kollegen, Björn Krondorfer, aus der kritischen Männerforschung eingeladen hatten. Viel neuen Gesprächsstoff ergab die Veröffentlichung der Bibel in gerechter Sprache im Jahr 2006. In Zusammenarbeit mit Susanne Kramer und der Ökumenischen Frauenbewegung Zürich entstand die Veranstaltungsreihe «Neuland Bibel», in der die neuen Übersetzungen erprobt und

Gruppenbild von der Tagung «Feministisch Predigen» im September 2006 auf Boldern.

diskutiert wurden. Mit Monika Frieden leitete ich 2006 eine Tagung mit dem Titel «Feministisch Predigen», an der meine spätere Nachfolgerin Brigitte Becker Impulse setzte, die bei mir bis heute nachhallen. In Erinnerung bleibt mir auch eine Veranstaltungsreihe im Boldernhaus mit dem Titel «Wie hast du's mit dem Christentum? Feministische Gespräche zur christlichen Identität». An diesen Tagungen buchstabierten wir christliche Glaubenssätze konsequent feministisch durch. Für mich persönlich am Lehrreichsten war ein einwöchiges Modul von EPIL (Europäisches Projekt für Interreligiöses Lernen) im Jahr 2007, das ich zusammen mit Rifa'at Lenzin leitete. Christliche und muslimische Teilnehmerinnen aus fünf verschiedenen Ländern nahmen daran teil. Mit diesem Projekt stand ich in enger Zusammenarbeit mit meiner Vorgängerin Reinhild Traitler, die zusammen mit Teny Pirri-Simonian die Gesamtleitung von EPIL innehatte.

Nachdem Jeannette Behringer 2009 die Studienleitung für Sozial- und Gesellschaftsethik übernahm, wurden feministische und gleichstellungspolitische Anliegen verstärkt zusammengeführt, um Frauen aus verschiedenen gesellschaftlichen Feldern ins Gespräch miteinander zu bringen. Wissenschaftlerinnen trafen auf Kirchenfrauen, Politikerinnen auf Engagierte aus der Zivilgesellschaft.

2012 verlor Boldern die finanzielle Unterstützung der Zürcher Kantonalkirche. Der Studienbereich wurde daraufhin geschlossen. Heute blicke ich zurück und denke: Es ging damals gar nicht um die Frage, wie das feministische Erbe weitergeführt wird. Es ging um ein Zeitfenster von wenigen Jahren. Jedes Jahr, in dem feministische Arbeit auf Boldern möglich war – egal welche Tagung zu welchem Thema von welcher Person geleitet wurde –, scheint im Nachhinein unendlich kostbar.

2009: Spagat und Pirouette – wie uns die Heilige Geistkraft beflügelt. Leitung: Brigitte Becker und Gisela Matthiae
2009: Nicht Frau noch Mann?! Eine feministisch-theologische Anstiftung zur Geschlechterverwirrung. Leitung: Brigitte Becker, Andrea Bieler, Ruth Hess
2011: Sinn durch Engagement? Potenziale für Individuum und Gesellschaft. In Kooperation mit MIGROS Kulturprozent und Universität Zürich. Leitung: Jeannette Behringer

VON DER REFORMIERTEN HEIMSTÄTTE GWATT ZUR FACHSTELLE FRAUEN DER REFORMIERTEN KIRCHEN BERN-JURA-SOLOTHURN

Helmute Conzetti

In den 1980er und 1990er Jahren gibt es im Gwatt-Zentrum neben anderen Ressorts auch ein Ressort «Frau in der Gesellschaft».

Stellenleiterinnen Ressort «Frau in der Gesellschaft»:
– Christine Fankhauser (1976–1982)
– Eva Schär (1982–1989)
– Marianne Ennulat (1989–1991)
– Anaba Gurtner / Helmute Conzetti (ab 1991)

Stellenleitung Ressort «Kirchliche Erwachsenenbildung und Spiritualität»:
– Angela Römer (1986–1998)
– Andreas Borter (1986–1998)

1992: Aufteilung der Fachstelle «Frau in der Gesellschaft»
– 50 % «Fachstelle Frauen»
  (Stellenleiterin Helmute Conzetti)
– 50 % «Fachstelle Männerarbeit»
  (Stellenleiter Andreas Borter)
1998: Verlegung des Kirchlichen Bildungsbereiches in die Stadt Bern
1998–2002: «Fachstelle Frauen»
(Stellenleiterin Helmute Conzetti)
1998–2002: «Fachstelle Männer»
(Stellenleiter Robert Zimmermann)
1998–2006: «Fachstelle Spiritualität»
(Stellenleiterin Angela Römer)
2002: Umwandlung der «Fachstelle Frauen» in «Fachstelle Gemeinde-Entwicklung»
(Stellenleiterin bis 2009: Helmute Conzetti)
2009: Integration des gesamten Bildungsbereiches in «Gesamtkirchliche Dienste»

1965, als ich mich nach der Matura beim Präses der Bremer Landeskirche zum Theologiestudium anmeldete, sagte dieser: «Wie schön, dass sich jetzt auch Frauen für das Theologiestudium interessieren. Aber natürlich können Sie, wenn Sie heiraten, nicht mehr im Pfarramt tätig sein.» Unglaublich! Aber ich wollte Theologie studieren, weil mich das brennend interessierte, und ans Heiraten dachte ich noch lange nicht. 1973 in Berlin, inzwischen verheiratet mit einem Schweizer Pfarrer, mit zwei kleinen Kindern und nach zweijährigem Vikariat, war es kein Problem mehr, eine Teilzeitpfarrstelle zu bekommen. Als ich dann 1976 nach Bern kam, war es dort noch unvorstellbar, dass sich ein Pfarrehepaar eine Stelle teilte. Es fehlte an Möglichkeiten zur Kinderbetreuung, und die freiwillige Mitarbeit der Pfarrfrau in der Kirchgemeinde wurde als selbstverständlich vorausgesetzt. Ich wollte und brauchte aber ein eigenes Betätigungsfeld. So war ich politisch tätig im Berner Stadtrat, konnte unter anderem in der Pfarrerweiterbildung und Vikarsausbildung mitarbeiten, mich zur Supervisorin ausbilden und in kirchlichen Gremien und der Frauenkirche mitarbeiten. 1982 ging dann mein Wunsch, als Pfarrerin zu arbeiten, endlich in Erfüllung: Das Berner Kirchengesetz erlaubte nun Pfarr-Ehepaaren, sich eine Stelle miteinander zu teilen. Eine Frau im Pfarramt – das war anfangs für einige doch sehr befremdlich. Von anderen aber wurde meine Arbeit geschätzt, weil nun auch die Erfahrungen als Frau und Mutter und Erfahrungen mit biblischen Texten aus den Bibliodrama-Kursen der Pfarrerweiterbildung in Seelsorge und Predigten einflossen. Was den männlichen Kollegen «banal» erschien, kommentierten Predigtbesucherinnen mit «Wir verstehen Deine Predigten einfach besser».

Ressort «Frau in der Gesellschaft» im Gwatt

1991, nach 10 Jahren geteilter Familien- und Pfarramtsarbeit, wünschte ich mir ein eigenes Betätigungsfeld und wurde als Studienleiterin «Frau in der Gesellschaft» in die reformierte Heimstätte Gwatt gewählt. Das Gwatt, wunderschön am Thuner See gelegen, wurde auf Initiative von Lisel Moser von der Kirche erworben. Diese engagierte Frau wollte nach dem gewaltsamen Tod ihres Bruders einen sicheren Platz für Jugendliche schaffen. Sie erreichte, dass die Reformierte Kirche 1930 das Gwatt kaufte. Nach und nach wurden auf dem ehemals sumpfigen Gelände Gebäude errichtet, die von Jugendlichen und Kirchgemeinden für Freizeitangebote und Weiterbildungen genutzt wurden. Diese reformierte Heimstätte, die anfangs auch die Schule für soziale Arbeit beherbergte, stellte Studienleitende für verschiede Ressorts an, u. a. «Landwirtschaft», «Jugend», «Kirchliche Erwachsenenbildung» und «Frau in der Gesellschaft».

Eva Schär, Philologin und Erwachsenenbildnerin und von 1982–1989 Leiterin des Ressorts «Frau in der Gesellschaft», war nach längerem Aufenthalt in Malaysia besonders in entwicklungs- und frauenpolitischen Fragen engagiert. Sie sah die (damals) eher unpolitische Form der kirchlichen Persönlichkeits- und Weiterbildung von Frauen durchaus kritisch und vermisste das politische und emanzipatorische Engagement. Frauen gingen, wie sie es sah, nach den Kursen gestärkt in den Alltag und ihre Frauenrolle zurück, ohne dass sich für sie etwas wirklich verändert hätte.

Die Theologin Angela Römer leitete in den 1980er und 1990er Jahren, zusammen mit dem Theologen Andreas Borter, die Fachstelle «Kirchliche Erwachsenenbildung und Spiritualität». Sie führte Bibliodrama-, Mystik- und spirituelle Tanz- und Meditationskurse durch. Die Angebote mit Referentinnen wie Heidemarie Langer, Jutta Voss, Anastasia Geng, Christa Mulack, Magdalen Bless u. a. fanden regen Zuspruch. In den 1980er Jahren waren das in der Reformierten Kirche noch neue und teilweise auch befremdliche Themen, die Fragen, Diskussionen und Kontroversen in der Synode der Reformierten Kirche auslösten. Das galt dann besonders für den Bildungszyklus «Schwarze Madonna», an dem auch die katholische Theologin Regina Müller mitarbeitete. Von 1996–1998 fanden insgesamt 17 Veranstaltungen, Wochenenden und Reisen statt. Die Reisen 1996 und 1997 führten ins Engelberger Tal, nach Chartre und in die Auvergne. Zu diesem Bildungszyklus wurde eine Broschüre erstellt.

Das Ressort «Frau in der Gesellschaft», später «Fachstelle Frauen», war nacheinander besetzt mit den Studienleiterinnen Christine Fankhauser, Marianne Ennulat und Eva Schär. 1991 teilte ich mir die Stelle «Frau in der Gesellschaft» mit Anaba Gurtner. Unser Programm umfasste thematische Kurse wie «Stimme und Körper», «Familie und Beruf», «Frauen

Broschüren der Fachstelle:

– Eva Schär: 7 Jahre Frauenressort Gwatt – ein unabgeklärter Blick zurück. Herausgegeben vom Tagungszentrum der Ref. Heimstätte Gwatt und Bern, Juni 1989.

– Schwarze Madonna. Nachlese zu einem Bildungszyklus im Gwatt-Zentrum (1996–1998), mit Texten von Angela Römer, Cornelia Vogelsanger, Margrit Schmid, Christa Mulack, Magdalen Bless, Judith Plaskow, Marianne Schneider, Ursula Bernauer, Elisabeth Hämmerling.

– Marianne Vogel Kopp: Netzwerk Frauenkirche Schweiz – Liturgiegruppen im Selbstportrait. Herausgegeben von der Fachstelle Frauen Bern, Bern 1995.

– Frauen verändern das Pfarramt. Ergebnisse und Konsequenzen aus den Untersuchungen «Chancengleichheit für Frauen im Pfarramt». Herausgegeben von der Reformierten Kirche Bern-Jura-Solothurn, Bern 2000.

– Sexuelle Belästigung und sexuelle Ausbeutung am Arbeitsplatz Kirche. Herausgegeben von der Synodalrätlichen Kommission für Frauenfragen, Reformierte Kirchen Bern-Jura-Solothurn, Bern 2001.

in kirchlichen Ämtern» und Frauen-Ferienwochen. Allerdings kündigte Anaba Gurtner nach kurzer Zeit – wohl auch, weil ihre Themen und ihre Kurse für lesbische Frauen damals in der Kirche noch sehr provozierten und Widerstand auslösten.

Neu: «Fachstelle Frauen»

Nach der Kündigung von Annaba Gurtner wurde die Stelle aufgeteilt in 50 % «Fachstelle Frauen» und 50 % «Fachstelle Männerarbeit», die Andreas Borter übernahm. Neben spezifischen Frauen- und Männerthemen wurden nun auch Männer- und Frauenrollen in Familie, Gesellschaft und Kirche in gemeinsamen Kursen thematisiert: Wie wird die eigene Geschlechterrolle wahrgenommen und gelebt? Wie könnte sie sich zum Wohl aller verändern? Auch das wurde in der Synode kritisch diskutiert, weil angeblich Frauen dazu ermuntert wurden, sich selbständig zu machen und die Familie zu verlassen!

Zusammen mit einer Arbeitsgruppe führte ich zudem, wie schon meine Vorgängerinnen, Tagungen durch zur Vorbereitung des jährlichen Weltgebetstags (WGT), an der die für den WGT verantwortlichen Frauen aus den Kirchgemeinden teilnahmen. Um die Arbeit und Situation der Frauen in den WGT-Ländern besser kennen und schätzen zu lernen, organisierte ich später Gruppenreisen in die jeweiligen Länder: Madagaskar (1997), Libanon (2003), Polen (2005), Südafrika (2006), Papua-Neuguinea (2008). So konnten wir fremde Frauenwelten kennenlernen und wahrnehmen, welche wichtige emanzipatorische Rolle die WGT-Bewegung weltweit spielt.

Aufschwung in Fragen der Frauenförderung gab auch die weltweit gefeierte Dekade «Kirchen in Solidarität mit den Frauen 1988–1998». 1993 feierten wir, Frauen und Männer gemeinsam, zur Mitte der Dekade im Berner Münster einen Gottesdienst mit dem frechen Titel: «10 Jahre Solidarität der Kirchen mit den Frauen – 2 × 1000 Jahre Solidarität der Frauen mit der Kirche». Frauengruppen vernetzten sich in dieser Zeit zu gemeinsamen Liturgiefeiern. Der Verein Frauen und Kirche Luzern hatte am 12. November 1994 erstmals zum Austausch von Frauenliturgiegruppen eingeladen. Daraus ist dann das Netzwerk «FrauenKircheSchweiz» hervorgegangen, das 1995 in einer Broschüre dokumentiert wurde.

Bibelseminare mit Luise Schottroff öffneten vielen Frauen und Männern die Augen für präzise, feministische Bibelauslegungen und korrigierten das Bild eines aggressiven, männerfeindlichen Feminismus. So zum Beispiel die Seminare «Auf dem Wege zu einer neuen christlichen Sexualethik» (1997), «Berge meine Tränen in Deiner Liebe» und «Heilserfahrungen in den Evangelien» (2000) oder auch das Seminar mit Mary Hunt zur feministischen Ethik: «Frei sind wir, unserem Herzen zu folgen» (1997). Durch diese Begegnungen und durch Kurse mit Theologinnen und Theologen wie Dorothee Sölle, Mary Hunt, Doris Strahm, Jürgen Ebach u. a. wurden mir zunehmend die «feministischen» Seiten der Bibel und die sich daraus ergebenden ethischen und gesellschaftlichen Fragen bewusst. «Essen – da gehen uns die Augen auf» hiess eine Themenreihe in Zusammenarbeit mit Luzia Sutter Rehmann von der Frauenstelle Biel. Auch mir gingen die Augen auf. Mir gefiel die genaue Analyse der Texte, die einen kritischen Blick auf bisher männer-zentrierte Auslegungstraditionen ermöglichte. Diese Erfahrungen zu diskutieren, weiterzugeben und sich mit diesen Erfahrungen weltweit zu vernetzen, wurde mir zunehmend wichtig.

Verlegung der «Fachstelle Frauen» vom Gwatt nach Bern

Nach der Verlegung des Kirchlichen Bildungsbereiches vom Gwatt in die Stadt Bern 1998 hatten sich die Aufgaben der «Fachstelle Frauen» geändert: Wichtig wurden nun Gleichstellungsfragen in der Kirche, Ermutigung und Befähigung von Frauen für kirchliche Führungs-Ämter. Wegleitend waren da Ideen von Dr. Eva Renate Schmidt (1992 hat ihr die Universität Bern den Ehrendoktortitel verliehen), die massgebend die Gemeindeberatung geprägt hat. Führungskurse mit Beratungsfrauen wie Ruth Rauch und Gaby Vermot stärkten Frauen in kirchlichen Führungsaufgaben und wurden rege besucht. Thema waren hinter vorgehaltener Hand auch Fragen der sexuellen Belästigung. Die Broschüre «Sexuelle Belästigung und sexuelle Ausbeutung am Arbeitsplatz Kirche» (2001) nahm dieses tabuisierte Thema auf.

Ende der 1990er Jahre gab es verschiedene Untersuchungen zur Situation der Frauen im Pfarramt. So konnte ich eine Projektgruppe leiten, in der unter Beteiligung der Universität Bern die Situation von Pfarrerinnen untersucht und beurteilt wurde. Deren Fazit: Pfarrerinnen sind begehrt,

Stellenteilungen sind selbstverständlich. Frauen haben den Weg zur Stellenteilung auch für Männer geebnet. Dokumentiert ist dies in der Broschüre «Frauen verändern das Pfarramt» (2000). Ein paar Jahre später, 2007, erschien der Fotoband «Pfarrbilderbuch und Bilderbuchpfarrer/in», in dem viele Erfahrungen von Pfarrerinnen und Pfarrern in Bild und Wort dargestellt wurden (Affolter/Clémençon 2007).

Wieviel hat sich in den 35 Jahren meiner Berufstätigkeit doch in Kirche und Gesellschaft geändert!

DAS REFORMIERTE TAGUNGSZENTRUM LEUENBERG

Elisabeth C. Miescher

Mein Bekenntnis zur feministischen Theologie stand im Zentrum meiner Tätigkeit auf dem Leuenberg. Dies hiess nicht, als radikale Feministin aufzutreten, sondern ich suchte Möglichkeiten, feministische Ansätze und Themen in meine Arbeit einzubringen.

Als Studienleiterin auf dem Leuenberg wurde ich erst im zweiten Anlauf gewählt. Als ich mich 1980 zum ersten Mal bewarb, zog der Vorstand einen Psychologen vor, der bereits nach gut vier Jahren wieder zurücktrat. Der damalige Leiter, Ueli Ott, der gerne mit mir arbeiten wollte, empfahl mir, es erneut zu versuchen. So bewarb ich mich 1985 zum zweiten Mal und wurde gewählt. Ein halbes Jahr später folgte Thomas Bein. Die Zusammenarbeit mit ihm war sehr anregend und produktiv. Wir ergänzten uns gegenseitig auf ideale Weise. Nach dem Basler Chemieunfall in Schweizerhalle am 1. November 1986 planten wir zum Beispiel spontan eine Tagung, um dieses Geschehen zu verarbeiten.

Feministische Theologie auf dem Leuenberg

Meine eigenen Arbeitsbereiche waren Angebote für Frauen, schicksalsverwandte Gruppen (Trauernde, Geschiedene, später auch Lesben und Schwule) sowie Weihnachtstage und Sommerlager. Meine erste Tagung im März 1986 war das Wochenende «Begegnungen mit Biblischen Frauengestalten», eine Einführung in die feministische Theologie, zusammen mit Ruth Best, Patricia Remy, Elisabeth Salzmann und Esther Suter. Diese Tagung wurde ein grosser Erfolg, das Haus war ausgebucht. Ein grösseres Projekt war auch die Pfingsttagung 1987 zum Thema «Auf der Suche nach der heilenden, heiligen Geistin». Die Tagung begann mit dem «Frauenrequiem für ermordete Hexen» von Jutta Voss in der St. Alban Kirche Basel. Die Tagung hatte einige Jahre später unangenehme Konsequenzen. Als der Leuenberg Gelder für Sanierungsarbeiten bei den Baselbieter Kirchgemeinden erbat, wurde dieses Gesuch von den meisten Gemeinden abgelehnt mit der Begründung, der Leuenberg glaube nicht mehr an die Trinität.

Aufgrund meiner intensiven Auseinandersetzung mit der feministischen Theologie war dieser Ansatz in all meinen Tagungen auf dem Leuenberg vertreten. Als ich 1995 die gut besuchte Tagung zum 50. Todestag von

1967: Die Evangelische Heimstätte Leuenberg wird als Tagungszentrum der Baselbieter Kirche eröffnet. Erwachsenenbildung und Auseinandersetzung mit aktuellen gesellschaftspolitischen Fragen stehen im Vordergrund, u. a. auch Frauenfragen.
Ab 1973: Umbenennung in «Reformiertes Tagungszentrum Leuenberg», vorher auch Name «Evangelisches Tagungszentrum Leuenberg»
1997: Trägerverein beschliesst, soziale Themen wie z. B. Migration stärker zu betonen. Ressorts heissen nun «Gesellschaftsfragen» und «Lebensgestaltung».
2016: Die finanzielle Unterstützung durch die reformierte Landeskirche Baselland wird aus Spargründen gestrichen, da Tagungszentren wie der Leuenberg nicht mehr gefragt seien.

1985–1997: Elisabeth C. Miescher ist Studienleiterin.
Arbeitsbereiche: Angebote für Frauen, schicksalsverwandte Gruppen (Trauernde, Geschiedene, später auch Lesben und Schwule) sowie Weihnachtstage und Sommerlager

Tagungen (Auswahl):
1986: Begegnung mit Biblischen Frauengestalten – eine Einführung in die feministische Theologie, zusammen mit Ruth Best, Patricia Remy, Elisabeth Salzmann, Esther Suter
1986–1997: Jährliche Schwulen- und Lesbentagungen
1987: Pfingsttagung «Auf der Suche nach der heilenden, heiligen Geistin»
1993: Tagung zu Inzest und Missbrauch von Kindern, gemeinsam mit Ernestine Zink

Jahreskurse feministische Theologie (zusammen mit Ruth Best, Kirchliche Frauenstelle BL):

1992/93: Als Frau in der Kirche / Meine religiösen Wurzeln / Macht und Ohnmacht / Biblischen Frauen begegnen / Schwesternstreit / Schuld und Erlösung / Biblische Heilungsgeschichten
Referentinnen: Marga Bührig, Doris Walser, Ina Praetorius

1994: Spuren des Matriarchats entdecken / Hexen und Heilige / Sichtbare und unsichtbare Frauen in der Bibel / Erotik und Spiritualität / Schöpfungsgeschichten / Das Göttliche in uns tragen und gebären
Referentinnen: Magdalen Bless, Phyllis Bird, Magdalene Frettlöh, Luzia Sutter Rehmann

1995/96: Gottes selbstbewusste Töchter / Jesus und die Frauen / Frauenpower im frühen Christentum / Märtyrerinnen und widerständige Frauen
Referentinnen: Sabine Bieberstein, Regula Grünenfelder, Anne Jensen

1997–2004: Patricia Remy ist neue Studienleiterin

Veranstaltungen (Auswahl):

1997–1998: Betreuung des Dekade-Themas des ÖRK «Solidarität der Kirchen mit den Frauen» (1988–1998), 1998: Fest zum Abschluss der «Frauen-Dekade»

Bis Ende 90er Jahre: Vorbereitungsveranstaltungen für den Frauen-Weltgebetstag

1997–ca. 2002: Lesbentagungen

1998: Gemeinsam mit Ruth Schütz Gründung einer Frauen-Subkommission zum (neuen) reformierten Gesangbuch zwecks Änderung traditioneller männlicher Gottesbilder. Zusammen mit Margrit Balscheit formulieren sie 1500 Text-Änderungen, von denen letztlich von der Kommission 150 aufgenommen werden.

Dietrich Bonhoeffer organisierte, war es mir wichtig, dass Renate Bethge, die Ehefrau von Bonhoeffers engem Freund Eberhard Bethge, selbst als Referentin und Zeitzeugin auftrat. Ihr Vortrag war hervorragend. Sie verstand es, die Situation des Freundeskreises des von den Nazis inhaftierten Bonhoeffers lebendig vor Augen zu führen, und schilderte, was damals in Deutschland an Widerstand möglich war.

In den 1990er Jahren organisierte ich zusammen mit Ruth Best, Leiterin der Frauenstelle der reformierten Kirche Baselland, Jahreskurse feministische Theologie und Frauengeschichte. 1994 bestanden diese aus fünf Wochenenden und einer Kurswoche, die Frauen zu einer frauengerechten Theologie und Spiritualität führen sollten. Die einzelnen Teile folgten dem Jahreszyklus und widmeten sich der Frauengeschichte. Im Januar galt es Spuren des Matriarchats zu entdecken, im April standen Hexen und Heilige im Mittelpunkt, und im Juni lüfteten wir die Schleier über den sichtbaren und unsichtbaren Frauen in der Hebräischen Bibel mit der Alttestamentlerin Phyllis Bird aus den USA. In der Kurswoche im August standen Erotik und Spiritualität im Zentrum, und im Herbst widmeten wir uns biblischen und anderen Schöpfungsgeschichten mit Tänzen und Ritualen mit Marianne Schneider. Im Dezember beendeten wir den Kurs mit einem Wochenende zum Thema «Das Göttliche in uns tragen und gebären».

Die feministische Theologie nahm auf dem Leuenberg einen breiten Raum ein. Unvergesslich ist mir eine Tagung zu Inzest und Missbrauch von Kindern, die ich mit der Mal- und Gestaltungstherapeutin Ernestine Zink verantwortete. Wir hatten als Zielpublikum Lehrpersonen vor Augen, die sich professionell mit dieser Thematik auseinandersetzten. Es kamen aber vor allem betroffene Frauen und zum Teil ihre Mütter. Die Tagung bot einen Rahmen an, um über längst Vergangenes und Belastendes zu sprechen. Die Begegnungen an dieser Tagung bewegen mich immer noch. Eine Teilnehmerin, die ich zehn Jahre später traf, drückte ihre Dankbarkeit aus und erzählte mir, dass durch unsere Tagung die Beziehung zu ihrer Mutter einen neuen Anfang nahm.

Impulse aus Studienaufenthalten in den USA

Zwei Mal gewährte mir der Leuenberg einen dreimonatigen Studienaufenthalt: 1993 und 1995. Dies gab mir die Möglichkeit, mich am Garrett-Evangelical Theological Seminary in Evanston bei Chicago/USA weiterzubilden. Garrett war damals ein internationales Zentrum für die feministische Theologie, wo berühmte Professorinnen wie Rosemary Radford Ruether, Phyllis Bird und andere unterrichteten. In Garrett war die feministische Theologie eine Selbstverständlichkeit. Ich nahm an feministischen Gottesdiensten teil, die für mich wegweisend wurden. Diese Aufenthalte in Garrett haben mich stark geprägt und mir neuen Mut gemacht, meinen eigenen Weg als feministische Studienleiterin zu gehen. Die Anregungen, die ich dort sammelte, und das Denken, das ich lernte, brachte ich anschliessend in meine Arbeit auf dem Leuenberg ein. Meine Kollegen bemerkten jedes Mal, wie ich mit frischer Energie und einem Reichtum an Ideen aus Evanston zurückkehrte. Ich bin dem Leuenberg-Vorstand immer noch dankbar für diese Weiterbildungsmöglichkeit in Garrett.

Wenn ich auf meine zwölf Jahre als Studienleiterin auf dem Leuenberg zurückblicke, bin ich beeindruckt, wie viele Angebote in feministischer Theologie ich gemeinsam mit Ruth Best verwirklichen konnte. Es war eine anregende und fruchtbare Zusammenarbeit. Vor allem die Sommerkurse sind mir in lebhafter Erinnerung. Ein weiterer Schwerpunkt waren für mich die Weihnachtstage, die ich zusammen mit Max Bosshart (zuerst Verwalter und ab 1990 Leiter) und seiner Frau Monica leitete. Mein feministischer Ansatz ermöglichte einen anderen Zugang zum Weihnachtsfest. Wir konnten in den für viele Teilnehmer:innen schwierigen Tagen eine Geborgenheit und ein Stück Heimat mit weihnachtlichem Rahmen schaffen. Viele der Teilnehmer:innen kamen jährlich wieder, insbesondere alleinerziehenden Mütter mit ihren Kindern.

Die Zeit auf dem Leuenberg war der Höhepunkt meiner beruflichen Tätigkeit als feministische Erwachsenenbildnerin.

Ab 2000: Weiterbildung für kirchliche Mitarbeiterinnen, gemeinsam mit der kirchlichen Frauenstelle BL, Fachstelle für Jugendarbeit und Projektstelle für Frauen BS
2004: Mitglied der Projektgruppe der 3. Schweizer Frauen-Synode in Basel «Anders – wie denn sonst?»
Ab 2004: Veranstaltungen zum Thema «Gewalt gegen Frauen», in Zusammenarbeit mit Anja Kruysse (Kirchl. Frauenstelle BL) – aus Anlass der weltweiten Kampagne der Kirchen gegen Gewalt an Frauen und Kindern (24.11.–10.12.2004)
Ab 1993: Nach Gründung der kirchlichen Frauenstelle Baselland (1993), für die sich Patricia Remy als damalige Kirchenrätin stark eingesetzt hatte, wurde die explizit feministische Arbeit auf dem Leuenberg mehr und mehr der Frauenstelle übertragen.

Dokumentation:
Feministische Theologie und ihre Folgen, in: Zwischenzeit. Die Reformierte Kirche Baselland 1950–2000. Herausgegeben von der Evangelisch-reformierten Kirche des Kantons Basel-Landschaft, Liestal 2004, 168–172.

DAS ROMEROHAUS

Li Hangartner

1986: Gründung RomeroHaus Luzern; Trägerschaft: Missionsgesellschaft Bethlehem SMB
2013: Übernahme des RomeroHauses durch die Bethlehem Mission Immensee BMI als neue Rechtsträgerin
2017: Namensänderung von BMI zu Comundo als Rechtsträgerin und Besitzerin des RomeroHauses
2019: Gastronomie und Raumvermietung unter der Bezeichnung «Seminarhotel RH» an die IG Arbeit ausgelagert

Durch die Umstrukturierung und Fokussierung der Tätigkeit auf Fachpersoneneinsätze verschwindet die Marke RomeroHaus als Bildungshaus. Im RomeroHaus haben mehrere Personen mit unterschiedlichen Profilen und Hintergründen intensiv zusammengearbeitet und gemeinsam das Programm gestaltet.
Die feministisch-theologischen Veranstaltungen wurden verantwortet von: Lisianne Enderli (le) 1988–1989, Regula Grünenfelder (rg) 1992–1996/1997–1999, Katharina Schmocker (ks) 1996–1997 und Li Hangartner (lh) 1989–2017 (1993–2015 Leiterin der Veranstaltungsgruppe). Darüber hinaus prägten auch Renate Metzger-Breitenfellner, Barbara Müller, Mailin Scherl und Theres Höchli das feministische Profil des RomeroHauses.

Feminismus und feministisch-theologische Befreiungstheologie gehörten seit der Gründung des RomeroHauses Luzern 1986 zum Profil und zu den Kernanliegen der Missionsgesellschaft Bethlehem, Gründerin und Trägerin des Hauses.

Inspiriert von Judy Chicagos Installation «The Dinner Party», lade ich rückblickend einige der feministischen Theologinnen ein, die in über dreissig Jahren im RomeroHaus zu Gast waren, an fiktiven Tischen Platz zu nehmen. Die Tische sind schön gedeckt; in Erinnerung an die Köchinnen Anna, Maria und Rosa, sie waren immer sehr kreativ, wenn es darum ging, das Thema einer Tagung kulinarisch umzusetzen. Nach und nach kommen sie, aus allen Kontinenten.

Der erste Gast ist *Marianne Katoppo* aus Indonesien (1987). Ihr Engagement galt seit den frühen 70er Jahren einer für die asiatische Wirklichkeit von Frauen relevanten Theologie. Auch die in Deutschland lebende koreanische Theologin *Sung-Hee Lee-Linke* spricht zwei Jahre später (1989) von der Sehnsucht nach einem Leben, das der asiatischen kulturellen Identität, dem Anspruch auf Freiheit und Gleichberechtigung sowie der christlichen Existenz gleichermassen gerecht wird. *Stella Baltazar* (2000) aus Indien kennt ihre Tischnachbarinnen aus der Arbeit bei der «Ecumenical Association of Third World Theologians» (EATWOT), einer ökumenischen Vereinigung von Theologen und Theologinnen aus Afrika, Asien und Lateinamerika. Die versklavenden Lebensverhältnisse sind auch für sie Ausgangspunkt für eine feministische Theologie im indischen Kontext und für den interreligiösen Dialog. Eine Brise frischen Wind bringt *Mary John Mananzan* (2000) mit, die quirlige Nonne aus den Philippinen, mit ihrer Vision befreiender Spiritualität, genährt aus den Quellen asiatischer Religionen. Feministische Befreiungstheologie im Kontext der Philippinen, Spiritualität und politisches Engagement prägen ihr Leben.

Theologisch-spirituelle Lehrerinnen

Auch *Elisabeth Moltmann-Wendel* sitzt mit am Tisch. Ich erinnere mich gut an ihren ersten Besuch an einem trüben Novembertag 1988. Sie sprach «Von der Scham im Leibe zu sein», von den unterschiedlichen Körpererfahrungen von Frauen, von der Leibfeindlichkeit der Kirchen und von einer neuen Deutung des Körpers. Sie schrieb damit ein wichtiges Kapitel feministischer Theologie und der Theologie überhaupt. An ihre Seite setzt sich *Dorothee Sölle* (1989 und viele weitere Male). Die Titel ihrer Veranstaltungen eröffnen den weiten Raum, in welchem sie Theologie betrieb: «Wir haben keine Zeit mehr, Gott zu verschweigen», «Der Vogel Wunschlos fliegt nicht weit» oder «Das gegossene Bild, das da lügen lehrt». Dogmatische Begriffe löste sie auf, indem sie sie übersetzte in eine poetische, fliessende und sinnliche Sprache. Wenn Dorothee kam, wurde das Klavier vom Erdgeschoss in den Tagungsraum unter dem Dach transportiert, eine Tagung ohne gemeinsames Singen war undenkbar. *Catharina Halkes* (1990) ist gerade aufgestanden, um im Garten genüsslich eine Zigarillo zu rauchen. Die Begegnung mit ihr wird zu einer lebenslangen Freundschaft. *Mary Hunt* und *Diann Neu* (1989) bereichern die Tischrunde mit ihren Erfahrungen in der FrauenKirche, die sie aus den USA mitbringen. Ihre Arbeit ist im schweizerischen und deutschsprachigen Europa grundlegend für die Entwicklung feministischer Liturgien. Natürlich fehlt in dieser Runde der grossen alten Damen *Elisabeth Schüssler Fiorenza* (1990 und weitere Male) nicht. Sie sei durch Zufall zur Theologie gekommen, erzählt sie zur Erheiterung ihrer Tischnachbarinnen, eigentlich wollte sie Coiffeuse werden, weil damit alle Geld verdienten. Wo/men Ekklesia – FrauenKirche, Discipleship of equals – Gemeinschaft von Gleichgestellten, Kyriarchat: Hinter diesen schüssler'schen Sprachschöpfungen eröffnet sich der Zugang zur Welt, in der wir leben, völlig neu. Mit *WeisheitsWege* hat sie uns einen ganzen Werkzeugkasten mitgebracht, der es uns ermöglicht, herauszufinden, warum wir mit der Bibel arbeiten und welche Hoffnungen und Ziele wir damit verbinden. *Carter Heyward* (1996) ist ins Gespräch vertieft mit ihrer langjährigen Freundin Dorothee Sölle. Ihr ganz neues Verständnis von Gott als «Macht in Beziehung» ist ein weiterer Meilenstein in der feministischen Theologie. Mit ihrer Wortschöpfung «to god» hat sie uns neue theologische Welten eröffnet. Der Gedanke, dass wir «göttlich handeln», wenn wir Gott in der

Veranstaltungen:

Aus Platzgründen ist hier lediglich ein Grossteil der feministisch-theologischen Veranstaltungen aufgelistet, während die feministischen fehlen wie auch Tagungen zu Weltgebetstagen, Weltfrauenkonferenzen und Weltökumene.

19.5.1987: Neue Hermeneutik – alte Vorurteile. Theologie einer asiatischen Frau. Vortrag von Marianne Katoppo, Theologin und Schriftstellerin aus Indonesien

22.11.1988: Unser Körper – Unser Selbst oder die Scham, im Leibe zu sein. Ein Kapitel Feministischer Theologie. Vortrag von Elisabeth Moltmann-Wendel / le

Nov./Dez.1988: Aufbruch der Frauen. 5 Kursabende zur Einarbeitung in die Feministische Theologie (Einführung in die Feminismustheorie, Christliche Theorien über das Wesen der Frau, Frauengeschichte der Bibel, Über Frauenbilder und Gottesbilder). Vorträge: Li Hangartner, Silvia Bernet-Strahm

15.2.1989: Befreiungstheologe für die Erste Welt. Abendgespräch mit Dorothee Sölle. Gesprächsleitung: Klara Obermüller

18.5.1989: Women-Church. Frauen bauen an ihrer Kirche. Mary Hunt (Theologin) und Diann Neu (Liturgikerin) im Gespräch / le

18.4.1990: Das Antlitz der Erde erneuern. Feministisch-ökologische Schöpfungstheologie. Vortrag von Catharina Halkes / lh

5./12./19./26.11.1990: Aufbruch der Frauen – ohne Männer? Einführung in die Feministische Theologie / lh, Silvia Strahm Bernet (ssb)

21.11.1990: Frauenkirche – eine Exodusgemeinschaft. Abendgespräch mit Elisabeth Schüssler-Fiorenza. Gesprächsleitung: Silvia Schroer / lh

27./28.9.1991: Vom Verlangen nach Heilwerden. Christologie in feministisch-theologischer Sicht. Referentinnen: Silvia Schroer, Doris Strahm, Silvia Strahm Bernet, Regula Strobel / lh

26.5.1992: Mujer conquista – die eroberte Frau. Abendgespräch mit Sr. Mary John Mananzan, Philippinen. Gesprächsleitung: Marga Bührig

15.10.1992: Mystik und Widerstand. Seminar mit Dorothee Sölle

8.11.1994: Kämpfen und Feiern. Asiatische feministische Spiritualität und Theologie. Abendveranstaltung mit Antoinette Brem und Barbara Lehner / rg

14.5.1996: «Ohne unsere Beziehung ist Gott nicht»: Carter Heyward, Autorin des Buches «Und sie rührte sein Kleid an» im Gespräch mit Doris Strahm und Li Hangartner / lh

17. 9.1996: «Gott ist eine Frau und sie wird älter.» Feministische Theologie und die Frage nach dem Alter. Vortrag Andrea Blome / rg

28.2./1.3.1997: Nein, mein Bruder! Gewalt gegen Frauen in biblischen Texten. Tagung mit Ilse Müllner / ks

20./21.3.1997: «Denn Gott bin ich und kein Mann.» Gottes- und Menschenbilder – feministisch betrachtet. Seminar mit Helen Schüngel-Straumann / lh

24.4.1997: En la lucha. Befreiungstheologie hispanischer Frauen (Mujerista Theologie). Veranstaltung mit Ada Maria Isasi-Diaz / lh

29.4.1997: In den Gärten der Mütter. Theologie aus der Sicht einer afrikanischen Frau. Afrikanische feministische Theologien. Veranstaltung mit Mercy Amba Oduyoye / lh

Welt inkarnieren, leibhaftig machen, gehört zu Heywards Grundüberzeugungen. «Ohne unsere Beziehung ist Gott nicht.»

Pfingstliches Sprachenwunder

Zu Tisch setzen sich auch Frauen aus lateinamerikanischen und afrikanischen Ländern. Seit den 1990er Jahren kommen sie vermehrt ins Romero-Haus – ein pfingstliches Sprachdurcheinander entsteht, bei dem sich alle wunderbar verständigen. In diese Zeit fällt auch die intensive Zusammenarbeit mit Brigit Keller (Paulus-Akademie) und Magdalena Zimmermann (Mission 21).

Ivone Gebara aus Brasilien (1995), die kluge, warmherzige Gesprächspartnerin, begnügt sich nicht mit einfachen Antworten, sie fragt immer weiter, mit viel Respekt für andere Menschen und Meinungen: «Die Frage von Gut und Böse hat mich immer bewegt, wie auch die Frage nach Gott. Ich habe entdeckt, wie unterschiedlich diese Fragen von Armen und Reichen, von Männern und Frauen, von Kindern und Alten erlebt werden. Ich versuche, die Fragen und Worte zu öffnen, um die Menschen zum Denken einzuladen», schreibt sie mir 2014 in einem Brief. *Ada Maria Isasi-Diaz* (1997), Begründerin der Mujerista-Theologie, bringt uns in Kontakt mit der Befreiungstheologie hispanischer Frauen in den USA. Sich selbst benennen zu können, bezeichnet sie als eine der mächtigsten Fähigkeiten, die ein Mensch haben kann. Für *Elsa Tamez* aus Costa Rica (1999) sind theologische Wissenschaft und kirchliche sowie gesellschaftliche Praxis eng aufeinander bezogen. Der Zugang der Frauen zu ökonomischer, politisch-sozialer und kirchlicher Macht ist für sie der Schlüssel zu einer feministisch-befreiungstheologischen Bibellektüre. Inzwischen hat sich auch *Nancy Cardoso Pereira* (2002) an den Tisch gesetzt, die etwa zwanzig Jahre jüngere Weggefährtin von Ivone Gebara aus Brasilien. Die Bibel mit dem (Frauen-)Körper lesen: Das eröffnet Räume der Kritik und der Erschaffung neuer Bilder und Handlungsmöglichkeiten. Der oftmals geschundene und verachtete, ebenso der geniessende und lustempfindende Körper von Frauen ist Ort des Heils und der Offenbarung Gottes. Mitten unter all diesen Frauen ist der Platz von *Yolanda Céron Delgado,* Erziehungs- und Religionswissenschaftlerin aus Kolumbien. Mit ihrem Engagement für die Rechte der afrokolumbianischen Gemeinschaften liess sie sich auf einen Konflikt ein, der sie das Leben kosten sollte. Sie wurde ein

Jahr nach ihrem Besuch im RomeroHaus, am 19. September 2001, im Alter von nur 43 Jahren, in Tumaco erschossen.

Unvergesslich bleibt die Begegnung mit *Mercy Amba Oduyoye* aus Ghana (1997), der «Mutter afrikanischer feministischer Theologie». Ihr Augenmerk gilt der christlichen Theologie aus einer afrikanisch-feministischen Perspektive. Kritischer Massstab ist die Befreiung der «Töchter Afrikas» von allem, was die Fülle ihres Menschseins einschränkt. Um ihren Anliegen öffentlich Raum zu geben, gründet sie mit anderen Theologinnen den panafrikanischen «Circle of Concerned African Women Theologians».

Jahre später, 2013, setzt sich *Sr. Josée Ngalula* aus Kinshasa an den Tisch. Sie knüpft an Mercy Amba Oduyoye und ihrer wichtigen Arbeit im panafrikanischen Circle an, dem nicht nur Christinnen, sondern auch Musliminnen und Jüdinnen angehören. Im Rahmen der Konferenz von «Tsena Malalaka» spricht sie über Tendenzen afrikanischer Theologie von Frauen.

Verlangen nach Heilwerden

Längst sind nicht alle Plätze besetzt: Mit dem Buch «Vom Verlangen nach Heilwerden» (Strahm/Strobel 1991) liegt erstmals im deutschsprachigen Raum ein Überblick über die feministisch-theologische Auseinandersetzung mit christologischen Fragen westlicher Theologinnen vor. Anlässlich der Vernissage gehen *Silvia Schroer, Doris Strahm, Silvia Strahm Bernet* und *Regula Strobel* der Frage nach, ob das Christentum nicht mehr zur Unterdrückung einzelner Menschen und ganzer Bevölkerungsgruppen beigetragen hat als zu ihrer Erlösung. Ein paar Jahre später schärft *Doris Strahm* mit ihrer Dissertation «Vom Rand in die Mitte» (1997) unseren Blick für die Christologie aus der Sicht von Frauen in Asien, Afrika und Lateinamerika. Diese markiert den Beginn einer wichtigen Auseinandersetzung mit Theologinnen, die bisher nur am Rande zur Kenntnis genommen wurden.

Ob zurück von der Weltkonferenz des Ökumenischen Rates der Kirchen (ÖRK) 1990 aus Seoul oder von der EATWOT-Frauenkonferenz aus Costa Rica, ob aus Genf, Wien oder Kuba, *Marga Bührig, Reinhild Traitler, Viola Raheb, Bärbel Wartenberg-Potter, Aruna Gnanadason, Ofelia Ortega, Elisabeth S. Tapia* und *Nyambura Njoroge* brachten uns die Weite

18./19.6.2004: Flügelschlagen im Zwischenraum. Tagung mit Hedwig Meyer-Wilmes / lh, ssb

2.6.2005: WeisheitsWege, mit Elisabeth Schüssler-Fiorenza und Regula Grünenfelder

7.3.2006: Wie eine Brise frischer Luft. Vortrag von Sr. Mary John Mananzan / lh

16.3.2006: Damit es anders wird zwischen uns. Buchvernissage mit Doris Strahm, Rifa'at Lenzin, Eva Pruschy. Laudatio: Cécile Bühlmann / lh

13.11.2006: Christliche Identität in einer pluralistischen Gesellschaft. Vortrag von Doris Strahm / lh

5.5.2008: berufen! ermächtigt? Tagung für Seelsorgerinnen mit Angela Berlis, Claudia Mennen, Barbara Kückelmann, Hildegard Schmittfull, Eva Südbeck-Baur, Denise Buser

13.5.2008: Die Wege der Tora sind Wege der Anmut – Jüdische Frauen lesen aus dem Buch Kol Ischa. Lesung mit Eva Pruschy

21./22.11.2008: Interreligiöser Theologiekurs für Frauen: Heiliges Interpretieren – Annäherungen an Tora, Bibel und Koran. Tagung mit Amira Hafner-Al Jabaji, Brigit Keller, Marise Lendorff-El Rafii, Rifa'at Lenzin, Eva Pruschy, Doris Strahm, Reinhild Traitler, Bea Wyler

und Themen ihres internationalen Engagements im Rahmen des ÖRK in die Innerschweiz. Der ökumenische konziliare Prozess «Gerechtigkeit, Frieden und Bewahrung der Schöpfung» war all die Jahre ein zentrales Thema des RomeroHauses und wurde von dort aus wieder an die Basis getragen.

Im Laufe der vielen Jahre nehmen nach und nach weitere Frauen Platz am Lady's Dinner, feministische Theologinnen aus dem deutschsprachigen Raum kommen miteinander ins Gespräch über Religion und Spiritualität, über befreiende Gottesrede und Bibelauslegung. *Brigitte Kahl* und *Sabine Bieberstein* unterhalten sich angeregt über Paulus und bestreiten seine Frauenfeindlichkeit, die ihm von einigen Frauen vorgeworfen wird. *Luzia Sutter Rehmann, Lucia Scherzberg* und *Claudia Janssen* fragen sich, warum ihre alte Lehrerin Luise Schottroff nicht zu den Gästen am Lady's Dinner gehört. *Helen Schüngel-Straumann, Helga Kohler-Spiegel* und *Andrea Blome* stellen im Gespräch mit *Hedwig Meyer-Wilmes* fest, dass die Frage nach befreienden Gottes- und Menschenbildern für viele Menschen nach wie vor existentiell ist. *Ina Praetorius* muss sich leider entschuldigen für den heutigen Abend, die vielseitige Theologin ist gerade damit beschäftigt, die Wirtschaft zu revolutionieren.

Stella Baltazar (links), Theologin aus Indien, im RomeroHaus Luzern, Juli 2000.

Dialog zwischen den Religionen

Das Gespräch wird noch lebhafter, als sich Frauen unterschiedlicher Religionen zu Tisch begeben. *Amira Hafner-Al Jabaji, Rifa'at Lenzin, Eva Pruschy, Marise Lendorff-El Rafii, Bea Wyler* und *Adina Ben Chorin* setzen sich zu *Doris Strahm, Reinhild Traitler* und *Brigit Keller*. Sie diskutieren über theologische Lehren, über ihre religiöse Praxis und weibliche Traditionen in ihren Religionen. Sie öffnen uns die Augen für ihre Spiritualität und für ihre Zugänge zu Liturgie. «Damit es anders wird zwischen uns», dazu haben diese interreligiösen Gespräche im RomeroHaus wesentlich beigetragen. Meine letzte Tagung, die ich im März 2017 gemeinsam mit dem Interreligiösen Think-Tank, der FAMA und der IG Feministische Theologinnen veranstalte, hat die Verflechtungen von Religion, Kultur, Politik und Frauenrechte zum Thema. Damit schliesst sich für mich einer der zentralen Themenkreise im RomeroHaus.

Durch die Begegnung mit unseren theologischen Müttern und Schwestern haben wir gelernt, dass die heilschaffende Gegenwart Gottes sich in vielfältiger Weise offenbart. Ihre Arbeiten haben dazu ermutigt, unseren Glauben und unsere Theologie konkreter und kreativer werden zu lassen. Inspirierend für uns westliche Theologinnen war, dass für all diese Theologinnen aus dem globalen Süden wissenschaftliche Arbeit und praktisches kirchliches und gesellschaftliches Engagement zusammengehören. Jedes dieser unvergesslichen Tischgespräche hat uns etwas gelehrt, uns ermutigt, getröstet und heiter gemacht. Manchmal haben sich Gäste, obwohl sie am gleichen Ziel gearbeitet haben, in die Haare gekriegt. Aber auch der Streit ist ja ein Mittel, der Wahrheit auf die Spur zu kommen. Das RomeroHaus gibt es inzwischen nur noch als Name. Was bleibt, ist die Erinnerung – und Dankbarkeit, Teil dieses grossartigen Netzwerkes gewesen zu sein, das über die Schweiz hinaus Impulse geben konnte.

2010–2012: Bibel in Fragen der Gegenwart. 12-teiliges Seminar mit Moni Egger, Li Hangartner, Ursula Rapp und Ruth Scoralick

31.1.2011: Gut handeln im Haushalt der Welt. Die Ökonomie der Geburtlichkeit. Vortrag von Ina Praetorius / lh

23.10.2011: Gott hat nicht nur starke Söhne. In Erinnerung an Catharina Halkes. Mit Lisianne Enderli, Li Hangartner, Claudia Jaun, Brigit Keller

11./12.1.2013: Tendenzen afrikanischer Theologie von Frauen mit Sr. Josée Ngalula

5.6.2013: Rhetorik und Ethik – Buchvernissage und Workshop mit Elisabeth Schüssler-Fiorenza / lh

31.1./1.2.2015: Eine andere Politik – im Gespräch mit den Diotima-Denkerinnen. Mit Chiara Zamboni, Regula Grünenfelder, Li Hangartner, Liv Kaelin, Brigit Keller, Dorothee Markert, Ina Praetorius, Antje Schrupp, Monika Stocker, Lisa Schmuckli

3./4.3.2017: Menschenrechte auf dem Prüfstand: Frauenrechte zwischen Religion, Kultur und Politik. Mit Ulrike Auga, Maya Graf, Meltem Kulaçatan, Monika Salzbrunn. Leitung: Doris Strahm, Li Hangartner, Amira Hafner-Al Jabaji, Béatrice Bowald, Jeannette Behringer

«Die islamische Frau ist anders – Vorurteile und Realitäten»: Tagung für Frauen mit Farideh Akashe-Böhme (links) und Li Hangartner (RomeroHaus, rechts) am 22./23. Oktober 1999.

65

KOMMENTAR

Silvia Strahm Bernet

Manuela

Da werd ich echt neidisch! Diese Fülle und Breite an Themen. Über so viele Jahre. Wär ich gerne dabei gewesen!

Sara

PAZ, Boldern, Leuenberg, Gwatt, RomeroHaus – Veranstaltungsorte mit grosser Anziehungskraft. Wichtige Erfahrungen wurden hier gemacht! Gemeinsam! Im Gespräch, im Streiten, im Schärfen der eigenen Positionen. Was wurde da alles verlernt und gelernt!

Franziska@Sara

Ja, Herz und Hirn, Leib und Seele, Ernst und Lachen – alles kam zum Zuge. Ganze Sommerstudienwochen zu feministisch-theologischen Themen, Wahnsinn! So viel Zeit und Raum für Themen, die heute aus den Veranstaltungsprogrammen verschwunden sind.

Manuela@Franziska

Suchst du in den kirchlichen Bildungshäusern Veranstaltungen zu feministisch-theologischen Themen, findest du … nichts! Du findest Yoga, Zen-Meditation, vielleicht ein Frauenz'Morge oder eine Schreibwerkstatt für Frauen. Aber feministisch-theologische Themen? Nada! Nichts!

Evelyn@Manuela

Die Häuser, wo solches stattfand, sind zum Teil ja inzwischen geschlossen, Bildungsbereiche mit Fokus auf Frauen, feministische Theologie usw. verschwunden. Zum Glück gibt's noch die eine und andere Frauenstelle, die FAMA, die IG Feministische Theologinnen. Aber das Thema Feminismus scheint eh kaum mehr öffentliche Debatten wert.

Thea@Evelyn

Ne! Feminismus ist en vogue! Wer bezeichnet sich heute nicht alles als Feministin! Bloss: kollektives Handeln, eigene Visionen einer geschlechtergerechten Gesellschaft? Vielleicht noch beim Frauen*streik. Aber sonst?

Zita@Manuela

Die feministischen Profile der Bildungshäuser verdankten sich starken Frauenpersönlichkeiten! Ihnen und ihren Unterstützerinnen ist diese Erfolgsgeschichte zuzurechnen! Wo man die Themen als Querschnittthema anstelle eigener Frauen/Feminismus-Themenbereiche etablierte, wie etwa an der PAZ, verschwanden sie über kurz oder lang.

Bernie

Es ist erst vorbei, wenn es vorbei ist! Die Glut suchen und reinpusten!

GINA SCHIBLER

«Worte zur rechten Zeit können Berge versetzen»

Gina Schibler

Ich studierte 1978–1982 Theologie in Zürich. Feministische Theologie, ja überhaupt Theologinnen oder Frauen waren unsichtbar an der theologischen Fakultät. Wirklich gespürt und bedauert habe ich das damals nur unterschwellig – feministische Fragenstellungen lagen jenseits meiner Vorstellungskraft, wir wenigen Studentinnen versuchten krampfhaft, uns in der patriarchalen Theologenwelt zu behaupten.

1983 wurde ich Pfarrerin in Schwamendingen. Gleichzeitig wurde ich als Mitglied in den äusseren Redaktionskreis des Kirchenboten berufen. Meine erste Aufgabe lautete, eine Anfrage in der Zürcher Synode zum Angebot von feministischer Theologie in Boldern journalistisch zu dokumentieren. Quasi in letzter Minute entstand neben unserem Artikel zur Relevanz feministischer Theologie (die Postulanten wollten die feministische Theologie auf Boldern unterbinden) ein literarischer Text, in dem ich die feministischen Anliegen zusammenfasste:

Das Kreuz / der Frauen: mit den Männern.
Ein Mann hat dich getauft / Ein Mann hat dich konfirmiert / Ein Mann hat dir von Gott erzählt: Vater – Sohn – Geist. Männer unter sich. Und vermutlich auch weiterhin:
Ein Mann wird dich trauen / Ein Mann wird dein Kind taufen / Ein Mann wird deine Leichenrede halten. Am Kreuz hängt ein Mann / Am dritten Tag aufersteht ein Mann / Am jüngsten Tag richtet ein Mann – Doch der sagt zu uns Frauen: Steht auf! Wann, wo und wie dürfen Frauen endlich auferstehen?

Der Text erregte sofort einen Shitstorm – er führte zu Hunderten von wütenden Leser:innenbriefen. Er hatte ins Schwarze getroffen! Aber welches Paradox: Der Shitstorm führte dazu, dass der damalige Chefredaktor Hans Caprez den Kirchenboten verliess, ich aber blieb dem Redaktionsteam erhalten. Zudem bewarb ich mich auf die von Boldern ausgeschriebene Stelle als Studienleiterin für persönliche Lebensgestaltung und (feministische) Theologie – und erhielt sie! Eine ausgesprochen fruchtbare Zusammenarbeit mit Reinhild Traitler begann, in deren Folge wir Hunderte von Tagungen veranstalteten und in Zürcher Kirchgemeinden feministische Theologie, feministische Seelsorge und später Genderfragen vermittelten.

Wie viel hat sich seither geändert! Meine ursprünglich fast rein männliche Kirche – Pfarrerinnen waren seltene Ausnahmen – beschäftigt heute mehrheitlich Pfarrerinnen. Sie hat sich – nach jahrelangem Kampf, ausgehend von Boldern – für die Gleichberechtigung von *LGBTQ* ausgesprochen. Mehrheitlich Frauen haben die Ämter in den Kirchenpflegen inne. Wir Frauen *sind* aufgestanden!

Was für eine wunderbare Chance war es, diesen Aufbruch miterlebt, ja mitgestaltet und vielleicht sogar mitverursacht zu haben. Da ich dank Hartnäckigkeit und Sitzleder im Redaktionsteam des Kirchenboten verblieb (und später ins Lebensfragen-Team überwechselte), schrieb ich während drei Jahrzehnten gewiss insgesamt über 1000 Artikel zu theologischen, seelsorglichen und feministischen Themen und brachte an der Uni Bern mein Projekt einer feministischen Seelsorge mit einer Dissertation zu Ende.

Leider, leider ist heute Boldern kein Ort der Frauen mehr. Die reformierte Kirche hat Boldern als Ort des Aufbruches und als Vorreiter zahlreicher wichtiger Themen aus ihrem Gedächtnis getilgt, die Tagungsarbeit wurde eingestellt, Gelder gestrichen. In meinem Keller modern Dokumente unserer Bildungsarbeit auf Boldern – es gibt kein Archiv dafür. Trotzdem bin ich überzeugt: Ohne den Aufbruch der Frauen auf Boldern wäre die reformierte Kirche heute am Ende und vollkommen irrelevant.

FRAUEN-KIRCHE-BEWEGUNG

«Wir Frauen sind Kirche – worauf warten wir noch!» (Marga Bührig) Ein eigentlich unspektakulärer Satz, doch einer mit immensen Folgen. Als hätten Frauen in den Kirchen auf diesen erlösenden Satz gewartet! Nicht länger Bittstellerinnen sein, draussen vor der Tür, sondern: Wir sind ja schon da, mittendrin! Dieser Satz von Marga Bührig in ihrer Rede beim 1. Frauenkirchenfest in Luzern (1987) wird wohl als einer der meistzitierten Sätze in die Annalen der kirchlichen Frauenbewegung eingehen. Er verdeutlichte ein neues Selbstverständnis von Frauen innerhalb der Kirchen und wurde zum Ausgangspunkt all dessen, was seither unter der Bezeichnung FrauenKirchen, Frauen-Kirche-Bewegung in verschiedenen Schweizer Städten an Vereinen, Netzwerken und grösseren und kleineren Veranstaltungen entstand und bestand. Wie immer die jeweiligen konfessionell geprägten Unterschiede aussahen, allen gemeinsam war die eigenständige Auseinandersetzung mit theologischen Traditionen, die Schaffung eigener Räume des Nachdenkens und Feierns und die Ausweitung des Blickes auch auf Kämpfe um Geschlechtergerechtigkeit ausserhalb der Kirchen. FrauenKirchenTage, lokale und schweizerische Frauen-Kirchen-Feste, Frauensynoden und ökumenische FrauenKirchen in diversen Deutschschweizer Städten wiesen nicht nur eine grosse thematische Vielfalt an Interessen und Aktivitäten auf, sondern machten auch Experimentierlust, Witz und Kreativität der gesamten Bewegung sichtbar. Es gelang zwar auf die Dauer nicht, die verschiedenen lokalen Aktivitäten zu einer gesamtschweizerischen Kraft zu verbinden und im öffentlichen Bewusstsein stärker zu verankern, aber es zeigt sich darin doch das die gesamte Bewegung prägende Bemühen, über eigene konfessionelle oder regionale Grenzen hinaus gemeinsame Interessen zu formulieren und zu vertreten. (ssb)

LOKALE FRAUENKIRCHEN

ÖKUMENISCHES FORUM FRAU + KIRCHE ST. GALLEN / APPENZELL
Verena Hungerbühler

Das FORUM bestand von 1980 bis 2000. Es bot Raum für Frauen, die verunsichert waren und Ermutigung brauchten, und für Begegnungen mit Frauen, um
– neue Ausdrucksformen zu suchen und auszuprobieren
– Erfahrungen, Wünsche und Vorstellungen auszutauschen
– sich auf den Weg zu machen.
Die Treffen fanden vier- bis fünfmal im Jahr jeweils am Abend statt. Viermal im Jahr wurden Frauengottesdienste gefeiert. Eingeladen waren alle, die sich vom Frausein in der Kirche bewegen liessen.

Seine Wurzeln hat das Forum bei Frauen, die in St. Gallen an der Synode 72 mitgemacht haben, und bei Weltgebetstagsfrauen. In einem Freundinnenkreis um Margrit Schöbi haben wir im Spannungsfeld zwischen «Christentum, Kirche und Frauen» debattiert und uns in die feministisch-theologische Literatur vertieft. Aus dieser immer stärker werdenden Gruppe entstand das «Ökumenische Forum Frau + Kirche» (1980), welches Teil der «Arbeitsgemeinschaft christlicher Kirchen in der Schweiz» wurde. In seinem Signet sind Frau + Kirche mit einem Kreuz verbunden, denn diese Beziehung ist im christlichen Sinne wirklich ein Kreuz.

Das Forum war kein Verein; es war eine Adresskartei mit etwa 200 Adressen von Frauen aus der ganzen Ostschweiz. In seiner offenen Struktur waren alle Äusserungen gleich berechtigt, die «Frauenmeinung» war vielfältig präsent und nicht klar definiert. Das gab uns eine grosse Freiheit. Für die strukturierten Kirchen waren wir nicht fassbar. Natürlich wurden wir kritisch beäugt. Man hätte uns gerne unter Kontrolle gehabt. Es gab heftige Diskussionen, weil zu den Forumsveranstaltungen nur Frauen eingeladen waren, weil wir Gottesdienste in Kirchen feiern wollten und weil wir erwarteten, dass die Glocken den Gottesdienst einläuten. Die Gottesdienste öffneten wir mit der Zeit auch für Männer. Bei den Gesprächen über die Benutzung von Räumen der Kirchen hat sich gezeigt, wie viel Abwehr und Unsicherheit gegenüber Frauen und ihren Vorstellungen von Kirche vorherrschten.

Vorbereitet wurden die Feiern von Frauen, die von einem Thema bewegt waren und dies mit andern teilen wollten. Viele Besucherinnen – manchmal bis zu sechzig Frauen – hatten zum Teil lange Anreisewege, weshalb sie mit der Zeit in ihrer Region eigene Gottesdienste gestalteten. An viele Feiern kann ich mich noch erinnern; sie haben bewegt und aufgewühlt. Es sind Rituale entstanden, die mich im Alltag begleiten. Eine unserer Formen waren Sprechmotetten, die manchmal fast aus dem Nichts entstanden.

Was uns antrieb und Schwung gab, war das Suchen nach einer feministischen Spiritualität und dem Frausein in den Kirchen.

Forumsabende, Vorträge und Wochenendveranstaltungen waren gut besucht. Mit vielfältigen Gestaltungselementen, etwa Bibliodramen zu Gottesbildern und Frauen aus der Bibel, waren wir auf der Suche nach unseren Wurzeln. Wir haben viel geredet, gelacht, getanzt, aber auch zugehört. Marga Bührig, Catharina Halkes, Helen Schüngel-Straumann, Ina Praetorius und andere beleuchteten aktuelle Themen mit uns.

Wir haben tolle Feste gefeiert in Sargans, in Herisau und waren bei den Schweizerischen Frauenkirchenfesten mit dabei. Ein besonderes Fest für uns war die 1. Schweizer Frauensynode 1995 zum Thema «Frauenarbeit zwischen Chrampf und Befreiung», zu der fast 1000 Frauen in die Olma-Hallen nach St. Gallen kamen. Die Forumsfrau Gertrud Wirth war Koordinatorin. Wir waren gut vernetzt mit den Frauenkirchen in der Schweiz und im Vorarlberg. In den lokalen Kirchen waren wir in verschiedenen Arbeitsgruppen, oft als Alibifrauen, aber immerhin!

Eingeladen haben wir per Brief und durch die Medien. Für die Ankündigung der Gottesdienste schrieben wir die Pfarrämter an. Es war ein besonderes Gefühl, im St. Galler Dom zu sitzen, wenn auf den Frauengottesdienst am Abend hingewiesen wurde oder wenn der Pfarrer seinem Dutzend Gottesdienstbesucherinnen unsere Einladung vorlas.

Wie es war? – Es ist eine Rückschau in eine andere Welt, als Briefe noch mit Durchschlägen getippt wurden und Kontakte und Absprachen schriftlich oder telefonisch erfolgten. Das führte zu sehr persönlichen Kontakten, zu Freundschaften, die geblieben sind. Das «Ökumenische Forum Frau + Kirche» hat während 20 Jahren bestanden. In dieser Zeit hat sich vieles verändert – in den Kirchen und mit den feministischen Frauen. Das Forum war eine wichtige Form in einer bewegten Frauenzeit. Nach 20 Jahren haben wir abgeschlossen, mit einem gediegenen Fest und folgendem Text: *«Wenn's Forum mini Tochter wär / Dänn wär sie jetzt e rechti Frau. / Mit 20 got mer furt i d'Wält / go usprobiere was mer wött.»*

Frauen die sich zusammen mit mir für das Forum besonders eingesetzt haben:

Ada Hehli Rüst
Elisabeth Lehner
Gertrud Wirth
Heidi Müller-Lenzi
Käthi Kramer
Margrit Schöbi †
Ruth Schläpfer-Spörri †
Vlasta Bodenmann-Hriva

FRAUENKIRCHE BERN

Angela Büchel Sladkovic

19.10.1998: Gründungsversammlung
Statutenentwurf: Hedi Hürzeler, Pia Würgler,
Paula Schüep
1. Vorstand: Bea Litzko, Monique Portmann,
Maya Zurbrügg, Helga Willen, Marie Luise
Schneider Augustiny
Vorstand ab 2000: Regula Strobel, Rosmarie
Burren, Monique Portmann, später Pascale Ram-
seier, Franziska Affolter, Luzia Sutter Rehmann,
Melanie Werren, Adelheid Heeb Guzzi, Helmute
Conzetti, Vreni Gschwind, Ines Canepa, Michaela
Schade, Angela Büchel Sladkovic
Frauenkirchenkalender: Marianne Vogel Kopp

Aktivitäten (Auswahl):
1998–2009: jährlich ein FrauenKirchenfest und ein
gemeinsamer Frauengottesdienst
März 2001: 10-teilige Kartenserie zu «Stopp
Gewalt gegen Frauen», zusammen mit der
röm.-kath. Frauenstelle Biel
Nov. 2003: Gespräch mit Doris Strahm (Mitherausgeberin) zur aktualisierten 2. Auflage des
Wörterbuchs der Feministischen Theologie
Okt. 2004: Beteiligung an der Frauenwache, zusammen mit dem Kath. Frauenbund Bern
Nov. 2006: Dialogveranstaltung «Andere Seiten
aufschlagen – Bibel in gerechter Sprache». Lesung
und Rückmeldungen zur BigS aus feministischer,
jüdischer und sozialgeschichtlicher Sicht in der
Offenen Heiliggeistkirche Bern
Ab 2006: Kooperation beim feministisch-theologischen Studientag Bern

Anfänge lassen sich oft nicht exakt benennen, insbesondere wenn die Bewegung kraftvoll und breit abgestützt ist. Dies gilt auch für den Verein FrauenKirche Bern, der am 19. Oktober 1998 als Zusammenschluss feministisch interessierter Frauen und Frauengruppen gegründet wurde. Die 24 anwesenden Frauen waren Teil des ökumenischen «Netzwerks Frauen-Kirche Bern». Dieses verband in loser Form die seit Ende der 80er Jahre an verschiedenen Orten entstandenen Frauengruppen und veröffentlichte vierteljährlich einen Veranstaltungskalender. Da gab es die grosse Gruppe Feministische Theologie in Thun, die als erste die Bezeichnung FrauenKirche ins Spiel brachte, eine namenlose Gruppe in Burgdorf, verschiedene Gruppen in der Stadt Bern und ökumenische Frauengottesdienstgruppen in Spiez, Köniz, Biel und anderswo. Wichtig waren auch die institutionalisierten Frauenstellen wie das Gwatt-Zentrum, der Arbeitskreis für Zeitfragen, die Frauenstelle der katholischen Gesamtkirchgemeinde Biel und auch der Katholische Frauenbund Bern (KFB) mit seiner starken feministisch-theologischen Ausrichtung in den 90er Jahren.

Im Netzwerk übernahm 1992–1996 die sogenannte «Rote-Fade-Gruppe» Organisations- und Planungsaufgaben. Es war nicht allein der Wunsch nach einer besseren Arbeitsverteilung, der die Frage neuer Strukturen aufwarf: «Die Erfahrungen haben gezeigt, dass wir in diesem losen Zustand keine bestimmte Person(en) haben, um z. B. Stellungnahmen abzugeben, als Ansprechperson(en) aufzutreten. Somit werden wir von aussen kaum wahr- und ernstgenommen.» (Protokoll 6. November 1997) Von einer Vereinsgründung erhoffte frau sich zudem die Möglichkeit, inhaltliche Themen zu bearbeiten und natürlich die finanzielle Absicherung durch Vereinsbeiträge und kirchliche Unterstützung bis hin zur Schaffung einer bezahlten Stelle. Die Gründungsversammlung hält in ihren Statuten als Vereinszweck fest: «Die FrauenKirche Bern fördert das feministisch-theologische Denken und Handeln, und sie vertritt ihre Einzel- und Kollektivmitglieder nach aussen.»

Kraftvoll und kreativ realisierte die FrauenKirche in den ersten Jahren neben den Frauenkirchenfesten und den zwei Jahrestreffen politische Aktionen. 2001 entstand innerhalb weniger Wochen ein Kartenset als

Beitrag zur Tramaktion «Freie Fahrt für Frauen» am 8. März in Bern. Die schön gestalteten und noch heute aktuellen 10 Karten thematisierten theologische Fussfesseln, die christliche Frauen oft hindern, sich gegen Gewalt zu wehren. Im Oktober 2004 beteiligten sich FrauenKirche und Frauenbund gemeinsam an der Frauenwache, dem nach dem Debakel der Nichtwiederwahl von Ruth Metzler-Arnold in den Bundesrat (2003) initiierten 278-tägigen Protest. «Sich einmischen. Querulantinnen willkommen»: Mit Charme und Witz mischte sich Clown Julie unter die Leute, Theologinnen stellten biblische Querulantinnen vor und abends gab es ein Frauenpalaver.

Im feministisch-theologischen Bereich fanden zwei Projekte in der Offenen Heiliggeistkirche weit über Bern hinaus Anklang: 2006 lud die FrauenKirche zu einer Lesung «Bibel in gerechter Sprache» und anschliessendem Gespräch ein; 2008 zu Vortrag und Vernissage mit Elisabeth Schüssler Fiorenza zu ihrem Buch «Gerecht ist das Wort der Weisheit» (Schüssler Fiorenza 2008). Die Tatsache, dass im Raum Bern nur mehr der Frauenbund feministisch-theologische Bildungsanlässe anbot, führte ab 2006 zur Kooperation beim feministisch-theologischen Studientag (mit Regula Strobel, Luise Metzler, Angela Römer, Luzia Sutter Rehmann und Hildegund Keul). Ab 2011 kam das «Froue-Zmorge» als neues Format hinzu. In Erinnerung bleibt u. a. die Begegnung mit der Historikerin Corinne Rufli und ihren zwei Begleiterinnen, die 2016 ihr Buch «Seit dieser Nacht war ich wie verzaubert. Frauenliebende Frauen über siebzig erzählen» (Rufli 2015) vorstellten. Am 26. März 2018 wurde der Verein FrauenKirche Bern aufgelöst, da keine neuen Vorstandsfrauen gewonnen werden konnten. Viele Gründungsfrauen waren dabei, als wir an der Mittelstrasse der grossen und schönen Arbeit gedachten und mit Brot und Wein Abschied nahmen von 30 Jahren FrauenKirche Bern.

Mai 2008: Vortrag und Vernissage mit Elisabeth Schüssler Fiorenza zu ihrem Buch «Gerecht ist das Wort der Weisheit» sowie eine Würdigung ihrer Bedeutung für die feministische Theologie anlässlich ihres 70. Geburtstages in der Offenen Heiliggeistkirche Bern

Ab 2011: «Froue-Zmorge», zusammen mit dem Kath. Frauenbund Bern

26.3.2018: Auflösung des Vereins FrauenKirche Bern

Aus der 10-teiligen Kartenserie «Stopp Gewalt gegen Frauen» (März 2001) von der FrauenKirche Bern und der röm.-kath. Frauenstelle Biel.

Frauenwache Oktober 2004: FrauenKirche Bern zusammen mit dem Kath. Frauenbund Bern

Transparent der Frauenwache.

Frauenwache-Team.

Vortrag und Vernissage mit Elisabeth Schüssler Fiorenza sowie eine Würdigung ihrer Bedeutung anlässlich ihres 70. Geburtstages in der Offenen Heiliggeistkirche Bern (20. Mai 2008)

Vortrag von Elisabeth Schüssler Fiorenza.

v. l. n .r. Regula Strobel, Carola Meier-Seethaler und Reinhild Traitler.

Festlich geschmückte Kirche.

LOKALE FRAUENKIRCHENTAGE UND -FESTE

FRAUENKIRCHENTAGE ZÜRICH

Irene Gysel

Frauenkirchentage? Das klang 1985 so fremd, dass viele der 150 angemeldeten Frauen ankündigten, sie kämen aus reiner Neugierde und würden nur kurz bleiben. Dass sie dann alle bis zum Schluss da waren und eine Fortsetzung verlangten, war ein Erfolg. Dass Frauen mit kritischen Themen und provokativen Thesen im Rahmen der Kirche einen Tag zusammen verbringen und voll geniessen konnten, war eine Überraschung. So folgten weitere 24 Frauenkirchentage und -nächte, bis 1996 Jahr für Jahr, nachher unregelmässig – in Kirchgemeindehäusern oder auf Pilgerfahrt. Zum Beispiel von Rapperswil nach Schmerikon, wo wir unterwegs Busskirch besuchten. In dieser katholischen Kirche hängt ganz hinten das Bild eines Meerungeheuers, in dessen offenem Maul neben einem grossen Giftzahn eine Frau steht. Wir drehten uns, um es betrachten zu können, in den Bänken um, sassen mit dem Rücken zum Altar, was eine unerwartete Heiterkeit auslöste. So forderten wir lautstark, dass die Kirche für ihr Frauenbild Busse tue. Als wir das Gotteshaus verliessen, öffnete sich der Himmel und es begann sintflutartig zu regnen. Zur Strafe? Nein, wir nahmen es als Taufe von endlich mündig Gewordenen nach ihrem Bekenntnis.

Besonders gerne erinnere ich mich an die Vorbereitungen. Da konnten wir alle gewagten Ideen andenken, ausloten, diskutieren, weiterentwickeln oder wieder verwerfen, so richtig in den Möglichkeiten schwelgen. Was haben wir dabei gelacht! Wir fühlten eine neue, bisher unbekannte Freiheit, gemeinsam gestalten und zur Diskussion stellen zu können, was uns lange im Stillen umgetrieben hatte. Es ging immer um ein gesellschaftliches und feministisch-theologisches Thema. Wir recherchierten sorgfältig, lasen neben den ermutigenden Texten von Theologinnen auch Kommentare von etablierten Theologen, vor allem zu den biblischen Frauengestalten. Viele dieser Auslegungen erschütterten uns, oft aber ergötzten sie uns einfach, mit dem guten Gefühl, dass sie ausgedient hatten. Definitiv, für immer.

Kirche St. Martin (Busskirch).

Frauenkirchentage fanden von 1985–1996 jährlich, anschliessend unregelmässig statt.

Die Kerngruppe: Irene Gysel, Jeanne Pestalozzi, Susanne Kramer-Friedrich, Griete Rüedi, Maria Eisele

Themen der Frauenkirchentage:
– Wandeln – Verwandeln – Verändern, Suche nach unseren Wurzeln im kirchlichen Patriarchat
– Räume statt Träume, die Frauenkirche nimmt Gestalt an
– Nachtgesichte. Der Zusammenhang von Religion und Eros
– Frau arbeitet, arbeitet, arbeitet. Doppel- und Dreifachbelastung, Rollenbilder, bezahlte und unbezahlte Frauenarbeit
– Stell dir vor, wir erben ein Haus

ÖKUMENISCHE AARGAUER FRAUENKIRCHENFESTE

Susanne Andrea Birke

1995: «Ein FrauenKirchenFest? Ein FrauenKirchenFest! Dreh dich um, unbekannte Schwester» in Lenzburg
Die Feste werden von der «Frauenperspektive» vorbereitet, zu der in den 27 Jahren 66 freiwillige und angestellte Barfuss- und andere Theologinnen gehörten, finanziell getragen von der Reformierten Kirche Aargau und der Römisch-Katholischen Kirche im Aargau.
2009: Verleihung des AKF Frauenpreises des Aargauischen Katholischen Frauenbundes an die Frauenperspektive, gemeinsam mit dem Frauenkloster St. Martin in Hermetschwil
Seit 2013: Frauenmahl mit Tischrednerinnen
Okt. 2021: 25. FrauenKirchenFest «Wo Tradition und Transformation miteinander tanzen» in Baden

Informationen zu den einzelnen FrauenKirchenFesten und eine Liste der vorbereitenden Mitglieder der Frauenperspektive: www.frauenkirchenfest.ch

Sonnenblumen, Farbe, Lachen, Tanz, Austausch, Stille und Gesang, ein Ort zum Ankommen und Auftanken für Leib und Seele: Das ist das Aargauer FrauenKirchenFest bis heute. Aus allen Ecken des Kantons und darüber hinaus kommen 100 bis über 200 Frauen zusammen, um sich im Gespräch miteinander neu inspirieren zu lassen und gegenseitig zu stärken. Ihre Visionen tragen sie zurück in ihre Kirchgemeinden und Gruppierungen. So entsteht immer wieder neu ein Netz, das Frauentraditionen wachhält und den Wandel zu mehr Gleichberechtigung fördert.

Neue Formen und Orte der Spiritualität zu finden, war das Anliegen der Frauen, die sich zur Gruppe «Frauenperspektive» zusammenschlossen und 1995 das erste kantonale FrauenKirchenFest organisierten. Mit den inzwischen 25 FrauenKirchenFesten wurde ein Stück Geschichte geschrieben. Ob es nun die Resolution zur Einführung der beiden Frauenstellen war oder «Vergeld's Gott» zur Aufwertung der Freiwilligenarbeit – die angepackten Themen und Fragen erwiesen sich als nachhaltig. Am Hallwilersee wurden 2002 vielfältige Wünsche gesammelt: von Predigten von Frauen bis zu Kinderbetreuung. Seit 2003 wurzeln in Teufenthal ein Baum vor der Kirche und die christlichen Ahninnen in den Herzen der Frauen. Alltagsengel lockten Heerscharen von Frauen nach Mutschellen. Die ökumenische Entdeckungsreise zu Maria in Aarau war gerade durch ihren konfessionell unterschiedlichen Blick auf die mutige junge Frau und Prophetin bereichernd. 2013 fand das FrauenKirchenFest zum ersten Mal als Frauenmahl mit Tischreden zur Zukunft von Religion und Kirche statt. In den Folgejahren ging es um die Kirche als Heimat oder auch nicht, Frieden und interreligiösen Dialog, die Geistkraft, Pionierinnen und um «Leben braucht Care». Immer gibt es angeregte Gespräche und Nahrung für Leib und Seele. Es wird erlebbar, welch verwandelnde Kraft in der Stärkung beim gemeinsamen Mahl steckt.

SCHWEIZERISCHE FRAUEN-KIRCHEN-FESTE

ERSTES SCHWEIZER FRAUEN-KIRCHEN-FEST IN LUZERN
Carmen Jud

Es begann an der Tagung «Am Rande von Kirche und Gesellschaft – Frauen» im Oktober 1986 in Bad Schönbrunn. Eigentlich sollten wir in einem der Ateliers eine Stellungnahme für die römische Bischofssynode zum Thema Laien in der Kirche erarbeiten. Nein, nicht schon wieder! Statt immer nur zu reagieren, wollten wir etwas tun – für uns tun als Selbstvergewisserung, Fest, Raum, um zu erkunden, was Kirche, Spiritualität, Bibel für uns (noch) bedeuten – neu bedeuten könnten. Gesagt, getan. Im Januar 1987 startete die Projektgruppe mit der Planung.

Nach 9 Monaten Vorbereitung fand am Samstag, 24. Oktober 1987, in Luzern das erste Schweizer Frauen-Kirchen-Fest statt zum Thema «Frauen in der Kirche. Kein Platz – ein Platz – mein Platz?». In unseren kühnsten Träumen hatten wir auf 400 Teilnehmerinnen gehofft. Angemeldet hatten sich rund 950, 200 davon mussten wir auf ein nächstes Mal vertrösten. Eine bunte Schar von Frauen kam zusammen: Katholische, Reformierte, Christkatholische, Feministische, Politische, Spirituelle, Verbandsfrauen, Kirchenferne, Kirchennahe, Alte, Junge – vielfältig wie eben Frauenleben sind. Bei der Eröffnung rief Marga Bührig, die Grande Dame der feministischen Theologie, in die aus allen Nähten platzende Lukaskirche: «Wir Frauen sind Kirche. Worauf warten wir noch?» Dieser Satz begleitete uns bei der Arbeit in den 26 Ateliers. Thematische Schwerpunkte waren die Sehnsucht nach einer frauengemässen Spiritualität, Frauen in Bibel und Kirchengeschichte und die Suche nach ganzheitlichen Denk- und Politikformen und (weltweiter) Solidarität. Im abschliessenden Gottesdienst trugen die Frauen die Früchte des Tages zusammen: ein Puzzle aus geteilten Erkenntnissen, Erfahrungen und Hoffnungen. Aber da zeigten sich auch die Differenzen in Bezug auf das Neudenken traditioneller theologischer Deutungen.

Es war ein historischer Tag, vibrierend von Neugier, Ungeduld und Verbundenheit. Wir hatten erfahren: Wir sind viele – viele Verschiedene. Wir warten nicht mehr, wir sind bereits aufgebrochen zu unseren eigenen Räumen.

24.10.1987: Erstes Schweizer Frauen-Kirchen-Fest: «Frauen in der Kirche. Kein Platz – ein Platz – mein Platz?», Lukas-Zentrum Luzern

Programm:
– 11.00–12.15 Uhr: Eröffnung: Begrüssung durch die Projektgruppe
– Referat von Marga Bührig: «Wir Frauen sind Kirche – worauf warten wir noch?»
– Irma Martin, Liedermacherin, singt ihre Frauenlieder
– 14–17 Uhr: Ateliers
– 17.30–19.15 Uhr: Liturgische Feier
– Anschliessend Imbiss für jene, die noch bleiben möchten
950 Anmeldungen, Teilnehmerinnen (aus Kapazitätsgründen) 750
45 Atelierleiterinnen; Vorbereitungszeit: 9 Monate

Vorbereitungsgruppe: Elisabeth Aeberli, Esther Flury, Gabrielle Ferrazzini, Sabine Goepfert, Elisabeth Halter, Carmen Jud, Gret Lustenberger, Daisy Wenzinger, Beate Wille, Elisabeth Windler, Catherine Zuber; Koordinatorin: Andrea Siegen

Referat von Marga Bührig: «Wir Frauen sind
Kirche – worauf warten wir noch?»

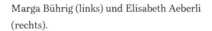

Marga Bührig (links) und Elisabeth Aeberli
(rechts).

750 Frauen versammeln sich am 1. Frauen-
Kirchen-Fest im Lukaszentrum Luzern.

ZWEITES SCHWEIZER FRAUEN-KIRCHEN-FEST IN INTERLAKEN

Elisabeth Aeberli

Das erste Schweizer Frauen-Kirchen-Fest 1987 in Luzern war ein grosser Erfolg. Es meldeten sich beinahe 1000 Frauen an; aus Platzgründen musste 200 Frauen eine Absage erteilt werden. Dieses grosse Interesse zeigte, dass es nicht bei einem einmaligen Anlass bleiben darf. Für 1990 war ein weiteres Fest geplant. Die Vorbereitungsgruppe suchte Räume, in denen alle willkommen sind. Wir strebten auch einen Ort ausserhalb kirchlicher Mauern an. Mit dem Kur- und Kongresszentrum Interlaken fanden wir ideale Räume. Am 24. März 1990 strömten über 1000 Frauen verschiedenen Alters und aus allen Schweizer Landesteilen ins Kongresszentrum Interlaken.

Drei Referentinnen skizzierten aus ihrem jeweiligen Berufsfeld den Bezug zum Tagesthema «Frauen – Macht – Kirche». Eine Frauentheatergruppe stellte in humorvoller Weise dar, mit welchen Problemen Frauen – von jungen Lesben über stillende Mütter bis zu gewissenhaften Seniorinnen – zu kämpfen haben, wenn sie gemeinsam ein Fest organisieren. 32 Ateliers boten am Nachmittag die Möglichkeit, sich aus dem grossen Plenum zu lösen und im kleineren Kreis auszutauschen.

Den Höhepunkt des Tages bildete die Feier im grossen Saal des Zentrums. Der Direktor des Zentrums konnte zuerst nicht verstehen, warum nun 1000 Stühle entfernt werden sollen. Sicherheitsprobleme wurden geltend gemacht. Es gelang aber, die Teilnehmerinnen in Zehnergruppen rund um Tücher zu platzieren – und im Anschluss an die Feier in diesen Gruppen Brot und getrocknete Feigen zu teilen. Das Fest fand seine Fortsetzung im alten Teil des Kursaals. Dort wurde gegessen und getanzt – zur Musik der Frauenband «Betti Bossis». Den Abschluss feierten wir um Mitternacht mit einem Ritual im Park des Kursaals.

«Wir Frauen sind Kirche – worauf warten wir noch?» Die Feststellung von Marga Bührig am ersten Schweizer Frauen-Kirchen-Fest in Luzern war ein klarer Hinweis, an Stelle von Resolutionen sich gegenseitig zu ermächtigen. Den Teilnehmerinnen wurde deshalb eine Karte mit 10 Ermächtigungen auf den Heimweg gegeben.

24.3.1990: Zweites Schweizer Frauen-Kirchen-Fest: «Frauen – Macht – Kirche»
Kur- und Kongresszentrum Interlaken
Koordination: Elisabeth Aeberli
Vorbereitungsgruppe: Marie-Louise Aeppli, Anemone Eglin, Gabrielle Ferrazzini, Sr. Uta Fromherz, Margrit Glükler, Elisabeth Halter, Verena Hungerbühler, Marianne Inselmini, Margrit Joho, Carmen Jud, Gret Lustenberger, Annemarie Marti-Strasser (Administration), Felicitas Meier, Lylian Mollia, Irene Neubauer, Greti Schäfer, Carla Siegen, Andrea Siegen, Sabine Steiger, Liliane Steinmann, Francesca Stockmann, Catherine Zuber (Finanzen)
Grafische Gestaltung des Programms: Christina Eleganti

Kurzreferate: Irene Neubauer, Theologin und Religionswissenschaftlerin; Silvia Staub-Bernasconi, Dozentin für Soziale Arbeit; Judith Giovannelli-Blocher, Organisationsberaterin und Supervisorin

Leitung Theatergruppe und Frauenband: Lisa Bachmann
Rituale: Marianne Schneider, Marianne Inselmini
Koordination und Gestaltung Kreis für die liturgische Feier: Gabrielle Ferrazzini
Beitrag für die Hauptausgabe der Tagesschau: Maria Eisele, Redaktorin Ressort Religion SRF

10 ERMÄCHTIGUNGEN

– Pflege Kontakte! Suche dir Frauen, die ähnlich
  denken wie du.
– Du bist viel besser und stärker als du denkst.
– Du hast viel zu geben: deine Erfahrung, deine
  Phantasie, deine Weisheit.
– Benenne deine Wünsche und setze sie durch.
– Geh durch deinen Schmerz hindurch, deine Kraft
  wird wachsen.
– Sag, was du denkst, nicht nur zuhause, sondern
  auch in der Öffentlichkeit (Nachbarschaft, Kirche,
  Beruf, Partei, Verein, ...).
– Überlass Kirche und Politik nicht den Männern.
  Mische dich ein!
– Benutze eine frauenfreundliche Sprache. Wehre
  dich auch in der Öffentlichkeit dafür.
– Wo liegt deine persönliche Macht? Setze dich mit
  ihren guten und schlechten Seiten auseinander.
  Erkenne auch deine Lust an der Macht.
– Gott steht auf deiner Seite. Entdecke ihn als Quelle
  deiner Kraft. Lobe sie in deinen eigenen Worten.

Frauen – Macht – Kirche. Frauen-Kirchen-Fest,
Interlaken, 24. März 1990

Eindrückliche Eröffnung mit einer Klang-
performance.

Feier im grossen Saal des Kongresszentrums.

DRITTES SCHWEIZER FRAUEN-KIRCHEN-FEST IN BASEL

Monika Hungerbühler

900 Frauen aus der Deutschschweiz kamen am 17./18. Oktober 1992 nach Basel, um zu diskutieren, zu beten und zu feiern. Das gewählte Thema «Der Hoffnung liebliche Töchter Zorn und Mut» war geprägt durch den Schock des Golfkriegs und seiner Folgen, das Ergebnis einer vertieften Auseinandersetzung mit Gewalt, Vorkrieg und Krieg und der Hoffnung auf eine friedliche Welt aus der Perspektive von Frauen.

Wichtige Impulse stammten aus Christa Wolfs Buch «Kassandra», wie etwa die Passage: «Wann Krieg beginnt, das kann man wissen, aber wann beginnt der Vorkrieg. Falls es da Regeln gäbe, müsste man sie weitersagen. In Ton, in Stein eingraben, überliefern. Was stünde da. Da stünde, unter anderen Sätzen: Lasst euch nicht von den Eignen täuschen.» (Wolf 1983, 76 f.)

Die Organisatorinnen gaben den beiden Tagen die Struktur eines Dreischritts: 1. Wahrnehmen, 2. Feiern und 3. Handeln. Nach dem Auftakt im Basler Münster mit Singen und einer Text- und Bildcollage zum Thema «Kassandra-Seherin» mit einer Schauspielerin, machten sich alle auf zu einem Stationen-Weg durch die Stadt. Es war ein Weg des neuen Wahrnehmens von Unfrieden und des zornigen Protests dagegen. Ein abendliches Fest in den Gemeindehäusern Matthäus und St. Josef rundete den Tag ab mit Musik, (Kreis-)Tanz und Cabaret. Vor dem abschliessenden sonntäglichen Frauengottesdienst im Münster und der Mittagessen-Teilete auf dem Münsterplatz ging es ums Handeln: 23 Frauengruppen, -institutionen und -organisationen gaben im Halbstundentakt Einblick in ihre Arbeit und damit Anstösse und Mut für das eigene Weitergehen auf dem Weg des Friedens. Die Kollekte für das Projekt Fountain of Life Center Pattaya (Hilfe zur Selbsthilfe für Frauen im «Sexparadies» von Pattaya in Thailand) brachte Fr. 11 240.– zusammen.

Das dritte Schweizer Frauen-Kirchen-Fest hat gut getan! Es hat den Blick geschärft, Mut gemacht und viele engagierte Frauen zusammengebracht.

17./18.10.1992: Drittes Schweizer Frauen-Kirchen-Fest: «Der Hoffnung liebliche Töchter Zorn und Mut» im Basler Münster, der Matthäus- und der St. Josefskirche Basel
900 Teilnehmerinnen, 41 Atelierleiterinnen
Vorbereitungszeit: 9 Monate

Vorbereitungsgruppe: Eva Burckhardt, Dorothee Dieterich, Helene Geiser, Anaba Gurtner, Elisabeth Halter, Sigrun Holz, Margrit Joho, Carmen Jud, Annemarie Marti-Strasser, Lylian Mollia, Margrit Nussbaumer, Gabi Pfister, Anneke Ravenstein, Martina Rüedi, Karin Schaub, Andrea Siegen, Carla Siegen, Liliane Steinmann, Luzia Sutter Rehmann, Ursula Sutter, Gabriele Tietze, Hedy Trostel

Programm am 17. Oktober:
– 12.45 Uhr im Münster: Singen mit Flois Knolle Hicks, Text- und Bildcollage zum Thema «Kassandra-Seherin» mit der Schauspielerin Regula Siegfried
– 14.30 Uhr: Weg durch die Stadt. Der Protest gegen den Unfrieden beginnt beim Wahrnehmen.
– 17.30 Uhr: Singen mit Flois Knolle Hicks (Kirche St. Josef)
– 18.30–23 Uhr: Cabaret Sibylle Birkenmeier, Musik, Tanz, Kreistanz
Programm am 18. Oktober:
– 9–11.30 Uhr: Was Frauen, Frauengruppen und Frauenorganisationen für den Frieden tun. Einblick in ihre Arbeit und Anstösse für das eigene Weitergehen auf dem Weg des Friedens
– 12 Uhr: Frauengottesdienst im Münster
– 13 Uhr: Teilete auf dem Münsterplatz
– 14.30 Uhr: Abschluss des Festes

LOKALE ÖKUMENISCHE FRAUENBEWEGUNGEN

DIE ÖKUMENISCHE FRAUENBEWEGUNG ZÜRICH

Irene Gysel

Ab 1985: Installiert durch «Frausein-Kirchesein» finden monatliche Frauengottesdienste statt, bis 1989 im Fraumünster, dann in verschiedenen reformierten und katholischen Kirchen der Stadt.

14.1.1989: Gründung des Vereins «Ökumenische Frauenbewegung Zürich»
Organisation der Gottesdienste: «Frausein-Kirchesein». Gestaltung: konfessionelle Frauenbünde, Boldernhaus, FIZ, Theologinnen der Fakultät, Diakonissen Neumünster
Gründungskomitee: Irene Gysel, Cornelia Jacomet, Yvonne Scheibler, Griete Rüedi
Präsidentin der Gründungsversammlung: Jeanne Pestalozzi-Racine
Erster Vorstand: Trudi Bolliger, Maya Frei, Irene Gysel, Cornelia Jacomet, Reni Huber, Susanne Kramer-Friedrich, Griete Rüedi, Yvonne Scheibler, Monika Wolgensinger, Salome Zindel
Monatlicher Postversand (an 350 Mitglieder und 600 Interessierte)
Finanzielle Unterstützung durch die Kantonalkirchen. Unentgeltliche Benützung der Kirchen und Kirchgemeindehäuser, Gratisarbeit der Ehrenamtlichen
1991: Lancierung der kirchlichen Initiative «Doppelmitgliedschaft»
März 2012: Auflösung des Vereins
Letzter Vorstand: Elke Rüegger-Haller, Brigitte Becker, Monika Golling, Verena Profos

Eine Bewegung bleiben oder sich in Vereinsstrukturen begeben? 75 Frauen folgten am 14. Januar 1989 dem Aufruf, der wachsenden Aufbruch-Bewegung von Frauen beider Konfessionen eine juristisch verbindliche Form zu geben. Die Vorgeschichte in Stichworten: Frauen gestalten Weltgebetstagsliturgien, feministische Theologie wird diskutiert, die Helferei Grossmünster fordert an öffentlichen Veranstaltungen Professoren der Theologischen Fakultät heraus, die Disputation 84 verspricht eine grundsätzliche Erneuerung der Reformierten Zürcher Landeskirche. Sie gibt der Arbeitsgruppe «Frausein-Kirchesein» die Möglichkeit, konkrete Anträge zu formulieren. Diese Gruppe installiert die monatlichen Frauengottesdienste, die ab April 1985 regelmässig stattfinden. Sie werden von bereits bestehenden oder neu gegründeten Frauengruppen abwechselnd gestaltet und machen sichtbar und erfahrbar, dass etwas in Bewegung geraten ist. Frauen suchen ihre eigene Theologie, suchen nach eigenen Ausdrucksformen, eigenen Liedern, einer eigenen Sprache.

Von verschiedener Seite, vor allem in den Medien, gab es Versuche, diese Frauen irgendwie einzuordnen. «Wir bestimmen selber, wer wir sind», war unsere Antwort und wohl die Hauptmotivation für eine Vereinsgründung. Die Gründungsversammlung verlief turbulent, der Entscheid war am Schluss klar: Die Möglichkeit, sich einen Namen zu geben, verbindlich gegen aussen aufzutreten, auch Finanzgesuche stellen zu können, wurde als Chance wahrgenommen. Die Reaktionen liessen nicht auf sich warten. Es gab Zustimmung, aber auch Kritik. Die Vereinsgründung war mit ein Grund dafür, dass die Kirchenpflege Fraumünster ihr Gastrecht für Frauengottesdienste kündigte, worauf gegen hundert Frauen am Sonntagmorgen in der Kirche demonstrierten.

Der Verein bestand aus Vorstand, Mitgliedern und Projektgruppen. Es gab die Projektgruppen für Frauenkirchentage, Jahreszeitenfeste, ein neues Liederbuch, jährliche Frauengottesdienste im ganzen Kanton und verschiedene Lesegruppen. Themen wie Frau und Arbeit, Pilgern, Hildegard von Bingen, Interreligiöser Dialog, Doppelmitgliedschaft, Starke Töchter Wollishofen vervollständigten ein anspruchsvolles Jahresprogramm.

Honorare erhielten ausschliesslich Referentinnen, Künstlerinnen und Musikerinnen. Der immense Arbeitseinsatz im Vorstand und in den Gruppen wurde ehrenamtlich geleistet. Das war damals möglich, weil weniger Frauen in ein volles Berufsleben eingebunden waren.

Es war eine aufregende Zeit. Die feministisch-theologischen Themen und Inhalte konnten hier eine Form finden, die vielen Veranstaltungen boten Gelegenheit für Vertiefung, aber auch für Auseinandersetzung. Und die blieb nicht aus! Es gab auch Frauen, die sich wieder zurückzogen. Insgesamt waren es jedoch in den 20 Jahren 45 Frauen, die über kürzere oder längere Zeit intensiv im Vorstand mitwirkten. Auch Projektgruppen lösten sich auf, neue kamen hinzu.

Im Jahr 1991 lancierte der Verein die kirchliche Initiative «Doppelmitgliedschaft», die eine gleichzeitige Mitgliedschaft in beiden Konfessionen ermöglichen sollte. Sie kam nicht zustande, führte aber 1996 zum offiziellen Ökumenebrief von Kirchenratspräsident Ruedi Reich und Weihbischof Peter Henrici, dessen fortschrittlichste Formulierung leider später wieder zurückgezogen wurde. Immerhin, der Brief war etwas Ökumenisches und etwas ganz Konkretes, das wir erreicht hatten.

Im kirchlichen Umfeld Neues zu entdecken und es in voller Freiheit nach eigenen Vorstellungen gestalten zu können, war eine neue, überaus lustvolle Erfahrung. Sie prägte den Grundton über lange Zeit. Als die Begeisterung nachliess und viele Frauen ihre eigenen Bezugsfelder geschaffen hatten oder sich aus Enttäuschung, dass sich die Kirche nicht so schnell verändern liess, zurückzogen, war es Zeit, den Verein aufzulösen. Dies geschah, nach einem nicht ganz einfachen Prozess im März 2012. Der Abschied von der Zeit, die für viele von uns so überaus wichtig geworden war, wurde etwas erleichtert durch den Beschluss, mit den restlichen Finanzen ein Buch herauszugeben, um mit Texten und vielen Bildern möglichst viel von dem zu dokumentieren, was wir geschaffen hatten und was uns bewegte. «Wandernde sind wir» ging Mitte 2013 in Druck.

Gegen 100 schwarz gekleidete Frauen protestieren im Juli 1989 im Gottesdienst des Fraumünsters.

Zuständigkeiten:
– «Frausein-Kirchesein»: Irene Gysel, Brigitte Brand
– Frauenkirchentage: Irene Gysel, Jeanne Pestalozzi, Susanne Kramer-Friedrich, Griete Rüedi
– Zürcher Frauensynode: Susanne Kramer-Friedrich
– Jahreszeitenfeste: Andrée Lappé
– Liederbuch: Susanne Kramer-Friedrich, Lilo Schmidt
– Herausgabe der Broschüre «Wandernde sind wir». Einblicke in die Geschichte der Ökumenischen Frauenbewegung Zürich 1989–2012: Maria Hauswirth-Büchel, Ines Buhofer, Agnes Hohl, Elke Rügger-Haller
– Fotografische Dokumentation 1985–2012: Tula Roy (ca. 500 Bilder)

DIE ÖKUMENISCHE FRAUENBEWEGUNG GRAUBÜNDEN

Cornelia Bischoff

2.2.1992: Gründung in Thusis
Koordinationsgruppe der Gründung: Barbla Buchli, Marlyse Fuchs, Margrit Glükler, Martina Müller, Flurinda Raschèr
Mitgliederbestand: zwischen 60 und 80 Frauen
1996–2012: Herausgeberin des Bündner-Frauen-Kirchen-Kalenders

Aktivitäten:
14.5.2002: Expo Frauentag mit Purpurfest und Weiberwirtschaft
8.3.–10.12.2004: Beteiligung an der Frauenwache in Bern
6.–10.3.2005: «1000 Peace Women Across The Globe»
2006/2008: Bibelfestival zur «Bibel in gerechter Sprache»
Ab 2010: Anlässe in der Woche der Religionen
Veranstaltungen zum 8. März:
– Geschlechtsneutrale Aufteilung von Berufs-, Familien- und Freiwilligenarbeit
– Frau lässt sich nicht alles bieten
– Frauenhandel – Zivilcourage
– Mit Frauen an der Zukunft bauen

Ziel der Gründung der ökumenischen Frauenbewegung im Jahr 1992 war die Einmischung von reformierten und katholischen Frauen in das kirchliche und gesellschaftliche Leben. Dazu gehörte auch die Einforderung ihres Platzes in den kirchlichen Ämtern. Die Bewegung wurde und wird bis heute getragen von feministisch und religiös interessierten Frauen, welche gemeinsam ihren Weg in einer männerdominierten Kirche suchen. Dabei wurde von Beginn weg eine Vernetzung mit gleichgesinnten Frauen anderer Organisationen aufgebaut. Eine Koordinationsgruppe von 4 bis 5 Frauen aus der katholischen und der reformierten Kirche leitet den Verein. Für Anlässe werden Arbeitsgruppen gebildet, welche die Durchführung ermöglichen. Einzelne Koordinationsmitglieder beteiligen sich in kirchlichen oder kantonalen Gremien zu Fragen der Ökumene und der Gleichstellung. Das gesellschaftspolitische Engagement umfasst bis heute die Mitarbeit am internationalen Frauentag und an Veranstaltungen in der Woche der Religionen.

Gemeinsam mit anderen kirchlichen Frauenorganisationen wurden Tagungen zu feministischen Themen veranstaltet. Über 18 Jahre lang waren wir Herausgeberin des Bündner-Frauen-Kirchen-Kalenders und konnten so auf die angebotenen kirchlichen Aktivitäten im Kanton Graubünden aufmerksam machen. Die Mitarbeit von Margrit Glükler in der IG Frauenkirche Schweiz erweiterte unseren Horizont und führte zur Organisation von schweizerischen Anlässen in Chur.

Die schweizerische Vernetzung gab uns die Möglichkeit, beim «Purpurfest mit Wyberwirtschaft» mit seiner Idee des vorsorgenden Wirtschaftens am Frauentag der Expo 02 mitzuwirken. Eine ebenfalls wertvolle Aktion war die Bündner Beteiligung an der Frauenwache in Bern (2003–2004), eine fantastische Kette der Solidarität von Schweizer Frauen anlässlich der Abwahl von Ruth Metzler-Arnold als Bundesrätin. Unser umfangreichstes und ein sehr spannendes Projekt war das Bibelfestival zur «Bibel in gerechter Sprache». Die ökumenische Frauenbewegung initiierte mit der Durchführung des «Bibelfestivals» eine länger dauernde Auseinandersetzung mit dieser anderen Bibelübersetzung. Pfarrerinnen, Kirchgemeinden und Institutionen wurden motiviert, eigene Anlässe zu

84

planen. Schon im Sommer 2006 fand eine einführende Impuls-Tagung mit der Theologin Luise Metzler statt.

Zur Vernissage konnten wir Prof. Frank Crüsemann aus Bielefeld, einen der Herausgeber:innen dieses Werkes, gewinnen. Während des Jahres fand unter anderem ein Bibelfest im Haus der Begegnung der Dominikanerinnen in Ilanz statt. Ein vielseitiges Angebot für Kinder und Erwachsene begeisterte und vertiefte das eigene Wissen. Zur Finissage gab es Gespräche mit Dr. Luzia Sutter Rehmann, der Übersetzerin des Lukasevangeliums, welche für eine Vielfalt von Gottesnamen plädiert. Sie nutzt in ihren Texten Namen wie «die Lebendige», «die Ewige», «die Heilige» oder «Ich-bin-da», was einem Text eine spürbare neue Aussagekraft verleiht.

Die ökumenische Frauenbewegung Graubünden ist Patin des ersten Buches über die Zeit der Makkabäer:innen, d. h. sie hat die Übersetzung finanziell mitunterstüzt. «Die Bibel in gerechter Sprache» wurde zur Grundlage der Frauen-Feiern und half, unser Gottesbild neu, farbiger und Frauen einschliessend zu denken und zu leben.

Ab 2010 begann, gemeinsam mit dem katholischen Frauenbund und der Fachstelle Migration der evangelischen Landeskirche, eine intensive Auseinandersetzung mit dem Islam. Die Tagung «Der Islam als neue gesellschaftliche Herausforderung – auch bei uns» mit Saida Keller-Messahli bleibt uns lebhaft in Erinnerung. Daraus entwickelten sich verschiedene ökumenische Herbsttagungen in der Woche der Religionen zu Themen des interreligiösen Dialoges, auch mit Blick auf die Bedeutung der Frauen in den verschiedenen Religionsgemeinschaften.

Seit 2018 beteiligen wir uns zudem am Prozess «Wirtschaft ist Care», dem Thema der verschobenen Frauensynode 2020/2021.

Anlass zu «Bibel in gerechter Sprache» (2006).

SCHWEIZERISCHE UND EUROPÄISCHE FRAUENSYNODEN

Maria Hauswirth-Büchel

1993: Der Verein «Schweizer Frauen-Kirchen-Fest» wird gebeten, die Idee *Frauensynode,* an deren Umsetzung europäische Frauen arbeiteten, aufzunehmen und mitzutragen. So wird aus dem Frauen-Kirchen-Fest die Frauen-Synode.
Trägerschaft: Verein Frauen-Kirchen Synode Schweiz mit Sitz in Luzern. Er gewährleistet die Kontinuität der Frauensynoden und verwaltet das Vereinsvermögen.
Vorstand: EFS (Evangelische Frauen Schweiz) und SKF (Schweizerischer Katholischer Frauenbund) und eine Kontaktperson zur Europäischen Frauensynode

1995: 1. Schweizer Frauen-Synode in St. Gallen zu «Frauenarbeit zwischen Chrampf und Befreiung» (über 1000 Frauen, Gäste aus Holland und Österreich)
Projektgruppe: Vlasta Bodenmann, St. Gallen; Gertrud Wirth, St. Gallen/Zürich; Martina Braukmann-Kleis, St. Gallen; Gabrielle Bregenzer-Hotz, Thurgau; Silvia Kaspar, Appenzell I.; Margrit Glükler, Graubünden; Margrit Joho, Zug; Lisbeth Borer, Baselland; Anaba Gurtner, Bern; Barbara Frei-Koller, Baselland; Annemarie Marti-Strasser, Zürich; Maria Hauswirth-Büchel, Zürich

1996: 1. Europäische Frauen-Synode in Gmunden/Österreich zu «Frauenmacht verändert das 21. Jahrhundert». Politik, Wirtschaft, Spiritualität und Identität (1033 Frauen aus 44 Ländern)
Referate, Workshops, Resolutionen

2000: 2. Schweizer Frauen-Synode in Biel/Bienne, «Sichtwechsel – Schichtwechsel» (rund 700 Frauen)

Meine spannendsten Lehr- und Wanderjahre durchlebte ich von 1993 bis 2010 während meiner Tätigkeit im Vorstand der Ökumenischen Frauenbewegung Zürich und bei den Schweizer und Europäischen Frauensynoden. Ich war über Jahre gleichzeitig lokal und international engagiert. Mein Bericht über die Schweizer Frauensynoden bezieht deshalb die Europäische Frauensynoden-Bewegung mit ein.

Vor bald 30 Jahren war es ein gewagtes Unterfangen, mit Freiwilligen eine richtig grosse Frauensynode zu planen, politisch und konfessionell offen, ohne gesicherte Finanzen, denn bereits der Begriff *Frauensynode* war eine Provokation. Als eine der wenigen Nicht-Akademikerinnen stürzte ich mich ziemlich ahnungslos ins Abenteuer Frauensynode. Es war ein Sprung ins kalte Wasser, als ich im Auftrag der Ökumenischen Frauenbewegung Zürich als «Vertreterin» der Schweiz 1993 an einem Treffen in Kerk en Wereld, Driebergen NL, teilnahm, wo ein internationales Team die erste Europäische Frauensynode plante. Ich war froh, eine Liste mit Schweizer Frauenorganisationen und ihren Aktivitäten im Gepäck und die Ökumenische Frauenbewegung im Rücken zu haben.

Im Anschluss daran wurde ich Netzwerkerin für die geplante europäische Frauensynode und nahm an diversen Tagungen teil, um für unsere Idee zu werben, besuchte Workshops für interkulturelle Kommunikation, Fundraising usw. Ich war lokal *und* international tätig, reiste mit dem Nachtzug quer durch Europa, arbeitete mit in kleineren und grösseren Teams und fand Unterkunft in Klöstern, Bildungshäusern oder Privatwohnungen. Internet gab es noch nicht, telefonieren war teuer; deshalb tippte und verschickte ich Hunderte Briefe (Einladungen, Bettel- und Dankesbriefe), machte Stapel von Fotokopien auf unserer Gemeindekanzlei und verschickte Faxnachrichten vom claro-Laden im Nachbardorf und sogar vom Campingplatz im Urlaub.

Nach den erfolgreichen FrauenKirchenTagen und -Festen war die Zeit reif für eine Schweizer Frauensynode. So stiess die Anfrage von europäischen Frauen, die sich mit der Durchführung einer Europäischen Frauensynode beschäftigten, ob der Verein Schweizer Frauen-Kirchen-Fest diese Idee in der Schweiz aufnehmen und mittragen könnte, auf offene Ohren. Ein Hauch von Subversion beflügelte die Zusammenarbeit von Theologinnen und engagierten Frauen. Wir stürzten uns mit grossem Vergnügen in die Vorbereitung der Schweizer und Europäischen Frauensynoden. Ideen hatten wir im Überfluss. Das Ziel war ein jeweils stimmiges Gesamtkunstwerk mit Strukturen und Freiräumen, wo Wissen vermitteln, persönliche Erfahrungen teilen und gemeinsam Neues erleben möglich war.

Schweizer Frauensynoden

Im Hinblick auf die geplante 1. Schweizer Frauensynode fand am 26. November 1994 eine Zürcher Frauensynode statt. Hauptthema im voll besetzten Rathaussaal war die gerechte Verteilung von bezahlter und unbezahlter Arbeit auf Frauen und Männer. Lanciert wurde eine Petition mit der Forderung, unbezahlte Haus-, Familien- und Betreuungsarbeit im Bruttosozialprodukt auszuweisen. Verbände und Kirchen sollten Freiwilligenarbeit erfassen und als Eigenleistung aufführen.

Die Vorbereitung der 1. Schweizer Frauensynode 1995 übernahm ein Team von 17 Frauen aus allen Regionen der Deutschschweiz. Ihr Thema: «Frauenarbeit zwischen Chrampf und Befreiung». Geplant wurden vielfältige Veranstaltungen mit politischen *und* spirituellen Impulsen. Hauptreferentinnen waren die Ökonomin Mascha Madörin, die Historikerin Heidi Witzig und die Soziologin Prof. Dr. phil. Susanne Schunter-Kleemann (Bremen). Mit dem Nachtzug nach St. Gallen angereiste Gäste aus Holland und Österreich staunten, wie über 1000 Frauen mit pinkfarbigen Schals in die ehrwürdigen Messehallen der OLMA strömten. Für die nachfolgenden Frauensynoden in der Schweiz übernahm jeweils eine Region die Hauptverantwortung für Planung und Organisation. Der Vorstand hat die Verantwortung für Vernetzung und Kontinuität. Bis heute fanden sechs weitere Schweizer Frauensynoden statt zu den Themen: «Sichtwechsel – Schichtwechsel» (Biel 2000), «Anders – wie denn sonst?» (Basel 2004), «Arbeitstitel: Heimat. Eine Reise» (Luzern 2007), «Wert-Schöpfung» (Zürich 2011), «Energie» (Aarau 2016), «Wirtschaft ist Care – (K)ein Spaziergang» (Sursee 2021).

Projektgruppe: Susanne A. Birke, Bern; Elisabeth Caspar, Biel; Barbara Frei-Koller, Reinach; Marie-Josèphe Glardon, Bern; Catina Hieber-Schilt, Biel; Rita Inderbitzin, Biel; Margrit Joho, Baar; Susanne Kramer-Friedrich, Zürich; Judith Schläpfer, St. Gallen; Regula Strobel, Freiburg; Ria van Beek, Versoix; Marguerite Wieser, Genf

2003: 2. Europäische Frauensynode in Barcelona/Spanien zum Thema «Zusammen Vielfalt leben» (700 Frauen aus ganz Europa, Afrika, Nord- und Südamerika)

2004: 3. Schweizer Frauen-Synode in Basel, «Anders – wie denn sonst?» (1000 Frauen) Projektgruppe: Beatrice Aebi (Migrationsamt ERK BS), Susanne Andrea Birke (Frauenstelle Röm.-kath. Kirche Aargau), Lisbeth Borer (Christkath. Kirche BL), Eva-Maria Fontana (Vorstand Verein Frauensynode), Maria Hauswirth-Büchel (Vorstand Verein Frauensynode, Europ. Frauensynode), Monika Hungerbühler (Frauenstelle der Röm.-kath. Kirche BS), Anja Kruysse (Frauenstelle der Evang.-ref. Kirche BL), Agnes Leu (Projektstelle der Evang.-ref. Kirche BL), Monika Mengis-Blum (Vorstand Verein Frauensynode, Vertreterin SKF), Sylvia Mollet (Freiplatzaktion BS), Patricia Remy (Studienleiterin Leuenberg), Rosemarie Grether-Schümperli (Frauenzentrale Basel), Marianne Strub (Projekt Frauentheologie Basel), Yvonne Thalmann Knechtl (Freie Mitarbeiterin), Inge-Lise Wormser (Präsidentin Bund Schweiz. Jüdischer Frauenorganisationen)

2007: 4. Schweizer Frauen-Synode in Luzern zu «Arbeitstitel: Heimat. Eine Reise» (über 700 Frauen)
Projektleitung: Carmen Jud
Projektgruppe: Li Hangartner (Frauenkirche Zentralschweiz), Maria Gallati, Christine Gleicher (Sentitreff/Babel), Silvia Strahm, Mirjam Furrer, Brigitte Waldis-Kottmann (Frauen auf dem Weg, Maihof), Monika Egger, Simone Marchon, Heidi Müller, Eva-Maria Pfaffen, Lisianne Enderli, Katharina Steinemann, Ruth Wisler-Schläpfer, Katrin Lais, Marlis Dellagiacoma, Emine Kovacevic (SAH, coopera), Livia Wey-Meier, Eveline Gsell, Irene Hahn, Verena Zemp, Gabriela Angst, Renate Metzger-Breitenfellner

2011: 5. Schweizer Frauen-Synode in Zürich zu «Wert-Schöpfung» (650 Frauen)
Projektgruppe: Sabine Scheuter, Tania Oldenhage und Tonja Jünger. Tonja Jünger musste sich zurückziehen, für sie kam Silvia Rütter (vom SKF). Etwas später ging Tania Oldenhage ins Ausland und für sie kam Brigitte Becker. Zusätzliche Unterstützung durch Simone Weil.

2012: 3. Europäische Frauensynode in Leipzig zu «Let's talk about health, ladies! Frauengesundheit in Europa» – Leider abgesagt!

2016: 6. Schweizer Frauen-Synode in Aarau zu «Energie» (400 Frauen)
Projektleitung: Susanne Andrea Birke, Fachstelle Bildung und Propstei der Röm.-Kath. Kirche im Aargau; Sabine Brändlin von der Fachstelle Frauen, Männer, Gender der Reformierten Landeskirche Aargau; Sandra-Anne Gobelbecker, Co-Präsidentin frauenaargau; administrative Leitung: Claudia Burkard-Theiler

Europäische Frauensynoden

Gerne wirkte ich auch bei der Gestaltung des Programms der zwei Europäischen Frauensynoden mit. Unser Ziel war, vielfältige Begegnungs- und Vernetzungsmöglichkeiten zu schaffen. Deshalb planten wir nebst Hauptreferaten und Diskussionsgruppen eine breite Auswahl an Workshops, liessen Platz für spontane Angebote, Interessen-Gruppen, schufen spirituelle Räume und organisierten «Oasis Groups» als tägliche Treffpunkte für persönlichen Austausch mit Frauen unterschiedlicher Herkunft, aber mit gleicher Sprache.

Zur 1. Europäischen Frauensynode in Gmunden/Österreich «Frauen gestalten Welt», vom 21.–28. Juli 1996, kamen 1033 Frauen aus 31 europäischen und 14 aussereuropäischen Ländern (über 60 Schweizerinnen waren mit dabei). Anstelle der erkrankten Hauptreferentin Regine Hildebrandt, die zum Thema Wirtschaft hätte sprechen sollen, gelang es, «unsere» Ina Praetorius kurzfristig einzufliegen. Ihr Referat «Weiberwirtschaft» war eine totale Überraschung und sorgte für riesigen Beifall und angeregte Diskussionen zu einem Thema, das viele Frauen zuvor kaum interessiert hatte. Nachts erarbeitete eine Gruppe aus den Voten der Workshops Grundlagen für die Plenumsdiskussionen am folgenden Tag. Es wurde intensiv diskutiert, formuliert, übersetzt, getippt und fotokopiert und auch immer wieder herzlich gelacht. (Basler Läckerli, Willisauer Ringli und Apfelstückli boten hilfreiche Energieschübe …) Am Ende der Woche wurden Resolutionen zu den Themen Politik, Wirtschaft, Spiritualität und Identität verabschiedet.

Die 2. Europäische Frauensynode in Barcelona/Spanien zum Thema «Zusammen Vielfalt leben – daring diversity», vom 5.–10. August 2003, mit 700 Teilnehmerinnen machte Multikulturalität und Multireligiösität in Europa zum zentralen Thema, sowie das Engagement gegen Rassismus, Diskriminierung von Lesben und die Entwicklung eines gerechten Europas aus feministisch-theologischer Perspektive. Die Sängerin und Chorleiterin Flois Knolle-Hicks brachte die ganze Versammlung zum Singen und schuf eine Verbundenheit über viele Grenzen.

Schweizer und Europäische Frauensynoden im Vergleich

Die Schweizer Frauensynoden umfassten einen Tag, fanden in einem vertrauten Umfeld und einem ähnlichen Erfahrungsraum statt und zeichneten sich durch viel Fantasie und Lust auf Experimente aus. Die Europäischen Frauensynoden erfassten ein breiteres Spektrum an Teilnehmerinnen (Regionen, Sprachen, Kulturen) und dauerten 4–7 Tage. Die Tagungssprache Englisch als gemeinsame Fremdsprache wurde immer wieder zur Herausforderung und führte zu Missverständnissen (etwa in der Übersetzung von feministisch mit feminin!). Gemeinsam waren jedoch beiden Begeisterung, Fantasie, Freude an der Zusammenarbeit mit Fachfrauen und Laiinnen, gelungene Events, Referate und Workshops, Zuhören und Diskutieren, Besinnung und Entspannung, Singen und Tanzen, Essen und Gottesdienste feiern.

Mit den Schweizer und Europäischen Frauensynoden haben wir die Schweiz und Europa kaum verändert. Aber wir haben prägende persönliche Begegnungen ermöglicht und Frauenpower hautnah erlebt. Es entstanden neue Freundschaften und eine neue Sensibilität für das, was uns täglich in den Medien, auch über die Schweizer Grenzen hinaus begegnete. Oder wie Antje Röckemann, Präsidentin der Europäischen Frauensynode, meinte: «Die persönliche Begegnung ist das, was uns verändert und was unsere Meinungen und unser Wissen über einander verändern kann, und ist durch nichts zu ersetzen, auch wenn wir noch so viel lesen und studieren.»

Gemeinsam haben wir Vieles gewagt und viel gewonnen. Ich bin zutiefst dankbar für die ungeahnten Chancen, daran gestaltend mitgewirkt zu haben, und für die wertvollen Kontakte zu vielen, ganz verschiedenen Frauen.

2017: Synodaler Prozess zur 7. Schweizer Frauen-Synode «Wirtschaft ist Care»

6.5.2017: World-Café mit ca. 35 Frauen in Pfäffikon/SZ

11.11.2017: «Care-Frühstück mit Inhalt» zum Thema «Zwanzig Jahre Datenerhebung zur unbezahlten Arbeit in der Schweiz: 1997–2017» in Bern FrauenKirche Zentralschweiz und der Verein WiC Wirtschaft ist Care rufen gemeinsam auf zum synodalen Prozess und bilden die Spurgruppe. Für die Vorbereitung der Frauensynode 2020 erweitert sich die Spurgruppe im Juli 2019 zum OK. Neu dazu gehören nun Vertretungen der reformierten und katholischen Kirchgemeinde Sursee und der GrossmütterRevolution sowie engagierte Privatfrauen: Ina Stankovic, Monika Fischer-Abt, Andrea Koster-Stalder, Claudia Küttel-Fallegger, Brigitte Waldis-Kottmann, Regula Grünenfelder, Ina Praetorius, Livia Wey-Meier, Marina Fahrenbach, Ania Kornfeld, Feline Tecklenburg und Liv Zumstein-Kägi

2021: 7. Schweizer Frauen-Synode in Sursee zu «Wirtschaft ist Care – (K)ein Spaziergang» Anstelle eines grossen Treffens ein Booklet mit präzisen, tollen Comic-Zeichnungen und Texten, die essenzielle Themen auf den Punkt bringen. Herausgegeben von: Schweizerische Frauen*synode 2021, www.frauensynode2021.ch

An der Frauensynode in Sursee wurde der Verein Frauensynode aus Ressourcengründen aufgelöst, zuvor aber noch mit einem Ritual gewürdigt. EFS und SKF werden das Anliegen weiterhin schwesterlich hüten.

Ausführlichere Infos: www.frauensynode.ch

2. Schweizer Frauen-Synode 2000 in Biel: «Sichtwechsel – Schichtwechsel»

Rund 700 Frauen nehmen an der Frauen-Synode in Biel teil.

Abschlussritual der Frauen-Synode Biel.

Micheline Calmy-Rey, damals Staatsrätin in Genf.

4. Schweizer Frauen-Synode 2007 in Luzern: «Arbeitstitel: Heimat. Eine Reise»

«Heimat ist anstrengend, verführerisch, manchmal fremd.» Carmen Jud, Projektleiterin, begrüsst die Teilnehmerinnen in Luzern und lädt sie ein, Heimat in 12 Stationen in der Stadt zu erwandern und zu entdecken.

HeimatEntDeckungsReise: Auf der Schiffahrt von Flüelen nach Luzern ist kein Halt geplant. Die bittenden Frauen müssen zurückbleiben. Performance an der Schiffsstation Treib-Seelisberg.

«Land gewinnen. Vielleicht nur für kurze Zeit – aber nachhaltig.» Mit zwei Schiffen kommen die gut 700 Synode-Frauen in Luzern an und werden herzlich empfangen.

IG FRAUENKIRCHEN SCHWEIZ

Silvia Strahm Bernet

Einen 15 cm hohen Stapel an Protokollen, E-Mail-Ausdrucken, Info-Blättern u. v. m. der IG FrauenKirchen Schweiz – aus dem Besitz von Susanne Kramer-Friedrich – habe ich vor mir liegen. Langweiliges Aktenstudium also? Mitnichten! Vielmehr spannende Einblicke in den Versuch, der feministisch-theologisch akzentuierten Frauen-Kirche-Bewegung in der Schweizer Öffentlichkeit mehr Gehör zu verschaffen – ein Versuch, der 1998 in die Gründung des Vereins «IG FrauenKirchen Schweiz» mündet. Angefangen hat es 1997 mit einer Einladung an die Adresse der Ökumenischen Frauenbewegung Zürich, sich an der geplanten Expo 2001 mit Vorschlägen zu beteiligen. Nicht abgeneigt wollte sie dieses Projekt aber nur in Zusammenarbeit mit möglichst vielen anderen feministisch-theologischen Frauenstellen und -vereinen in Angriff nehmen. Dafür eine übergeordnete Interessenvertretung zu gründen, schien sinnvoll, um über die (auf 2002 verschobene) Expo hinaus feministisch-theologisches Handeln zu vernetzen, zu fördern und die Interessen der FrauenKirchen nach aussen besser zu vertreten. Die IG respektive ihr Vorstand hat mit viel Herzblut agiert, hat Veranstaltungen (mit)organisiert, zahlreiche Aktivitäten – u. a. rund um die Bibel in gerechter Sprache – unterstützt, sich an Frauensynoden beteiligt und zusammen mit der IG Feministische Theologinnen den vom Arbeitskreis Feministische Theologie in Luzern initiierten Marga-Bührig-Anerkennungspreis übernommen und ausgerichtet. Sie hat ihre Mitglieder über relevante Themen und Ereignisse mit Infoblättern («Infonetz» und «Infoblitz») informiert, sich an politischen Aktionen und Kundgebungen beteiligt. Sie stand dennoch immer wieder unter Rechtfertigungsdruck. Braucht es die IG FrauenKirchen Schweiz wirklich? Ist es bloss ein Verein mehr auf der Suche nach Aufgaben, Vorstandsmitgliedern, Finanzen? Welche Vereinsmitglieder können überhaupt Ressourcen für die Mitarbeit in einer überregionalen Organisation aufbringen? Im Jahr 2010 musste der Verein mangels neuer Vorstandsmitglieder und sinnvoller Projekte aufgelöst werden.

8.3.1998: Gründung des ökumenischen «Verein IG FrauenKirchen Schweiz» in Bern, bestehend aus 13 Frauen-Kirchengruppierungen (AG, BS, BE, GR, LU, SG, ZH) und den Frauenstellen Aargau, Basel, Biel, Frauenkirchensynode CH und Diakoniewerk Neumünster
Initiantinnen: Ruth Bregnard, Helmute Conzetti, Regina Müller, Dorothee Dieterich, Regula Haag, Verena Hungerbühler, Susanne Kramer-Friedrich, Griete Rüedi, Silvia Strahm, Regula Strobel

Gründungsvorstand 1998/99: Susanne Kramer-Friedrich, Bea Litzko, Marja Arnold-Bumbacher, Ruth Bregnard, Ursula Riedi Galbier, Rosmarie Rohner, Susanne Rohr
Vorstand vor Auflösung 2008/9: Franziska Affolter, Susanne Kramer-Friedrich, Simone Staehelin

23.4.2010: An der Jahresversammlung des Vereins wird dem Antrag zur Auflösung des Vereins zugestimmt. Grund: keine neuen Vorstandsfrauen, kein neues Projekt in Sicht.

KOMMENTAR

Silvia Strahm Bernet

Mariann

Was wäre geschehen, wenn es all das nicht gegeben hätte? Wo wären die Frauen hin? Wären sie ausgetreten? Hätten sie ihre Kraft und Kreativität anderswo eingesetzt?

Sybil@Mariann

Du meinst, ob die FrauenKirchen die Wut abgefangen, den Wegzug verlangsamt haben? Eine Art feministische Oase in der patriarchalen Kirchenwüste gepflegt hätten?

Theres@Sybil

FrauenKirche hat bei einem vorhandenen Bedürfnis angeknüpft. Mit Warten aufzuhören und selber was auf die Beine zu stellen, ist doch die einzig richtige Entscheidung! Dass sich die Amtskirchen damit grossartig geschmückt hätten, wär' mir neu. Haben es wohl eher geduldet, ab und zu genutzt oder auch vergessen.

Zita

«Wir Frauen sind Kirche» ist ja nicht nur ein Kampfbegriff. Es ist einfach ein Faktum: Kirchen sind schon seit langer Zeit Frauensache, Frauen sind d i e Kirche nicht nur dem Namen nach, ohne ihre Teilnahme und Basisarbeit existierte die Kirche nicht.

Brit@Zita

Klar. Aber es geht ja schon lange nicht mehr um die Frage, drinnen etwas zu verändern oder sich zu verabschieden, sondern einfach darum, selbstversorgend was Eigenes aufzubauen. Und das haben sie getan, in aller Vielfalt. Mich beschäftigt eher: Wie geht es weiter? Die Generation unserer Töchter interessiert sich doch längst nicht mehr für die Kirche, auch nicht für eine Frauen-Kirche oder für feministische Theologie!

Gerda@Brit

So pessimistisch? Abgesänge sind einfach, dafür findet man immer genügend Strophen. Ich versuch's anders rum und suche nach Anzeichen dafür, dass sich auch heute noch was bewegt: Beispiel Frauen*(Kirchen)streik! Da sind säkulare Feministinnen wie auch Kirchenfrauen gemeinsam auf die Strasse gegangen.

Theres@Gerda

Möglich, dass dies die neuen Orte der Frauen-Kirche-Bewegung sind. Oder auch die Care-Bewegung und der Ökofeminismus, zu dem Theologinnen wichtige Anstösse geben können. Ich denke, etwas von unseren Anliegen wird weiterbestehen, wenn auch in neuen Formen.

SUSANNE KRAMER-FRIEDRICH

«Wandernde sind wir»

So fröhlich und entspannt habe ich Susanne selten erlebt. Ich sass vor zwei Jahren an einem Fest neben ihr am Tisch, wir plauderten und genossen das Essen und die Gesellschaft. Nun schreibe ich über sie und muss daran denken, mit welcher Leichtigkeit sie selber jeweils formuliert hat, knapp und präzise. Ihre spitze Feder bekamen nicht wenige zu spüren. Man konnte mit Susanne Pferde stehlen. Wenn Not an der Frau war, sagte sie regelmässig: Klar bin ich dabei! Den Text kriegt ihr morgen. Hin und wieder habe ich dann einen der schärferen Sätze etwas abgemildert, was sie meistens akzeptierte. Sie war es, die spontan in einem frühen Presseartikel die Bezeichnung «Ökumenische Frauenbewegung Zürich» schuf, die dann bei der Vereinsgründung, der sie zuerst skeptisch gegenüberstand, als Name auserkoren wurde. Susanne wurde selbstverständlich in den ersten Vorstand gewählt und engagierte sich bei vielen Gottesdiensten und in den verschiedensten Projektgruppen. Hierhin gehört unbedingt auch Griete Rüedi. «Wann treffen wir drei wieder zusamm?» Diese Verszeile kam mir jeweils in den Sinn, wenn wir unsere Köpfe zusammensteckten. Wir drei waren so verschieden, kamen aus unterschiedlichen Welten und heckten gemeinsam dies und jenes aus, immer lustvoll. Susannes Fokus lag vor allem auf gesellschaftlichen Fragen, zum Beispiel bei gerechtem Lohn und gerechter Arbeit. So organisierte sie im November 1994 die erste Zürcher Frauensynode im hohen Zürcher Rathaus mit dem Titel «Wo ein Wille ist, ist ein Weg. Wir fordern die Gleichstellung von Frauen und Männern im Sektor Arbeit». Und dann war da die ganze Welt der Kunst, für die Susannes Herz schlug. Sie veranstaltete im Rahmen der Ökumenischen Frauenbewegung zahlreiche Kunstreisen und Ausstellungsbesuche. Unvergessen bleibt die Fahrt zu Niki de Saint Phalle's Tarotgarten in der Toskana, auf die sie im Buch, das der Verein 2013 herausgab, ausgiebig zurückblickt. Den Beweggrund für ihre Liebe zur zeitgenössischen Kunst und für viele ihrer Aktivitäten verdeutlicht sie mit einem Zitat der Theologin Sara M. Zwahlen: «Das Interesse an meinen Mitmenschen und die Auseinandersetzung mit der eigenen Identität als Frau und als Christin.» Das Buch, das die Geschichte der Ökumenischen Frauenbewegung Zürich zusammenfasst, trägt den Namen eines ihrer Lieder: «Wandernde

Susanne Kramer-Friedrich

sind wir». Ja, Susanne hat auch Lieder geschrieben. Wenn wir mitten in den Vorbereitungen eines Frauenkirchentags nach langem Suchen wieder einmal konsterniert feststellten, dass wir kein passendes Lied finden konnten, sagte Susanne ganz einfach: Ich schreibe eines. Schreiben hiess dann nicht etwa nur texten, sondern auch komponieren. Sie hat jedoch nicht nur verschiedene Lieder geschrieben, sondern zusammen mit der zweiten Lieder-Komponistin, Lilo Schmidt, ein eigenes Frauenliederbuch geschaffen, das fortan in den Frauengottesdiensten rege benutzt wurde und zum Inventar des Vereins gehörte. Einmal sagte sie lachend: Komisch, dass, wenn etwas von mir bleiben sollte, es diese Lieder sein könnten. Es bleibt aber viel mehr: Das grosse Engagement auch in gesamtschweizerischen Gremien der Frauenbewegung und die Treue zum Zürcher Verein bis zum Schluss. Susanne engagierte sich in den letzten fünf Jahren ein zweites Mal im Vorstand. Sie war es, die am längsten daran glaubte, der Verein könne 2009 nochmals einen Aufschwung erleben. Sie war eine Kämpfernatur. Die heitere Begegnung mit ihr am Fest vor zwei Jahren zeigt jedoch, wie schliesslich schöne und beglückende Erfahrungen alles überstrahlen können.

Irene Gysel

Während der Entstehungszeit dieses Buches ist Susanne Kramer-Friedrich am 16.11.2021 verstorben.

94

FEMINISTISCH-THEOLOGISCHE «SPRACHROHRE»

Sprachrohre oder salopp Flüstertüten heissen die Trichter, mit deren Hilfe verstärkt wird, was gesagt sein will – damit auch weit Entfernte etwas verstehen. Zwar flüstern die Zeitschriften, von denen hier die Rede ist, nicht, doch sind und waren sie mit dem Versuch beschäftigt, frauenspezifische und feministisch-theologische Themen weiterum verständlich zu machen, ihre Stimmen im täglichen Wortgetöse anzuheben und hörbar Position(en) zu beziehen.

«Schritte ins Offene» nannte sich eine der beiden Schweizer Zeitschriften. Das «Offene», das war die Ökumene, zu der Schritte gewagt wurden; doch bald schon, in den 1970er Jahren, griff sie auch frauenbezogene und später explizit feministisch-theologische Themen auf. Die feministisch-theologische Zeitschrift FAMA widmet sich etwas mehr als ein Jahrzehnt später ausdrücklich diesem Themenspektrum. Während «Schritte ins Offene» inzwischen verschwunden ist, existiert FAMA nach wie vor. Sie ist unsere Schweizer Flüstertüte, die sich seit ihrem Bestehen nicht allein feministisch-theologischen Themen widmet, sondern in ihrem Forum dokumentiert und kommentiert, was an Projekten, Veranstaltungen und Publikationen vor allem im Raum der Deutschen Schweiz sichtbar zusammenkommt. Sie tut das nun seit mehr als drei Jahrzehnten und hat – nach dem Weggang der letzten Gründungsfrauen 2006 – einen Generationenwechsel geschafft: «Forever young», wie es scheint! Und noch nicht heiser, denn sie schreit nicht, sondern argumentiert, trägt vor, blickt in die Weite, immer neugierig, immer noch voller Energie und der Aufgabe verpflichtet, feministisch-theologische Einsichten ins Gespräch zu bringen mit dem, was geschieht, vor Ort, und immer und unbedingt auch darüber hinaus. (ssb)

DIE FEMINISTISCH-THEOLOGISCHE ZEITSCHRIFT FAMA

VOM BULLETIN DER THEOLOGISCHEN FRAUEN-WEB- UND WERK-STATT ZUR FAMA (1983–2006)

Silvia Strahm Bernet

1983–1984: vierteljährlich erscheinendes Bulletin der theologischen Frauen-Web- und Werkstatt
In Handarbeit verfertigt, gedruckt auf rosa Papier, hektographiert, Fr. 4.– pro Nummer
Kerngruppe zu Beginn: Monika Berger-Senn, Silvia Bernet-Strahm, Marie-Rose Blunschi, Judith Borer, Doris Jenny-Strahm, Carmen Jud, Judith Kölbener, Conni Kreienbühl-Jacomet, Christa Schneider
Frauen gingen: Judith Kölbener, Marie-Rose Blunschi, Christa Schneider
Frauen kamen hinzu: Elisabeth Hug, Regula Strobel, Monika Hungerbühler
Auflage: 1983 (129 Expl.), 1984 (300 Expl.)

Die ersten Rubriken:
– Schwerpunktthema
– Inspirationen
– Frustiges
– Aus den Regionen
– Frauenporträts
– Was wann wo
– Gelesen (die Rubrikentitel veränderten sich von
  Mal zu Mal)

Heft Nr. 1: Eine Nummer in eigener Sache.
Vorwiegend ein Bericht zum Treffen vom 7.5.1983 in Luzern zwecks Gründung einer «Gewerkschaft» von theologisch / kirchlich engagierten Frauen.
Heft Nr. 2: Schwerpunktthema «Frauen und Gesamtverteidigung» (1983)

Ganz rosa war sie, unsere Neugeborene, eher etwas klein mit ihren 30 Zentimetern, zudem ein Leichtgewicht, 41 Gramm bloss wog sie – aber was waren wir stolz auf sie! Wir haben sie herumgezeigt, haben sie eigenhändig eingekleidet, mit vielfältigsten Wünschen versehen wie die guten Feen an der Wiege, bloss einen richtigen Namen hatten wir nicht gefunden für die Kleine. – So könnte sie beginnen, die Erzählung vom Entstehen der FAMA.

Oder damit: Doris Strahm, Carmen Jud und ich, die den Text über die ersten rund 20 Jahre verfassen soll, sitzen coronakonform im Mai 2021 an Carmens Tisch und erinnern uns … Carmen hat sie ausgegraben, die 1983 zum ersten Mal verschickten rosafarbenen FAMA-Vorläuferinnen mit dem inzwischen etwas peinlichen Namen «Bulletin der theologischen Frauen-Web- und Werkstatt» (übrigens handgeschrieben, der Zeitschriftentitel, wie auch die Kapitelüberschriften, nicht zu reden von den eigenen Zeichnungen!). Was mir jetzt erst so richtig auffällt ist etwas, das fehlt: Wo versteckt sich bloss das Wort «feministisch»? Im Namen jedenfalls nicht. In der Idee dahinter und auch in den Texten hingegen schon. Dass das Wort im Zeitschriftentitel fehlt, mag mit der Gründungsgeschichte zusammenhängen.

Eine Gewerkschaft? – Nein, danke, aber …

Silvia Bernet-Strahm, Carmen Jud und Doris Jenny-Strahm (das alte patriarchale Namensrecht lässt grüssen) luden in einem Brief vom 5. März 1983 zu einem Treffen in Luzern ein. Was wir wollten: Uns zusammentun, endlich! Um in der katholischen Kirche als diskriminierte Frauen eine Stimme zu haben, um uns zu vernetzen, um gestärkt gemeinsam für unsere Anliegen eintreten zu können. Wir nannten die Idee dieses Netzwerkes «Theologische Frauen-Werk- und Webstatt» (nicht zu verwechseln mit der späteren Zeitschrift!). In unserem Projektbeschrieb bezeichneten wir uns als «von (feministischer) Theologie betroffen», willens ein Netzwerk zu bilden und damit in Kirche und Theologie unsere feministischen Interessen zu vertreten. Gegen Klerikalismus antreten, das wollten wir, gar die Gründung einer Gewerkschaft anpeilen, uns öffentlich positionieren und Gehör verschaffen, ein Mitteilungsblatt herausgeben, Gruppen, die handeln initiieren (Webstühle!).

Eine Kerngruppe sollte gebildet werden, welche verschiedene Kleingruppen koordiniert, Vertreterinnen zu Treffen einlädt, Vollversammlungen vorbereitet. Dieses «Netz» sollte als «autonome Gruppierung» im Umkreis des Katholischen Frauenbundes angesiedelt sein und mit ihm in Verbindung stehen. Es sollte zudem eine Vereinsstruktur erhalten und finanziell von einem Förderkreis, von Stiftungsgeldern, aber auch von «offiziellen», sprich kirchlichen Geldern getragen werden. Grosse Pläne! Zu grosse, wie sich zeigte.

Am 7. Mai 1983 fand das Treffen statt, 25 Frauen kamen. Das Fazit: «Wo Fäden sind, entsteht noch lange nicht das gewünschte Muster.» Wir drei Initiantinnen wollten eine Interessenvertretung schaffen. Das gelang nicht; zu unterschiedlich waren die Vorstellungen der teilnehmenden Theologinnen, Katechetinnen und zugewandter theologisch interessierter Frauen. Ein weiteres Treffen wurde für den 3./4. September 1983 anberaumt. Workshops zu verschiedenen Themen waren angedacht (u. a. feministische Exegese, Frauen und Gesamtverteidigung, Weiterführung der Idee einer Interessenvertretung). Das Treffen kam nicht zustande: zu wenige Anmeldungen! Aber das Bulletin, in dem ich all dies nachgelesen habe, das existierte ab diesem Zeitpunkt. Aus der geplanten Interessenvertretung wurde also eine Web- und Werkstatt, feministisch war zwar die thematische Ausrichtung, der Titel hielt aber den grösseren Raum offen für alle Frauen, die in der Kirche, an ihrem Rand oder bereits «draussen vor der Tür» theologisierten, sich an den patriarchalen Realitäten rieben und etwas Neues, Eigenes entwickeln wollten. Der Begriff «feministisch» für die Ausrichtung und die Vertretung unserer Interessen war da vielleicht zu präzise und daher zu «eng». Aber so genau weiss ich es nicht mehr. Ich wusste ja nicht einmal mehr, dass ich eine der drei Initiantinnen und Organisatorinnen war.

Heft Nr. 3: Das Heft hatte nun auf der Titelseite anstelle von Inhaltsverzeichnis / Herausgeberschaft / Redaktionsadresse und dem Preis ein Bild und einen Gesamttitel: «Hexegese» (1984)
Heft Nr. 4: «Frau und kirchliche Macht» (1984)
Heft Nr. 5: «Kirchenträume» (1984)

Die grafischen Anfänge: Bulletin der theologischen Frauen-Web- und Werkstatt, Bulletin Nr. 4/1984.

97

Ab 1985: FAMA – feministisch-theologische Zeitschrift

Erscheint vierteljährlich

Die Grafikerin Cordula Schürmann schuf unser Logo.
Der Surseer Grafiker Hans-Peter Bisig gestaltete das Layout (zweispaltig, ab 1/91 dreispaltig).
Die Druckvorlagen der Hefte klebten die Redaktorinnen Carmen Jud und Regula Strobel von Hand, auf einem selbstgebastelten, mit Licht unterlegten Glaskasten.
Ab 1997 verfertigten wir das Layout nicht mehr von Hand. Das Computer-Layout übernahm Esther Kälin Plézer, später Claudia Wälchli.
Hans-Beat Jenny richtete die elektronische Adressverwaltung ein.
Administrations- und Redaktionsadresse lagen bei Doris Jenny-Strahm.
Ab 2001 wird die Administration ausgelagert und von Susanne Wick übernommen.
Fotosatz und Druck übernahm Klaus Fischers Gegen-Druck, Luzern.

Redaktorinnen (ab 1985):

Irina Bossart, Redaktorin 2000–2006
Dorothee Dieterich, Redaktorin 1993–1999
Li Hangartner, Redaktorin 1986–2006
Monika Hungerbühler, Gründerin und Redaktorin 1985–2006
Cornelia Jacomet, Gründerin und Redaktorin 1985–1996
Carmen Jud, Gründerin und Redaktorin 1985–1994
Barbara Lehner, Redaktorin 1996–1999
Tania Oldenhage, Redaktorin ab 2005 bis heute
Susanne Schneeberger Geisler, Redaktorin 2001–2010
Barbara Seiler, Redaktorin 1989–2003, Website bis 2017
Monika Senn Berger, Gründerin und Redaktorin 1985–1995

… eine Drehscheibe für die feministische Theologie Schweiz!

Das Bulletin sollte eine Drehscheibe sein, die «Informationen, Erkenntnisse und Erfahrungen weitergibt, unsere Fantasie und Kreativität anregt und immer wieder Raum gibt, sich mitzuteilen» (Bulletin Nr. 1). Wir riefen zur Mitarbeit auf, wünschten uns Buchbesprechungen, Informationen, Inspirationen, Frustiges und vor allem Ideen für einen Namen. Bereits im Bulletin Nr. 2 wurde eindringlich nochmals darauf hingewiesen, dass eine Drehscheibe von den Beiträgen der Frauen lebt und dass es unser Ziel war, eine Szene für die feministische Theologie in der Schweiz zu schaffen. Wir riefen deshalb dazu auf, uns weitere Adressen für mögliche Abonnent:innen zu schicken (120 waren es im Oktober 1983). Wir erklärten auch den etwas hohen Preis von Fr. 4.– pro Bulletin. Wir alle arbeiteten gratis, wollten aber immerhin die Bahnspesen für die Sitzungen vergütet haben. Im Bulletin Nr. 3 bedankten wir uns herzlich für die zugeschickten Beiträge, merkten jedoch an, die Texte möchten doch bitte nicht mehr als 2–3 Schreibmaschinenseiten (!) umfassen, da wir den Umfang einer Nummer nicht beliebig erweitern könnten.

Man kann unsere Arbeit im Rückblick mit gutem Grund unprofessionell nennen. Wir waren keine Profis. Wir machten dies alles zum ersten Mal, ohne irgendwelche diesbezügliche Erfahrungen. Umso schöner zu sehen, was wir im Verlauf der kommenden Jahre alles dazugelernt haben!

Vom Bulletin zur Zeitschrift FAMA

Was für ein riesiger Schritt gelang uns da! Visuell, finanziell, professionell. Aber wie kam es überhaupt dazu? 1984 erhielten wir – Monika Hungerbühler, Doris Jenny-Strahm und ich – von der Zeitschrift «Offene Kirche» das Angebot, eine ganze Nummer zu gestalten. Ihr Titel: «Frau – Sexualität – Erotik. Tastende Versuche einer Wiederaneignung», Nr. 5/6, Juni/Juli 1984. Das machte enormen Spass. Und das Produkt sah toll aus. Es war eben eine «richtige» Zeitschrift. An unserer Bulletin-Sitzung vom 18./19. August 1984, so entnehme ich dem Sitzungsprotokoll, waren wir offenbar bereits willens, ab 1985 eine 16- bis 24-seitige Zeitschrift, gestalterisch an die «Offene Kirche» angelehnt, herauszugeben. Wir holten Offerten ein, beschlossen die Gründung eines Vereins für die Herausgabe der Zeitschrift, planten die 4 Themennummern für 1985, diskutierten die zukünftige Arbeitsorganisation und suchten vor allem nach einem neuen

Namen. Die Bandbreite der Vorschläge war gross: Begin(n)en, Lilith, Kassandra, Anna, Sira, Kreuzspinne, Netzwerk, Fama. Was sich durchsetzte, liegt nun seit 37 Jahren vor.

Famos, famos!

«FAMA – feministisch-theologische Zeitschrift» hiess es nun, unser Bulletin. Der ursprünglich vorgesehene Untertitel «Zeitschrift der feministisch-theologischen Frauen-Web-und Werkstatt» wurde nüchterner, intellektueller, ferner dem (haptischen) Alltag, der ans weibliche Wirken und Werken gemahnte. Dieser Schritt war wichtig. Wir gaben unserer Arbeit mit der erfolgten Professionalisierung mehr Gewicht. Mit dem «Gewicht» stieg die Freude und die Lust, viel Zeit und Energie, gänzlich ehrenamtlich, in dieses Vorhaben zu stecken.

«Acht junge Frauen um die Dreissig haben das feministisch-theologische Zeitungsprojekt 1985 mit viel Begeisterung gestartet. Redaktionssitzungen bei den einzelnen zu Hause, Befindlichkeitsrunden mit persönlichem Auf und Ab, Wochenenden zur Themenfindung und Teambildung, spannende und auch kontroverse inhaltliche Debatten, aufwändige Redaktionsarbeit und Korrekturlesen – all dies war für Jahrzehnte ein wichtiger Bestandteil unseres Lebens. In diesen Jahren wurden Kinder geboren und grossgezogen, Ehen geschlossen, andere geschieden, unterschiedliche berufliche Laufbahnen eingeschlagen, Weiterbildungen gemacht und Dissertationen geschrieben. Bei allen Veränderungen beruflicher und persönlicher Art blieb die FAMA eine Konstante in unseren Leben. FAMA – das hiess nicht nur viel ehrenamtliche Arbeit, sondern bedeutete vor allem: intellektuelles Vergnügen und lustvolles Debattieren.»

So fassten Doris Strahm und ich es einst für das Vorwort des Buches «einfach unverschämt zuversichtlich» (Egger/Sonego Mettner 2014, 13–14) zum 30jährigen Bestehen der FAMA zusammen. Trotz der Nähe und der Freundschaften, die die gemeinsamen Routinearbeiten schufen, waren wir doch froh, einige davon abzugeben. 1997 übernahm eine externe Fachfrau das Computer-Layout, 2001 lagerten wir die Administration aus.

Ach, schön war die Zeit!

FAMA – das bedeutete nicht nur, aufmerksam zu sein, neugierig zu bleiben und den Blick fortwährend auszuweiten, um die wichtigen Themen

Jacqueline Sonego Mettner, Redaktorin 1997–2015

Doris Strahm, Gründerin und Redaktorin 1985–2006

Silvia Strahm Bernet, Gründerin und Redaktorin 1985–2006

Regula Strobel, Gründerin und Redaktorin 1985–1989

Ursula Vock, Redaktorin 1996–2015

Die Redaktorinnen arbeiten unentgeltlich, die Autorinnen erhalten ein «symbolisches» Honorar.

Abonnement: Normalabo Fr. 18.– Gönnerabo Fr. 25.– Auslandabo Fr. 20.–

Im Archiv auf der Website der FAMA lassen sich alle Nummern ab 1985 als pdf herunterladen: www.fama.ch

Das 1. Heft der FAMA: 1/1985.

Jubiläumsausgabe 2/2004. Seit 1991 grafische Veränderungen im Titelkopf.

oder auch die spannenden (was nicht unbedingt identisch ist) zu finden. FAMA, das hiess auch: selber schreiben können, Themen setzen dürfen, immer mal wieder auch ziemlich schräge («Lieber barbusig als barfüssig» oder «Feministische Patriarchinnen – Patriarchale Feministinnen»). Vernünftige Analysen neben Spass am Ver-rückten, beides hatte Platz und war für mich jedenfalls unverzichtbar. Es bedeutete aber in den Anfängen ganz konkret auch: Arbeiten ohne PC (wann standen in unseren Wohnungen eigentlich die ersten PC's?), und, im Rückblick noch unmöglicher, ohne Internet! Das gab es noch nicht. Unvorstellbar! Wie haben wir das bloss gemacht? Wie haben wir recherchiert, wie haben wir unsere Autorinnen entdeckt? Die passenden Bilder fanden wir manchmal in unseren eigenen Bücherregalen, aber wir schleppten auch oft dicke Bücher aus den Bibliotheken nach Hause (Datenschutzfragen? Copyright? – das waren noch unverfrorenere Zeiten), aber alles andere? Zu lange ist es her, ich weiss es nicht mehr. So halte ich mich an das, was vorliegt und nachzuschauen ist: unsere vielfältige und breite Themenpalette und das bereits frühe Aufgreifen auch heute noch zentraler Themen wie etwa «Lasst uns Menschen machen» (1986), «Miriams Töchter – Jüdische feministische Theologie» (1990, hierzu haben wir Marianne Wallach-Faller in die Redaktionsrunde eingeladen), «Antijudaismus» (1991), «Fatimas Töchter» (1994), «Schwestern über Kontinente» (1995).

Verändert haben sich im Laufe der Jahre das Layout, die Auflage (von 500 auf 1500) sowie das Redaktionsteam. Nach und nach traten einzelne der Gründerinnen aus, jüngere Frauen kamen hinzu. Neben der Verjüngung des Redaktionsteams wurde gleichzeitig auch ein Gleichgewicht zwischen katholischen und reformierten Theologinnen angestrebt. 2006 sind die letzten Frauen der Anfangsjahre aus dem Redaktionsteam ausgetreten. Die FAMA hat das sehr gut überlebt – so viel zum Thema Unersetzbarkeit! Ersetzbar sind gewiss die Redaktorinnen, die FAMA hoffentlich noch ganz ganz lange nicht!

GENERATIONENWECHSEL – DIE FAMA SEIT 2006 BIS HEUTE
Christine Stark und Geneva Moser

Feministische Theologie ist vielstimmig – so arbeitet auch die Redaktion der feministisch-theologischen Zeitschrift FAMA, von der Themenwahl über die Autorinnensuche bis hin zum fertigen Heft im Kollektiv. Diese Vielstimmigkeit bildet dieser Text über die FAMA seit 2006 ab: Die aktuellen Redaktorinnen haben sich zu ihrer Arbeit und zur Bedeutung des Heftes befragt und erzählen so Geschichte.

Warum ist die FAMA unersetzlich?

Tania Oldenhage (*1969): Viermal im Jahr ein Thema konsequent feministisch-theologisch aufgefächert, durchleuchtet, gegen den Strich gebürstet und noch dazu in der wunderbar altmodischen Form eines Print-Mediums – wo sonst gibt es das?

Geneva Moser (*1988): Die biblische Tradition aus der Perspektive von Frauen, Lesben, trans- und intergeschlechtlichen Personen zu interpretieren und sie als Impuls für umfassende Gesellschaftskritik zu nutzen – dieses Projekt ist längst nicht abgeschlossen. Gerade jetzt, wo wieder verstärkt gegen Herrschaftsstrukturen aufbegehrt wird in Gesellschaft und Kirche, ist die FAMA eine inspirierende, lustvolle, herausfordernde Stimme.

Simone Rudiger (*1971): Weil sie Frauen* konsequent zu Wort kommen lässt – arrivierte Wissenschaftlerinnen und solche, die aus ihrer Lebenserfahrung schöpfen und etwas zu sagen haben. Die FAMA spannt einen Bogen zwischen den Pionierinnen der feministischen Theologie und heutigen Autorinnen mit ihren Gedanken, Fragestellungen und Lösungsansätzen.

Veronika Jehle (*1985): Die FAMA ist ein Raum zum Denken, und zwar zum Nachdenken und Vordenken. Ein Raum für die, die sie schreiben, und für die, die sie lesen; für die, die sie gestalten, und für die, die sie rezipieren.

Jeannette Behringer (*1968): Für mich als Sozialwissenschaftlerin und Ethikerin ist die FAMA eine einzigartige Stimme, die gesellschaftliche und politische Themen aus einer spannenden, unkonventionellen und kreativen theologischen Perspektive erschliesst. Und die mich theo-

4 Hefte pro Jahr
7 Artikel auf 20 Seiten pro Heft
1 Rubrik «Literatur und Forum»
4 Newsletter pro Jahr
Website: www.fama.ch
blog: FAMA | feministische theologie im gespräch (wordpress.com)
twitteraccount: @FAMAtwitta

FAMA-Redaktorinnen seit 2006:
Jeannette Behringer, Redaktorin seit 2012
Nadja Boeck, Redaktorin 2014–2021
Béatrice Bowald, Redaktorin 2010–2021, Vereinspräsidentin 2015-2021
Moni Egger, Redaktorin seit 2006, Newsletter-Autorin und Blog-Administratorin seit 2014, Webmasterin seit 2017
Amira Hafner-Al Jabaji, Redaktorin seit 2021
Esther Imhof, Redaktorin seit 2016
Veronika Jehle, Redaktorin seit 2021
Esther Kobel, Redaktorin 2006–2015
Geneva Moser, Redaktorin seit 2016
Tania Oldenhage, Redaktorin seit 2005, Vereinspräsidentin seit 2021
Kerstin Rödiger, Redaktorin 2007–2011
Simone Rudiger, Redaktorin seit 2008, Finanzverantwortliche seit 2015
Sabine Scheuter, Redaktorin seit 2015
Susanne Schneeberger Geisler, Redaktorin 2001–2010
Barbara Seiler, Website bis 2017
Jacqueline Sonego Mettner, Redaktorin 1997–2015, Vereinspräsidentin 2006–2015
Christine Stark, Redaktorin seit 2006
Ursula Vock, Redaktorin 1996–2015, Finanzverantwortliche 2006–2015

Katja Wißmiller, Mandat für Blog- und Twitter-
aufbau, 2014

Die Redaktorinnen arbeiten unentgeltlich, die Autorinnen erhalten ein «symbolisches» Honorar.

Administration:
Susanne Wick, seit 2001
Layout:
Claudia Wälchli, bis 2007
Carolina Gurtner, 2008
Stefanie Süess, seit 2009

Dokumentation mit ausgewählten FAMA-Artikeln
aus 30 Jahren:
Monika Egger/Jacqueline Sonego Mettner (Hg.):
einfach unverschämt zuversichtlich. FAMA –
30 Jahre feministische Theologie, TVZ Verlag,
Zürich 2014.

logische Perspektiven ganz neu entdecken lässt. Zudem: Eine Zeitschrift von feministischen Frauen ist eine unersetzliche Stimme für eine geschlechtergerechte Gesellschaft.

Welche Frau aus der Geschichte hättet ihr gerne im Team?
Katharina von Bora, ehemalige Nonne und verheiratet mit Martin Luther; die hartnäckige Witwe aus dem gleichnamigen Gleichnis (Lukas 18,1–8); die religiöse Sozialistin Clara Ragaz; die Theologin Dorothee Sölle; die biblische Priska (Apostelgeschichte 18, Brief an die Gemeinde von Rom 16 und öfter); die biblische Maria Magdalena; die verspielte Frau Weisheit (Sprüche 8); die Theologin Alease A. Brown; die Philosophin Hannah Arendt; die biblische Maria, Mutter Jesu; die US-amerikanische Journalistin und Sozialaktivistin Dorothy Day; die Juristin Gertrud Heinzelmann, die eine Eingabe an die Vorbereitende Kommission des II. Vatikanischen Konzils zur Zulassung von Frauen zur Weihe machte; die antirassistische Lyrikerin May Ayim …

Erzähle einen deiner Höhenflüge bzw. Tiefflüge in der FAMA-Arbeit!
*Tania Oldenhage (*1969):* 2005 bin ich mit meiner neugeborenen Tochter von Zürich nach Basel zu einer meiner ersten FAMA-Sitzungen gereist – ein echtes Abenteuer und ein Höhenflug! Ein ganz wörtlicher Tiefflug ist: Für unsere FAMA-Nummer «Pause» (2015/4) bin ich einige Stunden durch Zürich gelaufen, um Fotos von binären geschlechtertrennenden WC-Schildern zu machen. Ich stieg ins Untergeschoss von Restaurants, Bibliotheken und Schulen. Schön war das nicht, aber spannend.

*Christine Stark (*1971):* Die Frage nach der Bebilderung eines Heftes ist häufig bis kurz vor Drucklegung spannend. Das kann ganz schön nervenaufreibend sein, aber auch zu Höhenflügen führen. Zuweilen habe ich auch selbst fotografiert. Eine Herausforderung, auf deren Resultat ich stolz bin, ist für mich die Matrjoschka-Serie zum Heft «Embryo» (2015/2).

*Moni Egger (*1976):* Der Höhenflug seit der Gründung bis heute: Die FAMA lebt! Dass so viele Frauen* bereit sind, fast ohne Honorar für die FAMA zu schreiben, ist jedes Mal ein Geschenk.

*Geneva Moser (*1988):* Die Redaktionssitzung im Frauenraum der Reitschule, der interreligiöse Austausch zum Heft «Islam» (2017/3), die Zoom-Veranstaltung zum Frauenstimmrecht – Höhepunkte gibt es viele!

Die Tiefflüge sind eher Alltagsherausforderungen: als einzige queere Frau in der Redaktion mitzutun, als Nicht-Theologin und Nicht-Kirchenangestellte manche Referenzpunkte nicht zu haben. Diese subkutanen Fragen geben der Vision von Vielstimmigkeit Futter.

Esther Imhof (*1976): Mein Lieblingsheft ist «Putzen» (2018/2). Ich mag es, solche Alltagsthemen zusammen mit den vielen klaren, liebevollen, kritischen, kreativen Augen der FAMA-Redaktorinnen und FAMA-Autorinnen aus neuen Blickwinkeln zu entdecken.

Sabine Scheuter (*1975): Das Heft «Theologisches Afrika» (2019/4) ist definitiv ein Höhepunkt! Es gab viel zu tun, verschaffte aber viele spannende neue Einblicke. Aus dem Kontakt zu einer ägyptischen reformierten Theologin ist ein Projekt gewachsen, durch welches heute Theologinnen aus Ägypten und den umliegenden Ländern Stipendien für europäische Universitäten erhalten. Tiefflug: Mit Moni Egger habe ich einen Nachmittag lang Hefte zu «Prostitution» (2016/3) an einer Veranstaltung zu diesem Thema am Röntgenplatz in Zürich verteilt. Es gab viel Interesse, gute Gespräche, aber leider kein einziges neues Abo.

Jeannette Behringer (*1968): Tiefflüge gibt es für mich nicht, aber ich wünsche mir noch mehr Drive im Hinblick darauf, Strukturen zu verändern, mehr feministische Theologie an Universitäten, in Organisationen und Kirchen zu bringen.

Simone Rudiger: Das Heft «Islam» (2017/3) führte zu einer wunderbaren Zusammenarbeit mit Frauen ausserhalb des Teams, die Spezialistinnen im Thema sind. So kam eine Sammlung von Texten zustande, die Muslim:innen gerne schreiben und lesen würden. Ein Highlight war unser FAMA-Wochenende 2015. Alle damaligen Redaktorinnen konnten dabei sein. Wir übernachteten in einem Hotel, das die ehemalige FAMA-Redaktorin Regula Strobel führte, und konnten die Tage ganz ohne «Arbeit» geniessen. Besonders schön war es, die zugehörigen Menschen der Redaktionsfrauen kennenzulernen.

Wie sähe die FAMA aus, wenn es das Patriarchat nicht mehr gäbe?

Christine Stark (*1971): Dann hätten wir endlich Zeit, uns mit Rezepten, Strickmustern und Frisurentipps zu beschäftigen. Nein, im Ernst: Themen würden uns nicht ausgehen, denn wir engagieren uns ja auch «theologisch» und «politisch».

Heft 1/2007: Das Layout des Titelkopfs verändert sich ab 2007 leicht.

Frauen Recht Religion

Heft 1/2017: Titelkopf in neuer Gestaltung.

*Moni Egger (*1976):* Das ist gerade das Schöne an der FAMA, dass wir uns nicht am Patriarchat abarbeiten, sondern eigenständig und lustvoll unsere Themen setzen.

*Sabine Scheuter (*1975):* Zuerst ein Jahrgang, der die neue Gesellschaftsordnung feiert. Und irgendwann später ein paar Nostalgienummern?

*Simone Rudiger (*1971):* Wir machen uns keine Gedanken mehr über das Geschlecht von Autor:innen. Es ist einfach egal, denn alle Geschlechter haben das gleiche Gewicht in Theologie, Politik und Meinungsbildung und kommen gleich häufig zu Wort.

*Esther Imhof (*1976):* Ein wunderschönes Paperblank, das jede:n dazu einlädt, auf dem Papier *divers theologisch politisch* nachzudenken.

*Veronika Jehle (*1985):* Weiterhin weiterdenkend!

DIE ZEITSCHRIFT «SCHRITTE INS OFFENE»

Gabrielle Zangger-Derron

Die Zeitschrift «Schritte ins Offene» ist 1971, im Jahr, in dem die Schweizer Frauen das Stimm- und Wahlrecht erhielten, aus der Fusion von zwei bescheidenen Verbandsblättern hervorgegangen. «Die evangelische Schweizerfrau», das Organ des Evangelischen Frauenbundes der Schweiz, und «Die Schweizerin»(!), das Organ des Katholischen Frauenbundes der Schweiz, hatten sich auf Initiative ihrer Redaktorinnen, Marga Bührig und Louise Wenzinger, zusammengetan. Der vielversprechende Name, den man der gemeinsamen Zeitschrift gab, zeugt von den Bedenken einerseits und den hochgemuten Erwartungen anderseits, die man mit diesem Unternehmen verband. Aufzubrechen aus der Sicherheit der konfessionellen Gehäuse und je eigenen kirchlichen Traditionen ins «Offene», d. h. in einen Raum der Unsicherheit und der Freiheit zugleich, erschien den Verantwortlichen als ein Wagnis, zu dem sie sich durch den Glauben aufgerufen fühlten und dem sie sich im Vertrauen auf Jesus Christus stellen wollten. «Schritte ins Offene? Fassen wir den Mut, sie tapfer gemeinsam zu tun. Dann werden wir erleben, dass wir einander begegnen und dass wir Gott selber begegnen, der uns in Jesus Christus zur Einheit der Kirche und zur Einheit der Menschheit ruft» – so Marga Bührig in der Null-Nummer der neuen Zeitschrift. Von Feminismus war da noch nicht die Rede, geschweige denn von feministischer Theologie. Das Offene, in das zu schreiten man sich aufgefordert fühlte, war die Ökumene. Darunter aber verstand man ausdrücklich mehr als bloss einen interkonfessionellen Dialog, sondern ganz im Sinn der eigentlichen Bedeutung des Wortes, das den bewohnten Erdkreis bezeichnet, den Dialog mit der Welt und dem, was sie umtreibt. «Letzten Endes muss aller Dienst der Welt zugutekommen, denn es geht ja nicht nur um eine Einheit unter den Kirchen oder gar innerhalb einer Kirche, sondern auch um die Einheit der Welt, umschrieben von Verstehen, Toleranz und Friede» – so Else Kähler in der Nummer 1/71 von «Schritte ins Offene».

Damit war von Anfang an klar, dass sich die neue ökumenische Zeitschrift in die Auseinandersetzung mit der Gesellschaft, ihren gegenwärtigen Problemen und Herausforderungen begeben wollte, unter denen damals neben der Emanzipation der Frau die Sicherung des Friedens, die

1970: 0-Nummer
1971: Gründung der Zeitschrift
2014: Letzte Nummer (im Januar)

6 Themenhefte im Jahr

Redaktionsteam:
Vier Redaktorinnen, ab 1997 drei, insgesamt 15
Marga Bührig (1970–1973)
Louise Wenzinger (1970–1976)
Helen Stotzer-Kloo (1970–1983)
Anne-Marie Holenstein (1970–1984)
Gabrielle Zangger-Derron (1974–1996)
Margrit Huber-Staffelbach (1977–1996)
Regine Schindler (1984–1991)
Sabine Steiger-Sackmann (1985–1992)
Käthi Koenig-Sigrist (1992–2001)
Elisabeth Ammann-Hürlimann (1992–2004)
Vreni Mühlemann (1997–2014)
Ursula Stocker-Glättli (2001–2007)
Beatrice Kümin (2005–2007)
Monika Egli-Schärer (2007–2013)
Katja Joho-Wüst (2007–2013)

Abonnent:innenstand:
1971: 3000
1995: 12 500

Solidarität mit der Dritten Welt und die Förderung eines ökologischen Bewusstseins als die dringlichsten galten. Mit diesen Themen hat sich «Schritte ins Offene» denn auch von Anfang an und bis zuletzt immer wieder beschäftigt, auch wenn schon bald noch weitere Herausforderungen des Zeitgeistes in den Blick kamen: der Umgang mit Behinderten, ein neuer Lebensstil, die Gen- und Reproduktionstechnologie, das Eherecht, Sucht, Kinderlosigkeit und Selbstverwirklichungsboom, um nur einige wenige zu nennen.

Frauen auf der Suche nach ihrer Identität

Das entscheidende Interesse aber galt der Sache der Frau. «Haben wir zu früh von Partnerschaft geredet?» lautete 1974 der Titel eines Heftes, das die Frage aufnahm, die sich die alte Frauenbewegung aufgrund des im gleichen Jahr erschienenen sogenannten UNESCO-Berichts (Held/ Levy 1974) stellen musste. «Feminismus – Beschreibung eines Bewusstseins» war dann bereits 1977 das Thema eines Heftes, in dem sich die neue Frauenbewegung zu Wort meldete, die nicht mehr auf Partnerschaft, sondern auf die eigenständige Suche der Frauen nach ihrer Identität setzte.

«Schritte ins Offene» als eine von Frauen gemachte Zeitschrift hat sich dieser Suche angeschlossen und sich im Laufe ihres 42-jährigen Bestehens in unzähligen Themenheften mit der Situation von Frauen befasst: von ledigen Frauen («ledig»), schreibenden Frauen («Schreiben in der Romandie», «Schwarze Vögel der Hoffnung»), Frauen in ihrer Beziehung zur Mutter («Mutter und Tochter») und zum Vater («Der Vater und die Autonomie der Tochter»), von Nonnen («Religiöse Frauengemeinschaften») und Magierinnen («Hexen»), von Schülerinnen («Koedukation – ein Fragezeichen hinter ein Kapitel Fortschritt») und altgewordenen Kämpferinnen («Zornige alte Damen»). Und wo immer es um nicht spezifische Frauenthemen ging – die oft nur scheinbar nichts mit Frauen zu tun hatten –, wurde versucht, Standpunkte, Sichtweisen und Betroffenheit von Frauen zur Sprache zu bringen. Anlass zur Auseinandersetzung mit der «condition de femme» in anderen, zum Teil sehr fernen Ländern (Karibik, Indien, Brasilien, Kenia u. a.) war für die Redaktorinnen nicht zuletzt auch der Auftrag der Herausgeberverbände, jedes Jahr ein Heft zum Herkunftsland der Weltgebetstagsliturgie zu gestalten. «Schritte ins Offene» war – wenn man unter Feminismus eine Bewegung verstehen will, die ausgehend von den Bedürfnissen der Frauen eine grundlegende Veränderung der patriarchalen Kultur anstrebt – eine feministische Zeitschrift. Hat sie sich auch mit feministischer Theologie befasst?

Langsame Annäherung an den Begriff «feministische Theologie»

In der bereits erwähnten Nr. 4/77 «Feminismus – Beschreibung eines Bewusstseins» wird unter anderem auch die Frage nach dem Feminismus in der Kirche gestellt. Hier kommt zum ersten Mal so etwas wie «feministische Theologie» in den Blick: Ruth Epting etwa spricht davon, dass «was in den Jahren zuvor in der Seelsorge erkannt worden war» (gemeint ist die bessere Wahrnehmung unterschiedlicher Lebensformen von Frauen), «jetzt auch in der Theologie angegangen» werden müsse. Und Reinhild Traitler betont: «Jede Frau, die Theologie studiert (…), wird auch ihren Glauben nicht anders gestalten können, denn als Frau, und als Frau steht sie in der Kirche schon in einem ganz bestimmten Verstehenszusammenhang. Wenn wir nicht letzten Endes auch diesen Glauben verkürzen und verengen wollen, können wir es uns als Frauen nicht leisten, diese Probleme zu verinnerlichen.» Noch fällt das Stichwort nicht; bei beiden Autorinnen ist noch eine gewisse Reserviertheit gegenüber dem Begriff Feminismus im Zusammenhang mit Theologie spürbar. Was wohl damals auch auf die Redaktion von «Schritte ins Offene» zutraf.

Das änderte sich aber rasch: Schon in Heft Nr. 6/78 findet sich unter dem Titel «Feministische Theologie» eine kurze Erklärung dieses Begriffs von Elisabeth Moltmann-Wendel. Und in Nr. 4/80 wird ausführlich über eine von 120 Frauen besuchte Generalversammlung des Evangelischen Frauenbundes der Schweiz zum Thema «Kirche – Frauen – Theologie» berichtet, an der Frau Moltmann-Wendel persönlich als Referentin auftrat und anschliessend an einem Podiumsgespräch teilnahm. Eindrücklich für alle Anwesenden und später für die Leserinnen von «Schritte in Offene» war das wörtlich zitierte Schlusswort von Elisabeth Moltmann-Wendel: «Die Kirche hat lange der patriarchalischen Gesellschaft die Schleppe nachgetragen, statt ihr die Fackel der Befreiung voranzutragen.»

Redaktionsteam aus dem Jubiläumsprospekt 1991 «20 Jahre Schritte ins Offene», (v. l. n. r.) Regine Schindler, Margrit Huber-Staffelbach, Sabine Steiger-Sackmann und Gabrielle Zangger-Derron.

Feministische Theologie wird präsent

Von da an fanden sich in fast jeder Ausgabe von «Schritte ins Offene» Spuren dieser neuen Bewegung: oft in Buchbesprechungen oder Hinweisen auf Publikationen (von Catharina Halkes, Rosmarie Radford Ruether, Mary Daly, Elisabeth Gössmann, Doris Strahm, Christa Mulack, Hanna Wolff, Elisabeth Schüssler Fiorenza, Ina Praetorius, Phyllis Trible u. a. m.) und in Ankündigungen von Veranstaltungen und Diskussionsforen der Frauenkirche. Manchmal aber auch in Form von Beiträgen aus feministisch-theologischer Sicht zu einzelnen Themen und zweimal in Heften (Nr. 3/83 und Nr. 3/88), deren Themen an sich durch feministische Theologie bestimmt waren. So war in dem von den amtierenden und den ehemaligen Redaktorinnen verfassten Heft zum 10-jährigen Jubiläum von «Schritte ins Offene» unter dem Titel «Erfahren Frauen Gott anders?» ein sehr persönlicher Beitrag von Marga Bührig über ihren Weg zur feministischen Theologie zu lesen. In Nr. 4/81 «Eine Frau – was ist das?» wurde ein Beitrag von Brigit Keller publiziert, der von der Geschichte der Entkräftigung der Frauen im Patriarchat und ihrer «Auferstehung» handelte. In Nr. 4/82 «Biographien und Rollennormen» legte Vreni Meier unter dem Titel «Hure und Hausfrau» dar, welches Unrecht verblendete Theologen im Lauf der Geschichte den biblischen Frauengestalten Magdalena und Martha angetan hatten. In Nr. 4/93 «Opfer» brachte Regula Strobel unter dem Titel «Versöhnt uns vergossenes Blut?» Einwände gegen eine Opfertheologie vor. Nr. 3/83 «Theologie – Werkstatt der Frauen» führte mitten hinein ins Unbehagen an einer männlich orientierten Theologie, in die Suche der Frauen nach einem nicht patriarchalisch geprägten Gottesbild und in die Entdeckung der emanzipatorischen Kraft des Evangeliums. Und im Heft Nr. 3/88 «Reizwort Macht» ging es um die Klärung der diffusen Diskussion der Machtfrage unter Frauen – mit lauter Beiträgen von feministischen Theologinnen. Zu erwähnen in diesem Zusammenhang ist schliesslich noch die Herausgabe der «Bibliographie zur feministischen Theologie» (Stand 1988), zusammengestellt von Ursula Vock und Ursula Riedi Galbier in Zusammenarbeit mit Ina Praetorius, durch «Schritte ins Offene».

Aufgrund dieses Befundes wird die Antwort auf die Frage nach der Rolle von «Schritte ins Offene» in der Geschichte der feministischen Theologie in der Schweiz wohl lauten: «Schritte ins Offene» war keine Zeitschrift für feministische Theologie. Sie hat aber diese Bewegung – wie andere neue Bewegungen in Gesellschaft und Kirche auch – von ihren hiesigen Anfängen an mit kritischem Interesse wahrgenommen und bekanntgemacht und auf diese Weise wesentlich zu deren Verbreitung und Förderung beigetragen. Immerhin hatten 1995, im Jahr unseres Abonnent:innenhöchststandes, schon 12 500 Frauen – und durchaus nicht nur kirchlich gebundene Frauen – etwas von feministischer Theologie gehört.

KOMMENTAR

Silvia Strahm Bernet

Verena

Das ist ja kaum zu glauben. FAMA, ein «kleines» (bitte nicht aufregen, FAMA-Frauen*) Schweizer Produkt, als einzige feministisch-theologische Publikation übrig geblieben? In Europa? Sehe ich das richtig?

Mia@Verena

Ich habe mal ein wenig im Netz gestöbert. Da gibt es ja einiges an Online-Publikationen mit feministisch-theologischer Ausrichtung, etwa im Bereich Exegese, Bibelinterpretationen (auf englisch, uff!) und nicht for free.

Verena@Mia

Stichwort *for free*. Die ganzen FAMA-Nummern sind gratis abrufbar, als PDF. Das ist grossartig und wirklich grosszügig. Und wird hoffentlich rege genutzt. Es lohnt sich!

Sarah@Mia

Meinst du http://www.lectio.unibe.ch Eine tolle Sache. Aber es ging ja um FAMA-ähnliche Zeitschriften. Und zwar solche, die noch existieren! Es gab natürlich nicht nur FAMA. In Österreich existierte die Zeitschrift «Der Apfel». Ist aber 2015 eingegangen. In Deutschland die «Schlangenbrut». 1983 von 7 evangelischen und katholischen Theologinnen gegründet, 2014 eingestellt. Nachfolgeprodukt: INTA. Interreligiöses Forum, in Kooperation mit dem jüdischen Verein Bet Debora. Von 2014 bis 2016 erschienen insgesamt zwölf Ausgaben. Ende 2016 wurde die Printausgabe aus finanziellen Gründen eingestellt.

Verena@Sarah

Danke! Klar. Aber eben. Eingestellt! Im Netz findet man unter INTA nur noch die bestellbaren Printtitel und den Verweis auf andere Zeitschriften. Und wen findet man da? Neben der Jungen Kirche? Die FAMA!

Arina@Verena

Schön für FAMA. Aber man sollte an dieser Stelle auch noch würdigen, was «Schritte ins Offene» war: eine spannende, thematisch vielfältige Zeitschrift. Die sich wegen der rückläufigen Abozahlen nicht halten konnte, mit ihren Hauptthemen Ökumene und Frauenbewegung offenbar nicht mehr so attraktiv war. Schade. Interessant ist aber in diesem Zusammenhang: FAMA-Mitarbeit ist Gratisarbeit. Also ehrenamtlich! Und Ehrenamtlichkeit ist doch inzwischen oft ein Problem, geht es um Nachfolgeregelungen. Offenbar nicht bei FAMA. Da kommen immer wieder neue, spannende Redaktorinnen ins Team.

110

GENEVA MOSER

«Zwei rote Fäden in meinem Lebensteppich»

Zwei «rote Fäden» der feministischen Theologie prägen meinen «Lebensteppich» und meine G'tt-Suche. *Den ersten Faden* nenne ich hier provisorisch und viel zu sachlich «Herrschaftskritik». Durch die feministische Theologie übe ich es, gängige Hierarchien in theologischen Themen und Kategorien in Frage zu stellen und sie von der überraschenden Geistkraft durchwirbeln zu lassen: Die Vorherrschaft von Männern in meiner Kirche – gab es sie schon immer? Ich frage mich: Welche alternativen Verständnisse von sakramentalem Handeln sind denkbar, wären lebbar? Und: Könnte auch ich dazu berufen sein? Ich beobachte die kirchlichen und gesellschaftlichen Diskriminierungen von queeren Lebensformen. Aber: Auch mein Begehren ist doch nach G'ttes Abbild geschaffen? Die hierarchische Trennung von Geist und Körper – als Tanztherapeutin kann ich sie nicht annehmen und frage mich vielmehr: Welche Leibtheologie möchte ich verkörpern? Der Mensch als Krone der Schöpfung, der die Natur ausbeuten und die Tiere schlachten darf – in Anbetracht der Klimakatastrophe schmerzhaft und tragisch überholt. Wie kommen wir schöpfungstheologisch ins Handeln? Als Geschlechterforscherin frage ich mich: Wie sieht denn Männlichkeit im Ersten Testament aus? Was sagen mir die Frauen im Buch «Über die Zeit der Apostelinnen und Apostel» im Zweiten Testament? Welches queere Potenzial steckt in der Jungfrauengeburt, wie kann ich Pfingsten queer lesen?

Der zweite rote Faden der feministischen Theologie, der sich in mein Leben hineinwebt, ist die Suche nach den Vorbildern, nach ihren Räumen und Traditionen. Mit der feministischen Theologie schärft sich mein Blick für die Frauen, Lesben, intergeschlechtlichen, nonbinären, trans Personen (FLINT) in der christlichen, religiösen Geschichte. Als ehemalige Schülerin des Klosterinternates Wurmsbach, geführt von Zisterzienserinnen, kam ich früh in Kontakt mit beeindruckenden Frauenfiguren: Die Auseinandersetzung mit der guatemaltekischen Menschenrechtsaktivistin Rigoberta Menchù prägte die Fastenzeit, die Gedichte von Dorothee Sölle begleiteten mich durch die Pubertät, Ordensfrauen lernte ich als selbstbestimmte, geistlich wache Menschen kennen. Heute, als Co-Redaktionsleiterin der religiös-sozialen Zeitschrift «Neue Wege» inspirieren mich die

Geneva Moser

«Mütter» in der Heft-Tradition. Da ist als erste natürlich die Pazifistin und Frauenrechtlerin Clara Ragaz, Frau des Heftgründers Leonhard Ragaz, die sich für eine Demokratisierung von Bildung, das Frauenstimmrecht und eine menschliche Asylpolitik einsetzte. Dann sind da aber auch Berti Wicke und Helen Kremos zu nennen. Wicke prägte die Redaktion der «Neuen Wege» von den 50er bis in die 70er Jahre; beide waren sie in enger Lebens- und Arbeitsgemeinschaft über 50 Jahre miteinander verbunden. Streitlustig soll Wicke gewesen sein und von grossem Ernst beide.

Heute ist ein solcher Frauenraum für mich auch die FAMA. Unermüdlich haben Frauen mit der FAMA feministische Theologie gelebt, gedacht und verkörpert – ich bin stolz, heute Teil davon zu sein. Und ein solcher Frauenraum ist die Benediktinerinnenabtei St. Hildegard, die ich gerade näher kennenlerne. Eine durch die Wirren und Katastrophen der Zeit hindurch nicht abreissende Linie von Frauen lebt hier benediktinischen Alltag, seit der Kirchenlehrerin Hildegard von Bingen. Viriditas! Grünkraft!

UNIVERSITÄTEN UND FEMINISTISCH-THEOLOGISCHE FORSCHUNG

Feministische Theologie stiess anfänglich in Kreisen der universitären Theologie auf Ablehnung. Dass es dennoch ab Mitte der 1980er Jahre an den meisten Theologischen Fakultäten der Deutschschweiz feministisch-theologische Lehraufträge gab, war das Verdienst von Studentinnen, die diesbezügliche Forderungen stellten und in ihrem Anliegen von einzelnen Professoren (und später Professorinnen) unterstützt wurden. Ebenso wichtig waren von Frauen gegründete Projekte, die feministisch-theologische Forschung innerhalb und auch ausserhalb der Universitäten fördern und vorantreiben wollten: So der 1988 in Basel gegründete Verein «Projekt Frauentheologie», der an der Theologischen Fakultät eine feministisch-theologische Professur errichten wollte und Gastvorlesungen sowie Lehraufträge organisierte und mitfinanzierte. Auch der 1998 ins Leben gerufene Förderpreis der Marga Bührig Stiftung unterstützt bis heute Forschungen auf dem Gebiet feministischer Theologie. Für wissenschaftliches Arbeiten braucht es Bibliotheken. Die Gender-Bibliothek der Universität Basel, die gemeinsam vom Zentrum Gender Studies und der Helen Straumann-Stiftung für Feministische Theologie 2003 eingerichtet wurde, ist mit ihrem grossen Bestand an feministisch-theologischer Literatur ein solcher Ort.

Auch europäische Projekte entstanden, die bis heute die Entwicklung wissenschaftlicher feministisch-theologischer Studien vorantreiben: 1986 die im Tessin gegründete «Europäische Gesellschaft für theologische Forschung von Frauen» – *das* Netzwerk für forschende Frauen, auch in der Schweiz, und 1999 die «lectio difficilior», ein europäisches E-Journal für feministische Exegese, das jüngeren Autor:innen die Publikation ihrer Forschungsbeiträge ermöglicht. Das Erreichte zu bewahren und weiterzuentwickeln, wird wohl *die* Aufgabe in der Zukunft sein. (ds)

FEMINISTISCHE THEOLOGIE AN THEOLOGISCHEN FAKULTÄTEN DER DEUTSCHSCHWEIZ

WIE ES BEGANN – UND WEITERGING: VERSUCH EINER REKONSTRUKTION

Doris Strahm

Quellen für diesen Teil des Buchbeitrags sind:
– Unterlagen zu den Lehraufträgen, die mir die Theologischen Dekanate bzw. deren Leiterinnen und Sachbearbeiterinnen zusammengestellt haben: Sabine Müller-Schneider (Basel), Eveline Jungo (Fribourg), Helene Grüter (Luzern). Für Bern war dies Noemi Schmid, studentische Hilfskraft von Professorin Silvia Schroer.
– Informationen von Helena Zimmermann, Leiterin des Universitätsarchivs Luzern
– Unterlagen und Auskünfte der Professoren Walter Kirchschläger (Luzern) und Moisés Mayordomo (Basel)
– Persönliche Unterlagen und Erinnerungen von damaligen Studentinnen/Assistentinnen: Veronika Bachmann, Tina Bernhard-Bergmaier, Béatrice Bowald, Sabine Brändlin, Agnes Leu, Regine Munz, Verena Naegeli, Isabelle Noth, Ina Praetorius, Rita Pürro, Sabine Scheuter, Ursula Vock und Evelyne Zinsstag
Sie alle haben meine aufwändigen Recherchen zur feministischen Theologie an den Theologischen Fakultäten mit grosser Hilfsbereitschaft unterstützt.

Theologische Fakultät Basel
1982–87: Lektüregruppe feministische Theologie (Anna Egolf, Luzia Sutter, Christina Vögtli, Juliane Hartmann, Regine Munz, Susanna Meyer, Sonja Domröse, Kerstin Peters u. a.)

Mitte der 1980er Jahre ist feministische Theologie auch an Theologischen Fakultäten der Deutschschweiz angekommen. Fast zeitgleich wurden 1985 bzw. 1986 an den Theologischen Fakultäten in Bern, Fribourg und Luzern die ersten Lehraufträge für feministische Theologie erteilt. Dass dies möglich wurde, war fast überall dem Betreiben von Theologiestudentinnen zu verdanken, die Frauengruppen gebildet und die ersten Bücher zur feministischen Theologie hitzig debattiert hatten. Daraus resultierte die Forderung nach regulären Lehrangeboten für feministische Theologie.

Im Folgenden versuche ich, diese Anfänge und die zeitweise Etablierung feministischer Theologie im universitären Lehrbetrieb, die kaum schriftlich dokumentiert sind, nachzuzeichnen. Einiges habe ich selbst miterlebt und mitgestaltet, anderes habe ich aufgrund von mündlichen Informationen von damals Beteiligten zusammengetragen. Daten zu den Lehraufträgen haben mir die Dekanate zusammengestellt – häufig in akribischer Handarbeit: Gedruckte Vorlesungsverzeichnisse und Jahresberichte mussten durchforstet werden. Fakten und Namen aufzuspüren, war in einigen Fällen eine knifflige Aufgabe, und es war mir nicht möglich, alles ans Licht zu bringen. Erinnerungen waren verblasst, Ordner zum Teil entsorgt. Doch einiges liess sich glücklicherweise noch eruieren.

Basel

An der Theologischen Fakultät der Universität Basel gab es Mitte der 1980er Jahre eine feministisch-theologische Lektüregruppe von Studentinnen. Die Verleihung des Ehrendoktorats an Ruth Epting im Jahr 1987 gab der feministischen Theologie an der Basler Fakultät Aufwind. So wurden ab Anfang der 1990er Jahre vereinzelt reguläre feministisch-theologische Lehraufträge vergeben. Den ersten Lehrauftrag hatte Ina Praetorius im Sommersemester 1990 inne, zum Thema «Ethik im weiblichen Lebenszusammenhang». Weitere Lehraufträge folgten, allerdings nur sporadisch, da es keine eigenen finanziellen Mittel dafür gab und die Lehraufträge mit den vorhandenen Ressourcen oder mit Mitteln aus Fonds gedeckt werden mussten.

Wichtige Verdienste kommen dem 1988 gegründeten «Projekt Frauentheologie» zu, dessen Ziel es war, an der Basler Fakultät eine feministisch-theologische Professur zu errichten sowie Gastvorlesungen und Lehraufträge zu organisieren und finanziell zu unterstützen. Ersteres gelang nicht, aber von 1989–1997 hat das «Projekt Frauentheologie» Seminare sowie Ringvorlesungen aus verschiedenen Bereichen feministisch-theologischer Forschung organisiert und mitfinanziert – u. a. auch ein Blockseminar mit Phyllis Bird (1994) und Judith Plaskow (1995) – sowie «Werkstattberichte Forschender Theologinnen» publiziert. Regine Munz organisierte und begleitete als Assistentin die ersten feministisch-theologischen Lehraufträge und die Ringvorlesungen des «Projekts Frauentheologie» und hielt selber genderspezifische Vorträge an der Theologischen Fakultät.

Vereinzelt boten auch Fachvertreter:innen Veranstaltungen mit einer Genderoptik an. Vor allem Christine Lienemann, die ab 1992 Professorin für Ökumene, Mission und interkulturelle Gegenwartsfragen war, bezog in ihrer Arbeit auch Genderaspekte ein und unterstützte Frauen, die in ihrem Fachbereich feministisch-theologische Akzessarbeiten und Dissertationen schreiben wollten. In den 1990er Jahren war auch eine AG Feministische Theologie von Studentinnen aktiv. Diese erhielt 1998 am Dies academicus der Uni Basel den Preis «Mensch-Gesellschaft-Umwelt» für die Organisation von Studientagen an der theologischen Fakultät zum Thema «Gesellschaftsentwürfe». Ab 2000 gab es vereinzelt von Assistierenden durchgeführte Veranstaltungen aus feministischer oder Gender Sicht (u. a. von Regine Munz, Christina Aus der Au, Katrin Kusmierz, Heike Walz, David Plüss). In der Studienordnung von 2008 wurde dann eine Lehrverpflichtung zu Gender Studies festgeschrieben. Es gab nun ein Modul «Gender Studies für Theolog:innen», in dem sie mindestens 3 Creditpoints (ECTS) im Bachelor-Studium machen mussten. Diese Forderung ist in die Studienordnung von 2017 übernommen worden. In der Regel wurden die Inhalte des Gender-Moduls durch den (quasi-obligatorischen) Besuch der Vorlesung «Einführung in die Geschlechtertheorie(n)» des Zentrum Gender Studies der Philosophisch-Historischen Fakultät der Uni Basel abgedeckt.

1987: Ehrendoktorat an Ruth Epting; 1998 an Marga Bührig

1989–1997: «Projekt Frauentheologie» organisiert Seminare sowie Gast- und Ringvorlesungen an der Theologischen Fakultät.

1990er Jahre: Feministisch-theologische Lektüregruppen/AG Feministische Theologie. Zeitweilige Mitglieder: Irina Bossart, Sabine Brändlin, Cornelia Camichel, Franziska Edelmann, Esther Kobel, Christina Kurth, Franziska Schär, Marianne Strub, Tabitha Walther, Mirjam Wey u. a.

SS 1990: Ina Praetorius hat den 1. feministisch-theologischen Lehrauftrag inne.

1990–2020: Weitere Lehraufträge werden sporadisch an feministische Theologinnen aus dem In- und Ausland vergeben.

1990/91: Gastprofessur Dorothee Sölle

2008: Lehrverpflichtung zu «Gender Studies» wird in Studienordnung festgeschrieben.

2015: Gründung einer Gruppe «Feministisch-theologische Lektüre» durch Tina Bernhard und Sabrina Brönnimann. Mitglieder: Shabnam Edith Barth, Seraina Berger, Tina Bernhard, Hanna Britt, Sabrina Brönnimann, Kim Dällenbach, Sandra Karth, Silja Keller, Manuel Pfeiffer, Samuel Schmid, Petra Walker, Rahel Weber

2017: Lehrverpflichtung zu «Gender Studies» wird in die neue Studienordnung übernommen.

2019: Die Theologische Fakultät verpflichtet sich dazu, zusätzlich zu den «Gender Studies» in einem festen Turnus der theologischen Fächer jedes Semester mindestens eine genderspezifische Veranstaltung anzubieten.

Daneben gab es auch immer wieder studentisch organisierte feministisch-theologische Lektüren. So wurde 2015 von den Studentinnen Tina Bernhard und Sabrina Brönnimann wieder neu eine feministisch-theologische Lektüregruppe gegründet. Inspiriert wurden sie von einer solchen Gruppe an der Theologischen Fakultät Zürich. Die Gruppe erreichte, dass die «Feministisch-theologische Lektüre» 2016 und 2017 als offizielles Lehrangebot mit einem Creditpoint (ECTS) anerkannt wurde. Mit der Berufung von Andrea Bieler als Professorin auf den Lehrstuhl für Praktische Theologie (2017) war das Gender-Thema auch auf Lehrstuhlebene wieder präsent. Und schliesslich sorgen Privatdozentinnen wie Luzia Sutter Rehmann, Tania Oldenhage und Regine Munz schon längere Zeit für feministisch-theologische und gender-orientierte Angebote im Lehrbetrieb. 2019 hat sich die Theologische Fakultät Basel neu dazu verpflichtet, zusätzlich zum Angebot der oben erwähnten «Gender Studies», in einem festen Turnus der theologischen Fächer jedes Semester mindestens eine genderspezifische Veranstaltung anzubieten.

Bern

Zu Beginn der 1980er Jahre wurde an der Theologischen Fakultät eine Frauengruppe gegründet, die sich zur Lektüre frauenspezifischer Bücher traf. Etwas später gab es zwei Gruppen: Eine Gruppe, die sich weiterhin auf die Lektüre beschränkte, und eine weitere Gruppe, die sich uni- und fakultätspolitisch engagierte und sich für Lehraufträge einsetzte. Das Anliegen fand bei Professoren Gehör, unter anderem bei Christian Link und Theophil Müller. So konnte im WS 1984/85 ein einwöchiges Blockseminar zu feministischer Theologie durchgeführt werden, das von der katholischen Theologin Li Hangartner geleitet wurde. Ein Jahr später, im WS 1985/86, fand der erste reguläre feministisch-theologische Lehrauftrag (der erste in der Schweiz!) in Form einer zweistündigen Semester-Vorlesung statt, der mir übertragen wurde. Ich gab in meinen Vorlesungen eine Übersicht über die wichtigsten Fragestellungen, Themenbereiche und Positionen feministischer Theologie und publizierte sie später als Buch (Strahm 1987).

1988 wurde eine «IG Feministischer Lehrauftrag» gegründet, deren Hauptaufgabe es war, geeignete Dozentinnen für diese Veranstaltungen zu suchen und jedes Semester den Antrag auf Finanzierung der Lehraufträge zu stellen. Der feministisch-theologische Lehrauftrag wurde in den

Jahren 1988–1997 immer wieder neu beantragt und an verschiedene feministische Theologinnen aus dem In- und Ausland vergeben, bis er gegen Ende der 1990er Jahre dem zunehmenden Spardruck zum Opfer fiel.

Mit Christine Janowski wurde 1995 der Lehrstuhl für Systematische Theologie erstmalig mit einer Frau besetzt. Sie gründete bald schon einen «Interdisziplinären Arbeitskreis für Genderforschung» (IAGF), dem auch viele Theologinnen angehörten. Nebst gemeinsamer Lektüre von Texten veranstaltete der Arbeitskreis auch Tagungen und wurde 1999 in «Interdisziplinärer Arbeitskreis für feministische Genderstudien» umbenannt. 1997 wurde die feministische (katholische) Theologin Silvia Schroer als erste Professorin auf den Lehrstuhl für Altes Testament und Biblische Umwelt berufen. Christine Janowski und Silvia Schroer unterstützten die IG Feministischer Lehrauftrag und deren Anliegen, boten aber auch selbst regelmässig Lehrveranstaltungen mit einem feministischen oder einem Genderfokus an. In den 2000er Jahren wurde gelegentlich wieder ein Lehrauftrag an eine (feministische) Theologin vergeben. Vor allem aber wurden weitere Lehrstühle mit Frauen besetzt, die eine feministisch-theologische bzw. Gendersicht vertreten. Schon 2014 hatte die Fakultät 5 Professorinnen und knackte damit die 40 %-Marke. Bis heute gehört theologische Genderforschung zum Profil der Theologischen Fakultät Bern.

Fribourg

Der Einzug feministischer Theologie in das reguläre universitäre Lehrangebot der Theologischen Fakultät Fribourg war einem Mann zu verdanken. Johannes Brantschen, Professor für Dogmatik, hatte einst mit Mary Daly studiert (die später eine der radikalsten Kritikerinnen des Sexismus der christlichen Theologie wurde) und sich schon früh mit den Klassikern des Feminismus auseinandergesetzt. Er unterstützte deshalb Studentinnen, die bei ihm eine feministisch-theologische Abschlussarbeit schreiben wollten. Als sein Bemühen, Anfang der 1980er Jahre an der Uni Fribourg einen feministisch-theologischen Lehrauftrag zu errichten, ohne Erfolg blieb, bot er im WS 1982/83 zusammen mit seinem damaligen Assistenten Odilo Noti selber ein feministisch-theologisches Seminar an – das erste, das an einer Schweizer Universität durchgeführt wurde und das auf grosses Interesse stiess. Im WS 1983/84 wurde das Seminar dann in die Hände von zwei Theologinnen, Li Hangartner und Brigitte Vielhaus,

1988–1997: Regelmässige Vergabe von feministisch-theologischen Lehraufträgen an feministische Theologinnen aus dem In- und Ausland

1995: Gründung eines «Interdisziplinären Arbeitskreis für Genderforschung» IAGF; dieser wird 1999 umbenannt in «Interdisziplinärer Arbeitskreis für feministische Genderstudien».

Theologische Fakultät Fribourg

WS 1982/83: 1. Feministisch-theologisches Seminar in der Schweiz. Leitung. Prof. Johannes Brantschen und Assistent Odilo Noti / Dogmatik

WS 1983/84: Feministisch-theologisches Seminar / Dogmatik. Leitung: Li Hangartner und Brigitte Vielhaus

18.12.1985: Gründung des «Feministischen Theologinnenforums». Gründerinnen: Rita Pürro, Maria Regli, Barbara Erni, Béatrice Acklin, Conny Schinzilarz, Ingeborg Voss, Irene Neubauer, Judith Stofer, Karin Gündisch, Madeleine Hautle, Nancy Bernet, Rita Haegeli, Silvia Schroer, Ursi Regli

1986: Regulärer feministisch-theologischer Lehrauftrag wird eingerichtet

WS 1986/87: Erste Lehrbeauftragte sind Elisabeth Gössmann und Christine Schaumberger.

1986–2010: Lehrauftrag wird regelmässig an feministische Theologinnen aus dem In- und Ausland vergeben.

WS 1987/88: Feministisch-theologisches Seminar / Dogmatik. Leitung: Doris Strahm (Assistentin)

1989–1993: Jedes Semester Angebot eines feministisch-theologischen Seminars im Fachbereich Dogmatik. Leitung: Doris Strahm und Regula Strobel (Assistentinnen)

1994–2000: Das feministisch-theologische Seminar wird nacheinander geleitet von: Ursula Schmidt, Sabine Rimmele, Béatrice Acklin Zimmermann (Assistentinnen).

Seit 2012: Lehrauftrag «Gender Aspects in Religious Studies» (2012: Rifa'at Lenzin; 2013–2021: ständiger Lehrauftrag von Elke Pahud de Mortanges)

Theologische Fakultät Luzern

1981: Silvia Strahm verfasst die schweizweit erste Diplomarbeit zur feministischen Theologie im

gelegt. Als ich 1987 nach Fribourg kam, um bei Johannes Brantschen eine feministisch-theologische Dissertation zu schreiben (dem einzigen Ort in der Schweiz, wo dies zu der Zeit möglich war), bot er mir eine Stelle als Assistentin an und betraute mich im WS 1987/88 mit der Leitung des Seminars. Später teilte ich Assistenzstelle und Seminarleitung mit Regula Strobel. Bis zur Emeritierung von Johannes Brantschen im Jahr 2000 gab es in seinem Fach, der Dogmatik, jedes Semester ein feministisch-theologisches Seminar, das bis 1993 von Regula Strobel und mir und später nacheinander von den Assistentinnen Ursula Schmidt, Sabine Rimmele und Béatrice Acklin Zimmermann mehr oder weniger in eigener Regie geleitet wurde.

Bereits Ende 1985 hatten – auf Initiative von Rita Pürro und Maria Regli – Theologiestudentinnen das «Feministische Theologinnenforum» gegründet, um ihre Interessen zu vertreten und Einfluss auf die Uni- und Kirchenpolitik zu nehmen. Das Forum bestand aus verschiedenen Arbeitsgruppen, gab zusammen mit der Basisgruppe Theologie ein «Info-Blatt» heraus, setzte sich für eine Verankerung feministischer Theologie im Lehrbetrieb ein und organisierte von 1988 bis 1999 die «Feministisch-theologische La-Roche-Woche». Das Nachfolge-Projekt, ein feministisch-theologisches Studienwochenende pro Jahr, existiert bis heute.

1986 wurde von der Universität ein regulärer feministisch-theologischer Lehrauftrag eingerichtet. Erste Lehrbeauftragte waren im Wintersemester 1986/87 die katholischen Theologinnen Elisabeth Gössmann, im Fachbereich Kirchengeschichte, und Christine Schaumberger, im Fachbereich Fundamentaltheologie. Der feministisch-theologische Lehrauftrag wurde institutionalisiert und später ins Curriculum integriert, d. h. alle Studierenden mussten im Verlauf ihres Studiums eine feministisch-theologische Veranstaltung besucht haben. Von 1986–2010 wurde der Lehrauftrag regelmässig an feministische Theologinnen aus dem In- und Ausland vergeben. Seit 2012 gibt es jährlich eine Lehrveranstaltung zu «Gender Aspects in Religious Studies».

Luzern

Den Stein ins Rollen in Sachen feministische Theologie brachte in Luzern eine Studienwoche. 1985 hatte sich die Mehrheit der Studierenden entschieden, für die alle zwei Jahre durchgeführte interdisziplinäre Studienwoche das Thema «Feministische Theologie» vorzuschlagen. Abgeschwächt zu «Die Frau in Theologie und Kirche» wurde das Anliegen aufgegriffen und damit ein Thema offiziell an der Theologischen Fakultät bearbeitet, das vorher nur in Frauengruppen debattiert worden war. Die Studienwoche wurde von mir, als Vertreterin des Mittelbaus, und Barbara Ruch, als Vertreterin der Studierenden, zusammen mit den Professoren Walter Kirchschläger (NT) und Ivo Meyer (AT) konzipiert und moderiert. Zwei Tage gehörten dabei ganz den Frauen: Marga Bührig hielt eine Einführung in Feministische Theologie, die in Arbeitsgruppen vertieft wurde, und Barbara Ruch und ich zeigten eine Tonbildschau mit dem Titel «Die Macht der Männer ist die Geduld der Frauen», die wir in stundenlanger Arbeit selber produziert hatten. Mit Bildern und Texten zeigten wir auf, wie Frauen im Laufe der Geschichte in Theologie und Kirche an den Rand gedrängt und diskriminiert worden sind – und dass das Vergangene nicht tot ist, sondern bis in die Gegenwart hinein wirkt. Die Tonbildschau ging vielen unter die Haut und löste heftige Reaktionen aus.

Als Folge dieser Woche wurde von Studierenden ein ständiger Lehrauftrag für feministische Theologie gefordert. Der Antrag wurde von der Fakultät unterstützt und als ständiger Lehrauftrag «Theologische Frauenforschung» vom Kanton Luzern gebilligt. Erste Lehrbeauftragte war im Sommersemester 1986 die evangelische Theologin Marga Bührig. Seit 35 (!) Jahren wird der Lehrauftrag regelmässig vergeben, und zwar turnusgemäss in den verschiedenen Fächern, und gilt als reguläres Lehrangebot. 2006 wurde er umbenannt in «Theologische Gender Studies»; seit 2016 wird er nur noch einmal im Jahr durchgeführt. Die Liste der Lehrbeauftragten von 1986–2021 liest sich wie ein *who is who* feministischer Theologie und Philosophie sowie theologischer Geschlechterforschung.

Auch nach Einführung des Lehrauftrags gab es weitere Initiativen. 1989 wurde eine AG für die Errichtung eines «Lehrstuhls für Theologische Frauenforschung» gegründet. Diese stellte 1990 den Antrag, eine Kommission «Lehrstuhl feministische Theologie/Theologische Frauenforschung» zu bilden. Schon im Jahr darauf, 1991, wurde die Errichtung eines «Lehrstuhls für Theologisch-Philosophische Frauen- und Geschlechterforschung» geplant und vom damaligen Rektor der Theologischen Fakultät, Prof. Walter Kirchschläger, gefördert. Im Zuge des Vorhabens, in Luzern eine Universität zu errichten, geriet das Thema in

Fach Dogmatik (Prof. Edward Christen): «Feministische Theologie: Eine Darstellung anhand ihrer Grundzüge und dreier ihren Themen» (Gottesrede, Christologie und Mariologie)

Jan. 1985: Interdisziplinäre Studienwoche zum Thema «Die Frau in Theologie und Kirche» Leitung: Walter Kirchschläger, Ivo Meyer, Barbara Ruch und Doris Strahm

1985: Antrag auf einen Lehrauftrag für feministische Theologie wird vom Kanton Luzern als Lehrauftrag für «Theologische Frauenforschung» gebilligt.

SS 1986: Der 1. Lehrauftrag wird an Marga Bührig vergeben.

Ab 1988/89: Lehrauftrag wird im Sommer- *und* im Wintersemester vergeben.

1989: Gründung einer AG für die Errichtung eines Lehrstuhls für Theologische Frauenforschung in Luzern

Juni 1990: Antrag der AG für die Bildung einer Kommission für das Projekt «Lehrstuhl für feministische Theologie/Theologische Frauenforschung»

Okt. 1990: Kommission nennt sich neu «Kommission Lehrstuhl Feministische Theologie» (Béatrice Bowald, Ursula Port Beeler, Katharina Schmocker).

1991: Planung eines «Lehrstuhls für Theologisch-Philosophische Frauen- und Geschlechterforschung»

1992: AG wird institutionalisiert und mutiert zu einer ständigen Kommission für Frauenfragen. Diese wird 2000 aufgehoben.

1996: Lehrauftrag «Theologische Frauenforschung» erscheint in der Studienordnung als «Kairos-Theologie».

2000: Eine Gleichstellungskommission bzw. eine Stelle für die Gleichstellung von Frau und Mann an der Uni Luzern wird geschaffen.

den 1990er Jahren aus dem Blickfeld, wird aber 1998 in einem Bericht der Planungskommission für die Uni-Errichtung zuhanden des Regierungsrats wieder erwähnt. Dass es dann doch nicht zu einem Lehrstuhl kam, hatte weniger mit einer inhaltlichen Opposition als mit den massiven Sparmassnahmen des Kantons zu tun. Die AG für die Errichtung eines Lehrstuhls für Theologische Frauenforschung war 1992 zu einer ständigen Kommission für Frauenfragen institutionalisiert worden. Diese wurde im Jahr 2000 aufgehoben. Stattdessen wurde neu eine Gleichstellungskommission bzw. eine Stelle für die Gleichstellung von Frau und Mann an der Universität Luzern geschaffen. Was den ständigen Lehrauftrag «Theologische Frauenforschung» betrifft, so erscheint das Fach in der Studienordnung 1996 als «Kairos-Theologie», und ab 2013 ist in der Studienordnung von «Kairos-Theologie (Theologische Gender Studies)» die Rede. Damit wurden «Kairos-Theologie» und «Theologische Gender Studies» explizit verknüpft.

Ab Mitte der 1990er Jahre wurden nach und nach auch Frauen auf Lehrstühle berufen: So hatte Helga Kohler-Spiegel, eine feministische Theologin, von 1996–1999 den Lehrstuhl für Religionspädagogik inne, und als ihre Nachfolgerin wurde mit Monika Jakobs (1999–2020) wieder eine feministische Theologin gewählt. Weitere Professorinnen folgten und zeitweilig waren 5 von 11 Lehrstühlen mit Frauen besetzt.

Zürich

Die Theologische Fakultät der Universität Zürich war und ist ein hartes Pflaster für feministische Theologie. So hat es hier gemäss meinen Nachforschungen nie offizielle, reguläre Lehraufträge zu feministischer Theologie oder Theologischer Frauen- und Geschlechterforschung wie in Basel, Bern, Fribourg und Luzern gegeben.

Auf Initiative von Studentinnen entstand jedoch bereits Ende der 1970er Jahre eine theologische Frauengruppe an der Uni Zürich. Mitte der 1980er Jahre kam es dann unter der Leitung von Ina Praetorius, damals Assistentin von Hans Ruh (Professor für Sozialethik), zur Gründung einer neuen Theologinnen-Gruppe. Sie lasen gemeinsam Bücher, organisierten autonome Veranstaltungen und ab und zu auch Seminare an der Uni (z. B. mit Brigitte Weisshaupt zu Texten von Luce Irigaray), verfassten und publizierten gemeinsam Texte (z. B. zu Gen- und Reproduktionstechnologie), arbeiteten mit der Ökumenischen Frauenbewegung zusammen (Gottesdienste, Frauenkirchentage, Zürcher Disputation usw.) und mischten sich – erfolglos – in Berufungsverfahren ein (u. a. für eine NT-Professur für Luise Schottroff).

1990 wurde mit Susanne Heine erstmals eine Frau auf den Lehrstuhl für Praktische Theologie und Religionspsychologie berufen. Sie und ihre Nachfolgerin Ellen Stubbe (1997) griffen in ihrem Gebiet gelegentlich auch feministische Themen auf und ihre Assistentinnen konnten ab und zu feministische Theologie in Lehrveranstaltungen einbringen. In diesen Jahren gab es auch eine Arbeitsgruppe, die von Assistentinnen und Studentinnen organisiert wurde und zu Vorträgen von feministischen Theologinnen einlud. In den 2000er Jahren organisierten sich an feministischer Theologie und religionswissenschaftlicher Frauenforschung interessierte Frauen und boten, weil es keinen offiziellen Lehrauftrag gab, vereinzelt Lehrveranstaltungen an – zum Teil «nur» als Übungen, da die Involvierten nicht promoviert oder ordentliche Professorinnen waren. Zudem existierte von 2004–2006 eine feministisch-theologische Lesegruppe für Theologiestudentinnen, die Sabine Scheuter im Namen des Hochschulforums der Reformierten Landeskirche anbot.

Ab 2013 gab es Mittagstische bzw. «Mittagsgespräche mit feministischen Theologinnen», die Studentinnen initiiert hatten und die von Sabine Scheuter organisiert und geleitet wurden. Im Herbst 2013 wurde von Evelyne Zinsstag mit einigen Mitstudentinnen eine Lektüregruppe zu feministischer Theologie gegründet. Unterstützt von Pierre Bühler, Professor für Systematische Theologie, konnten sie sich ihre Lektüreprotokolle pro Semester mit einem Creditpoint (ECTS) anrechnen lassen. So haben in Zürich Studentinnen und Assistentinnen über all die Jahre immer wieder neu dafür gesorgt, dass feministisch-theologische Sichtweisen wenigstens am Rande vorgekommen sind.

Christina Stoll, Senta van de Weetering u. a.). Leitung: Ina Praetorius (Assistentin)

2004/05: Veronika Bachmann, Daria Pezzoli-Olgiati und Anna-Katharina Höpflinger bieten im Bereich Religionswissenschaft eine Übung zu «Gender – Religion – Wissenschaft» an.

2004–2006: Feministisch-theologische Lesegruppe für Theologiestudentinnen. Leitung: Sabine Scheuter

2005/06: Veronika Bachmann und Sabine Scheuter bieten eine Übung zu feministischer Exegese mit dem Titel «anders gesichtet» an.

2013–2016: 3 × pro Semester «Mittagsgespräche mit feministischen Theologinnen». Leitung: Sabine Scheuter. Bis Mitte 2018 von Stephan Jütte (RefLab) weitergeführt

2013–2014: «Lektüregruppe zu feministischer Theologie» (Tina Bernhard, Zoe Denzler, Désirée Dippenaar, Nicole Eva Frei, Liv Kägi, Michal Maurer, Stefanie Neuenschwander, Simone Preiswerk, Isabelle Schär, Lilian Schmid, Rahel Strassmann Zweifel, Isabel Stuhlmann, Andrea Weinhold, Evelyne Zinsstag u. a.)

Namentliche Würdigung der vielen Frauen, die von 1985–2021 mit Lehraufträgen Feministische Theologie und Theologische Gender-Studies an den Theologischen Fakultäten Basel (BS), Bern (BE), Fribourg (FR) und Luzern (LU) vertreten haben.

Christine Abbt LU 2014 – Imelda Abbt LU 1989 – Béatrice Acklin Zimmermann BE 1992/93, BE 1996/97, LU 1998, FR 2000, BE 2001 – Maria Elisabeth Aigner LU 2011 – Silvia Arzt LU 2013 – Ruth Baumann-Hölzle LU 2000/01 – Ulrike Bechmann FR 1989 – Angela Berlis LU 2016 – Sabine Bieberstein FR 1998 – Sophia Bietenhard LU 2001, BE 2012 – Doris Brodbeck LU 2002/03 – Ines Buhofer BE 1989/90 – Marga Bührig LU 1986 – Denise Buser LU 1998/99, LU 2008, FR 2009 – Magdalene Bussmann FR 1987 – Klara Butting LU 2006 – Sigrid Eder LU 2019 – Ulrike Eichler BS 2015, BS 2020 – Monika Fander FR 1991/92 – Valeria Ferrari Schiefer FR 2002/03 – Ana Thea Filipovic LU 2018 – Regula Giuliani LU 2007 – Eveline Goodman-Thau BE 1996 – Elisabeth Gössmann FR 1986/87, LU 1992/93 – Isabelle Graesslé BE 1995/96 – Elisabeth Grözinger FR 2008 – Regula Grünenfelder LU 2003/04 – Marie-Louise Gubler LU 1987 – Andrea Günter FR 1997/98 – Silvia Habringer-Hagleitner LU 2010 – Susanne Heine LU 1991/92 – Adelheidt Herrmann Pfandt FR 2002/03 – Rachel Monika Herweg LU 2001/02 – Susannah Heschel BS 1999 – Erika Heusler FR 2001 – Gabrielle Hiltmann LU 2000 – Sabine Jaggi BE 2007 – Aurica Jax LU 2020 – Brigit Jeggle-Merz FR 1999/2000 – Manuela Kalsky FR 2002/03 – Brigit Keller LU 1995 – Hildegund Keul LU 2010 – Stephanie Klein LU 1999/2000 – Cornelia Klinger LU 1993/94 – Ulrike Knobloch LU 2004 – Helga Kohler-Spiegel FR 1996 – Claudia Kohli-Reichenbach BE 2004, BE 2012 – Johanna Kohn-Roelin FR 1992 – Britta Konz LU 2008 – Gisburg Kottke BE 2003 – Helga Kuhlmann BS 1995/96 – Julia Lädrach BE 2008 – Monika Leisch-Kiesl FR 1991, LU 1994/95, BE 1995 – Rifa'at Lenzin FR 2012, BE 2015/16 – Lea Lerch LU 2021 – Silvia Letsch-Brunner LU 2006/07 – Franziska Loretan-Saladin LU 2014 – Mascha Madörin FR 1994/95, FR 1995 – Mary John Mananzan FR 1992 – Elham Manea BE 2016/17 – Gisela Matthiae FR 2004/05 – Carola Meier-Seethaler LU 1994 – Elisabeth Moltmann-Wendel LU 1992 – Pia Moser BE 2007 – Regine Munz LU 2005, BE 2014 – Doris Nauer FR 2003/04 – Livia Neureiter LU 2012 – Ilona Nord LU 2015 – Christine Nöthinger-Strahm BE 1994/95 – Nicola Ottiger LU 2013 – Elke Pahud de Mortanges FR 2013–2022 – Parinas Parhisi LU 2012 – Julia Paulus FR 1995/96 – Sabine Pemsel-Meier LU 1997 – Annebelle Pithan LU 2005/06 – Ina Praetorius BS 1990, BE 1990/91, FR 1993/94, FR 1994, FR 2006 – Ursula Rapp FR 2010, LU 2011 – Renate Rieger FR 1988 – Sarah Röck LU 2015 – Brigitta Rotach BE 2016 – Christine Schaumberger FR 1986/87 – Lucia Scherzberg LU 2003 – Beatrix Schiele FR 1988/89 – Gina Schibler LU 2004/05 – Veronika Schlör LU 2002 – Eva Renate Schmidt BE 1994 – Lisa Schmuckli FR 2000/01 – Christa Schnabl FR 1998/99, LU 2009 – Vreni Schneider BE 1991/92 – Luise Schottroff BE 1996/97 – Silvia Schroer LU 1988/89, FR 1989/90, BE 1992, BE 1993, BE 1994, LU 1995/96 – Helen Schüngel-Straumann BE 1993/94, BS 2010 – Elisabeth Schüssler Fiorenza LU 1990/91, BS 2003/04 – Irene Schwyn BE 1999/2000, BE 2001, BE 2001/02 – Elke Seifert FR 1999 – Annelore Siller BS 1999/2000, BS 2000/01 – Doris Strahm BE 1985/86, FR 1996/97, FR 1997, LU 1997/98, BS 1998, LU 2007, FR 2007, BE 2009 – Regula Strobel BE 1989/90 – Luzia Sutter Rehmann LU 1999, FR 2001/02, FR 2010 – Christina Thürmer-Rohr LU 1993 – Reinhild Traitler LU 1991 – Cornelia Vogelsanger FR 1992/93, FR 1993, BE 1998/99 – Martina Wehrli-Johns LU 1990 – Brigitte Weisshaupt LU 1988, LU 1989/90, FR 1990/91 – Annette Wilke LU 1996/97 – Edith Zingg LU 2009

FEMINISTISCHE THEOLOGIE IM AKADEMISCHEN LEHRBETRIEB: EINE EINORDUNG

Silvia Schroer

Nicht primär das Verlangen nach mehr Diversität oder mehr Pluralität in der Theologie stand am Anfang der feministischen Theologie, sondern der Protest gegen das Unrecht einer patriarchalen kirchlichen und theologischen Tradition, gegen das Verschweigen von Frauengeschichte, gegen den Missbrauch von biblischen Texten für die Unterdrückung von Frauen – und gegen die fast vollständige Abwesenheit von theologischen Lehrerinnen. Die feministische Theologie war eine Pionierin der besonders (selbst)kritischen, besonders reflektierten theologischen Hermeneutik. Um den christlichen und theologischen Antijudaismus stritten feministische christliche und jüdische Theologinnen zu Beginn der 1990er Jahre beispielsweise besonders heftig und konstruktiv – obwohl das Thema ein gesamttheologisches und nicht ein genderspezifisches war und ist. Feministische Theologie verstand sich nicht als komplementär zu einer etablierten Theologie, und sie hinterfragte die nicht unproblematische Selbstdefinition und Diktion des «anders» Lesens oder Theologietreibens von Frauen.

Am Anfang: feministisch-theologische Lehraufträge

Die Erfahrung des Unrechts war für Frauen in kirchlichen – oft ökumenischen und weiteren – Kreisen und an den theologischen Fakultäten der Antrieb, um sich zu formieren und im Rahmen des Möglichen etwas zu verändern. Die feministische Theologie fand seit den 1980er Jahren vielfach auf dem Weg über einzelne Professoren, die die Stimme der Frauen hören wollten, und ihre Assistentinnen Eingang in die Fakultäten. Es konstituierten sich feministische Lesekreise, Gesprächskreise, Frauenkreise auf der Ebene Mittelbau und Studierende, die sich mit den zur Verfügung stehenden Mitteln um Lehraufträge bemühten. Dazu gehörten auch finanzielle Mittel, z. B. einer Fakultät oder von Verbänden wie dem Verband der Berner Theologinnen und dem Verein «Projekt Frauentheologie Basel». Bis in die Mitte der 1990er Jahre fand die feministische Theologie weitgehend in Veranstaltungen mit Gastreferentinnen und Lehrbeauftragten statt. Frauen haben – ohne Professorinnengehalt wohlgemerkt – die Lehre eines

Lehraufträge:
Die von den Theologischen Fakultäten zusammengestellten Listen mit den Lehraufträgen zu feministischer Theologie oder Theologischen Gender-Studies von 1985 bis 2021 sind publiziert auf der Website der ESWTR/Schweiz: www.eswtr.org/de/schweiz
Die Namen der Lehrbeauftragten von 1985–2021 finden sich auf S. 122 dieses Buches.

neuen Faches in der Theologie vertreten. Das ist einzigartig und wurde als Gesamtleistung wohl auch nie gewürdigt, weder von den Fakultäten noch einer der grossen theologischen Gesellschaften. Die Lehraufträge für feministische Theologie bzw. theologische Gender Studies blieben in Luzern sogar bis heute erhalten, 35 Jahre lang! Mehr als eine Generation von feministischen Theologinnen arbeitete in diesem Botinnenmodus, sie flogen von einer Fakultät an die andere, im gesamten deutschsprachigen Raum, manchmal darüber hinaus, und verbreiteten die Themen und Anliegen feministischer Theologie. Diese Veranstaltungen wurden nach Möglichkeit den promovierten oder den zunächst noch wenigen habilitierten Theologinnen angeboten oder den noch selteneren Professorinnen, wie z. B. Luise Schottroff, Elisabeth Gössmann oder Helen Schüngel-Straumann, aber auch Nicht-Promovierten, die durch Publikationen oder ihre Tätigkeit fachlich ausgewiesen waren. Die ökumenische Durchlässigkeit und auch das Interesse an jüdisch-feministischen Expertinnen waren gross.

Professorinnen verändern das Gesicht der Theologischen Fakultäten

In den 1990er Jahren wurden die ersten Professorinnen an die Theologischen Fakultäten der Schweiz berufen. Dies waren in Zürich Susanne Heine (Praktische Theologie und Religionspsychologie) und ihre Nachfolgerin Ellen Stubbe; in Basel Christine Lienemann (Ökumene, Mission und interkulturelle Gegenwartsfragen) sowie etwas später Christine Axt-Piscalar (Systematische Theologie); in Fribourg Barbara Hallensleben (Dogmatik und Theologie der Ökumene); in Bern Christine Janowski (Systematische Theologie/Dogmatik und Philosophiegeschichte) und Silvia Schroer (Altes Testament und Biblische Umwelt). In Luzern waren es Helga Kohler-Spiegel (Religionspädagogik) und ihre Nachfolgerin Monika Jakobs (Religionspädagogik und Katechetik, Leiterin des Religionspädagogischen Instituts RPI) und Ende der 1990er Jahre Eva-Maria Faber (Dogmatik und Fundamentaltheologie) an der Theologischen Hochschule Chur. Inzwischen unterrichten an einem Drittel der theologischen Ausbildungsstätten der Deutschschweiz etwa 4–5 Professorinnen. In der Romandie gab es vor Elisabeth Gangloff-Parmentier, die seit 2015 Professorin für Praktische Theologie an der protestantischen Fakultät der Universität Genf sowie am Institut Lémanique de Théologie

Aktuelle und emeritierte Professorinnen an Theologischen Fakultäten (Stand Sommer 2021):

Theologische Fakultät Basel:
– Christine Lienemann-Perrin, Ökumene, Mission und interkulturelle Gegenwartsfragen (1992–2010)
– Christine Axt-Piscalar, Systematische Theologie (1997–2000)
– Andrea Bieler, Praktische Theologie (seit 2017)
– Sonja Ammann, Altes Testament (seit 2017)

Theologische Fakultät Bern:
– Christine Janowski, Dogmatik und Philosophiegeschichte (1995–2010)
– Silvia Schroer, Altes Testament unter besonderer Berücksichtigung der Biblischen Umwelt (seit 1997)
– Magdalene Frettlöh, Systematische Theologie/ Dogmatik (seit 2011)
– Angela Berlis, Geschichte des Altkatholizismus und Allgemeine Kirchengeschichte (seit 2009)
– Isabelle Noth, Seelsorge, Religionspsychologie und Religionspädagogik (seit 2012)
– Katharina Heyden, Ältere Geschichte des Christentums und der interreligiösen Begegnungen (seit 2014)

pratique Genève-Lausanne ist, wohl keine einzige Professorin der Theologie. 2021 kam dann mit Ruth Ebach eine weitere dazu. Zudem gibt es einige Professorinnen, die im weiteren Feld der Religionswissenschaft und -soziologie arbeiten.

Nicht alle Professorinnen verstanden und verstehen sich als feministische Theologinnen, und der Zeitpunkt ihrer Ernennungen besagt auch nicht unmittelbar etwas über die Grundhaltung einer Fakultät gegenüber Frauenfragen. Erst 2017 wurden nach einem sehr langen Unterbruch beispielsweise in Basel wieder neue Professorinnen berufen (Sonja Ammann und Andrea Bieler). Die Förderung bzw. Verhinderung weiblichen Nachwuchses im eigenen Haus sagt über Grundhaltungen ganzer Fakultätsgremien wahrscheinlich mehr aus als einzelne Berufungen. So zeigt sich z. B. in der Ablehnung der Dissertation von Ina Praetorius zu «Anthropologie und Frauenbild in der deutschsprachigen protestantischen Ethik seit 1949» im Februar 1990 durch die Theologische Fakultät Zürich – wegen schwerer methodischer und sachlicher Einwände, wie es im Brief des Dekanats hiess – eine abwehrende Haltung gegenüber feministisch-theologischer Forschung.

Zeitlich erstaunlich weit auseinander liegen die jeweils ersten Habilitationen von Frauen an den theologischen Fakultäten, so beispielsweise 1962 in Basel (Helene Werthemann), 1983 in Bern (Christine Reents), 1989 in Fribourg (Silvia Schroer), 1998 in Zürich (Gabrielle Oberhänsli-Widmer). In den 2000er Jahren nahm die Zahl der Habilitationen zu. Über die ersten Doktorate von Frauen verlässliche Auskünfte zu finden, ist noch schwieriger. Es gab sporadisch bereits in der ersten Hälfte des 20. Jahrhunderts Frauen, die in der Theologie promovierten, wenn auch ohne Aussichten und Absichten, an der Universität zu lehren.

Der Einzug von Professorinnen in die Fakultäten war ein wichtiger Einschnitt. Die feministische Theologie ging mit der Ernennung der ersten Professorinnen in eine frühe Phase der Etablierung über. Dadurch entstand eine neue Dynamik, nicht mehr so stark von unten nach oben (Basisbewegung), sondern in der delegierten Verantwortung weiter oben. Lehraufträge für feministische Theologie oder Lektüregruppen von interessierten Assistentinnen und Studentinnen wurden in der Folge an manchen Orten wieder seltener. Eine eigene Professur für «Gender und Theologie» gab es in der Schweiz nirgends, spezielle Studiengänge anzubieten

Theologische Fakultät Chur:
– Eva-Maria Faber, Dogmatik und Fundamentaltheologie (seit 2000)
– Birgit Jeggle-Merz, Liturgiewissenschaft (seit 2006)
– Hildegard Scherer, Neutestamentliche Wissenschaften (seit 2019)

Theologische Fakultät Fribourg:
– Barbara Hallensleben, Dogmatik und Theologie der Ökumene (seit 1994)
– Brigitte Fuchs, Religionspädagogik, Katechetik und Kerygmatik (1999–2002)
– Monika Scheidler, Praktische Theologie (2008–2009)
– Astrid Kaptijn-Ndiaye, Kirchenrecht (seit 2009)
– Veronika Hoffmann, Dogmatik (seit 2018)
– Gudrun Nassauer, Neues Testament (seit 2021)

Theologische Fakultät Genf/Lausanne:
– Elisabeth Parmentier, Théologie pratique (seit 2015)
– Ruth Ebach, Exégèse historico-philologique de l'Ancien Testament (seit 2021)

Theologische Fakultät Luzern:
– Helga Kohler-Spiegel, Religionspädagogik und Katechetik (1996–1999)
– Monika Jakobs, Religionspädagogik und Katechetik (1999–2020)
– Verena Lenzen, Judaistik und Theologie (seit 2000)
– Ruth Scoralick, Exegese des Alten Testaments (2002–2011)
– Birgit Jeggle-Merz, Liturgiewissenschaft (seit 2006), zudem Professorin in Chur
– Stephanie Klein, Pastoraltheologie (seit 2008)
– Monika Bobbert, Theologische Ethik (2013–2016)

– Rana Alsoufi, Assistenz-Professorin Islamische Theologie (2017–2018)
– Margit Wasmaier-Sailer, Fundamentaltheologie (seit 2019)
– Nicola Ottiger, Honorarprofessorin für ökumenische Theologie und Leiterin des Ökumenischen Instituts (seit 2021)

Theologische Fakultät Zürich:
– Susanne Heine, Praktische Theologie und Religionspsychologie (1990–1996)
– Ellen Stubbe, Praktische Theologie und Religionspsychologie (1997–2004)
– Silke-Petra Bergjan, Kirchen- und Theologiegeschichte von der Alten Kirche bis zur Reformation (seit 2003)
– Christiane Tietz, Systematische Theologie (seit 2013)
– Dorothea Lüddeckens, Religionswissenschaft mit sozialwissenschaftlicher Ausrichtung (seit 2021), von 2010–2020 ausserordentliche Professorin

Das Buch «Aufbruch und Widerspruch», hg. von Angela Berlis, Stephan Leimgruber und Martin Sallmann (2019), über Schweizer Theologinnen und Theologen im 20./21. Jh. nennt zwar etliche Schweizer Theologinnen, unter ihnen sind aber nur zwei als Professorinnen tätig gewesen, die eine in Basel (Christine Lienemann-Perrin), die andere in Kassel (Helen Schüngel-Straumann).

war und ist wegen der insgesamt kleinen Zahl von Theologiestudierenden äusserst schwierig.

Langsam entflochten sich ab den 1990er Jahren die engen Verbindungen der feministischen Theologie an der Universität mit der kirchlichen Frauenbewegung, d. h. mit interessierten Laiinnen, mit Pfarrerinnen und mit den in der pastoralen Arbeit, in den Akademien (Boldern, Gwatt, Paulus-Akademie) oder in der Erwachsenenbildung verantwortlichen Frauen in kirchlichen und ökumenischen Kreisen. Gleichzeitig veränderten die Professorinnen das Gesicht der theologischen Fakultäten. Interessierte Studentinnen konnten nun bei Frauen studieren, doktorieren, sich habilitieren, und es wurde einfacher, feministische oder genderrelevante Themen auf einem akademischen Weg zu verfolgen.

Wie sich die Anzahl von Doktoratsabschlüssen und Habilitationen von Theologinnen an den Fakultäten in der Schweiz entwickelt hat, müsste eigens untersucht werden. Dabei wären auch die verschiedenen konfessionellen Prägungen der Fakultäten und Ausbildungen genauer in den Blick zu nehmen. Die Theologie ist aber kein Sonderfall in puncto Karriereverlauf von Frauen. Erst seit wenigen Jahren greifen in der Bildungspolitik die grossen Bemühungen, eine akademische Laufbahn für Frauen attraktiv zu machen.

Und die Zukunft?

Die feministische Theologie ist eine Erfolgsgeschichte. Grund genug, auf das Erreichte sehr stolz zu sein. Wir haben die Theologie als Wissenschaft zu einer Zeit verändert, als viele andere Fachkulturen und Diskurse Frauen- und Geschlechterfragen noch überhaupt nicht aufnahmen. Nach einer anfänglichen Sensibilisierung für Frauengeschichte, dann für feministische Theologie und später im weiteren Sinn für theologische Genderforschung und viele weitere Ansätze (womanist theology, queer theology, masculinity studies, postcolonial studies) ist der Boden für Theologinnen heute eindeutig nicht mehr ganz so steinig wie vor etwa 30 Jahren. Strukturell hat es Verbesserungen gegeben, viel hängt aber immer noch von einzelnen Personen und ihrem Engagement ab. Es haben sich mancherorts Portale und andernorts zumindest Törchen geöffnet. Die Theologie wird aber im ganzen deutschsprachigen Raum rein zahlenmässig bis dato von männlichen Professoren und einer akademischen Tradition geprägt, die es sich leistet, Frauen, z. B. als Autorinnen von Publikationen, und Genderthemen nach Belieben zu ignorieren. Genderfragen oder feministische Ansätze in den Curricula von Studiengängen und damit nachhaltig in der Ausbildung aller Theologiestudierenden zu verankern, ist immer noch schwierig.

Wie besteht eine feministische Theologie in den veränderten Kontexten dieses Jahrzehnts? Wo pulsiert sie in Zukunft? Durch die Ausweitung – nicht allein in der Theologie – von feministischen Ansätzen hin zur Genderforschung wurden die Anliegen feministischer Theologie breiter rezipiert als vorher, allerdings auch weniger stark mit einem politischen Veränderungsanspruch verbunden. Die zunehmende Dynamik der fachlichen und thematischen Diversifizierung sowie die Notwendigkeit, sich neu im Verhältnis zu Religion(en) und Religionswissenschaft zu situieren, stellen Chancen dar. Dabei im Blick zu behalten, dass patriarchale Denkweisen, Geschichte und Strukturen immer noch dominieren, weil sie mächtig sind und weil Theologie nicht in einem machtfreien Raum stattfindet, bleibt unsere Aufgabe.

EUROPÄISCHE GESELLSCHAFT FÜR THEOLOGISCHE FORSCHUNG VON FRAUEN (ESWTR)

Doris Strahm

1986: Gründung «Europäische Gesellschaft für theologische Forschung von Frauen» in Magliaso (Schweiz), https://www.eswtr.org/
1987: Vereinsgründung in Helvoirt (Niederlande).
Sitz des Vereins: Basel
Gründungsvorstand: Daphne Hampson (GB), Ruth Albrecht (D) und Doris Strahm (CH)

Schweizerinnen im ESWTR-Vorstand:
– Doris Strahm, Kassierin (1987–1992)
– Regula Strobel, Revisorin (1993–1995)
– Regula Strobel, Kassierin (1995–2001)
– Helen Schüngel-Straumann, Präsidentin (1995–1997), ESWTR Gründungsmitglied
– Luzia Sutter Rehmann, Sekretärin (2003–2007)
– Veronika Bachmann, Sekretärin (2009–2011)
– Angela Berlis, Präsidentin (2007–2011)

Arbeitssitzung draussen, Gründungsversammlung der ESWTR in Magliaso (Juni 1986).

Namhafte europäische Theologinnen trafen sich 1985 auf Boldern, um die Gründung einer Europäischen Gesellschaft für feministische Theologie an die Hand zu nehmen. Anwesend waren auch Theologinnen aus der Schweiz, u. a. Reinhild Traitler, Gina Schibler, Marga Bührig und Ruth Epting, die das Treffen mitvorbereitet hatten. Dabei kam es zu einer Kontroverse über die Ausrichtung der geplanten «Gesellschaft». Einige Frauen machten sich dafür stark, dass auch «Barfusstheologinnen» ohne universitären Abschluss mit dabei sein sollten. Die an Universitäten tätigen Frauen hingegen wollten ein Netzwerk von *forschenden* Frauen aus Europa aufbauen und die Entwicklung wissenschaftlicher feministisch-theologischer Studien vorantreiben. Letztere haben sich durchgesetzt. So trafen sich vom 13.–15. Juni 1986 gut 80 Frauen aus Europa in Magliaso/Tessin zur Gründung einer «European Society of Women in Theological Research» (ESWTR). Gründungsfrauen der ESWTR waren laut Protokoll: Elisabeth Moltmann-Wendel und Luise Schottroff aus Deutschland, Catharina J. M. Halkes und Fokkelien van Dijk-Hemmes aus den Niederlanden, Dagny Kaul aus Norwegen, Ellen Juhl Christiansen aus Dänemark und Joann Nash Eakin vom ÖRK in Genf. Als Voraussetzung für eine ordentliche Mitgliedschaft wurde ein abgeschlossenes Studium in Theologie oder Religionswissenschaft sowie eine aktuelle Forschungstätigkeit definiert. Auch jüdische und später muslimische Forscherinnen konnten Mitglied sein.

Mit dabei waren in Magliaso auch drei junge Theologinnen aus der Schweiz: Ina Praetorius, Elke Rüegger-Haller und ich. Als an der Konferenz entschieden wurde, dass die ESWTR sich als Verein konstituieren soll, wurde die Schweiz als Vereinssitz gewählt, weil die Schweiz ein einfaches und unbürokratisches Vereinsrecht hat. Da lag es nahe, dass das Verfassen eines Statutenentwurfs einer Schweizerin übertragen werden sollte. Elke Rüegger-Haller erklärte sich dazu bereit, bat mich dann aber nach kurzer Zeit, diese Aufgabe zu übernehmen. So kam ich völlig unverhofft dazu, sowohl die Vereinsstatuten zu entwerfen wie auch das ganze Finanzsystem für die ESWTR aufbauen zu müssen. An der nächsten Konferenz in Helvoirt wurden die Vereinsstatuten dann diskutiert und schliesslich am 31. Mai 1987 genehmigt. Ich wurde als Kassierin in den Vorstand gewählt, neben Ruth Albrecht (D) als Sekretärin und Daphne Hampson (GB) als Präsidentin. Bis 1992 war ich als Kassierin Mitglied des Vorstands und für die Finanzen der ESWTR zuständig (später übernahm Regula Strobel diese Aufgabe); zugleich war ich einige Jahre Ländervertreterin bzw. Kontaktfrau für die Schweiz. In Helvoirt wurden nämlich Ländergruppen gebildet, damit sich die Mitgliedsfrauen der einzelnen Länder auch zwischen den alle zwei Jahre stattfindenden Konferenzen treffen und ihre Forschungsarbeiten diskutieren können. Auch die Herausgabe eines Jahrbuchs wurde bereits in Helvoirt diskutiert und dann 1991 an der Konferenz in Bristol beschlossen. Dieses umfasst Beiträge in Deutsch, Englisch und Französisch, ist meist thematisch konzipiert und «will aktiv die theologische Frauenforschung in Europa unterstützen und möchte beitragen zum interreligiösen Gespräch», wie es im Editorial des ersten Jahrbuchs von 1993 zum Thema «Feministische Theologie im europäischen Kontext» heisst. Bis heute erscheint das Jahrbuch jährlich.

Die ESWTR hat sich im Laufe der Jahre um ost- und südeuropäische Länder erweitert und zählt heute Mitgliedsfrauen aus über 30 Ländern! Sie hat sich zur grössten und wichtigsten europäischen Vereinigung von theologischen Forscherinnen entwickelt. Auch aus der feministischen Landschaft der Schweiz ist die ESWTR nicht mehr wegzudenken: Sie ist *das* Netzwerk von und für forschende Frauen in den Bereichen feministische Theologie und Exegese, praktische und systematische Theologie aus Gendersicht, Religionswissenschaft, Judaistik und Islamwissenschaft. Mit zwei Treffen pro Jahr sowie Tagungen und Studientagen fördert sie den wissenschaftlichen Austausch und die Vernetzung feministisch-theologischer Forscherinnen in der Schweiz.

Kontakt-/Vizekontakfrauen Schweiz:
Zuständig für die Regelung der Mitgliedsbeiträge im eigenen Land und für die nationale und internationale Kommunikation
– Doris Strahm (1987–1992)
– Ina Praetorius (1992–1997)
– Regula Strobel ad interim (1998)
– Luzia Sutter Rehmann (1998–2002)
– Béatrice Bowald (2002–2007)
– Monika Jakobs/Béatrice Bowald (2007–2010)
– Isabelle Noth/Nicola Ottiger (2010–2013)
– Sophie Kauz/Nicola Ottiger (2013–2014)
– Martina Bär/Nicola Ottiger (2014–2017)
– Nancy Rahn (seit 2017)/Nina Beerli (seit 2018)

Anzahl Mitglieder Schweiz (Stand 2021): rund 60 (https://www.eswtr.org/de/ch)
Anzahl Mitglieder insgesamt: 650

Die Akten der ESWTR werden im Archiv der Helen Straumann-Stiftung für Feministische Theologie in Basel aufbewahrt und sind über die «Handschriftenabteilung der Universitätsbibliothek der Universität Basel» zugänglich.

PROJEKT FRAUENTHEOLOGIE BASEL

Dorothee Dieterich

Juni 1988: Gründung des Vereins «Projekt Frauentheologie in Geschichte und Gegenwart von Theologie und Kirchenpraxis» (kurz: «Projekt Frauentheologie»)
Initiantin des Projekts: Dr. h. c. Ruth Epting

Zweck des Vereins:
– Unterstützung von Frauen, die auf dem Gebiet der feministischen Theologie forschen, sowie Organisation und finanzielle Unterstützung von Gastvorlesungen, Lehraufträgen, Kursen und Tagungen
– Errichtung einer Professur für feministische Theologie an der Theologischen Fakultät der Universität Basel

Präsidentinnen:
– Marie-Claire Barth
– Elisabeth C. Miescher
– Regine Munz
– Irina Bossart

1989–1997: «Werkstattberichte Forschender Theologinnen», herausgegeben vom Verein. Mit Beiträgen der vom Projekt Frauentheologie organisierten Vorlesungen aus verschiedenen Bereichen feministisch-theologischer Forschung.
Ab 2014: Mitveranstalterin der Basler Sommerakademien
Mai 2017: Auflösung des Vereins

Das Projekt Frauentheologie entstand als Folge von Ruth Eptings Ehrendoktor, den ihr die Theologische Fakultät 1987 verlieh. Sie fand, dass sich die Theologische Fakultät in Basel dringend ändern müsse, und suchte Gleichgesinnte. Zur ersten Gruppe gehörten nebst ihr Marie-Claire Barth, Patricia Remy, Elisabeth C. Miescher und andere. Viele der Frauen, die lange mit dabei waren, sind verstorben: Ruth Epting und Marie-Claire Barth, auch Magdalene Molina und Verena Jegher.

Die erste Zeit des Projekts war aufregend: Wir verstanden uns als aufrührerische Frauen, die sich daran machten, die Fakultät zu erneuern. 1988 war die Gründungsversammlung des Vereins «Projekt Frauentheologie in Geschichte und Gegenwart von Theologie und Kirchenpraxis», dessen voller Name das Programm anzeigte. Ruth Epting sprach immer lieber von Frauentheologie und nicht von feministischer Theologie, auch wenn diese gemeint war. Ziel war es, eine Professur für feministische Theologie an der Basler Fakultät zu ermöglichen. Der Verein war bald ökumenisch; so war z. B. die Katholikin Regina Berger lange im Vorstand. Die erste Präsidentin war Marie-Claire Barth. Sie hat vor allem mit der Fakultät verhandelt und gab nach zwei Jahren das Präsidium an Elisabeth C. Miescher ab.

Ziemlich rasch konnten wir Frauen zu Vorträgen einladen: Dorothee Sölle, Luise Schottroff, Catherina Halkes waren da und referierten. Bald begannen auch die Gastvorlesungen an der Theologischen Fakultät, zu denen die Studierenden und alle Interessierten eingeladen waren: Theologinnen, Barfusstheologinnen und natürlich auch Männer. Auch die Gastprofessur von Dorothee Sölle gehörte da dazu. Immer im Wintersemester wurden feministische Theologinnen eingeladen, ihre Arbeitsgebiete vorzustellen. Ihre Beiträge wurden als «Werkstattberichte Forschender Theologinnen» von 1989 bis 1997 vom «Projekt Frauentheologie» herausgegeben und von vielen Interessierten gelesen. Aber die Stimmung an der Fakultät war eher abwehrend. Trotzdem ist es uns gelungen, mit diesen Veranstaltungen einen Fuss in die Tür zu setzen.

Als dann feministische Theologinnen regulär an der Fakultät dozierten (als erste Luzia Sutter Rehmann), war einiges erreicht: Es gab nun mehr einzelne Angebote, oft in Kooperation mit dem Leuenberg, dem Forum für Zeitfragen, der Volkshochschule, später mit der Marga Bührig Stiftung.

Auch der internationale Austausch war wichtig. Elisabeth C. Miescher lernte während eines Sabbaticals in den USA Rosemary Radford Ruether kennen, die ihr ein Stipendium anbot unter der Bedingung, dass sie einen Vortrag halte über die feministische Theologie in der Schweiz. Das war wunderbar, weil sich die Professoren dort dafür interessierten und ihr zuhörten. Es war zwar dasselbe, was auch Rosemary sagte, aber Elisabeth hörten sie als Gastrednerin zu – und so bewegte sich dort etwas. Während dieser Zeit war Regine Munz Präsidentin; Elisabeth hat das Präsidium später dann wieder übernommen.

Irgendwann haben dann auch die Friedensgebete in der Leonhardskirche angefangen, zu denen wir über viele Jahre zusammengekommen sind. Dann wurde es immer schwieriger, Frauen für den Vorstand zu finden. Zum Ende hin erlebte der Verein jedoch nochmals einen Aufschwung: Irina Bossart übernahm 2013 das Präsidium und der Verein organisierte zusammen mit dem Forum für Zeitfragen drei Basler Sommerakademien: «Madame la Mort» (2014), «Fröhlich scheitern» (2016) und «more than fashion» (2018). Die für 2020 vom Forum geplante Sommerakademie konnte leider nicht stattfinden – Corona machte es unmöglich. Aber sie sollte noch kommen. Mit Irinas Wegzug von Basel löste sich der Verein 2017 auf. Die Vereinsunterlagen wurden ans Gosteli-Archiv übergeben.

Eigentlich hat das Projekt Frauentheologie sein Ziel erreicht: Die Theologische Fakultät ist heute eine andere als in den 1980er Jahren. Und vor allem am Anfang konnte der Verein wichtige Impulse setzen. Schön, dass am Schluss geglückte Veranstaltungen stehen – die nun nicht mehr in erster Linie universitär sind, sondern für ein breites Publikum.

Der Text basiert auf einem Gespräch mit Elisabeth C. Miescher, langjährige Präsidentin, und Ulla Gasser, langjährige Aktuarin und Kassiererin des Projekts Frauentheologie.

HELEN STRAUMANN-STIFTUNG FÜR FEMINISTISCHE THEOLOGIE

Helen Schüngel-Straumann

1996: Gründung der Stiftung in Luzern

1998: Gründung des deutschen Vereins in Kassel (Freund:innen der Helen Straumann-Stiftung für Feministische Theologie e. V.)

2003: Vertrag mit der Universität Basel (Schaffung einer gemeinsamen Bibliothek für Gender Studies, Schwerpunkt u. a. Feministische Theologie)

2003: Sitz der Stiftung wird nach Basel verlegt.

2017: Auflösung der Stiftung und Schenkung der Stiftungsbestände an die Universität Basel
Die Homepage der Stiftung (www.feministische.theologie.de) wird gelöscht.

2017: Die Akten der ESWTR gehen an die Universität Basel über.
Die Nachlässe sowie die Akten der ESWTR befinden sich in der Handschriftenabteilung der UB Basel und können dort persönlich eingesehen werden:
https://ub.unibas.ch/de/historische-bestaende/auskunft-beratung/
Die Buchbestände der Stiftung befinden sich in der Bibliothek Gender Studies der Uni Basel.

Schon längere Zeit träumte ich von einem Haus oder einem Institut für theologische Frauenforschung mit einer Bibliothek, wo die vielen verstreuten Schriften, vor allem der Pionierinnen, gesammelt, einsehbar und ausleihbar sein würden. Ein wichtiger Anstoss, diesen Traum Realität werden zu lassen, war der frühe Tod von Herlinde Pissarek-Hudelist in Innsbruck (1994), der ersten katholischen Theologieprofessorin Österreichs. Sie hatte mich immer wieder ermahnt, ich solle doch etwas tun, damit das «Erbe der Mütter» nicht verloren ginge.

Weil in der Schweiz, anders als in Deutschland, wo ich damals noch wohnte, eine Stiftung auch ohne grösseres Kapital errichtet werden konnte, versuchte ich es an meinem letzten Schweizer Wohnort, in Luzern. Dort lernte ich die CVP-Politikerin Josi Meier kennen, die von meinem Vorhaben begeistert war. Sie veranlasste alle juristischen Schritte, entwarf – unentgeltlich – mit mir zusammen die Statuten und sorgte dafür, dass das Projekt 1996 durch den rein männlichen Luzerner Stadtrat ging. Danach gründete ich in Deutschland 1998 einen Verein, der die Stiftung finanziell und personell unterstützen sollte. Ein Informationsflyer wurde gestaltet, ein Logo entworfen und eine Homepage eingerichtet. Die vielen Briefe mit Spendenaufrufen, die ich an verschiedenste Stellen versandte, vor allem in Deutschland, hatten zwar einigen Erfolg, aber der Traum von einer feministischen Forschungsstätte musste leider aus Geldmangel aufgegeben werden.

Nach meiner Pensionierung zog ich 2002 in den Süden Deutschlands und suchte das Gespräch mit der Universität Basel. 2001 war dort ein Zentrum Gender Studies gegründet worden – als «transfakultärer Lehr- und Forschungsschwerpunkt». Dessen Leiterin war Prof. Dr. Andrea Maihofer, die ich schon von Frankfurt her kannte. Nach vielen Verhandlungen mit dem Rektorat der Universität Basel wurde 2003 zwischen der Stiftung und der Universität ein Vertrag abgeschlossen zwecks Schaffung einer gemeinsamen Bibliothek für Gender Studies im Raum Basel. Unter dem Dach des Zentrums Gender Studies konnte so doch noch eine Bibliothek mit Forschungsstätte für Feministische Theologie eingerichtet werden. Dies war ein grosser Glücksfall!

Die Buchbestände und Neuanschaffungen der Stiftung sowie die Nachlässe von Pionierinnen der Feministischen Theologie wurden laufend in die Bibliothek des Zentrums Gender Studies eingegliedert, einheitlich erschlossen und stehen nun Studierenden und Forschenden zur Verfügung. Als Gegenleistung arbeitete ich unentgeltlich ca. 15 Stunden wöchentlich und leistete jährlich einen Finanzbeitrag an die Bibliothek; dafür bekam ich ein eigenes Büro mit allen erforderlichen Arbeitsmitteln. Die Universität verpflichtete sich im Gegenzug, die Bücher öffentlich zugänglich zu halten und auch neue feministische Bücher anzuschaffen.

Der Stiftung wurde bald der Nachlass der meisten Pionierinnen deutscher Sprache vermacht: Herlinde Pissarek-Hudelist (Innsbruck), Ilona Riedel-Spangenberger (Mainz), Elisabeth Gössman (München/Tokyo), Elisabeth Moltmann-Wendel (Tübingen); mein eigener kommt dann später dazu. Auch grössere Schenkungen erhielten wir, wie z. B. von Ursula King (Bristol) oder Bücher aus dem Nachlass von Marga Bührig (Basel). Die meisten Bücher habe ich mit dem Auto abgeholt; Doris Strahm und ich erinnern uns noch gut an die grossen Bücherhaufen, die wir zu sortieren hatten. Für die Bibliothek hatte ich eine Auflistung nach Fachgebieten erstellt, und zurzeit stehen über 5000 Bücher und eine grosse Anzahl feministisch-theologischer Zeitschriften-Reihen in den Regalen.

Mit den Jahren wurden die durch Spenden eingeworbenen Finanzmittel leider immer spärlicher. So beschlossen wir 2017, die Stiftung aufzulösen und die Stiftungsbestände der Universität Basel zu schenken. Die Bibliothek des Zentrums Gender Studies Basel beherbergt somit einen umfangreichen Bestand an feministisch-theologischer Literatur und Zeitschriften, der in der Schweiz wohl einzigartig ist.

Auf dem Weg zur Stiftungsratssitzung (Basel 2002), v. l. n. r.: Ina Praetorius (Stiftungsrätin), Helen Schüngel-Straumann (Stiftungspräsidentin) und Elisabeth Gössmann (als Gast).

Erster Stiftungsrat:
– Helen Schüngel-Straumann, Stiftungspräsidentin
– Doris Strahm, Stiftungsrätin und Stellvertreterin der Präsidentin
– Ina Praetorius, Stiftungsrätin
– Irene Löffler, Stiftungsrätin

Letzter Stiftungsrat:
– Helen Schüngel-Straumann, Stiftungspräsidentin
– Doris Strahm, Stiftungsrätin und Stellvertreterin der Präsidentin
– Agnes Leu, Stiftungsrätin
– Gabriella Gelardini, Stiftungsrätin (ab 2013)
– Judith Wipfler, Stiftungsrätin (ab 2013)

Vorstand des deutschen Vereins:
– Helen Schüngel-Straumann
– Hanna Hirschberger
– Irene Löffler
– Agnes Wuckelt

FÖRDERPREIS MARGA BÜHRIG STIFTUNG

Clara Moser

«Der Zweck der Marga Bührig Stiftung ist, die Forschung auf dem Gebiet der feministischen Befreiungstheologie zu fördern sowie Forschungsergebnisse einer breiten Öffentlichkeit bekannt zu machen.» Das Leben der Stifterin Marga Bührig stand ganz im Fokus dieses Zweckes. Sie ermutigte zahlreiche Frauen und unterstützte Projekte in Gesellschaft und Theologie, privat und öffentlich, politisch und seelsorgerlich. So hat sie auch mir Mut gemacht: eine gütige, selbstbewusste Frau, die für einen da war. Ich spürte damals ihren unterstützenden Blick, als ich als junge Pfarrerin die kleine Tochter einer gemeinsamen Freundin beerdigt habe. Marga trug mich mit: «Ja, du kannst es, du machst es gut.»

Unvorstellbar heute, wieviel Neuland Marga Bührig in ihrem Leben (1915–2002) erkundet hat, ja erkämpfen musste. In ihrer eindrücklichen Biografie «Spät habe ich gelernt, gerne Frau zu sein» (1987) schildert sie, wie sie dank ihrem Selbstbewusstsein und guten Startbedingungen dieses Neuland belebte, bewohnte. Nicht allein, sondern mit vielen Schwestern – und speziell mit der Theologin Dr. Else Kähler und später mit der Psychologin Elsi Arnold. Sie bildeten eine Kerngemeinschaft, die zusammen unterwegs war, mit der gleichen Sehnsucht nach Gleichheit und Gerechtigkeit, und sich gegenseitig inspirierte. Mehr noch, sie erkundeten das Frausein, hatten einen feministischen Blick auf die Welt und Gesellschaft, auf den Glauben an Gott und auf die Kirche.

Ja, viel Neuland war das: Die Sprache als Spiegelbild der Gesellschaft musste bewusst gemacht, abwertende Bilder mussten erkannt werden. Es eröffnen sich neue Horizonte, wenn frau bewusst spricht, mit ihren eigenen Bildern und Wertungen. Die Bibel wurde neu gelesen, mit der feministischen Brille wissenschaftlich erforscht. Dabei wurde der Bezug zum eigenen Alltag und Leiden in der Gesellschaft hergestellt. Gebete und Gottesdienste wurden neu formuliert und gestaltet. Die feministische Befreiungstheologie ging ganzheitliche Wege: poetisch und körperlich, bildhaft und singend, demokratisch, innig identitätsstiftend und politisch fordernd. In der Gesellschaft und in und um die Kirchen entstanden Frauengruppen, Frauenkirche, Frauensynoden, wissenschaftliche Symposien.

Marga Bührig war Teil dieser Bewegung – nicht nur in der Schweiz, sondern weltweit vernetzt, auch durch einen Studienaufenthalt in Berkeley (Kalifornien). Sie wurde 1983 als erste Frau ins Präsidium des Ökumenischen Rates der Kirchen gewählt, nicht zuletzt dank ihrer starken und integrativen Persönlichkeit. Ihr Schaffen ehrte die Universität Basel im Jahr 1998 mit dem Dr. honoris causa.

Aus diesem unermüdlichen und innovativen Engagement heraus gründete Marga Bührig 1997 eine Stiftung, die die Entwicklung einer wissenschaftlich fundierten und zugleich gesellschaftlich relevanten Theologie fördern sollte. Denn sie wusste nur zu gut, dass diese zwei Aspekte auseinanderdriften können. Feministische Theologie ist auf der Höhe des wissenschaftlichen Diskurses und bleibt doch interessant für eine breite Basis, indem sie die Bedürfnisse nach Gerechtigkeit und einem guten Leben für alle reflektiert. Und als feministische Befreiungstheologie ist feministische Theologie selbstverständlich ökumenisch offen. Forschende und schreibende Theologinnen sollen von der Stiftung gefördert und wertgeschätzt werden, denn die Frauenbewegung braucht das kritische Potenzial auch der Kirchen und Religionen.

Der Stiftungsrat entschied sich 1998, für den Förderungszweck einen Preis einzurichten, der jährlich vergeben werden soll. Dazu wird jeweils eine Jury einberufen, die ökumenisch offen, wissenschaftlich versiert und auch mit «Barfusstheologinnen» besetzt ist, damit die ausgezeichneten Arbeiten dem doppelten Stiftungsweck entsprechen. Die Stiftung hat zunächst jährlich, später alle 2 Jahre, einen solchen Förderpreis vergeben, mit einem Preisgeld von 5000 Franken. Gefördert werden auch Bücher und Bildungsprojekte, wenn sie mit dem Stiftungszweck in Einklang stehen.

– «Tsena Malalaka» – Austauschforum für Theologinnen in Europa und Afrika (2017)
– Milena Heussler, Wien, und Evelyne Zinsstag, Basel (2019)
– Barbara Haslbeck, Regina Heyder, Ute Leimgruber, Dorothee Sandherr-Klemp (2021)

2017: Symposium zum 20-jährigen Jubiläum der Marga Bührig Stiftung: «Gerechtigkeit leidenschaftlich suchen»

MARGA BÜHRIG
STIFTUNG

«LECTIO DIFFICILIOR» – FACHZEITSCHRIFT FÜR FEMINISTISCHE EXEGESE

Silvia Schroer

1999: Gründung der «lectio difficilior» – Europäische elektronische Zeitschrift für feministische Exegese
Gründerinnen: Silvia Schroer und Caroline Vander Stichele

Herausgeberinnen: Silvia Schroer und Tal Ilan
Board (Stand 2021): Elżbieta Adamiak, Ulrike Bechmann, Christl M. Maier, Shelly Matthews, Moisés Mayordomo, Martti Nissinen, Ulrike Sals, Susanne Scholz, Angela Standhartinger, Hanna Stenström, Kristin De Troyer

Seit 2000: Jeweils zwei Ausgaben pro Jahr. Publiziert werden Texte auf Englisch, Französisch oder Deutsch.
Kriterien: Bezug zu biblischen Texten und Gender-Ansatz bzw. feministisch-exegetischer Ansatz

Dokumentationen:
– 10 Jahre «lectio difficilior»: http://www.lectio. unibe.ch/10_2/10_jahre_lectio_diff.html
– Silvia Schroer: Lectio difficilior – European Electronic Journal for Feminist Exegesis. Erfahrungen mit einer elektronischen Fachzeitschrift: Bulletin VSH (Vereinigung der Schweizerischen Hochschuldozierenden) 40/Heft 2–3 (2014), 20–23.

Die Idee zur Gründung einer Fachzeitschrift für feministische Exegese wurde 1998 in Münster/D bei einem Treffen der Autorinnen des «Kompendium Feministische Bibelauslegung» (Wacker/Schottroff Hg. 1998) geboren. Ein Jahr später, an der Konferenz der «Europäischen Gesellschaft für Theologische Forschung von Frauen» in Hofgeismar (1999), wurde weiter über diese Idee nachgedacht. Eine eigene elektronische Zeitschrift sollte feministischen Bibelwissenschaftlerinnen hochqualifizierte Beiträge zum Lesen und Autorinnen ein Forum zur Veröffentlichung bieten. Während es inzwischen immer mehr elektronische Zeitschriften gibt, war die Entscheidung für ein E-Journal im Jahr 1999 noch ausgesprochen mutig. Als Titel der Zeitschrift dient ein Fachterminus der Textkritik, der auf hintergründige Weise zum feministischen Programm umfunktioniert wurde. *Lectio difficilior lectio melior est* – Die schwierige Lesart ist die bessere.

In der «lectio difficilior» werden Beiträge von Autorinnen und Autoren publiziert, Herausgabe und Board sind aber bis heute mehrheitlich in der Hand von Frauen. Das Kernprofil ist der Bezug zu biblischen Texten und der Genderansatz sowie ihre interdisziplinäre und jüdisch-christliche bzw. überkonfessionelle Ausrichtung. Die methodische und inhaltliche Vielfalt der Beiträge dokumentiert inzwischen über mehr als 20 Jahre Entwicklungen im Fachgebiet «Feministische Exegese» und seinem grösseren Umfeld. In dieser Vielfalt lassen sich einige «rote Fäden» ausmachen: z. B. das konstante Interesse an deuterokanonischen Texten, an Texten rund um Gewalt und Vergewaltigung, an biblischen Prophetinnen.

Die «lectio difficilior» wird, obwohl sich das Umfeld mit grossen, kommerzialisierten E-Journals in der Theologie unterdessen markant verändert hat, als kleine Fachzeitschrift, die von Beginn an vollständigen «open access» bot, sehr geschätzt. Sie wird weltweit gelesen und bietet gerade den an Genderforschung interessierten jüngeren Autor:innen eine grossartige Möglichkeit zu einer raschen Publikation ihrer Forschungsbeiträge.

KOMMENTAR

Silvia Strahm Bernet

Frederica

Schon verrückt! War mir gar nicht mehr bewusst, dass die feministische Theologie ja zuallererst mal auf der akademischen Forschung von Theologinnen fusst. Ihre Publikationen waren es, die bei uns die grossen Aha-Erlebnisse auslösten!

Corinne@Federica

Wir Frauen waren begeistert, die Theologischen Fakultäten nicht wirklich! Quasi über Nacht wurde ihre «objektive», «wissenschaftliche» Theologie zur Männertheologie. Gar nicht nett!

Monika@Corinne

Nett hin oder her, Studentinnen waren es, die dafür sorgten, dass feministische Theologie an den Unis Einzug hielt – mit Unterstützung von ein paar aufgeschlossenen männlichen Professoren. Professorinnen gab es noch keine! Heute gibt es sie, sogar welche, oh Wunder, die sich als feministische Theologinnen verstehen.

Denise

Ein Beinahe-Wunder ist diese Liste mit den Namen aller Lehrbeauftragten der letzten 35 Jahre! Wau! So viele Theologinnen, die mit ihren Forschungsgebieten dieses breite feministisch-theologische Lehrangebot an den verschiedenen Unis überhaupt ermöglicht haben.

Elsa@Denise

Und der Clou: Die Unis kostete das Lehrangebot fast nichts. Lehrbeauftragte kriegen ja nur einen Bruchteil eines Professor:innengehalts. Etwas billig also, sich als Uni damit zufriedenzugeben!

Federica

Es gab und gibt nicht nur die Unis, Frauen! Auch Forscherinnen ausserhalb der Unis waren und sind wichtig, der Marga Bührig Förderpreis ist wichtig, nicht zu vergessen die Helen Straumann-Stiftung für Feministische Theologie, die mit ihrer Bibliothek alle relevante Literatur zugänglich macht und überdies die Nachlässe von Pionierinnen der feministischen Theologie aufbewahrt. Grossartig und nachhaltig!

Denise@Federica

Schade, dass es bis heute nicht möglich war, einen Lehrstuhl für feministische Theologie zu errichten. Theologische Gender-Studies, ja das gibt's in den Lehrplänen einiger Fakultäten, aber nicht feministische (!) Theologie. Es braucht deshalb feministische Forscherinnen innerhalb und ausserhalb der Unis, die als «Hüterinnen» des Themas fungieren!

Tina Bernhard-Bergmaier

TINA BERNHARD-BERGMAIER

«Ein selbstbestimmtes Leben für alle ermöglichen»

Zu Beginn des Theologiestudiums lernten wir sogenannt klassische theologische Ansätze kennen. Oft fiel es mir schwer, einen Zusammenhang zu meinen eigenen Lebenserfahrungen herzustellen. Einige theologische Grundannahmen schienen mir nicht hinterfragbar, weil sie in diesen Ansätzen als biblisch begründet galten. Deshalb konnte ich mir auch nicht vorstellen, Pfarrerin zu werden. Dafür glaubte ich nicht genug (!?), hinterfragte zu viel (!?), und ausserdem konnte ich mich nicht mit dem Bild identifizieren, das ich dabei vor dem inneren Auge sah: einen strengen, konservativen älteren Mann. Die Hartnäckigkeit dieses Bildes erschreckt mich bis heute, denn ich erlebte schon damals Pfarrpersonen – auch Pfarrer:innen! –, die genauso wenig in dieses Bild passten wie ich.

Die Auseinandersetzung mit feministisch-theologischen Ansätzen erlebte ich regelrecht als Befreiung. Denn was sich jahrelang «nur» in Form eines Gefühls und verdrängter Gedanken bemerkbar machte, wurde für mich nun fassbarer und reflektierbar. Besonders der ganzheitliche Ökofeminismus Ivone Gebaras prägte mein theologisches Denken. Gebara wagt Überzeugungen zu hinterfragen, die seit vielen Jahrhunderten für *die* christlichen Glaubensinhalte gehalten werden. Sie spricht beispielsweise von dem Befreiungshandeln der Jesusbewegung anstatt von Jesus, dem einzigen, universalen Erlöser von Sünden. Zum ersten Mal las ich theologische, insbesondere christologische Überlegungen, die ich mit meinen Erfahrungen und meinen innersten (Glaubens-)Überzeugungen verbinden konnte.

Ich begann zu begreifen, wie viel von der Perspektive abhängt, aus der wir Theologie betreiben. So fiel mir auf, dass praktisch alle klassisch theologischen Ansätze von westlich geprägten, weissen Männern verfasst waren. Nach welchen Kriterien entscheidet wer, was als theologisch wertvoll und als göttlich oder heilig anerkannt wird? Diese Frage führte mich als reformierte Theologin zur feministischen Bibeldeutung, mit der ich mich im Rahmen der Masterarbeit beschäftigte. Ich fasste den Mut, zu meinen Glaubensüberzeugungen zu stehen. Heute bin ich Pfarrerin.

Feministisches Gedankengut hilft mir, (eigene) Vorstellungen und Verhaltensweisen, gesellschaftliche Themen, theologische Gedankengänge

138

und Texte zu reflektieren. Den Genderansatz verstehe ich als ein Instrument dafür. Meine Hoffnung ist es, so einen (neuen) Umgang mit kyriarchal geprägten Strukturen und Gedanken zu finden und ein selbstbestimmtes Leben in Fülle, unabhängig von Geschlecht und Herkunft, für alle zu ermöglichen. Dazu gehört für mich ein achtsamer Umgang mit Sprache. Ich versuche inklusiv zu formulieren und – z. B. bei einem Taufgespräch – mit meinen Fragen nicht unbesehen geschlechterspezifische Stereotypen und entsprechende gesellschaftliche Erwartungen zu stützen. Wenn ich mit Stereotypisierungen konfrontiert werde, reagiere ich darauf oft mit Humor. Häufig entstehen daraus wertvolle Gespräche. Ich achte darauf, von Gott auch in weiblichen Bildern zu sprechen und Frauen* zu zitieren. Bewusst predige ich auch zu Bibeltexten oder biblischen Figuren, die wenig bekannt sind. Manche sind irritiert über die, wie sie sagen, «moderne» Auslegung, andere sagen, ich hätte ihnen aus dem Herzen gesprochen. Viele kommentieren die feministische Herangehensweise nicht.

Ich bin dankbar für alle Vorreiterinnen und für Räume, wie die IG Feministische Theologinnen, in deren Vorstand ich mich engagiere. Durch sie schöpfe ich Mut und Kraft, feministisch-theologisches Gedankengut an der Basis zu vermitteln und zu diskutieren.

FEMINISTISCH-THEOLOGISCHE (AUS-)BILDUNG

Feministische Theologie breiten Kreisen zu vermitteln: Dies war das Anliegen der vielen Bildungs- und Ausbildungsprogramme, die ab Mitte der 1980er Jahre entstanden. Einige wandten sich an Frauen in Pfarreien und Verbänden, wie das Schweizerische Katholische Bibelwerk und die Bibelpastorale Arbeitsstelle Zürich, die schon früh dazu beitrugen, dass feministische Bibellektüre eine Vielzahl kirchlicher Frauen erreichte. Für die Verbreitung feministischer Theologie in der Pfarrei- und Gemeindearbeit spielten und spielen bis heute Pfarrerinnen und Seelsorgerinnen eine wichtige Rolle. Die grossen kirchlichen Frauenverbände SKF und EFS dagegen öffneten sich der feministischen Theologie anfänglich nur zögerlich, griffen dann aber zunehmend in ihrer Bildungsarbeit auch feministisch-theologische Themen auf und vermittelten diese an ihre Basis.

Als «Aus- und Weiterbildungskurse» verstanden sich verschiedene Bildungsangebote in den 1990er und 2000er Jahren: ein feministisch-theologischer Weiterbildungskurs, der sich an Frauen in kirchlichen Strukturen (Seelsorgerinnen und Katechetinnen) wandte, die gemeinsam von Boldern, Paulus-Akademie, der Fachstelle Bildung und Beratung der Evang.-ref. Kirchen Bern-Jura-Solothurn und dem Verein Frauen und Kirche Luzern durchgeführten ökumenischen und später interreligiösen Ausbildungskurse für Frauen sowie das Fernstudium Feministische Theologie.

An ein anderes Zielpublikum richtete sich die cfd-Frauenstelle für Friedensarbeit, die feministische Friedenspolitik mit einer kritischen Analyse der Rolle des Christentums im weltweiten patriarchalen Gewaltsystem verband. Und dass feministische Theologie auch anders als durch Kurse vermittelt werden kann, zeigten Mitte der 1990er Jahre eindrücklich feministisch-theologische Stadtrundgänge in Basel auf. (ds)

SCHWEIZERISCHES KATHOLISCHES BIBELWERK UND BIBELPASTORALE ARBEITSSTELLE ZÜRICH

Sabine Bieberstein

1935: Gründung des Schweizerischen Katholischen Bibelwerks (SKB)
Entstand aus der Schweizerischen Katholischen Bibelbewegung und war ein Verein mit Zentral- und Diözesanvorständen. Das SKB kooperierte eng mit allen kirchlichen Stellen, war aber nicht «ausführendes Organ» (z. B. einer Bischofskonferenz). Deshalb war in den 80er Jahren viel möglich, auch die starke Ökumene-Ausrichtung.
1973: Gründung der Bibelpastoralen Arbeitsstelle (BPA) Zürich durch Toni Steiner

Stellenleiter:innen der BPA Zürich:
Toni Steiner, Silvia Schroer, Daniel Kosch, Dieter Bauer, Detlef Hecking, Winfried Bader
Mitarbeiter:innen der BPA Zürich:
Hans Schwegler, Regula Grünenfelder, Peter Zürn und Katja Wißmiller
Leiter der BPA St. Gallen:
Thomas Staubli

Ab 1977: «Ökumenischer Arbeitskreis für die Bibelarbeit»
Mitglieder: Toni Steiner, Marty Voser-Käppeli, Markus Friedli, Beatrice Häfeli, Helen Busslinger, Claudia Zanetti, Theres Rüfenacht, Regina Berger-Lutz, Helen Stotzer-Kloo, Xaver Pfister, Peter Sieber, Volker Weymann, Christoph Schnyder, Matthias Krieg, Daniel Kosch u. a.
1984: Zeitschrift «Bibel heute» veröffentlicht Themenheft «Mütter des Glaubens»
Mit Beiträgen von: Susanne Heine, Agathe Baternay, Maria Riebl, Luise Schottroff, Elisabeth Schüssler Fiorenza, Notker Füglister, Schalom Ben-Chorin

Die Bibel zu lesen kann befreiend sein, kann Menschen stärken, trösten, zu Perspektiven verhelfen und vieles mehr. Mit Hilfe der Bibel können Menschen aber auch mundtot gemacht und unterdrückt werden, und ungerechte, gewaltvolle Strukturen können zementiert werden. Es liegt auf der Hand: Es ist nicht egal, wer die biblischen Texte geschrieben hat, wer sie liest und wer sie auslegt. Immer sind Interessen im Spiel. Es geht um nichts weniger als um Macht. Natürlich haben sich Frauen seit biblischen Zeiten in die Auslegung biblischer Texte eingemischt. Doch bis sie dies auch als Pfarrerinnen, Seelsorgerinnen oder Professorinnen tun konnten, war es ein langer Weg. Entsprechend ambivalent waren und sind Erfahrungen von Frauen mit dem Bibellesen.

Anfänge feministischer Bibellektüre

Solche Erkenntnisse und Erfahrungen standen am Anfang feministischer Bibellektüre, die im Zuge der (zweiten) Frauenbewegung seit den 1970er Jahren in inner- wie ausserkirchlichen Kreisen Einzug hielt. Erste Bücher erschienen, die biblische Texte dezidiert aus einer kritischen Frauenperspektive lasen. Dabei stand einerseits die Wiederentdeckung biblischer Frauenfiguren im Zentrum, andererseits wurden Texte, die jahrhundertelang zur Unterdrückung von Frauen herangezogen worden waren, kritisiert und als «texts of terror» (Trible 1984) benannt. Vor allem Elisabeth Schüssler Fiorenza entwickelte in ihren Büchern «Brot statt Steine» und «Zu ihrem Gedächtnis» (beide 1988) eine kritische Hermeneutik der Bibel, an der sich von nun an aufgeschlossene Bibelleser:innen orientieren konnten. Als eine wichtige Schweizer Exegetin ist Helen Schüngel-Straumann zu nennen, die zu einer befreienden Lektüre der Schöpfungserzählungen (1989) und vieler anderer ersttestamentlicher Texte verhalf.

Wo die allerersten Anfänge einer solchen Bibellektüre im Umfeld des Schweizerischen Katholischen Bibelwerks lagen, ist kaum mehr festzumachen. Das Themenheft «Mütter des Glaubens» (Bibel heute 1984) ist bereits ein Echo auf ein grosses Interesse und auf zahlreiche Kurse und Lesegruppen. In diesem Heft stellen Autor:innen Grundsatzfragen zum

Thema «Frauen in der Bibel» und bieten innovative Leseweisen zu einigen markanten Frauenfiguren wie Eva, Sara, Maria, Maria Magdalena und Phöbe, welche in den folgenden Jahren und Jahrzehnten thematisch virulent bleiben sollten.

Befreiende Bibellektüre

Kennzeichnend für die Arbeit des Schweizerischen Katholischen Bibelwerks (SKB) und der Bibelpastoralen Arbeitsstelle Zürich (BPA) war eine offene und befreiende Bibellektüre, in der alle Lesenden mit ihren Erfahrungen und Optionen eine Stimme erhalten sollten. In diesem Sinne engagierte sich Toni Steiner, der Gründer der BPA, im Ökumenischen Arbeitskreis für die Bibelarbeit. Hier entstanden eine Reihe von Praxisbänden für die Bibelarbeit in Gruppen, an denen – damals keineswegs selbstverständlich – Erwachsenenbildnerinnen und Katechetinnen als Autorinnen mitwirkten. Methodisch weichenstellend war dabei auf katholischer Seite Marty Voser-Käppeli, die, inspiriert von Carlos Mesters' lateinamerikanischer Bibellesepraxis «vom Leben zur Bibel – von der Bibel zum Leben», gemeinsam mit Markus Friedli einen Dreischritt zur Bibelarbeit mit Erwachsenen entwickelte. Dieser prägt die Arbeit der Bibelwerke bis heute.

Dass diese Art von Bibelarbeit mit neuen Methoden weitere Kreise zog und Eingang auch in Frauengruppen in Pfarreien und Verbänden fand, ist dem Engagement auch anderer Mitglieder des Arbeitskreises zu verdanken, so zum Beispiel Beatrice Häfeli und Helen Busslinger. Eine dieser «Frauen der ersten Stunde», die in ihrer langjährigen Arbeit als Erwachsenenbildnerin im Aargau und in steter Verbindung zum SKB unermüdlich biblische Frauenfiguren «ans Licht gehoben» hat, ist Angelika Imhasly-Humberg. Dabei war es zunächst, so erzählt sie, alles andere als selbstverständlich, von «feministischer Bibellektüre» zu reden. Frauen mussten vorsichtig agieren, um sich Räume zu erobern, auch und sogar im Kontext des Katholischen Frauenbundes. Erst nach und nach wurde das Wort «feministisch» von einem Reizwort zu einem Begriff, unter dem sich Frauen selbstbewusst sammeln konnten, um gemeinsam die Bibel zu lesen und Veränderungen in Kirche und Gesellschaft einzufordern.

1985: 50-Jahr-Jubiläum. Motto «Damit sie Leben haben» (Joh 10,10)

1986: Die Festschrift zum 50-jährigen Bestehen des SKB («Die Bibel lebt») enthält auch einen Artikel von Silvia Bernet-Strahm zum «Unrecht an den Frauen», der frauenfeindliche und verletzende Dimensionen der Bibel und ihrer Auslegung beleuchtet.

1988: Silvia Schroer übernimmt die Leitung der BPA und bringt die feministisch-exegetische Arbeit in der Schweiz entscheidend voran. Dies löst allerdings auch «kirchenamtliche» Widerstände aus, was die Arbeit des SKB nachhaltig belastet.

1988: Arbeitshilfe zum Bibelsonntag «Frauen lesen die Bibel»
Autorinnengruppe: Vreni Baumer, Yolanda Bucher, Lisianne Enderli, Angelika Imhasly-Humberg, Regina Osterwalder, Gudrun Rütten und Silvia Schroer

1990: An der Vollversammlung der Katholischen Bibelföderation in Bogotà, Kolumbien, an der Silvia Schroer teilnahm, sind im Schlussdokument auch wegweisende Sätze zur Bedeutung von Frauen in der Kirche sowie zu Frauen und Bibel enthalten.

1991: «Damit sie Leben haben». Bibelarbeit in der Gottesdienstvorbereitung. Bibelpastorale Arbeitsstelle des Schweizerischen Katholischen Bibelwerks, Zürich 1991–1994
Arbeitsgruppe: Sabine Bieberstein (Fribourg), Angelika Imhasly-Humberg (Wislikofen), Andrea Jäkle (Fribourg), Daniel Kosch (Rüschlikon), Silvia Schroer (Zürich), Hans Schwegler (Glattbrugg), Thomas Staubli (St. Gallen)

1992: Als Silvia Schroer im Rahmen des Berufungs-verfahrens an die Universität Tübingen von Rom das «nihil obstat», die Lehrerlaubnis, verweigert wird, solidarisiert sich das SKB mit dem neuen Stellenleiter der BPA, Daniel Kosch, mit ihr und bringt auf verschiedenen Wegen den Protest zum Ausdruck.

Ein wegweisendes Manifest ...

Ein Glücksfall für die Ermöglichung feministischer Bibellektüre in der Schweiz waren diejenigen, die in den 1980er Jahren dem SKB und der BPA in Zürich vorstanden. Sowohl der damalige Zentralpräsident des Bibelwerks, Hermann-Josef Venetz, als auch der Leiter der Arbeitsstelle, Toni Steiner, waren – gemeinsam mit den Diözesanvorständen und dem Zentralvorstand – darum bemüht, möglichst vielen verschiedenen Menschen – und dezidiert auch Frauen – eine Stimme zu geben.

Meilensteine auf diesem Weg waren das 50-Jahr-Jubiläum im Jahr 1985 sowie das Manifest, das 1987 auf der Delegiertenversammlung in Dulliken verabschiedet wurde und das den Kurs des SKB für die kommenden Jahre bestimmen sollte. Zu den Schlaglichtern, mit denen in diesem Manifest die «gegenwärtige Situation» beleuchtet wurde, gehörte auch die Feststellung, dass unter den Sonntags- und Festtagslesungen wichtige Textbereiche fehlten – unter anderem die Geschichten von Frauen. Es wurde unmissverständlich benannt, «dass sich biblische Texte auch immer wieder angeboten haben, patriarchalische, repressive, ausbeuterische Positionen und Haltungen im Namen eines bedrohlichen, strafenden Gottes zu legitimieren und zu zementieren». Innovative und transformative Formen der Bibellektüre wurden als «Zeichen der Zeit» verstanden. Ausdrücklich wurde dabei die Sympathie mit jenen bekundet, die «als Frauen biblische Impulse aufdecken, welche die Befreiung von Frauen und Männern fördern». Unter dem Jubiläumsmotto «Damit sie Leben haben» (Joh 10,10) wurde ab 1991 ein grosses Projekt zur Bibelarbeit in der Gottesdienstvorbereitung entwickelt, das Gruppen und Pfarreien befähigte, befreiende Bibellektüre, auch feministische, in die Gottesdienste einfliessen zu lassen.

... und konkrete Folgen

Mit Silvia Schroer, die 1988 die Leitung der BPA in Zürich übernahm, erhielt die feministisch-exegetische Arbeit in der Schweiz einen nachhaltigen Schub. Ein grosser Erfolg war bereits der Bibelsonntag 1988 zum Thema «Frauen lesen die Bibel». Die dazugehörige Arbeitsmappe wurde von einer Autorinnengruppe erstellt und löste an vielen Orten Begeisterung aus. Niemals zuvor wurden so viele Unterlagen angefordert.

Es ist beeindruckend zu sehen, wie viele Kurse zur feministischen Bibellektüre Silvia Schroer – zum Teil gemeinsam mit anderen – von 1988 bis 1992 durchführte. Gefragt waren neben Grundsatzvorträgen zur feministischen Bibellektüre vor allem Kurse zum grossen Thema «Frauen in der Bibel»: als Angebote in der Erwachsenenbildung ebenso wie in der Fortbildung hauptamtlicher Mitarbeiter:innen in Pfarreien und Dekanaten, als Kurse nur für Frauen ebenso wie für gemischte Gruppen. Daneben sind unzählige Artikel in verschiedenen Zeitschriften vom Pfarrblatt über Tageszeitungen bis hin zu Fachzeitschriften erschienen, Radiosendungen wurden produziert, nationale und internationale Vernetzungen vertieft. Der Arbeit kam zugute, dass Silvia Schroer in der bibelpastoralen Bildungsarbeit ebenso zu Hause war wie in der wissenschaftlichen Exegese, sodass überaus produktive Synergien und Brückenschläge entstanden. Sie löste allerdings auch «kirchenamtliche» Widerstände aus.

Dennoch: Die Impulse feministischer Bibellektüre sind seither aus der Arbeit des SKB nicht mehr wegzudenken. In Bildungsangeboten und Veröffentlichungen wurde einer befreienden und engagierten Bibellektüre Raum gegeben, und die bibelpastoralen Mitarbeiter:innen nahmen Anliegen feministischer Bibellektüre auf. Die Strukturierung des SKB in Diözesanverbänden ermöglichte die lokale Verankerung und Konsolidierung feministisch orientierter Bibelarbeit. Mittlerweile scheint allerdings die Arbeit mit der Bibel in den Pfarreien wieder einen schwereren Stand zu haben, sodass sich manche fragen, wie die Kraft dieser befreienden Bibellektüre lebendig erhalten werden kann.

CFD-FRAUENSTELLE FÜR FRIEDENSARBEIT

Carmen Jud

KAGAS-Frauen: Marga Bührig, Christine Fank-
hauser, Susanne Grogg, Rosmarie Kurz, Julia
Lädrach, Myriam Salzmann, Beate Seefeld, Monika
Stocker

1981–2006: Die Frauenstelle ist eine Abteilung des
cfd – Christlicher Friedensdienst.
2 Mitarbeiterinnen, 120–130 Stellenprozente,
Lohnteiler:innen, Begleitgruppe von 5–6 Frauen
als Beraterinnen und Mitdenkerinnen
FS-Mitarbeiterinnen: Valentina Baviera, Bettina
Kurz, Reni Huber, Carmen Jud, Stella Jegher,
Sabine Rimmele, Dorothee Wilhelm, Sibylle
Mathis, Barbara Müller und Bianca Miglioretto
(im Jobsharing), Yvonne Joos
Begleitgruppe: Trude Bernoulli, Marga Bührig,
Maja Dubach Pulfer, Rosmarie Kurz, Julia
Lädrach, Myriam Salzmann, Edith Schlicht,
Monika Stocker, Mascha Madörin, Heidi Witzig,
Barbara Seiler, Sabine Rimmele, Carmen Jud,
Barbara Haering Binder, Claudia Gähwiler, Anna
Sax, Marianne Hochuli, Mirjam Bugmann, Inge
Remmert Fontes, Bettina Fredrich, Nina Schneider

Am 7. September 1989 zog ein langer Zug schwarz-
gekleideter Frauen durch Zürich. Unter dem Motto
«Die Klage ist eine intelligente Form des Wider-
stands» setzte die Frauenstelle dem sog. Diamant-
jubiläum zum 50. Jahrestag der Generalmobil-
machung die Klage darüber entgegen, dass damit
eigentlich der Ausbruch des Krieges gefeiert wurde.

Begonnen hat es 1980/81 mit dem Dossier «So kann es nicht weitergehen. Nachdenken über den Unfrieden – Mutmachen zum Aufbruch».
Acht Frauen der ursprünglich gemischten KAGAS-Gruppe (Kirchliche
Arbeitsgruppe für alternative Sicherheit), etliche von ihnen im cfd engagiert, nahmen sich – unzufrieden mit den in den Denkmustern der Ver-
teidigungspolitik verhafteten Texten der Männer – ihren eigenen Raum.
Sie gingen bei der Frage nach Wurzeln und Hintergründen von Militarisierung und Aufrüstung von ihren eigenen Erfahrungen aus. Im Früh-
ling 1981 stimmte der cfd-Vorstand dann fast diskussionslos der Schaffung einer Frauenstelle für Friedensarbeit (FS) zu. Im Gegensatz zur
Gründung verlief die Etablierung der FS im cfd eher harzig. Es fehlte ein
Konzept und auch die Inhalte feministischer Friedenspolitik mussten erst
noch erarbeitet werden. Dies geschah in steter Auseinandersetzung mit
feministischer Theorie, Theologie und Friedensforschung sowie den politischen Ereignissen. Die erste FS-Mitarbeiterin gab nach wenigen Monaten erschöpft auf. Ein halbes Jahr später zog der Vorstand die Lehre daraus und bewilligte eine zweite Stelle.

146

Antimilitarismus, Sicherheitspolitik und Gesamtverteidigung: In den ersten Jahren konzentrierte sich die FS auf diese Themen bzw. den Widerstand gegen die Militarisierung. Den Plänen der Gesamtverteidiger stellte sie mit den KAGAS-Frauen ein dreifaches Nein entgegen: als Christinnen, Pazifistinnen, Feministinnen. Gemeinsam mit den Frauen für den Frieden und antimilitaristischen Frauengruppen wurden Demos und Widerstandsaktionen organisiert. 1983 erschien die Broschüre «Kein Ort für Frauen» als Argumentationshilfe zur Vernehmlassung des «Meyer-Berichts» zum Einbezug der Frauen in die Gesamtverteidigung. Und auch gegen den zweiten «Meyer-Bericht» organisierte die FS den Widerstand mit, z. B. bei der 8. März Demo 1989 in Luzern, die mit der Parole «Wir passen unter keinen Helm» sehr viele Frauen zu mobilisieren vermochte.

Der Widerstand gegen Kriege stellte die FS-Frauen vor grosse Herausforderungen. Nebst der Solidarität mit den vom Krieg betroffenen Frauen ging es darum, gewaltfördernde Strukturen bewusst zu machen und auf der Möglichkeit nicht-gewaltsamer Konfliktlösungen zu bestehen – also das, was Friedensarbeit nicht erst in Kriegszeiten tut. Das hiess u. a. Mahnwachen, Demos, Veranstaltungen und Gesprächsgruppen zu organisieren. Während der Kriege im ehemaligen Jugoslawien engagierte sich die FS für die Vernetzung von Frauen-Solidaritätsgruppen, unterstützte Frauen-Selbsthilfeprojekte und organisierte gemeinsam mit FrauenKirche Zentralschweiz das Seminar «Krieg in Europa: Vergewaltigung dort – Verantwortung hier? Von der Betroffenheit zum feministisch-politischen Handeln». Später ging es um die Institutionalisierung des Schutzes von Frauen in Kriegen (UNO-Resolution 1325) und die Stärkung ihrer Rolle in friedenspolitischen Entscheidungen, u. a. mit einer entsprechenden Studie.

Von Anfang an gehörte die Auseinandersetzung mit der Rolle des Christentums im weltweiten patriarchalen Gewaltsystem zur Arbeit der FS, und kritische Kirchenfrauen waren eine wichtige Zielgruppe für die Verbreiterung der Basis feministischer Friedensarbeit. Als FS-Mitarbeiterin engagierte ich mich bei der Vorbereitung dreier Frauen-Kirchen-Feste – so auch 1992 in Basel, wo unser Thema, die Verknüpfung von Frauenkirche und Friedensarbeit, im Zentrum stand. Feministische Theologie war wichtig in der Arbeit der FS. An gemeinsamen Veranstaltungen und Studienwochen mit der Paulus-Akademie (feministische Ethik, Frauenkirche, weibliche Freiheit, Mittäterschaft) erarbeiteten wir Grundlagen feministi-

Publikationen (kleine Auswahl):
– Frauenstelle-Informationen (vierteljährlich, halbjährlich mit Frauen-Friedens-Kalender, 1700 Empfänger:innen), dienten der Vernetzung, Spendensammlung und Reflexion.
– Carmen Jud: Wie politisch ist die Frauenkirche? Zürich 1990.
– Claudia Gähwiler, Stella Jegher, Sibylle Mathis, Katharina Rengel: Die Beteiligung von Frauen an friedenspolitischen Entscheidungsprozessen. Zürich 1996.
– Points de rencontres. Feministische Friedenspolitik. cfd-Dossier 2002.
– womanoeuvres. Dokumentation der internationalen Frauenfriedenskonferenz. cfd-Dossier 2003.
– security check. Sicherheitsdebatten feministisch durchleuchtet. Bern 2007.

Aktivitäten (Auswahl):
1987: Veranstaltungsreihe «Politisch wirksam sein», jeweils am 6. des Monats (Ausstellung, Referate, Gesprächsabende. Dazu die Dokumentation)
1989–1990: Veranstaltungsreihe «GottFriedStutz. Frauen machen den Prozess», jeweils am 7. des Monats, u. a. mit einer Lesung von Audre Lorde
2000: «Frauentram gegen Gewalt» in Zürich
2004: Postkartenaktion «Der Code ist nicht geheim» zur Umsetzung der UNO-Resolution 1325, gemeinsam mit HEKS und Amnesty International
Insgesamt: ca. 650 Veranstaltungen, Aktionen, Referate, Auftritte

Dokumentation zur Geschichte der Frauenstelle: Danièle Lenzin: Seiltänzerin zwischen Frauenbewegung und institutioneller Politik. 20 Jahre cfd-Frauenstelle für Friedensarbeit. Bern 2002.

scher Theologie/Theorie. In unzähligen Vorträgen, Veranstaltungen, Artikeln entwickelte die FS den feministisch-befreiungstheologisch-friedenspolitischen Ansatz – «Gerechtigkeit und ein gutes Leben für alle» – weiter.

Der cfd-Vorstand ahnte 1981 wohl nicht, dass die Schaffung der FS die Weiche für die Zukunft des cfd stellte. 1991, nach einer grossen Finanzkrise, übernahm ich die neugeschaffene Geschäftsleitungsstelle mit einem durch die FS-Arbeit gut gefüllten feministischen Rucksack. Nach und nach entwickelten Vorstand, Team und Geschäftsleitung den cfd zur feministischen Organisation. Die Arbeitsbereiche näherten sich inhaltlich und organisatorisch an. Ein Höhepunkt der themenübergreifenden Zusammenarbeit war die internationale Konferenz «womanoeuvres – Feministische Debatten zu Frieden und Sicherheit» im Mai 2003, organisiert von der FS, in der 20 Referentinnen und 300 Teilnehmer:innen einen bunten Teppich feministischer Praktiken und Reflexionen ausbreiteten. Dennoch stellte sich immer drängender die Frage nach der Funktion einer Frauenstelle in einer feministischen Organisation. Ende 2006 wurde die FS aufgelöst. Feministische Friedenspolitik war zum Inhalt und Thema des gesamten cfd geworden.

Am 19. September 2000 rollte einen ganzen Tag als reguläre Linie 4 das Frauen-Tram «Halt Gewalt – Freie Fahrt für Frauen» durch Zürich. 17 Organisationen, darunter Partnerinnen aus cfd-Auslandprojekten, stellten im Tram ihre Arbeit gegen Gewalt an Frauen und Mädchen vor.

Die Veranstaltungsreihe «Politisch wirksam sein» ging dieser Frage 1987 am 6. jedes Monats nach. Zum Abschluss am 6.01.88 diskutierte eine prominente Frauenrunde (v. l. n. r.): Barbara Scheffer-Zbinden, Anita Sonderegger-Holzer, Gret Haller, Carmen Jud, Ursula Koch, Judith Stamm.

Postkartenaktion zur UNO-Resolution 1325: Am 8. März 2005 übergaben die cfd-Frauenstelle, HEKS und Amnesty International dem Bundesrat rund 7000 Postkarten mit der Forderung, Massnahmen zur Umsetzung der UNO-Resolution 1325 zu ergreifen. Diese ruft Konfliktparteien auf, die Rechte von Frauen zu schützen und Frauen gleichberechtigt in Friedensverhandlungen, Konfliktschlichtung und den Wiederaufbau einzubeziehen.

FEMINISTISCHE WEITERBILDUNGSKURSE FÜR FRAUEN IN KIRCHLICHEN STRUKTUREN AM IFOK

Barbara Ruch Mirer

1991–1992: «Und es gibt sie dennoch …» Frauen in kirchlichen Strukturen. Feministisch-theologisches Seminar für Katechetinnen, Theologinnen, Pastoralassistentinnen, Seelsorgehelferinnen
Träger: IFOK – Institut für Fort- und Weiterbildung der Katechetinnen und Katecheten (Angebot schon bald für alle kirchlichen Berufe erweitert; Abkürzung blieb)
Seminarleitung: Barbara Ruch und Doris Strahm

Das Seminar gliederte sich in drei 5-tägige und drei 2-tägige Treffen.
1. Treffen: «Meine Rolle als Frau in der Organisation Kirche»
Leitung Eva Renate Schmidt, Theologin und Gemeindeberaterin
2. Treffen: «Supervision des Arbeitsfeldes»
Leitung Franziska Hunziker Seiler, Pastoralpsychologin
3. Treffen: «Feministische Befreiungstheologie»
Leitung Barbara Ruch, Theologin, und Doris Strahm, Theologin
4. + 5. Treffen: «Supervision des Arbeitsfeldes»
Leitung Judith Giovannelli-Blocher, Sozialarbeiterin und Supervisorin
6. Treffen: «Unterstützungsstrukturen und Organisationsformen»
Leitung Eva Renate Schmidt, Theologin und Gemeindeberaterin

1995: Einwöchiges Seminar mit Eva Renate Schmidt und Barbara Ruch in Luzern

Ab Mitte der 1980er Jahre schrieben sich an der Theologischen Fakultät Luzern immer mehr Frauen für ein Studium ein. Im Studienjahr 1986/87 machten sie bereits ein Drittel der Studierenden aus. Unter den Dozierenden gab es keine Frauen, feministisch-theologische Themen kamen nicht vor, bis 1986 auf Antrag von Studierenden ein feministisch-theologischer Lehrauftrag etabliert wurde. In Pfarreien und kirchlichen Organisationen wurden Frauen zunehmend Leitungsaufgaben übertragen. In ihrer Rolle als «Erste» oder «Einzige» mangelte es aber vielfach an Instrumenten und Vorbildern weiblicher Führung. Frauenspezifische Weiterbildungsmöglichkeiten gab es keine. Zeitgleich kam an der kirchlichen Basis vieles in Bewegung: Frauen schlossen sich zusammen, lasen feministisch-theologische Literatur, feierten Gottesdienste, organisierten Frauenkirchentage und Frauensynoden. Beteiligt waren auch viele Kirchen-Frauen.

Als feministische Theologin, Gründungs- und Vorstandsmitglied des Vereins Frauen und Kirche Luzern, als Projekt- und Seminarleiterin am IFOK in Chur war es mir wichtig, auf die Situation von Frauen in der Männerkirche aufmerksam zu machen. Von Männern geprägte Leitungs-, Entscheidungs- und Kommunikationsstrukturen verunmöglichten es den Frauen oft, ihre eigenen Interessen wahrzunehmen und durchzusetzen. Die Notwendigkeit eines feministisch-theologischen Weiterbildungsangebots für Frauen in kirchlichen Strukturen wurde von der Leitung des IFOK erkannt. Kirchgemeinden konnten für die Finanzierung der Kurskosten der Teilnehmerinnen gewonnen werden.

Zusammen mit meiner Studienfreundin Doris Strahm entwickelte ich 1990 ein Konzept für das erste feministisch-theologische Seminar für Frauen in kirchlichen Strukturen. Dank der Mitarbeit der evangelischen feministischen Theologin und Gemeindeberaterin Eva Renate Schmidt konnten feministisch-theologische Themen mit Modellen und Instrumenten der Organisationsentwicklung verknüpft und auf die Erfahrungen von Frauen bezogen werden. Auch die spirituelle Dimension von Führung war uns wichtig. Einen Fokus legten wir auf die Rolle als Frau in der Organisation Kirche. Es ging darum, Kirche als Organisation zu verstehen, eigene

150

Erfahrungen in den Blick zu nehmen, Ansätze frauengerechter Strukturen, einen eigenen Leitungsstil zu entwickeln. Ein weiterer Schwerpunkt befasste sich mit den Anliegen, Analysen und Methoden feministischer Befreiungstheologie. Die Entwicklung einer eigenen Theologie und die Umsetzung in die kirchlich-liturgische Praxis, anhand der Themen Gottesbilder, Bibelhermeneutik, Körper und Sprache, standen auf dem Plan. Die Begegnung und Arbeit mit Elisabeth Schüssler Fiorenza im Seminar, vorgängig ihr öffentlicher Vortrag zum Thema «Frauenkirche – eine befreiende Alternative zur Kirche des Patriarchats?» am Fusse des Bischofssitzes in Chur bleibt mir in lebhafter Erinnerung.

In einem dritten Schritt ging es um neue Organisationsformen, den Umgang mit Macht und den Aufbau von Unterstützungsstrukturen. Formen konstruktiver Konkurrenz und Solidarität konnten im Seminar erprobt werden. Leitend dabei waren immer Fallbeispiele aus der eigenen Praxis, und die Supervision des Arbeitsfeldes nahm einen wichtigen Platz ein. Verschiedenste Methoden wurden eingesetzt: Bibliodrama, Rollenspiel, Körperarbeit, Malen, Schreiben, Meditation.

Die Vielschichtigkeit der Themen, die Verschiedenheit der biografischen und beruflichen Hintergründe der Frauen, die Kontinuität über eine Zeitspanne von 1½ Jahren haben die Teilnehmerinnen als verbindlich und unterstützend empfunden. Die Möglichkeit, im geschützten Raum Neues auszuprobieren, hat vielen neue Perspektiven eröffnet und Entscheidungshilfen bereitgestellt.

Die Evaluation des IFOK-Projektes zeigte, dass solche Seminare für Frauen ein grosses Bedürfnis waren. In meiner neuen Funktion als Geschäfts- und Bildungsleiterin im Bildungshaus Mattli (Morschach) konnte ich in Zusammenarbeit mit Eva Renate Schmidt ab 1999 jährlich Grund- und Aufbauseminare «Leitbilder weiblicher Führung» anbieten. Angesprochen wurden neu Frauen in Leitungsfunktionen aus dem kirchlichen *und* gesellschaftlichen Bereich.

Seminare Bildungshaus Mattli (Morschach)
1999–2011: Jährliches zweiteiliges Grundseminar «Leitbilder weiblicher Führung»
2004–2012: Jährliche Aufbauseminare zu «Führungs-Intervention für Frauen», «Frauen als Veränderungsmanagerinnen», «Mit Visionen führen», «Aufhören und anfangen», «Die Führungsfrau als Grenzgängerin», «Wie kommt das Neue in die Welt?»

FRAUENSTADTRUNDGÄNGE IN BASEL MIT FEMINISTISCH-THEOLOGISCHEM FOKUS

Irina Bossart

1990: Gründung Verein Frauenstadtrundgang Basel

https://www.frauenstadtrundgang-basel.ch/

1994: Erster feministisch-theologischer Rundgang in der Schweiz

«bildschön & geistreich. Biblische Frauen im Spiegelbild der Stadt»

Projektleiterinnen: Sabine Brändlin, Irina Bossart und Mirjam Wey

Rückgriff auf Material, das Veronika Merz in Privatinitiative zur Basler Frauenkirchengeschichte aus den Beständen der Universitätsbibliothek zusammengetragen und für eigene Führungen aufbereitet hatte.

Bald folgten ähnliche Projekte in Thun, Luzern und Mariastein.

Der Basler und der Mariasteiner Rundgang sind in einer Publikation dokumentiert:

– bildschön & geistreich, hg. vom Verein Frauenstadtrundgang Basel, eFeF-Verlag, Bern 1999.

– still & stark. Die heiligen Frauen von Mariastein, hg. vom Verein Frauenstadtrundgang Basel, Limmat Verlag, Zürich 2003.

In Bern und Chur gab es, inspiriert durch die Basler Erfahrung, auf Privatinitiativen von Cornelia Camichel (Chur) und von Mirjam Wey (Bern) ebenfalls kirchengeschichtliche Stadtrundgänge aus feministischer Perspektive.

Mitte der 1990er Jahre entwickelten drei Theologiestudentinnen – Sabine Brändlin, Mirjam Wey und Irina Bossart – für den Verein Frauenstadtrundgang Basel den ersten feministisch-theologischen Stadtrundgang in der Schweiz. Er trug den Titel «bildschön & geistreich. Biblische Frauen im Spiegelbild der Stadt» und feierte 1994 Premiere mit grossem Erfolg und viel medialer Resonanz. Während mehrerer Saisons machten wir uns an öffentlichen Führungen oder aufgrund von privaten Buchungen auf die Spurensuche nach biblischen und kirchenhistorischen Frauenfiguren, die sich bildlich sichtbar oder aber verborgen in die Stadtgeschichte und ihre Architektur eingeschrieben haben. Ziel war, bekannte und vergessene Frauen und ihre (Wirkungs-)Geschichte(n) aus feministisch-theologischer Sicht zu beleuchten und sie – neu konnotiert – zurück ins städtische Gedächtnis zu holen. Im Fokus standen damals: Eva und Maria – sie wurden gegeneinander ausgespielt und prägten Frauenbilder über Jahrhunderte; Salome, Herodias und Delila als Verkörperungen der verführerischen und intriganten Frau; Martha als Amtstitel für Vorsteherinnen von Beginengemeinschaften im Spätmittelalter, später dann beliebtes Vorbild für städtische Hausangestellte im 19. Jahrhundert und ebenso für Mitarbeiterinnen der frühen Basler Mission; Maria Magdalena, Patronin des bis zur Reformation existierenden Reuerinnenklosters für «gefallene» Frauen; Aktivistinnen der Reformationsbewegung und ihre Verdrängung nach der Institutionalisierung des neuen Glaubens; die ersten Basler Theologiestudentinnen Marie Speiser und Anna Aicher, Studienbeginn 1923, und ihr steiniger Weg ins öffentliche Pfarramt, behindert durch bürgerliche Geschlechtervorstellungen und biblisch-theologische Argumente. Für die Präsentation nutzten wir die noch junge kulturelle Vermittlungsform des Frauenstadtrundgangs. Bei der Recherche konnten wir auf Material zurückgreifen, das die diplomierte Übersetzerin Veronika Merz – pionierinnenhaft – in Privatinitiative zur Basler Frauenkirchengeschichte aus den Beständen der Universitätsbibliothek zusammengetragen und für eigene Führungen aufbereitet hatte.

Der Verein Frauenstadtrundgang Basel, hervorgegangen aus verschiedenen Aktionen rund um das Jubiläum «100 Jahre Frauen an der Universität Basel» (1989), bietet seither spezielle Stadtführungen und vereinzelt auch Landspaziergänge an mit dem Zweck, Erkenntnisse der historischen Frauenforschung und Geschlechtergeschichte aus den Forschungsstätten hinauszutragen und auf ebenso prägnante wie anschauliche, zum Teil auch theatralische Weise, einer interessierten Öffentlichkeit zugänglich zu machen. Damit leisten und bieten sie bis heute einen Wissenschaftstransfer, der anspricht, informiert und neugierig macht. Veronica Schaller, ehemalige Regierungsratspräsidentin von Basel-Stadt, schrieb in der Begleitpublikation zu «bildschön und geistreich» (Verein Frauenstadtrundgang Basel 1999, 9): «Frauenstadtrundgänge sind ein besonders attraktives Medium (…) – vor allem deshalb, weil die Stadtrundgänge das historische Wissen mit dem eigenen, unmittelbaren Erfahrungsbereich verknüpfen und weil sie sinnliche Wahrnehmungen ermöglichen.» Während die spezifische Darbietungsform beibehalten wurde, sind mit der Pluralisierung der Forschungsansätze und der Integration weiterer Disziplinen neue Inhalte und Perspektiven dazugekommen.

Es ist eine Frage der Perspektive und Definitionsmacht, was im Blickfeld erscheint, ob marginal oder zentral, ob bedeutungsvoll oder vernachlässigbar. Wer einen Blickwechsel vornimmt und die Quellen unter neuer Fragestellung liest, findet im Untergrund der Geschichte und im Schattenfeld von dominant gewordenen kulturellen, gesellschaftlichen oder kirchlich-theologischen Konzepten Alternativen und Relativierungen zu dem, was geschichtsmächtig geworden ist. Darin steckt ein kritisches Potenzial, aus dem heraus Anfragen an die Gegenwart gestellt werden können. Zugleich öffnen sich erweiterte Resonanzräume fürs persönliche Fragen und Suchen; und leise wachsen der eigenen Existenz neue Wurzeln.

Maria aus Magdala: «Apostola apostolorum» (Barfüsserkirche / Historisches Museum Basel) Eine der biblischen Frauen, die im Basler Stadtrundgang neu betrachtet wird (siehe Buch «bildschön & geistreich – Biblische Frauen im Spiegelbild der Stadt». Sechs theologische Rundgänge durch Basel, eFeF-Verlag 1999, 68–73).

ÖKUMENISCHE AUSBILDUNGSKURSE FEMINISTISCHE THEOLOGIE – INTERRELIGIÖSE THEOLOGIEKURSE

ERSTER ÖKUMENISCHER AUSBILDUNGSKURS FEMINISTISCHE THEOLOGIE

Helmute Conzetti

Alle Ökumenischen Ausbildungskurse Feministische Theologie: Kooperation der Fachstelle Bildung und Beratung der Evang.-ref. Kirchen Bern-Jura-Solothurn, des Evang. Tagungs- und Studienzentrums Boldern, der Paulus-Akademie Zürich und des Vereins Frauen und Kirche Luzern

Kursleitung des Ersten Ökumenischen Ausbildungskurses Feministische Theologie:
– Brigit Keller, Paulus-Akademie Zürich
– Judith von Rotz, Verein Frauen und Kirche Luzern
– Reinhild Traitler, Evang. Tagungs- und Studienzentrum Boldern
– Helmute Conzetti, Bildung und Beratung, Evang.-ref. Kirchen Bern-Jura-Solothurn

Sept. 1998 bis Juli 1999: 6 zweitägige Module
1. Modul: «Neuer Himmel – neue Erde»
Referentinnen: Helmute Conzetti, Luise Schottroff, Reinhild Traitler
2. Modul: «Geh, frage die Gebärerin»
Referentinnen: Luzia Sutter Rehmann, Maja Wicki
3. Modul: «Mystikerinnen, Beginen, Heilige»
Referentin: Magdalen Bless
4. Modul: «Neue Bilder – voll Verlangen»
Referentinnen: Patricia Canlas Heuberger, Carmel Fröhlicher-Stines, Isabelle My Hanh Derungs, Doris Strahm

Die Idee begeisterte mich sofort: Aus Zürich kam 1998 die Anfrage, an einem ökumenischen, feministisch-theologischen Ausbildungskurs mitzuarbeiten. Theologinnen katholischer und reformierter Bildungshäuser sowie kirchlicher Fachstellen hatten bereits in diversen Projekten überregional zusammengearbeitet und boten, nach intensiver Vorbereitung, eine umfangreiche, anspruchsvolle Kursreihe an, die auf grosses Interesse stiess.

Der Kurs richtete sich an Frauen im kirchlichen, schulischen oder sozialen Bereich und an feministischer Theologie Interessierte. Kurs- und Vorbereitungszeiten setzten ein beträchtliches Engagement der Teilnehmerinnen voraus. 40 Frauen nahmen teil und haben in einer eindrücklichen Broschüre Referate und eigene Erkenntnisse zusammengefasst: «Dass der Himmel nicht erst im Jenseits beginnt und dass auch die Erde verheissungsvolle Kräfte birgt, haben wir alle schon vorher gewusst. Aber diesen Himmel zwischen den Zeilen zu lesen, ihn im eigenen Leben neu zu erfinden, dafür hat ein dreiviertel Jahr mit 40 Frauen im Kurs Wunder gewirkt.»

Gelernt haben in diesem Kurs nicht nur die Teilnehmerinnen, sondern auch die Organisatorinnen, die in wechselnden Kombinationen die Leitung der einzelnen Module übernommen haben. In Referaten und Gesprächen wurde lebendig, was in der Ausschreibung zu dieser Kursreihe so beschrieben war:

«Feministisch-theologische Forschung hat es an den Tag gebracht: Frauen sind in der christlichen Tradition nicht unsichtbar, sondern auf eine subversive Art präsent. Durch die biblische und kirchliche Überlieferung ziehen sich Spuren einer weiblichen Gegenkultur … Das utopische Element dieser Kultur liegt in der durchgetragenen Liebe zum Leben. Gegen die Entwürfe von theologischer Allmacht und imperialer Gewalt ist sie immer auf dem Boden des Konkreten geblieben … Welche Hoffnung lässt sich aus diesen Traditionen des Frauenwiderstandes gewinnen in einer Zeit, in der wir gegenüber dem utopischen Kern der christlichen Botschaft misstrauisch geworden sind, in der wir aber lebensfreundliche Zukunftsvorstellungen nötig haben?»

Luise Schottroff zeigte auf: Gott, Christus, Reich Gottes – all das sind männlich konnotierte Herrschaftsbegriffe für eine Zukunft im Dies- oder Jenseits. Weniger beachtet oder vergessen wurden weibliche, herrschafts-freie biblische Bilder einer ersehnten Zukunft wie etwa die wachsende Saat, der Sauerteig, der Zeit braucht zum Aufgehen, das Motiv des Ge-bärens als Neuanfang unter Schmerzen. Oder das Gleichnis von den Ar-beiter:innen im Weinberg, das verheisst: Alle sollen genug bekommen, um leben und sich am Leben freuen zu können.

Magdalen Bless, Reinhild Traitler, Maja Wicki, Luzia Sutter Rehmann u. a. liessen die Viten, Leistungen und Leiden von eindrücklichen, muti-gen, gebildeten Frauen aufleben, die es seit Beginn des Christentums ge-geben hat. Sie haben Verachtung, Verfolgung und Tod, auch von Seiten der Kirche, erfahren, sind aber im Katholizismus als Heilige und Mär-tyrerinnen bis heute präsent. Gewürdigt wurde auch die Arbeit der Be-ginen, deren unerschrockene Krankenpflege und Sterbebegleitung unver-zichtbar war für die arme Bevölkerung.

Begeistert haben mich Referate von und über Theologinnen aus Asien und Südamerika: Chung Hyun Kyung, Carmel Fröhlicher-Stines, Isabelle My Hanh Derungs und Ivone Gebara. Ihre Visionen und Bilder eines neu-en Himmels und einer neuen Erde sind konkret auf das Leben und Leiden von Frauen in ihren Heimatländern bezogen. Beeindruckt hat mich auch Ivone Gebaras ökofeministische Theologie, die das traditionelle christli-che Gottesbild und den Absolutheitsanspruch des Christentums in Frage stellt und zeigt, dass keine Religion für sich in Anspruch nehmen kann, die einzige Offenbarung des Göttlichen zu sein. Jesus erzählt in menschlicher Sprache von göttlichen Werten im Diesseits: Gerechtigkeit, Liebe, Ver-gebung, Zärtlichkeit, Barmherzigkeit. Werte, die Menschen ermöglichen, aufzu(er)stehen im konkreten Alltag, im leidenschaftlichen Engagement für das Leben. Die Reaktionen der Teilnehmerinnen nach dem Kurs ha-ben gezeigt: Das dort Erfahrene hat weitergewirkt.

5. Modul: «Utopien – Überlebensmittel oder Ver-leugnung der Realität?»
Referentinnen: Li Hangartner, Brigitte Weisshaupt
6. Modul: «Für eine Spiritualität für das Leben»
Referentin: Elsa Tamez

Dokumentation:
«Neuer Himmel – Neue Erde?» Reichgottesvisio-nen von Frauen. Werkstattbericht von Kristina Lauche, Joana Blume Schmidt, Gertrud Burkhard. Broschüre. Eigendruck 1999.

ZWEITER ÖKUMENISCHER AUSBILDUNGSKURS FEMINISTISCHE THEOLOGIE

Doris Strahm

Kursleitung des Zweiten Ökumenischen Ausbildungskurses Feministische Theologie:
– Helmute Conzetti, Fachstelle Frauen/Bildung und Beratung, Evang.-ref. Kirchen Bern-Jura-Solothurn
– Brigit Keller, Paulus-Akademie Zürich
– Doris Strahm, Verein Frauen und Kirche Luzern
– Reinhild Traitler, Evang. Tagungs- und Studienzentrum Boldern

Nov. 2000 bis August 2001: 6 zweitägige Module
1. Modul / Judentum: «Likrat Schabbat – dem Schabbat entgegen»
Referentinnen: Adina Ben-Chorin und Eva Pruschy
2. Modul / Judentum: «Im Ebenbild Gottes schuf er ihn – männlich und weiblich schuf er sie»
Referentinnen: Adina Ben-Chorin und Eva Pruschy
3. Modul / Islam: «Ihr Menschen! Wir haben euch geschaffen von einem männlichen und einem weiblichen Wesen …»
Referentinnen: Halide Hatipoglu, Samia Osman, Laila Sheikh
4. Modul / Islam: «Islam ist nicht Islam ist nicht Islam!»
Referentinnen: Diula Hasic, Halide Hatipoglu, Samia Osman, Laila Sheikh
5. Modul / Buddhismus: «Das Herz des Lotus – Frauen und Buddhismus»
Referentinnen: Karma Lobsang, Isabelle My Hanh Derungs, Beatrice Geisser
6. Modul / Interreligiöser Dialog: «Wir sind nicht das Salz in der Suppe eurer Sehnsucht!»
Leitung: Helmute Conzetti, Brigit Keller, Doris Strahm, Reinhild Traitler
Zusätzlich: 4 begleitete regionale Lerngruppen

«Frauen im Judentum, Islam und Buddhismus. Theologische Lehren – Religiöse Praxis – Weibliche Traditionen» lautete das Thema des zweiten ökumenischen Ausbildungskurses (2000–2001). Ging es im ersten Ausbildungskurs um den Blick auf die eigene Tradition, sollte im Folgekurs das Wissen über die religiöse Tradition von Frauen anderer religiöser Herkunft vertieft werden. Wir wollten als Christinnen von Jüdinnen, Musliminnen und Buddhistinnen erfahren, wie die Religion ihr Alltagsleben prägt und gestaltet, welches die Grundwerte und Grundlehren von Judentum, Islam und Buddhismus sind. Vor allem aber interessierte uns, wie die Rolle der Frauen in diesen drei Religionen aussieht, was religiöse Autorität und Tradition für Frauen bedeuten, welche Fragen sie an ihre religiöse Tradition stellen und welche Frauentraditionen es gibt. Ich war als Vertreterin des Vereins «Frauen und Kirche Luzern» neu in der Leitungsgruppe mit dabei und habe den Kurs mitkonzipiert.

Mit den Augen jüdischer, muslimischer und buddhistischer Frauen ihre Religion sehen und verstehen lernen: Dieser Leitgedanke hat die Planung unseres Kurses bestimmt. Um zu vermeiden, dass wir unsere eigenen Vorstellungen und Bilder, die wir uns von einer anderen Religion machen, an diese herantragen (was häufig geschieht), wollten wir wissen, wie Frauen anderer religiöser Herkunft *selber* ihre Tradition verstehen, welche Themen und Quellen für *sie* wichtig sind, sodass wir lernen, einen Perspektivenwechsel vorzunehmen und ihre Religion von innen her zu verstehen. Für unseren Kurs hiess dies, dass wir als Leitungsteam nur den Gesamtrahmen des Kurses gestalteten; die einzelnen Module zu den drei Religionen, deren Fragestellungen und Inhalte wurden mit den jeweiligen Referentinnen gemeinsam vorbereitet.

Die Begegnung mit unseren jüdischen, muslimischen und buddhistischen Referentinnen hat uns und den rund 40 Kursteilnehmerinnen nicht nur lebendige und vertiefte Einblicke in ihre Glaubenspraxis ermöglicht, sondern uns herausgefordert, im Spiegel der Anderen auch unsere eigene religiöse Tradition neu anzuschauen, unsere eigenen Werte und Glaubenslehren zu überdenken, aber auch Bilder über das Eigene und das Andere

156

zu hinterfragen. Letzteres galt vor allem in Bezug auf den Islam. Denn hier war es besonders nötig, Vor-Urteile abzulegen und eine religiöse Tradition von innen her kennenzulernen und zu verstehen, die wir meist nur aus einseitiger Medienberichterstattung kennen. Halide Hatipoglu, Samia Osman, Laila Sheikh und Diula Hasic haben uns nicht nur sehr eindrücklich die Lehren, die Glaubenspraxis und weibliche Traditionen im Islam näher gebracht und das Vorurteil eines frauenfeindlichen Islam widerlegt; sie haben uns auch vor Augen geführt, dass es nicht *den* Islam gibt, sondern eine Vielfalt unterschiedlicher islamischer Traditionen in unterschiedlichen kulturellen und politischen Kontexten.

Ähnliches gilt auch für den Buddhismus. Karma Lobsang, Isabelle My Hanh Derungs und Beatrice Geisser gaben uns Einblicke in verschiedene Strömungen des Buddhismus (tibetischer, vietnamesischer und Zen-Buddhismus) und in die religiöse Praxis von Frauen. Eindrücklich waren dabei auch die meditativen Übungen zur Achtsamkeit. Ganz besonders in Erinnerung geblieben ist mir die Schabbatfeier im Modul zum Judentum, zu der uns die beiden Referentinnen Adina Ben-Chorin und Eva Pruschy eingeladen hatten. Sie berührte mich tief und machte mir bewusst, wie fremd mir im Gegensatz dazu die katholische Eucharistiefeier geworden war.

Unter dem Motto «Wir sind nicht das Salz in der Suppe eurer Sehnsucht» haben wir im letzten Modul Unterschiede, Gemeinsamkeiten und Schwierigkeiten reflektiert, die uns im Kurs begegnet sind. Denn nicht immer ist es leichtgefallen, einander wirklich zuzuhören und Fremdheit oder Verschiedenheit nicht als Bedrohung, sondern als Bereicherung zu sehen, Gemeinsames zu entdecken, ohne die Unterschiede zu verwischen. Dies weiter einzuüben war dann das Anliegen des nächsten Ausbildungskurses: einem interreligiösen Theologiekurs für Frauen.

INTERRELIGIÖSE THEOLOGIEKURSE FÜR FRAUEN

Doris Strahm

1. Interreligiöser Theologiekurs für Frauen:
«Im Zeichen des Einen – Frauenblicke auf Gewalt fördernde und Frieden stiftende Traditionen in Judentum, Christentum und Islam»
Ausbildungskurs für jüdische, christliche und muslimische Frauen
Interreligiöses Leitungs- und Referentinnenteam: Helmute Conzetti, Amira Hafner-Al Jabaji, Halide Hatipoglu, Brigit Keller, Marise Lendorff-El Rafii, Susanne Plietzsch, Eva Pruschy, Doris Strahm, Reinhild Traitler
Nov. 2002 bis Mai 2003: 4 zweitägige Module
1. Modul: «Gottesbild – Menschenbild»
(2./3.11.2002)
2. Modul: «Exklusivität und Toleranz»
(17./18.1.2003)
3. Modul: «Recht und Gerechtigkeit»
(15./16.3.2003)
4. Modul: «Liebe und Barmherzigkeit»
(17./18.5.2003)

2. Interreligiöser Theologiekurs für Jüdinnen, Christinnen, Musliminnen:
«Frieden – Du leiseste aller Geburten»
Interreligiöses Leitungs- und Referentinnenteam: Amira Hafner-Al Jabaji, Brigit Keller, Marise Lendorff-El Rafii, Rifa'at Lenzin, Tania Oldenhage, Eva Pruschy, Doris Strahm, Reinhild Traitler
Organisiert von PAZ und Boldern
Mai bis Sept. 2005: 2 zweitägige Module
1. Modul (27./28.5.2005): Gewalt aktuell / Frieden aktuell / Schabbat – eine jüdische Friedensutopie / Dialog: Gibt es auch «gute Gewalt»? / Gerechtigkeit aus muslimischer Perspektive / Dialog: Meinen wir das Gleiche, wenn wir von Gerechtigkeit sprechen?

«Im Zeichen des Einen – Frauenblicke auf Gewalt fördernde und Frieden stiftende Traditionen in Judentum, Christentum und Islam»: Der dritte Ausbildungskurs (2002–2003) ging in medias res und stellte die grundsätzliche Frage, ob monotheistische Religionen – im Zeichen des Einen – den Ausschluss der Anderen (Frauen und Andersgläubige) legitimieren. Er war im Anschluss an den zweiten Ausbildungskurs nicht mehr als ökumenischer, sondern als *interreligiöser* Kurs geplant worden. Die Auswertung des Kurses «Frauen im Judentum, Islam und Buddhismus» hatte gezeigt, dass grosses Interesse an einer Vertiefung des Dialogs zwischen jüdischen, christlichen und muslimischen Frauen bestand. So plante ein interreligiöses Team einen «Interreligiösen Theologiekurs für Frauen», für den Jüdinnen und Musliminnen nicht mehr nur als Referentinnen beigezogen wurden, sondern Teil des Vorbereitungs- und Leitungsteams waren, und der sich nebst Christinnen auch an Jüdinnen und Musliminnen richtete.

Im 1. Modul des Kurses fragten wir: Wie prägt das Gottesbild das Menschenbild? Welche Folgen hat es für Frauen, dass Gott zwar als geschlechtslos gilt, aber in Juden- und Christentum dennoch in männlichen Bildern vorgestellt wird? Wie gehen Gottes Allmacht und Gottes Liebe zusammen? Im 2. Modul ging es um die Ideologisierung von Religion, um deren politischen Gebrauch zur Durchsetzung von Macht- und Herrschaftsansprüchen. Antijudaistische Polemik im Neuen Testament und christlicher Exklusivitätsanspruch mit seinen unheilvollen Folgen wie Antijudaismus, Kolonialismus und Zwangsmissionierung sog. «heidnischer» Völker waren ebenso Thema wie die Begriffe «auserwähltes Volk» in der jüdischen Tradition oder «Jihad» im Islam. Im 3. Modul ging es um das Verhältnis von Gesetzen und Rechtsvorstellungen in Bezug auf die Verwirklichung von Gerechtigkeit – auch für Frauen. Im Zentrum des 4. Moduls standen der Begriff der Barmherzigkeit, der im Islam grosses Gewicht hat, und der Begriff der Liebe: Welches sind die unterschiedlichen Bedeutungen und Gewichtungen der beiden Begriffe in den drei Religionen, und wie sieht das Verhältnis von Gottesliebe-Selbstliebe-Nächstenliebe aus?

Es war ein sehr reichhaltiges und anspruchsvolles Programm, das wir den rund 40 Teilnehmerinnen boten. Manche Themen entfachten auch heftige Debatten oder Abwehrreflexe bei einigen Christinnen. So war es schmerzlich, die Schattenseiten der eigenen Religion erkennen zu müssen (wie z. B. christlicher Antijudaismus und Kolonialismus), oder sich bewusst zu machen, dass ein Machtgefälle besteht zwischen Christinnen (als Angehörige der Mehrheitsreligion) und Jüdinnen und Musliminnen (als Angehörige einer Minderheitenposition). Und schwierig zu akzeptieren war für viele, dass unsere muslimischen Kolleginnen die für christliche Feministinnen zentrale Kritik am Sexismus einer männlichen Gottesrede nicht teilten. Und doch sind es gerade solche Differenzen und Reibungen gewesen, die neue Einsichten hervorbrachten. So ist mir dadurch z. B. bewusst geworden, wie sehr die Vorstellung eines männlichen Gottes im Christentum nicht nur durch die einseitig männlichen Begriffe für Gott (Vater, Sohn und Geist, König, Herr), sondern ebenso sehr durch die Ikonographie geprägt ist, während Judentum und Islam mit ihrem Bilderverbot dem Bild(nis) eines männlichen Gottes entgegenwirken.

Vom Mai bis September 2005 führten wir einen zweiten interreligiösen Theologiekurs zum Thema «Frieden – Du leiseste aller Geburten» (Nelly Sachs) durch. In zwei Modulen vertieften wir die Auseinandersetzung mit dem Gewalt- und dem Friedenspotenzial der drei Religionen, warfen kritische Blicke auf aktuelle Gewalt- und Toleranzdebatten und stellten uns gegenseitig Friedensvisionen und ethische Konzepte unserer Religionen vor. Der zweite Kurs endete mit einem interreligiösen Dialog zwischen Amira Hafner-Al Jabaji, Eva Pruschy und mir zur Frage, ob wir eine gemeinsame Ethik haben. Unser Fazit: «Um gemeinsam zu handeln, müssen wir nicht dasselbe glauben.» Diese Haltung war für uns leitend, als wir drei 2008 den «Interreligiösen Think-Tank» initiierten.

2. Modul (10./11.9.2005): Toleranz aktuell / Die Bergpredigt – Utopie und Missbrauch / Schätze ausbreiten / Ethik und Religion / Dialog: «Um gemeinsam zu handeln, müssen wir nicht dasselbe glauben»

Tagungen:
18./19.8.2007: «Mein ganzes Glück bist du allein (Psalm 16,2) – Die Frage nach dem Glück in den Religionen»
Interreligiöser Theologiekurs für Jüdinnen, Christinnen und Musliminnen, auf Boldern
21./22.11.2008: «Heiliges Interpretieren: Annäherungen an Tora, Bibel und Koran»
Interreligiöser Theologiekurs für Jüdinnen, Christinnen und Musliminnen, im RomeroHaus Luzern

FERNSTUDIUM FEMINISTISCHE THEOLOGIE

Luzia Sutter Rehmann

Dauer: 18 Monate
5 Studientage, 3 Wochenenden, Einführungsabend
und Abschlussfeier

Tutoratsgruppen mit Tutorinnen in Zürich (Sabine
Scheuter), Basel (Dorothee Dieterich), Bern (Luzia
Sutter Rehmann), Biel (Elsbeth Caspar) und Aarau
(Irmelin Kradolfer)

2009–2011: erster Durchgang mit 37 Teilnehmerinnen, geleitet von Luzia Sutter Rehmann, Biel, und
Monika Hungerbühler, Basel
2012–2013: zweiter Durchgang mit 21 Teilnehmerinnen in Biel und Basel, geleitet von Luzia
Sutter Rehmann und Monika Hungerbühler
2014–2015: dritter Durchgang mit 21 Teilneh-
mer:innen, geleitet von Luzia Sutter Rehmann und
Rita Meier-Sparr, Biel

Mitträgerinnen:
Fachstelle Frauen, Männer, Gender der ref. Kirche
Aargau
Kath. Frauenstelle Aargau
Bildungsstelle der kath. Kirche Biel
Forum für Zeitfragen der evang.-ref. Kirche
Basel-Stadt
Fachstelle Frauen und Männer der ref. Kirche
Zürich

Herausgeberinnen der Studienhefte zum Fern-
studium Feministische Theologie:
Evangelische Frauenarbeit in Deutschland e. V. /
Frauenstudien- und Bildungszentrum der EKD
(Evangelischen Kirche in Deutschland)

Feministische Theologie entwickelte sich lebhaft im deutschsprachigen Raum. Doch die Universitäten verhielten sich insgesamt zögerlich, wie viele andere Bildungsinstitutionen. So war es ein grosser Gewinn, dass 2004 das Fernstudium Feministische Theologie mit Studienheften in Gelnhausen (D) konzipiert wurde. Dadurch konnte Interessierten ein Überblick über die neuen Diskussionen und Fragestellungen zur Verfügung gestellt werden. Luzia Sutter Rehmann (Arbeitskreis für Zeitfragen Biel) und Monika Hungerbühler (Frauenstelle der römisch-katholischen Kirche Basel-Stadt) konnten an der Konzipierung mitwirken und erarbeiteten den Studienbrief zu «Jesus, Maria und Co.» (2004).

2009 holten wir das Fernstudium in die Schweiz. Es wurde von uns bewusst ökumenisch gestaltet, da dies dem lebendigen Austausch unter den Frauen entsprach. Als Fernstudium konnte es mehrere Schweizer Regionen abdecken, weshalb auch viele Organisationen als Mitträgerinnen gewonnen werden konnten.

Das Fernstudium hatte zwei Ziele: Zum einen sollte es den Teilnehmer:innen zentrale Inhalte und Fragestellungen feministischer Theologie vermitteln, die in den letzten 30 Jahren entwickelt worden waren. Zum andern sollten die Teilnehmer:innen miteinander und voneinander lernen. Für die Lerninhalte gab es die Studienbriefe der Evangelischen Frauenarbeit in Deutschland und vom Frauenstudien- und Bildungszentrum der Evangelischen Kirche in Deutschland. Die Teilnehmer:innen (im dritten Durchgang 2014–2015 waren auch Männer dabei) konnten diese Unterlagen im Eigenstudium durcharbeiten. Studientage in Biel oder Basel wechselten sich mit regionalen Lerngruppen (Tutoriatsguppen) ab. An den Studientagen kamen alle Teilnehmer:innen zusammen, sodass die Fülle der Ansätze und Meinungen zum Tragen kam. Eine Referentin wurde jeweils eingeladen, es gab Arbeitsgruppen, gemeinsame Mittagessen und manchmal auch noch Bauchtanz, Film oder ein Morgenmahl (statt Abendmahl). Die Lerngruppen gestalteten im Saal jeweils mit Blumen, Tüchern, Kerzen, Zetteln oder Bildern eine «Mitte», die thematisch zum Studientag passte. Zum Schluss hatten die Teilnehmer:innen eine Lernfrucht abzugeben: Etwas, das sie selber entdeckt oder bearbeitet hatten.

Diese Lernfrüchte wurden einander an einem eigens dafür reservierten Studientag präsentiert.

Cornelia Bühler, eine Absolventin des Fernstudiums, beschreibt rückblickend, was für sie das Spannendste war:

«Es entsteht eine Beziehung zwischen der Bibel und der Welt der Teilnehmerinnen. In intensiven und emotionalen Gruppengesprächen werden neue Einsichten gesammelt und im Plenum vorgetragen. Theologie und Biografie ergänzen sich. So wächst aus dem Boden der Erfahrungen, die in der Bibel bewahrt wurden, und aus dem eigenem Boden ein bunter Strauss. Die Schätze, die jede in sich trägt, werden sichtbar. Das geschieht nicht von einem Tag auf den andern. Jedes gemeinsam gesungene Lied, jede neu gestaltete Mitte, jedes spannende und überraschende Referat, jede Bildmeditation, jedes gemeinsame Mittagessen bringt neue Blüten ans Licht. Diese Schätze und Blüten liegen auch in den unzähligen Geschichten von Frauen in der Bibel verborgen. Erst die feministisch-theologische Perspektive macht die Texte sinnvoll. Die Studienbriefe, die theologischen Kursunterlagen, bilden das inhaltliche Gerüst zum Verständnis der feministischen Theologie. Die Freude darüber, sich selber in den biblischen Erzählungen zu erkennen, sich berührt zu wissen vom Segen und der Geistkraft Gottes, und mit eigenen Gedanken einen Weg zu den Quellen des Lebens zu finden, das ist ein reicher Lohn. Dass dabei nicht nur einzelne Blumen gewachsen sind, sondern Frauen und Männer zu einem Strauss sich binden, lässt keinen Zweifel zu, welche Kraft hier am Werk war.» (reformiert. Biel, August 2015, 15)

Frauenkirche Zentralschweiz
Evang. Tagungs- und Studienzentrum Boldern
FrauenKirche Bern
IG Feministische Theologinnen
Ökumenische Frauenbewegung Zürich

Schön gestaltete «Mitte».

FEMINISTISCHE THEOLOGIE IN DER ARBEIT DER EVANGELISCHEN FRAUEN SCHWEIZ (EFS)

Eva-Maria Fontana-Hübner

1958: EFS beteiligt sich am «SAFFA-Kirchlein».
1971: Gründung der ökumenischen Zeitschrift «Schritte ins Offene», gemeinsam mit dem Schweizerischen Katholischen Frauenbund SKF
2019: EFS unterstützt den Frauen*KirchenStreik und verfasst im Vorfeld des Streiks sieben Thesen und Forderungen zur Gleichberechtigung der Frauen in der reformierten Kirche.
2021: EFS beteiligt sich in Zusammenarbeit mit anderen Organisationen an den Aktionen «Helvetia predigt» und «Frauenrütli».

EFS-Standpunkte (Auswahl):
– «Gender – eine Annäherung an einen allgegenwärtigen Begriff» (2010).
– «Bekennen» (2011).
– «Feministische Theologie – gestern und morgen» (2013).
– «Frauen und Reformation im Hier und Heute» (2017).
– «Klimawandel und Geschlechtergerechtigkeit» (2020).
Diese und weitere EFS-Standpunkte unter: https://www.efs.ch/de/standpunkt-2/

Der Bezug zu Glaube, Bibel und Kirche spielt bei den EFS in all ihrem Tun eine wichtige Rolle. Besinnliche Einstiege sind fester Bestandteil von Anlässen, biblisches oder religiöses Gedankengut fliesst bei Publikationen und Stellungnahmen zu politischen, gesellschaftlichen oder wirtschaftlichen Themen mit ein. Wie weit wir dabei jeweils von *feministischer Theologie* sprechen können, sei dahingestellt – sicher aber von kirchlichen und gesellschaftlichen Gleichstellungsanliegen.

Ein grosser Höhepunkt für die EFS war die Beteiligung am «SAFFA-Kirchlein» 1958. Der junge Evangelische Frauenbund unter seinem federführenden Vorstandsmitglied Marga Bührig hatte zusammen mit den christlichen Schwesterverbänden die Idee dieses Frauenraumes lanciert, in dem religiöse Frauen eine neue Formensprache für sich entdeckten und ökumenisch die Rolle der Frau in Kirche und Gesellschaft reflektierten.

Ausdruck der Verbundenheit mit der kirchlichen Frauenbewegung des ausgehenden 20. Jahrhunderts sind die Arbeitshilfe «Rituale» (1999) und das Dossier «Mystik» (2000), wie auch das weit vorausschauende Dossier «Familie am Ende? Es lebe ‹die› Familie!» (1997, zusammen mit dem Schweizerischen Evangelischen Kirchenbund SEK). Stellungnahmen aus Frauensicht waren oft eine Antwort auf das aktuelle Geschehen in der Kirche: «Ihr werdet meine Zeuginnen und Zeugen sein», eine Stellungnahme zur gleichnamigen Broschüre des Reformierten Weltbundes 1987, ist eines dieser Beispiele.

Als sich die Schweizer Kirchen 2003 dem «Jahr der Bibel» anschlossen, gerade als die «Ökumenische Dekade zur Überwindung von Gewalt» mit Mühe in Gang kam, fühlten sich die EFS herausgefordert. Ihre Antwort waren das Faktenblatt «Die weise Frau von Tekoa» (2003), mit Beiträgen zu Frau und Gewalt, und die Arbeitsmappe «Frauenworte zu Bibelworten» (2004) von Doris Brodbeck mit praktischen Arbeitsvorschlägen: Bibelarbeit, Frauengeschichte, Diskussion zu Frauenfragen, Biografiearbeit. Auch die Verbreitung der Bibel in gerechter Sprache war den ESF ein zentrales Anliegen!

Das einseitig männliche Konzept zum Calvinjahr 2009 schrie nach einer Antwort aus Frauensicht. Die Direktorin des Musée internationale de la Réforme, Isabelle Graesslé, teilte unsere Empörung. Das von ihr verfasste Faktenblatt über Calvins weltgewandte und sprachmächtige Gegenspielerin «Marie Dentière – ein weiblicher Beitrag zur Reformation» (2009) fand grosse, auch internationale Beachtung. Zum Reformationsjubiläum 2017 folgte dann der EFS-Standpunkt «Frauen und Reformation im Hier und Heute».

In «Reformierte Bekenntnisse – ein Werkbuch» fehlten Frauen völlig, als gäbe es keine Bekenntnisse von Frauen. Wichtiger als die Beanstandung des vorliegenden war uns ein eigener Beitrag. So entstand 2011 der EFS-Standpunkt «Bekennen» mit Gedanken zum Thema Bekenntnis aus Sicht reformierter Theologinnen und einer Sammlung von Frauen-Bekenntnissen.

Der Hinweis auf den Abgabeort für handgestrickte Nabelbinden für die Missionen an einer Vereinsversammlung zeigte, dass viele kirchliche Frauenvereine eben auch Missionsvereine waren. Um Frauen anzuregen, sich mit der Vergangenheit und Gegenwart von Mission auseinanderzusetzen, verfasste Esther Imhof 2007 das Faktenblatt «Mission – (k)ein Thema? Gedanken zum Thema Mission aus feministischer Sicht».

Mit der Mitgliedschaft der IG Feministische Theologinnen sollte das Gedankengut der feministischen Theologie auch bei den EFS stärker einfliessen. Die Delegiertenversammlung 2012 war diesem Thema gewidmet. Brigitte Becker vermochte mit ihrer Begeisterung auch Skeptikerinnen mitzureissen. Im Anschluss entstand der EFS-Standpunkt «Feministische Theologie – gestern und morgen» (2013). Dieser enthielt Teile des Vortrags von Brigitte Becker sowie ausführliche Buchbeschreibungen und sollte der Information und als Arbeitsgrundlage dienen.

Ein Verdienst der EFS war und ist es, feministisch-theologische Überlegungen und Anliegen in der breiten Basis der kirchlich-engagierten Frauen überhaupt zur Diskussion zu bringen. Die Verbindung von biblischer Argumentation und parteilicher Frauensicht durchwebt auch heute und in Zukunft die Arbeit und die Publikationen der EFS.

EFS-Faktenblätter (Auswahl):
– «Die weise Frau von Tekoa» – Beiträge zu Frau und Gewalt (2003).
– «Mission – (k)ein Thema? Gedanken zum Thema Mission aus feministischer Sicht» (2007).
– «Marie Dentière – ein weiblicher Beitrag zur Reformation» (2009).

A3-Plakat zum Dossier «Frauentexte zu Bibeltexten» (1960–1999).

FEMINISTISCHE THEOLOGIE IN DER ARBEIT DES SCHWEIZERISCHEN KATHOLISCHEN FRAUENBUNDES (SKF)

Sarah Paciarelli

1958: Ja zum Frauenstimm- und Wahlrecht

1971: Gründung der ökumenischen Zeitschrift «Schritte ins Offene», gemeinsam mit den Evangelischen Frauen Schweiz EFS

Seit 1995: Teil der Trägerschaft aller Frauensynoden der Schweiz

2001: Auszeichnung mit dem Herbert-Haag-Preis

2004: Auszeichnung mit dem Stonewall-Award

2017: Gender-Broschüre «Let's talk about Gender»

2019: Ausruf des Frauen*KirchenStreiks

2020: Gemeinsam auf dem Weg der Erneuerung mit der Schweizer Bischofskonferenz

2021: Initiantin der Aktion «Helvetia predigt!»

Der Schweizerische Katholische Frauenbund SKF ist seit über 100 Jahren den Interessen der Frauen verpflichtet. Die katholische Frauenorganisation befand sich lange Zeit im Spannungsverhältnis zwischen Traditionsbewusstsein und Aufbruchsstimmung. Heute wirkt der SKF ganz selbstverständlich als feministische Reformkraft innerhalb und ausserhalb der römisch-katholischen Kirche.

«Der SKF versteht sich nicht in erster Linie als Stosstrupp katholischer Frauen für feministische Begehren. Er versteht sich viel mehr als Ort der Sammlung von Frauen, die ihre Verantwortung in Staat und Kirche und im sozialen Auftrag wahrnehmen wollen. Aus dieser Verantwortung heraus (…) vertritt der SKF die Interessen der Frauen. Insofern wird er zum Träger der feministischen Bewegung innerhalb der Kirche – insofern sind seine verantwortlichen Frauen Feministinnen, sie müssen es sein», eröffnet Anne Marie Höchli-Zen Ruffinen, Zentralpräsidentin des SKF, den Jahresbericht 1978 und beschreibt gleichzeitig das für die Organisation so typische Vorgehen.

Die gesellschaftliche Emanzipation der Frau spiegelt sich im SKF in der Emanzipation von den Bischöfen wider. 1919 noch betrachtete das grösste konfessionelle Frauennetzwerk der Schweiz das Frauenstimm- und Wahlrecht als Gefährdung für Leib und Seele der Frau. 1958 setzte SKF-Zentralpräsidentin Elisabeth Blunschy-Steiner (1957–1961) gegen den vehementen Widerspruch des Basler Bischofs Franziskus von Streng an der Delegiertenversammlung die Ja-Parole durch. Bei der zweiten Abstimmung 1971 verzichtete der SKF trotz der progressiven Ja-Haltung der Verbandspräsidentinnen Yvonne Darbre (1961–1970) und Anne Marie Höchli-Zen Ruffinen (1970–1982) auf eine Ja-Parole. Stattdessen ging der Verband einen für ihn typischen Weg: Er sensibilisierte durch Bildungsangebote und unterstützte seine Mitglieder so in der Meinungsbildung. Frauen sollten sich eine eigene Haltung erarbeiten, ermächtigt werden – auch spirituell, beispielsweise durch Kurse zur liturgischen Gestaltung von Gottesdiensten und Frauenritualen.

So wie der Feminismus sich nicht nur für die Belange von Frauen, sondern für gerechte Geschlechterverhältnisse einsetzt, so ist auch das SKF-Engagement für eine glaubwürdige katholische Kirche nicht nur eines im Sinne von Frauen. Der SKF nimmt seine Verantwortung dort wahr, wo Menschen von gleichberechtigter Teilhabe in der katholischen Kirche ausgegrenzt werden. Dazu gehören Frauen, aber auch nicht-geweihte Männer, Geschiedene oder queere Menschen. 2001 erhält der Frauenbund dafür den Herbert-Haag-Preis für «eigenständige und zeitgemässe kirchliche Frauenarbeit». 2004 wird die katholische Organisation von der LGBTQIA-Community am Christopher Street Day in Zürich mit dem Stonewall-Award ausgezeichnet. Das progressive SKF-Grundsatzpapier «Lesben, Schwule und Bisexuelle in Kirche und Gesellschaft» wirkte wie ein Befreiungsschlag und war damals die einzige Stellungnahme für die Gleichstellung queerer Menschen und damit die wichtigste seitens einer kirchennahen Organisation. Seit 2001 setzt sich der SKF zudem für eine Öffnung der zivilen und kirchlichen Ehe für alle ein.

Als Mitherausgeberin der Comic-Broschüre «Let's talk about Gender» (2017) leistet er einen wichtigen Beitrag zur Aufklärung über den Genderbegriff in kirchlichen Kreisen.

Im Rahmen des nationalen Frauen*streiks 2019 ruft die Organisation den Frauen*KirchenStreik aus und trägt ihre Forderung nach Gleichberechtigung und strukturellem Wandel mit Hunderttausenden hinaus auf die Strasse und zurück in die Kirchen. 2020 begibt sich der SKF mit der Schweizer Bischofskonferenz «gemeinsam auf den Weg zur Erneuerung der Kirche» und konfrontiert den Klerus mit sieben konkreten Erwartungen an eine geschlechtergerechte Kirche. 2021 initiiert der SKF die ökumenische Aktion «Helvetia predigt!» und ruft Pfarreien dazu auf, die Sonntagspredigt am 1. August Frauen zu übertragen. An diesem Tag feiert die Schweiz Geburtstag und im 2021 einen ganz besonderen, denn wir würdigen «50 Jahre Frauenstimmrecht in der Schweiz».

Vroni Peterhans, SKF-Vizepräsidentin (2012–2020), mit pinker Mitra am nationalen Frauen*streik 2019 in Aarau.

ALS FEMINISTISCHE THEOLOGIN IM PFARRAMT

Tania Oldenhage

1918: In Zürich findet die erste Frauenordination in der Schweiz statt (Rosa Gutknecht, Elise Pfister).
1919: Erste Theologinnen in gemeindeeigner Pfarrstelle (Pfarrhelferin)
1956–1969: Einführung des vollen Frauenpfarramts in den Evangelisch-reformierten Kantonalkirchen der Schweiz (siehe: www.theologinnen.ch)
Seit 1981: Volle Gleichberechtigung im Pfarramt in der Evangelisch-reformierten Landeskirche Zürich. Bis dahin durften Frauen nicht allein, sondern nur mit einem männlichen Kollegen zusammen das Pfarramt in einer Gemeinde versehen.

Frauen im Pfarramt (Kirchenstatistik 2020):
– Anteil der Frauen im Pfarramt beträgt 42,4 %. Er hat in den letzten Jahren konstant zugenommen. Da der Frauenanteil bei den Studierenden über 50 % liegt, ist zu erwarten, dass sich dieser Trend weiter fortsetzt.
– Viele Pfarrer:innen arbeiten in Spezialpfarrämtern. Hier liegt der Frauenanteil bei ca. 50 %.
– Pfarrerinnen (und Pfarrer) arbeiten immer häufiger Teilzeit.
Frauen in kirchlichen Leitungsämtern (2020/2021):
– Mit Rita Famos wird 2020 erstmals eine Frau an die Spitze der Evangelisch-reformierten Kirche Schweiz (EKS) gewählt.
– 8 von 25 Mitgliedkirchen der EKS werden 2021 von Frauen als Synodalrats- oder Kirchenratspräsidentinnen geführt. 2019 waren es noch 3 gewesen.

In der Sakristei der Grossen Kirche Fluntern in Zürich hängt seit langem eine gerahmte Fotografie. Sie zeigt eine Gruppe ehemaliger Kirchenpfleger, elf gut gekleidete Herren, die ernst in die Kamera schauen. In den 10 Jahren, in denen ich in Fluntern Gemeindepfarrerin war, habe ich mir oft überlegt, ob es nicht an der Zeit wäre, das Bild auszutauschen. Stattdessen hielt ich Zwiegespräche. Können Sie sich vorstellen, liebe Herren, dass unsere Kirchgemeinde heute fast ausschliesslich von Frauen geleitet wird? Wären Sie damit zurechtgekommen, verehrte Kirchenmänner, dass eine Frau das Pfarramt bekleidet?

Als Pfarrerin einer Stadtzürcher Kirchgemeinde fühlte ich mich vom ersten Tag an ermächtigt und ermutigt, den kirchlichen Androzentrismus aufzubrechen. In meinen Gebeten, Liturgien und Predigten kam das Wort «Herr» als Gottesbezeichnung nicht vor. Kein Mensch beschwerte sich darüber. Im Gegenteil: Meine Gemeinde, Frauen wie auch Männer, waren so wie ich auf der Suche nach einer theologischen Sprache, die Gott nicht in verstaubte Formeln einsperrt. Als ich ganz am Anfang meines Pfarramts den Segen in der zweiten Person sprach («Gott segne *euch* …») fragten mich Gemeindemitglieder, ob ich auf diese pfarrherrliche Geste verzichten und zur ersten Person Plural überwechseln könnte. An Tauf- und Trauformeln feilte ich mit Hilfe geschlechtersensibler Forschung und im Gespräch mit Kolleginnen und Kollegen. Niemals wurde ich abgemahnt, weil jemand die Rede von «Vater, Sohn und Heiliger Geist» vermisste.

Zu jedem Predigttext stand mir eine Fülle an feministisch-theologischer Literatur zur Verfügung. Es war also nicht so, dass ich die herkömmlichen Kommentare mit dem einen interessanten feministischen Ansatz ergänzte. Stattdessen gab es zu jedem biblischen Thema nuancierte feministische Debatten und damit jede Menge Stoff zum Predigtschreiben. Erwähnte ich einmal den Namen einer feministischen Theologin, ging kein bestürztes Raunen durch die Reihen, sondern die Leute hörten mit Interesse zu. Das war in den 2010er Jahren.

Die Kirchenmänner auf dem Foto schauen mich ernst an. Zu ihrer Zeit haben sie sich auf ihre Weise für das Wohl ihrer Kirchgemeinde eingesetzt. Sie lassen sich nichts vormachen. Alles gut? Wirklich?

Und ich denke an die Momente, in denen es trotz allen guten Veränderungen immer noch theologisch eng um mich herum wird. Wenn ich ehrlich bin, gibt es diese Momente eigentlich in jedem Gottesdienst. Sobald ich das reformierte Gesangbuch aufschlage, springt mir der theologische Androzentrismus entgegen. Es gibt kaum ein Kirchenlied, das nicht patriarchal durchwirkt ist. Ich selbst habe mich irgendwie damit arrangiert. Zum Teil liebe ich die Melodien. Aber wenn ich mit Jugendlichen heute diese Lieder singe, empfinde ich dies fast als eine Zumutung. «Lobet den Herren, den mächtigen König der Ehren …» Der einzige Weg, Zeilen wie diese zu singen, ist mit einem Augenzwinkern.

Das zweite, was mich in meiner Arbeit einschränkt, ist die begrenzte Auswahl an geschlechtergerechten Bibelübersetzungen. Als die «Bibel in gerechter Sprache» im Jahr 2006 erschien, war das für mich und viele Kolleg:innen ein riesengrosser Meilenstein. Endlich war es möglich, sich auf eine Bibelübersetzung zu berufen, die eine Bandbreite an Möglichkeiten bereitstellte, um von Gott zu reden. Trotzdem wünschte ich mir eine grössere Auswahl an geschlechterbewussten Übersetzungen. In meinen Augen war es eine äusserst bedauerliche verpasste Chance, als die 2007 erschienene Zürcher Bibel am deutschen Wort «HERR» für den Gottesnamen festhielt und diesen auch noch in Grossbuchstaben setzte. Viel wurde darüber gestritten. Jetzt müssen wir damit leben.

Trotzdem bin ich der reformierten Kirche in Zürich dankbar, und mein Dank gilt auch den elf Kirchenmännern auf dem Foto. Denn es liegt nicht zuletzt an den reformierten Strukturen dieser Kirche, dass Pfarrpersonen heute mit viel Freiheit und Kreativität patriarchale Traditionen verändern können.

Wie viele der im Pfarramt tätigen Pfarrerinnen sich explizit als feministische Theologinnen verstehen, lässt sich leider nicht eruieren. Es ist aber davon auszugehen, dass es eine stattliche Anzahl ist, wie etwa die Vertretung reformierter Pfarrerinnen in der IG Feministische Theologinnen zeigt.

Eine Aktion der Zürcher Pfarrerinnen im Rahmen des Internationalen Frauentags am 8. März 2017 v. l. n. r.: Verena Naegeli, Tania Oldenhage und Sabine Scheuter.

ALS FEMINISTISCHE THEOLOGIN IN DER PFARREI

Simone Rudiger

Ab 1970: Ungeweihte Theologen im kirchlichen Dienst (Bistum Basel) sind als Pfarreihelfer dokumentiert.

20. Oktober 1972: Durch die von Bischof Hänggi in Kraft gesetzten «Richtlinien für die Anstellung von Laientheologen» wurde die Tätigkeit von nicht geweihten Theolog:innen als sogenannte «Pastoralassistent:innen» offiziell möglich.

1974: Maria Klemm wird erste «Pastoralassistentin» im Bistum Basel, 1975 folgt Gabi Pfister.

2019: Neue Berufsbezeichnung «Pfarreiseelsorger:in»; aus «Laientheolog:innen» werden Theolog:innen.

Anteil Frauen unter den kirchlichen Mitarbeitenden im Bistum Basel (Quelle: Personalstatistik Bistum Basel, 1. März 2021)

– Von insgesamt 1250 Mitarbeitenden im Bistum mit Theologiestudium (davon 135 Katechetinnen*) sind 325 Frauen (26 %). Dies entspricht 50,1 % der ungeweihten Theolog:innen.

– 84 Frauen arbeiten als Laiinnen (ohne Theologiestudium) in der Kirche, gut die Hälfte davon sind Sozialarbeiterinnen und damit hauptsächlich zuständig für die Diakonie in einer Pfarrei.

– 29 Theologinnen (47 ungeweihte Theologen und 170 Priester und Diakone) leiten eine Pfarrei. D. h. 11,8 % aller Pfarreileitungen werden durch Frauen wahrgenommen. Diese sind zugleich auch Pfarreiseelsorgende.

– 110 Theologinnen arbeiten als Pfarreiseelsorgerinnen (85 ungeweihte Theologen / 101 Priester und Diakone). Das entspricht 37,2 % aller Pfarreiseelsorgenden (ohne leitende Funktion).**

Ganz genau erinnere ich mich daran, wie ich mit rundem Bauch zum Kloster Fahr spazierte. Was Schwester Schneiderin wohl sagen würde, wenn sie Mass für ein liturgisches Gewand an einer Schwangeren nehmen muss, fragte ich mich etwas aufgeregt. Sie jedoch zuckte nicht mit der Wimper und meinte, sie müsse den Bauchumfang einfach bei der Bemessung der Länge einberechnen, damit das Kleid nicht zu lang sei, wenn ich wieder schlanker sein würde. Mit mir zusammen überlegte sie, wie ich ein Tuch mit den liturgischen Farben am Gewand anbringen könnte. Ausserdem riet sie mir, anstelle eines handgewebten Wollstoffs einen pflegeleichten Stoff zu verwenden. Ich trage das Gewand bis heute und nehme es zum Waschen nach Hause. Ich fühle mich ausgesprochen wohl darin; es gibt meiner Rolle eine Form und mir darin eine Art von Sicherheit.

Sicherheit in meiner Rolle als Gottesdienstleiterin war am Anfang nicht das vorherrschende Gefühl, ganz im Gegenteil. Ich war die erste Theologin in dieser Pfarrei. Nicht nur den Pfarreimitgliedern, auch mir fehlten die Vorbilder: Es gab keine Theologinnen und andere Frauen, die sichtbar eine tragende Rolle oder gar die Leitung in Gottesdiensten – ganz gewöhnlichen Sonntagsgottesdiensten – innehatten. Ich spreche exemplarisch von meiner Rolle in der Liturgie, denn im Gottesdienst können theologische Herangehensweisen, Haltungen und Überzeugungen besonders pointiert zum Ausdruck kommen und werden für eine grössere Öffentlichkeit sicht- und erlebbar. Für mich als Liturgin bedeutet dies umgekehrt, dass sich im Feiern von Gottesdiensten meine feministisch-theologische Haltung, mein Denken, Fühlen und Glauben abbilden muss, um glaubwürdig feiern zu können.

Der Ablauf eines katholischen Sonntagsgottesdienstes mit seinen vielen eingespielten Ritualen in Wort und Gestik schafft eine Vertrautheit für die mitfeiernde Gemeinde und auch eine gewisse Klarheit darüber, was geschieht. Es ist eine Herausforderung, diesen Rahmen einerseits zu respektieren, mich in dessen Form einzufügen und ihn gleichzeitig so zu modellieren, dass es mir möglich ist, authentisch zu bleiben. Es ist mir ein Anliegen, die rituellen Elemente so nah an der Tradition zu lassen, dass sich Mitfeiernde in einem der Form nach vertrauten Gottesdienst wiederfinden. Der Gottesdienst, von einer Frau geleitet, kann im Pfarreikontext nicht der «besondere», ausserordentliche Gottesdienst für eine bestimmte Zielgruppe sein. Er soll es allen Gläubigen und Pfarreiangehörigen ermöglichen, in ihrer Pfarrei wie jeden Sonntag Gottesdienst zu feiern.

So verwende ich zum Beispiel jeweils eine Bibelübersetzung, die mehrere Namen G*ttes kennt und Frauen sichtbar macht. Und ich formuliere um, wie etwa das abgewandelte Zitat aus Lukas 7,6, das vor der Kommunion gemeinsam gesprochen wird: von «Herr, ich bin nicht würdig …» zu «Herr, ich bin bedürftig …». So habe ich es in der Gemeinschaft der Helferinnen von Bruchmatt (Luzern) gehört. Jede kann selber beten, wie sie und er will, in der althergebrachten, vertrauten Form oder der angebotenen neuen. Dieses Beispiel zeigt gleichzeitig, dass ich manchen Kompromiss eingehe: Ich lasse den «Herrn» als Bezeichnung für Christus in dieser Formulierung stehen. So wissen alle, wo wir gerade sind, was jetzt gemeinsam gesprochen wird und können ohne Probleme in den Satz einstimmen.

Eine gewichtige, grosse Spannung lässt sich nicht mit Worten allein auflösen. Auch wenn ich und meine Kolleginnen als seit bald fünfzig Jahren geduldete Laiinnen die priesterliche Ordnung durch unser Dasein sprengen: Die Hierarchie wird gerade in der Liturgie abgebildet. Das Tragen eines speziellen Gewands, Worte und Gesten drücken aus, dass ich als Leiterin der Liturgie etwas Besonderes darstelle und nicht ganz zur Gemeinde gehören soll. Das entspricht eigentlich nicht meiner Vorstellung von einer herrschaftsfreien Kirche. Es ist deutlich, dass es fundamentalere Veränderungen bräuchte. Doch vielleicht ist unser Wirken trotzdem der Beginn einer neuen Wirklichkeit.

– 30 Theologinnen sind in der Spital-, Heim- und Gefängnisseelsorge tätig (40 Theologen). Alle, die sowohl in Pfarrei- als auch Spezialseelsorge arbeiten, sind in der Statistik nur einmal erfasst.
– 20 Frauen (42,6 %) arbeiten in der Diözesankurie, 6 davon sind Theologinnen (13 Theologen).
– 53 Theologinnen sind in anderer Stellung (pensioniert, als Aushilfen oder anderweitig ohne Missio) tätig.

Anmerkungen Simone Rudiger:
* Auch Katechetinnen sind oft liturgisch tätig und/oder leiten teilweise de facto Pfarreien.
** In Tat und Wahrheit leiten wohl einige Pfarreiseelsorgende oder Diakone eine Pfarrei inoffiziell.

Simone Rudiger leitet den Gottesdienst zum Muttertag 2012 in Sissach.

KOMMENTAR

Silvia Strahm Bernet

Maria

Wenn etwas neu ist, wie es die feministische Theologie mal war – dann ist es wichtig, dass es auch breitere Kreise von Frauen erreicht und nicht nur Sache von Insiderinnen bleibt. Die Re-Vision der patriarchalen Theologie soll zur Befreiung und Ermächtigung vieler Frauen, gerade auch kirchennahen, führen.

Birgit@Maria

Feministische Theologie wurde aber doch, gerade in traditionellen Verbänden, auch ganz schön zu «Frauen- und Gleichstellungsanliegen» abgemildert. Ja kein Kampfbegriff! Ja nichts, was nach grundlegendem Umbau unserer Gesellschaften klingt!

Sonia@Birgit

Egal, ich staune einfach über das Engagement so vieler Frauen, die Kurse zu feministisch-theologischen Themen, jenseits institutioneller Beauftragung, ins Leben riefen. Ökumenisch, interreligiös! Und erfolgreich! Die Kurse haben immerhin auch Frauen an der «Basis» mit feministischer Theologie in Berührung gebracht.

Thea

Selbst Frauenverbände scheuen sich heute weniger, das F-Wort zu gebrauchen, beteiligten sich am Frauen*streik

und setzen sich für die Rechte queerer Menschen ein. Was mich schockiert ist, wie sich die Dinge wiederholen: Der cfd (und andere) haben in den 1980er Jahren schon mal gegen den Einbezug der Frauen in die Gesamtverteidigung gekämpft. Erfolgreich! «Wir passen unter keinen Helm» (Slogan von 1989). Und 2021? Dasselbe Thema, initiiert von Bundesrätin Amherd.

Carla@Thea

Das war wohl vor der Helmpflicht! Aber ernsthaft: Würde dies heute mit derselben Überzeugung von Frauen abgelehnt? Ich zweifle!

Evi@Thea

Wenn gleiche Rechte, dann auch gleiche Pflichten! Das kennen wir doch! Und gerne die Pflichten vor den Rechten! Vor allem wenn Lücken auftauchen, die zu stopfen sind.

Nora

Dann hoffe ich mal, dass wir nicht immer wieder bei Null anfangen müssen. Und dass Vernunft, Argument, Fakten nicht noch mehr und gänzlich ihr Ansehen verlieren!

Olga@Nora

Deshalb: Feministische Bildung! Aus-Weiter-Immerzu-Bildung! Bitte!

170

DOROTHEE WILHELM

«Wer wäre ich ohne die feministische Theologie?»

Es war beim Katholik:innentag 1984. Dr. habil. Elisabeth Gössmann bewarb sich um einen Lehrstuhl in München. Ihre Bewerbung wurde zurückgewiesen mit der Begründung, ihr Profil entspreche nicht den Anforderungen. Der männliche Kandidat, der statt ihrer die Professur erhielt, hatte ein exakt identisches Profil. Ab dem Tag ihrer Ablehnung in München nannte ich mich feministische Theologin.

Dorothee Wilhelm

Ich stamme aus einer Familie, in der es unglaublich viele Priester gab – fast so viele wie Hausfrauen. Die griechische Bibel, zerfleddert und ohne Buchrücken seit langem, ist durch ihre Hände gegangen, bis ich sie mit Stolz in meinen hielt. Im 3. Semester Studium der katholischen Theologie hätte ich dennoch hingeworfen, wäre da nicht die feministische Theologie gewesen. Einer Studentin wurde nonstop gespiegelt, dass sie nicht vorgesehen war: keine Lehrerinnen, kaum Vorbilder, viele unerträgliche Rollenbilder. In Münster gründeten Theologiestudentinnen wie ich eine Frauengruppe, organisierten 1985 eine autonome Veranstaltungswoche zur feministischen Theologie für den gesamten deutschsprachigen Raum. Viel Arbeit – 150 Teilnehmerinnen, sehr prickelnd. Der feministisch-theologischen Zeitschrift «Schlangenbrut» (1983–2014) verdanke ich, dass ich zu schreiben begonnen habe – für sie.

Von Christine Schaumberger habe ich feministische Befreiungstheologie gelernt – zu fragen: Welche Frauen stehen im Zentrum? «Die alte, schwarze, behinderte Lesbe muss in den Blick kommen»: so eine ihrer inspirierenden Überschriften. Mit dem feministisch-befreiungstheologischen Zugang verstand ich in der Antijudaismus-Debatte um 1990, wie sehr wir jüdische Feministinnen verletzt haben, als wir christlichen Feministinnen einen frauenfreundlichen Jesus auf der Folie eines frauenfeindlichen Judentums skizzierten. Dank dieser Auseinandersetzung traten wir nicht in die Falle, als in der Öffentlichkeit zunehmend alle Frauenfeindlichkeit an die islamische Religionsgemeinschaft delegiert wurde, statt vor der eigenen Tür zu kehren und die Vielfalt beim Gegenüber wahrzunehmen.

Durch das Fenster der feministischen Befreiungstheologie kann ich meine eigene Behinderung theologisch und politisch formulieren als eine willkürlich eingeschränkte Möglichkeit menschlichen Lebens. Das

Leben geht – oder rollt – immer auch noch ganz anders: Fürchtet Euch nicht!

«Fürchtet Euch nicht!» Die Gute Botschaft gehört nicht den Jungs in Rom. Im November 2018 traten sechs feministische Katholikinnen, darunter Theologinnen, aus der katholischen Kirche aus. Papst Franziskus hatte verlautbart, Abtreibung sei Auftragsmord. Abgesehen vom unglaublich zynischen Umgang mit Frauen in Schwangerschaftskonflikten ist es theologisch ein Skandal, dass den Frauen das Gewissen abgesprochen wird. Seither war es für mich begründungsbedürftig, zu bleiben. Anfang 2019 bin ich ausgetreten – nach einer vatikanischen Mitteilung, schwule Männer würden vom Priesteramt und Ordensleben ausgeschlossen. Ein durchsichtiger Versuch, die zölibatsbedingte und durch Gelüste nach Machterhalt gestützte massenhafte sexuelle Ausbeutung von Kindern durch Priester zu delegieren an homosexuelle Männer – und diese Gruppe wie einen Sündenbock in die Wüste zu treiben. Ich konnte spüren, wie ein Faden riss. Wie bei anderen Liebesgeschichten merkte ich körperlich, dass es vorbei war.

Semper catholica. Ich bin nicht ausgetreten aus der Guten Botschaft, aus unseren feministisch-theologischen Kämpfen, aus den uneingelösten Hoffnungen.

Wer wäre ich ohne die feministische Theologie? Ich habe nicht die leiseste Ahnung.

KIRCHLICHE FRAUEN- UND GENDER-FACHSTELLEN

Die in diesem Kapitel aufgeführten kantonalen (kirchlichen) Fachstellen unter einen Titel zu subsummieren, ist ein schwieriges Unterfangen. Nicht nur sind ihre Namen und Ausrichtungen immer wieder verändert worden, sondern die Fachstellen sind (und waren) auch ganz unterschiedlich eng in die kirchlichen Strukturen eingebunden, was für die schweizweite Zusammenarbeit der Stellen nicht immer einfach war. Eigenheiten und unterschiedliche Entwicklungen sind zugleich ein Zeichen für die Vielfalt dieser aus kaum einer Landeskirche wegzudenkenden Anstrengungen, Geschlechtergerechtigkeit in den Kirchen voranzubringen.

Die Profile, Tätigkeiten, Angebote und Vernetzungsleistungen der unterschiedlichen Stellen seit Mitte der 1980er Jahre zeigen ein beeindruckend breites Spektrum an feministisch-theologischen, spirituellen, gesellschaftspolitischen und politischen Veranstaltungen und Unternehmungen auf. Bei aller Vielfalt ihrer Programme und Profile, den gemeinsamen Nenner bilden die Bereiche: Vernetzung (konfessionell und frauenpolitisch), Liturgie, (feministisch-theologische) Reflexion und (gesellschafts-)politisches Engagement.

Viele Stellen gibt es inzwischen nicht mehr. Sie sind kircheninternen Sparmassnahmen zum Opfer gefallen. Einige wurden mit neuen, weniger auf explizite Frauenanliegen ausgerichteten oder nur noch bedingt mit feministisch-theologischem Fokus versehenen Profilen weitergeführt. Einige haben ihre angestammten Arbeitsfelder um neue erweitert. Bei alledem spielten Geld respektive kirchliche Prioritätensetzung zwar immer eine Rolle, aber auch ein abnehmendes Interesse an (christlich-)feministisch-theologischen Themen und veränderte Formen der Lebensgestaltung von Frauen dürften ihren Beitrag dazu geleistet haben. (ssb)

BERATUNGS- UND PROJEKTSTELLE FÜR FRAUEN DER REFORMIERTEN KIRCHE BASEL-STADT

DIE BERATUNGSSTELLE FÜR FRAUEN (1980–2013)
Dorothee Dieterich

1980: Die Arbeitsgemeinschaft evangelischer Frauen (AEF) unter dem Vorsitz von Pfr. Ruth Epting reicht beim Kirchenrat das «Projekt Lebenshilfe für Frauen» ein.
Synode genehmigt Schaffung einer «Frauenberatungsstelle» vorerst für ein Jahr, mit der Option zur Verlängerung auf maximal 5 Jahre. Martha Hotz wird erste Stellenleiterin.
1983: Aufbau eines Freiwilligendienstes als Voraussetzung zu einer unbefristeten Frauenstelle
1985: Die Stelle wird definitiv. Themenschwerpunkte: «Beratung und Lebenshilfe» und «Animation, Koordination und Information»
1986: Pfarrerin Franziska Hunziker übernimmt die 100 %-Stelle für ein Jahr. Sie macht eine Bestandesaufnahme der Basler Frauenstellen und schlägt Teilung der Stelle vor.
1987: Luzia Sutter, Theologin, wird Stellenleiterin zu 50 % im Bereich «Animation, Koordination und Information».
Madeleine Alder übernimmt zu 50 % vertretungsweise den Bereich «Beratung und Lebenshilfe».
Die Begleitkommission wird vergrössert und in zwei Subkommissionen aufgeteilt.
Gründung des FrauenKirchenKalenders
1988: Umzug der Stellen an den Martinskirchplatz 2
Margrit Brändle, Psychologin, wird Stellenleiterin im Bereich «Beratung und Lebenshilfe».
1991: Im Zusammenhang mit dem Frauenstreik erreichen die beiden Stellenleiterinnen, dass die

Am 31. Dezember 2013 wurde die Beratungsstelle für Frauen aufgelöst, im Zuge der drastischen Redimensionierung des «Forums für Zeitfragen», zu dem sie seit 1992 gehörte. Von den Kolleginnen der anderen Frauenstellen der Stadt wurde das Ende bedauert, es war das niederschwelligste Angebot. Die Struktur entsprach unserer feministischen Einstellung: Keine Frau sollte sich krank fühlen müssen, um Unterstützung zu suchen. Als Teil eines Bildungshauses, ohne irgendein «Psych …» im Namen, war das gegeben. Die Beratung kostete, doch die Kundinnen setzten den Preis selbst fest. Im ersten Gespräch ging es also immer auch um Geld. Die Beratungen wurden von den unterschiedlichsten Frauen in Anspruch genommen: Musik- oder Theologiestudentinnen, alte Frauen, die den Heimeintritt des Ehepartners zu entscheiden hatten, Frauen in Trennung und Scheidung (da bot ich jährlich einen Kurs an), sogenannt «austherapierte» Frauen, evangelikale Frauen, die ein dezidiert kirchliches Angebot suchten, Einsame, ab und zu Migrantinnen. Die Mischung war sehr vielfältig, spannend und herausfordernd.

Als ich 1992 mit der Arbeit begann, war ich bereits seit einiger Zeit in der Kommission der Frauenstellen. Wir hatten uns strikt geweigert, dass bei der Planung des «Forums für Zeitfragen» 1991 eine «Projektstelle für Frauen» dazugehören, die «Beratungsstelle» dagegen einem Zentrum für Beratung und Seelsorge angegliedert werden sollte. So landete die Beratungsstelle als Anhängsel der Projektstelle im «Forum für Zeitfragen». Inzwischen war ich Stellenleiterin geworden. Zunächst ohne eigenen Telefonbucheintrag, damit quasi unzugänglich. Also nahm ich mit den Kolleginnen der anderen Stellen Kontakt auf und begann mit Gruppenangeboten. Der Kurs «Überrascht von mir selbst» lief in zwei Gruppen über Jahre. Dazu kamen die gemeinsamen Angebote mit der Projektstelle: Frauenabende, Kurse für Amtsträgerinnen, später die Seminare mit den Marga-Bührig-Preisträgerinnen.

174

Die letzte Stelleninhaberin gewesen zu sein, wirft auch die Frage auf: War die ganze Arbeit eigentlich überflüssig? Ab und zu gibt es eine schöne späte Antwort: In sehr grossen Abständen bekomme ich Post von Frauen, die ich vor Jahren begleitet habe.

DIE PROJEKTSTELLE FÜR FRAUEN (1987–2009)
Luzia Sutter Rehmann

Dass Frauen nicht nur Objekte waren, denen geholfen werden muss, wenn sie in eine missliche Lage gerieten, war längst klar. Die feministische Bewegung strotzte vor Energie und auch in den Kirchen formierten und vernetzten sich Frauen, um etwas in Bewegung zu setzen. Bis die Institution so weit war, sich einen Spalt zu öffnen, dauerte es seine Zeit. Es brauchte Hartnäckigkeit, eine klare, aber diplomatische Sprache und verlässliche Beziehungen bis «zuoberst».

Als junger und dezidiert feministischer Theologin wehte einem ein rauer Wind entgegen. Die traditionellen Frauenverbände sowie gestandene Pfarrerinnen beäugten meine Ideen skeptisch. Wollte ich nicht zu viel? Und zu viel auf's Mal? Und zur falschen Zeit? Sie waren gewohnt, zu taktieren und zu warten. So sehr ich ihre Vorarbeit anerkannte, so stand ich doch an einem völlig anderen Ort: Wenn sich die Kirchen nicht jetzt öffneten, wann dann? Es war höchste Zeit. Denn die feministische Welt wandte sich bereits von der FrauenKirche ab, die ihnen zu langsam und zu brav erschien. Wer links war, brauchte keine Kirche. Wer gut bürgerlich war, brauchte keine Frauenbewegung. So hatte ich als Leiterin der Frauenprojektstelle immer alle Hände voll zu tun. Bildungsarbeit war wichtig: Feministische Theologie und Bibellektüre wurden in Lesegruppen, Kursen, Tagungen thematisiert.

Um Gräben zu überwinden, lancierten wir grosse Vernetzungsprojekte (zusammen mit vielen Frauen) – wie das Frauenboot an der ökumenischen Europäischen Versammlung «Gerechtigkeit, Frieden und Bewahrung der Schöpfung» in Basel. Während meines Mutterschaftsurlaubs übernahmen Veronika Merz und Marie Claire Barth die Vertretung. Dies war übrigens der erste Mutterschaftsurlaub einer Pfarrerin der reformierten Kirche BS. Ein weiteres Projekt waren die ökumenischen Frauenfeiern «Frauen feiern

Frauenstellen als gesamtstädtisches Pfarramt eingestuft und deutlich besser entlohnt werden.

1992–2013: Pfarrerin Dorothee Dieterich ist Stellenleiterin der «Beratungsstelle für Frauen».

1993: Die Frauenstellen werden Teil des «Forums für Zeitfragen» an der Maiengasse.

1997: Das «Forum für Zeitfragen» zieht an den Leonhardskirchplatz um.

1997–2012: Pfarrerin Agnes Leu ist von 1997–2009 Stellenleiterin der «Projektstelle für Frauen» und anschliessend bis 2012 Studienleiterin im «Forum für Zeitfragen», u. a. zuständig für Frauen/Genderthemen und Kooperationen mit kirchlichen und schweizerischen Frauenstellen und -organisationen.

2002: Auf dem Leonhardskirchplatz wird ein Labyrinth installiert. Für dieses hatte sich eine Labyrinthgruppe eingesetzt.

2009: Alle im Forum zusammengeschlossenen Stellen werden in Fachbereichsverantwortungen im Team des Forums überführt (Ausnahme: Unipfarramt).

Das «Forum für Zeitfragen» schreibt den Schwerpunkt «Feministische Theologie und Genderfragen» in sein Reglement.

2015: Anja Kruysse wird Studienleiterin im «Forum für Zeitfragen».

2020: Tania Oldenhage ist Studienleiterin im «Forum für Zeitfragen».

2021: Regula Tanner wird Studienleiterin im «Forum für Zeitfragen».

Aktivitäten (Auswahl):
1987–2013: FrauenKirchenKalender
1988–1998: Frauen feiern in der Predigerkirche, Fortsetzung in der Leonhardskirche bis 2009, dann Frauengottesdienste in der OKE
1988: Eröffnung der Dekade «Kirchen in Solidarität mit den Frauen» des ÖRK

1989: Frauenboot an der ökumenischen Europäischen Versammlung «Gerechtigkeit, Frieden und Bewahrung der Schöpfung» in Basel

1997/98: Grundkurs feministische Theologie, zusammen mit der Frauenstelle BL

Ab 1999: Feministisch-theologische Kurse, z. B. «Aufbrüche von Frauen» – Feministisch-theologische Lese- und Gesprächsrunden über Frauen aus der Bibel

1999: «Wir hauen auf die Pauke» – Frauenkirchenfest in Basel

2000: «Projekt Mädchengerechter Religionsunterricht» (in Zusammenarbeit mit Frauenstelle BL, Fachstelle für Religionsunterricht BL und Rektorat für Religionsunterricht BS)

Ab 2002: Seminar mit der Preisträgerin des Marga Bührig Förderpreises (gemeinsam mit Marga Bührig Stiftung)

2004: «Anders – wie denn sonst?» 3. Schweizer Frauensynode in Basel, gemeinsam mit anderen kirchlichen Frauenstellen

Ab 2005: Ritual zum Tag gegen Gewalt an Frauen

Ab 2004: Interreligiöse feministische Arbeit, u. a. interreligiöse Gespräche in der «Woche der Religionen» (gemeinsam mit Frauenstelle BL, «Projekt Frauentheologie» Basel und OKE)

2009–2010: Projekt «merk.würdig» der Konferenz kirchlicher Frauen- und Genderstellen

Ab 2009: Regelmässig Vorträge zu gesellschaftlichen Themen, z. B. von Monica Hauser von «Medica mondiale»

2014–2018: Basler Sommerakademien, organisiert vom Forum für Zeitfragen (gemeinsam mit «Projekt Frauentheologie»): 2014: «Madame la Mort»; 2016: «Fröhlich scheitern»; 2018: «more than fashion»

2021: Podium «50 Jahre Frauenstimmrecht» (online)

in der Predigerkirche», die zu einer langjährigen Institution in verschiedenen Kirchen der Stadt wurden. Ausserdem lancierte die Projektstelle 1988 die Eröffnung der Dekade «Kirchen in Solidarität mit den Frauen» des Ökumenischen Rates der Kirchen (ÖRK). Und der FrauenKirchenKalender machte über viele Jahre hinweg die FrauenKirche in Basel sichtbar.

Ein Highlight unserer Arbeit war das 3. Schweizer Frauen-Kirchen-Fest unter dem Titel «Der Hoffnung liebliche Töchter: Zorn und Mut». Es wurde in Basel als zweitägiger Event durchgeführt, mit Hilfe von über hundert freiwillig Engagierten. Es kamen 1000 Teilnehmerinnen. Solche Projekte ermöglichten es uns, aktuelle Inhalte und neue Sichtweisen zu den Frauen an der Basis zu bringen – und umgekehrt. Die Frauen fühlten sich gestärkt dadurch, dass sie sich über ihre Kirchgemeinde hinaus, über die Stadt und ihre Konfession hinaus vernetzten. Sie arbeiteten mit an der Vision einer frauengerechten Kirche.

Dass wir zwei Stellenleiterinnen waren, erwies sich immer als Stärke. Eine Begleitkommission stand uns zur Seite und bildete den Link zur Institution. Sie sorgte für Kontinuität und wehrte sich, wenn nötig, für unsere Themen, den Ort und die Stellenleiterinnen. Spardruck und Mitgliederschwund begleiteten uns dabei immer wie eine drohende Wolke. Doch wo so viel Energie war, musste doch investiert werden! Die Einfügung der Frauenstelle in das neu gegründete «Forum für Zeitfragen» war deshalb kein Problem und der monatliche «Fraue-Frytig» blieb jahrelang ein wichtiger Treffpunkt. Meine Nachfolgerin auf der Projektstelle, Agnes Leu, bot weiterhin feministisch-theologische Kurse an (gemeinsam mit der Frauenstelle BL) und führte mit anderen kirchlichen Frauenstellen spannende Projekte durch, doch die Redimensionierung der Kirche BS war schon lange angesagt. Die Kirchgemeinden hatten ihre Vertretung in der Synode, doch die Frauenstelle nicht. 2009 wurde die Projektstelle aufgelöst. Die Weichen hätten früher anders gestellt werden müssen. Denn auch heute gäbe es für die Projektstelle wichtige Aufgaben, wie die aufflammenden Bewegungen des Frauenstreik 2019, der #MeToo- und der Black Lives Matter-Bewegung zeigen. Doch wo ist die Kirche eigentlich inzwischen?

FRAUENSTELLE BEIM ARBEITSKREIS FÜR ZEITFRAGEN BIEL

Catina Hieber-Schilt

Den Kick zur Gründung der Frauenstelle beim Arbeitskreis für Zeitfragen bekam die Reformierte Kirchgemeinde Biel mit der Dekade «Kirchen in Solidarität mit den Frauen» des Ökumenischen Rates der Kirchen (1988–98). Ihr Auftrag: «gesellschaftliche Gleichstellung der Geschlechter, feministische Theologie und weibliche Spiritualität».

Beim Antritt der Frauenstelle war ich überwältigt von der unstrukturierten, jedoch sehr lebendigen lokalen Frauenbewegung. Am Aktionstag zum Kampagnethema der Hilfswerke Fastenopfer/Brot für alle (1994) «Frauen gestalten die Welt» zogen mehrere hundert Frauen durch die Stadt. An symbolträchtigen Orten, z. B. vor dem Arbeitsamt, dem Parlament oder der Kirche, inszenierten sie kurze Strassentheater und machten auf spezifische Lebensrealitäten und die fehlende Gleichberechtigung von Frauen aufmerksam. Um der Bewegung zu mehr Gewicht gegenüber Institutionen und zu Kontinuität zu verhelfen, unterstützte und förderte ich als Leiterin der Frauenstelle die Gründung des «Frauenplatz Biel – Femmes en Réseau Bienne». In diesem lokalen, zweisprachigen Netzwerk schlossen sich mehr als 30 Organisationen sowie einige hundert Einzelpersonen zusammen – mit dem Ziel, auf vielfältige Weise die Gleichstellung von Frauen in Biel zu fördern. Gleichzeitig lancierten wir die zweisprachige Zeitschrift KulturELLE, die bis heute regelmässig erscheint. Zusammen mit dem Frauenplatz organisierte die Frauenstelle kreative Aktionen zum 8. März und 14. Juni und entwickelte Projekte wie z. B. den zweisprachigen historischen Frauenstadtrundgang Biel «Der andere Blick, un regard différent». Später entstand ein zweiter Rundgang «Weltsichten – wenn Frauen reisen» mit multikulturellen Aspekten. Auch beteiligte sich die Frauenstelle an der Schaffung der Beratungsstelle «frac» zu Frau und Arbeit, die heute auf eigenen Beinen steht.

Die Frauenstelle engagierte sich einerseits *gesellschaftspolitisch,* dies meist vernetzt, andererseits schuf sie *experimentelle Räume* für Frauen. Wir organisierten Kurse ausschliesslich für Frauen sowie spezifische Frauenreisen. Damit schufen wir einen Rahmen für Diskussionen zu Fragen der eigenen Identität, der Rolle von Frauen sowie verschiedenen Phasen im Frauenleben und öffneten Räume für intime Themen und Ge-

1989: Gründung der Frauenstelle im Arbeitskreis für Zeitfragen, Biel
2011: Umbenannt in: Bereich «Bildung & Gesellschaftsfragen»
http://www.ref-biel.ch/home/bildungskirche/ arbeitskreis-fuer-zeitfragen/bildung-und-gesellschaftsfragen/

Stellenleiterinnen:
– Verena Naegeli, reformierte Theologin (1989–1992)
– Catina Hieber-Schilt, reformierte Theologin (1993–2007)
– Luzia Sutter Rehmann, Prof. Dr. theol. (seit 2008)

Vernetzung:
1995: Gründung des Frauenplatz Biel/Femmes en Réseau Bienne
1995: 1. Ausgabe KulturELLE
1999: Gründung frac – Beratungsstelle für Frau und Arbeit
2002: 1. Frauenstadtrundgang Biel «Der andere Blick / un regard different», zweisprachige Broschüre sowie Führungen
2018: 2. Frauenstadtrundgang Biel «Weltsichten – wenn Frauen reisen» / «vies de femmes – des itinéraires de voyageuses»

Kurse und Veranstaltungen zu Feministischer Theologie und Spiritualität (Auswahl):
1993–2006: Ökumenische Frauen- und Jahreszeitenfeiern (4 × jährlich)
1994: Suche nach meinen Quellen als Frau – weiss – rot – schwarz
2000–2003: Wandlungszeit – Wechseljahre – Frauen in der Lebensmitte

2003/2005: Frau sein – Frau als Subjekt. Reisen zum Skulpturengarten von Niki de Saint Phalle

Gesellschaftspolitisches Engagement für Geschlechtergerechtigkeit (Auswahl):
1997: An den Frauen sparen – Forderung Geschlechtergerechter Budgets der öffentlichen Hand für die Stadt Biel
2006: Männer und Frauen im Alter? Gleichgestellt?

Jubiläum AfZ 2005: Catina Hieber-Schilt (links), Stellenleiterin von 1993–2007, und Verena Naegeli (rechts), Stellenleiterin von 1989–1992.

«Marche Mondiale des femmes» 2000: Catina Hieber-Schilt (links), Stellenleiterin der reformierten Frauenstelle Biel, und Regula Strobel (rechts), Stellenleiterin der katholischen Frauenstelle Biel.

spräche. Auf der Suche nach spirituellen Quellen wurde zunehmend die eigene Körperwahrnehmung wichtig. Sie spielte eine integrale Rolle in Zyklen zu Lebensphasen von Frauen: so in «weiss – rot – schwarz» *(Mädchen – fruchtbare Frau – alte Frau)*, «Wechseljahre», «Neuorientierung in der zweiten Lebensphase» und zahlreichen Bibliodrama Angeboten. Immer wieder erwähnten Frauen bei späteren Begegnungen, wie prägend der eine oder andere Kurs für ihre persönliche Entwicklung war. Ein besonderes Highlight bedeuteten die Frauenreisen zum Skulpturengarten von Niki de Saint Phalle in der Toskana. Dabei ging es nicht nur um die Erkundung einer eigenwilligen feministischen Künstlerin, sondern auch um die persönliche Auseinandersetzung mit einzelnen Aspekten der eigenen Spiritualität.

Zur Suche nach stimmigen spirituellen Formen gehörten auch die ökumenischen Frauenfeiern. Während mehr als einem Jahrzehnt führten wir sie in Biel durch. Dabei probierten wir viel Neues aus. Insgesamt ging es in der Arbeit der Frauenstelle immer wieder um Aufbrüche und Sichtwechsel, sei es in feministisch-theologischen Veranstaltungen wie «Frauenbilder – Gottesbilder», «Evas Töchter ent-schuldigen sich» oder «Geschlechter-gerechte Gottesdienste». Oft war die Frauenstelle gemeinsam unterwegs mit der katholischen Frauenstelle Biel, insbesondere in feministisch-theologischen Kursen und Veranstaltungen sowie in der Vorbereitung der 2. Schweizer Frauensynode zum Thema «Sichtwechsel – Schichtwechsel».

Vieles ist in Gang gekommen und auch in Zukunft wird der Stelle, neu zuständig für «Bildung & Gesellschaftsfragen», die Arbeit nicht ausgehen.

VON DER FACHSTELLE FEMINISTISCHE THEOLOGIE ZUR FRA-Z

FACHSTELLE FEMINISTISCHE THEOLOGIE LUZERN
Li Hangartner

Kampf für Gerechtigkeit und gegen Sexismus in Kirchen und Gesellschaft, für Ökumene und den Aufbau von demokratischen Strukturen in der Kirche: Um nichts weniger ging es den 170 Teilnehmerinnen am ersten Luzerner FrauenKirchenTag im Juli 1987 in Luzern. In einer Resolution an die Kirchenräte und Synoden der beiden Landeskirchen, verfasst vom Arbeitskreis Feministische Theologie, wurde die Schaffung einer Fachstelle für frauenspezifische Anliegen im Bereich Kirche gefordert.

Ein halbes Jahr nach der Gründung des ökumenischen Vereins Frauen und Kirche im Mai 1988 zählt er bereits 400 Mitglieder, ein Jahr danach 700. Obwohl grösser geplant, starteten wir 1989 mit einer Arbeitsstelle von nur 20 %, 1991 waren es dann bereits 40 %. Die Frauenkirchenstelle – später Fachstelle Feministische Theologie – wurde von den beiden Landeskirchen Luzern subventioniert, strukturell und inhaltlich blieb der Verein unabhängig, etwas Einzigartiges im gesamten deutschsprachigen Raum.

Das Jahresprogramm von FrauenKirche Zentralschweiz lebte von den Interessen und dem Engagement der Vereinsfrauen zum einen und von den spezifischen Möglichkeiten der Fachstelle Feministische Theologie zum andern. Neue Formen des Feierns, Gedenkens und Besinnens wurden entwickelt; in Theologiekursen und Weiterbildungen kritische und neue Zugänge zu theologisch Bekanntem vermittelt und das ermutigende christliche Erbe für unser politisches Handeln fruchtbar gemacht. Diese Schwerpunkte – Liturgie, Reflexion und politisches Engagement – bildeten die drei Handlungsorte von FrauenKirche. FrauenKirche ist nicht in erster Linie ein soziologischer Begriff, sondern bezeichnet die Option und die Perspektive, aus der heraus wir Christinnen sind, Theologie treiben und politisch handeln. Es bedeutet, konkret Räume zur Verfügung zu stellen, die Frauen nutzen und gestalten können. Es bedeutete aber auch, einen geistig unabhängigen Raum zu schaffen und diesen kreativ, geistreich und inspirierend zu gestalten.

27.6.1987: Resolution mit der Forderung nach einer ökumenischen Frauenstelle anlässlich des 1. Luzerner FrauenKirchen-Tages
19.5.1988: Gründung des Vereins Frauen und Kirche
2001: aus Frauen und Kirche wird FrauenKirche Zentralschweiz
2020: aus FrauenKirche Zentralschweiz wird fra-z – feministisch. tiefgründig. frech.

Fachstellenleiterinnen:
– Barbara Ruch, ehrenamtlich ad interim (1988–1989)
– Li Hangartner (1989–2008)
– Heidi Müller (1991–1995)
– Silvia Strahm Bernet (1995–2001)
– Katja Wißmiller (2008–2013)
– Regula Grünenfelder (2014–2020)

Administration:
Margrit Gedeon, Rita Blättler, Esther Lischer, Natalie Raeber, Madeleine Marti, Sabine Holland, Brigitte Waldis

Finanzierung:
subventioniert durch die katholische und reformierte Landeskirche Luzern; katholische Kirche Stadt Luzern; katholische Kirche Stadt und Kanton Zug; reformierte Kirche Kanton Zug; Vereinsbeiträge und Eigenleistungen der Fachstelle Feministische Theologie

Handlungsorte der FrauenKirche Zentralschweiz:
– Feministisch-theologische Reflexion: Aus- und
  Weiterbildungskurse, Vorträge, Seminare,
  ökumen. Tagungen für Kirchenrätinnen, Be-
  sinnungstage, interreligiöser Frauendialog, Bausteine zur Feministischen Theologie
– Liturgisches Feiern: Frauengottesdienste, ver-
  schiedene Ritualfeiern (z. B. zu Tag- und Nacht-
  gleiche), FeierAbend-Gottesdienste usw.
– Politische Praxis: Initiantin des Runden Tisches
  (in Zusammenarbeit mit Geichstellungsarbeit
  Kanton LU), Projektunterstützung in Bos-
  nien & Herzegowina, 16-Tage-Kampagne gegen
  Gewalt an Frauen, Frauenstreiktage etc.
– FrauenKirchenTage und Frauen-Synode:
  FrauenKirchenTage in Luzern, Sursee, in Herten-
  stein und Brunnen, 4. Schweizer Frauensynode
  Urschweiz «Arbeitstitel: Heimat. Eine Reise»,
  Wirtschaft ist Care – Synodaler Prozess als Vor-
  bereitung für die 7. Schweizerische Frauensynode
  Ausführlichere Angaben zu den diversen Veranstal-
  tungen siehe: https://fra-z.ch/ueber-fra-z/

Karte aus dem Kartenset der FrauenKirche Luzern,
Cartoons von Gabi Kopp.

«Eines der gefährlichsten Geräusche, das man machen kann, ist laut zu denken.» Und das haben wir getan, mit Erfolg. Davon zeugen die Luzerner FrauenKirchenTage, die 4. Schweizer Frauensynode, die Klagestunde gegen Gewalt an Frauen anlässlich des Mordes an D. im Frauenhaus Luzern, die Störaktion in der Jesuitenkirche gegen die Armeeausstellung auf der Allmend und eine GEgenDENKFEIER in der Franziskanerkirche zum Armeetag, der Protestzug gegen den Irakkrieg, die Beteiligung an den Frauenmärschen am 8. März, das Engagement für die Einführung einer Fristenregelung.

Der bedeutendste politische Schwerpunkt von 1992 bis heute ist das Engagement für Projekte, die unmittelbar nach dem Krieg im ehemaligen Jugoslawien zugunsten von Frauenflüchtlingen und ihren Kindern entstanden sind. Spätestens seit dem Klagezug vom 10. Dezember 1992, der grössten Demonstration in Luzern mit einem Aufruf zu Protestaktionen gegen den Krieg im ehemaligen Jugoslawien, wurden die FrauenKirche Zentralschweiz und die Arbeit der Fachstelle Feministische Theologie auch ausserhalb der Kirchen wahrgenommen. Dieser markierte den Beginn einer engeren Zusammenarbeit mit dem Frauenhaus, dem Zefra Frauenzentrum und anderen feministischen Gruppierungen. Christlich und feministisch? Das war – in der Wahrnehmung von aussen – plötzlich kein Widerspruch mehr.

In einer Zeit, in der es zunehmend schwieriger wurde, beharrlich bei den beiden Kernthemen Feminismus und Christentum zu bleiben und die Klammer um diese beiden «Stichworte» nicht aufzugeben, haben FrauenKirche und Fachstelle die Entwicklungen auch innerhalb der Kirchen entscheidend geprägt. Ohne die Möglichkeiten, in geschützten Räumen Formen des Feierns, Gedenkens und Besinnens zu entwickeln und sich theologisch weiterzubilden, wäre es heute weniger selbstverständlich, dass Frauen Gottesdiensten vorstehen, predigen, taufen, beerdigen und Pfarreien leiten. Ein feministisch angepasstes approbiertes Lektionar, inklusive Sprache in den Gemeindegottesdiensten und Rituale zu besonderen Lebenslagen existierten wohl kaum.

FRA-Z – VEREIN FRAUENKIRCHE FÄNGT NEU AN

Regula Grünenfelder

Als Studentin war ich Gründungsmitglied des Vereins Frauen und Kirche Luzern, zehn Jahre danach als promovierende, «stillende» Theologin im Vorstand und wieder fast zehn Jahre später fragte mich Lisianne Enderli, ob ich ihren Platz in der Begleitgruppe der Fachstelle Feministische Theologie übernehmen könnte. Es passte nicht wirklich in mein Leben, aber es war wichtig, dass es weiterging. Aus dem Engagement in der Begleitgruppe wurde durch Fusion von Vorstand und Begleitgruppe wiederum ein Vorstandseinsatz. Mit der Kündigung der Stellenleiterin Katja Wißmiller wurde deutlich, dass eine Weiterführung der Arbeit in der bestehenden Form nur enttäuschen konnte. Die Zukunft von Verein und Fachstelle musste anders aussehen. Nach einem experimentellen Zwischenjahr liess ich mich als Fachstellenleiterin wählen – für die Verwandlung der FrauenKirche in etwas Neues. Ich hatte Erfahrung im Aufbau von notwendigen Organisationen, die es noch nicht gab, wie etwa die Plattform ZiAB (Zivilgesellschaft in Asyl-Bundeszentren) oder ein öffentliches Netzwerk für beseelte Landwirtschaft wie LUEG JETZT. Hier hatte ich gelernt, dass für gelingende Anfänge einerseits die Zeit gekommen sein muss und andererseits ohne Irritationen oder schmerzhafte Findungsprozesse nichts Neues entsteht. Und auch nicht ohne Geld: Die Pfarrei Steinhausen, die katholische Kirche Stadt Zug und die reformierte Kirche Kanton Zug finanzierten den Change-Prozess. Im ersten Jahr war die Religionswissenschaftlerin und Spezialistin für feministisches intergenerationelles Arbeiten, Léa Burger, mit mir unterwegs. Wir schufen als Prototyp die Ressourcen orientierte Kampagne zur Prävention häuslicher Gewalt «Frauen sind unschlagbar». Im zweiten Jahr übernahm Moni Egger, Theologin, ehemaliges Vorstandsmitglied der FrauenKirche Zentralschweiz und Märchenerzählerin, die Projektleitung im Change-Prozess. Daraus entstand die fra-z, ein offener und kraftvoller Raum für Frauen* aller Weltanschauungen, Kulturen, Generationen und Lebensentwürfe, ein Zelt, real und symbolisch, eine Wander-Unterkunft für Anfänge und Gespräche von Frauen*, ein bewegliches, feministisch-politisch-theologisches Projektnetzwerk, mit der Vision guten Zusammenlebens aus der Perspektive und dem Handeln von Frauen*, die vor dreissig Jahren schon die FrauenKirche entstehen liess.

2020: Gründung fra-z
Projektleiterinnen Change-Prozess: Léa Burger, Regula Grünenfelder, Moni Egger

Vorstand FrauenKirche Zentralschweiz (bis 27.11.2020):
– Claudia Küttel-Fallegger (Präsidentin)
– Ursula Norer
– Maria Oppermann
– Brigitte Waldis-Kottmann

Vorstand fra-z (ab 28.11.2020):
– Vreni Keller-Habermacher (Präsidentin)
– Laura Grawehr
– Jeannette Simeon-Dubach
– Chantal Studer
– Aysel Yurtseven

KONFERENZ DER KIRCHLICHEN FRAUEN- UND GENDER-STELLEN DEUTSCHSCHWEIZ

Sabine Scheuter

Anfang 90er Jahre: Treffen der Stellenleiterinnen
Ab ca. 2005: Name «Konferenz der kirchlichen Frauen- und Genderstellen Deutschschweiz»
2018: Letzte Einladungen; Treffen in reduziertem Kreis
Die reformierten Stellen von AG, BL und ZH arbeiten immer noch eng zusammen.

Frauen- und Genderstellen der reformierten Kirchen: AG, BL, BS, BE, Biel, ZH
Frauenstellen der kath. Kirchen: AG, BS, Biel
Ökumenische Stelle: LU/Zentralschweiz
Missions- und Hilfswerke: Mission 21, bfa und HEKS teilen sich eine Stelle.

Ab Mitte der 80er Jahre wurden in verschiedenen Landeskirchen Stellen für Frauenanliegen geschaffen. Sie waren teils mehr, teils weniger in den offiziellen kirchlichen Strukturen verankert und hatten unterschiedliche Aufgaben. Bei den meisten ging es um Frauenbildung, bei einigen auch um innerkirchliche Gleichstellung oder Gendermainstreaming. Was sie alle verband, war das Engagement für die Feministische Theologie und fast von Beginn weg auch der Kampf für die Aufrechterhaltung dieser Stellen. Die meisten von ihnen waren regelmässig von Kürzungs- oder Abschaffungsversuchen bedroht.

Die Stelleninhaberinnen trafen sich jährlich zum Austausch und zu thematischen Weiterbildungen. Man war basisdemokratisch organisiert, das «Frauenstellentreffen» fand reihum bei einer Gastgeberin oder «zentral» im «Bioland» in Olten statt. Regelmässig gab es gemeinsame Veranstaltungen, man konnte aber auch eine Idee einer Kollegin aufnehmen und in der eigenen Kirche umsetzen. Um in der Öffentlichkeit besser wahrgenommen zu werden, gab sich das «Frauenstellentreffen» ab ca. 2005 den Namen «Konferenz der kirchlichen Frauen- und Genderstellen Deutschschweiz». Das grösste gemeinsame Projekt war das Projekt «merk.würdig», eine grosse Rückschau und Würdigung der Themen Frauen – Kirchen – Theologie. Ein weiteres gemeinsames Engagement galt dem Fernstudium Feministische Theologie, welches ab 2009 unter der Leitung der Frauenstellen von Biel und Basel mehrmals durchgeführt wurde.

Die strukturelle Vielfalt der verschiedenen Stellen war Reichtum und Herausforderung zugleich. Die kircheninternen Stellen und die etwas unabhängigeren Bildungsstellen hatten je länger je mehr unterschiedliche Ausrichtungen. Ab 2010 fielen auch einige der Stellen den kirchlichen Budgetkürzungen zum Opfer. 2018 fand ein letztes grösseres Treffen statt, an dem das Ende der «Konferenz» in dieser Form beschlossen wurde. Einige der Stellen (bzw. deren Inhaberinnen) arbeiten aber immer noch regelmässig zusammen oder treffen sich bei der Frauenkonferenz der Evangelisch-reformierten Kirche Schweiz.

VON DER FRAUENSTELLE ZUR FACHSTELLE GENDER DER EVANGELISCH-REFORMIERTEN KIRCHE BASELLAND

DIE FRAUENSTELLE
Ruth Best-Loppacher

Die Frauenstelle verdankt ihre Entstehung dem Ökumenischen Rat der Kirchen, der seinen Mitgliedskirchen weltweit das Thema «Solidarität der Kirchen mit den Frauen» vorgab. Die Evangelisch-reformierte Kirche Baselland (ERK BL) lud alle Kirchgemeinden ein, eine Frau in eine Arbeitsgruppe «Dekade» zu delegieren. Diese Gruppe aktiver und an Frauenthemen interessierter Frauen forderte vom Kirchenrat die Schaffung einer Frauenstelle. Sie lieferte dem Kirchenrat auch Ideen und Argumente und beantwortete kritische Fragen. 1991 fand eine Aussprachesynode mit dem Thema «Neue Eva – Alter Adam» statt. Titelbild und Programm zeigen, dass die Dekadegruppe, unterstützt von Frauen und auch einigen Männern in der Synode, für ihr Anliegen gearbeitet und gekämpft hat. Es war also eher Solidarität der Frauen. Die Solidarität der Kirche bestand darin, dass die Synode noch 1991 der Schaffung einer kirchlichen Frauenstelle für Kurs- und Projektarbeit zustimmte.

In der Synode-Vorlage wurden die Ziele wie folgt formuliert: 1. Den Frauen unserer Kirche helfen, ihr Selbstbewusstsein zu entwickeln und sie dadurch besser zu befähigen und zu ermuntern, eine breitgefächerte Verantwortung zu übernehmen. 2. Frauen weiterbilden, die bereits in Entscheidungs- und Verwaltungsgremien mitarbeiten. 3. Im Sinne des allgemeinen Priestertums Frauen befähigen, ihren Beitrag zur Theologie und zum Glaubensverständnis zu leisten, zum Wohl der gesamten Kirche. Als ich 1993 als 57-Jährige zur ersten Leiterin der Frauenstelle gewählt wurde, habe ich mich sehr gefreut und die Wahl als Anerkennung meiner bisherigen Arbeit und Weiterbildung in feministischer Theologie verstanden. Aber ich wusste auch, dass die Stelle auf 5 Jahre befristet war und also bei meiner Pensionierung leicht wieder aufgehoben werden konnte. Bei meiner Amtseinsetzung in Sissach erhielt ich sehr viel ermutigende Unterstützung und gute Wünsche auf den Weg. Vor allem von Frauen!

1989: Dekadegruppe, die von Pfarrerin Patricia Remy gegründet und geleitet wurde, fordert die Schaffung einer Frauenstelle und konzipiert die Vorlage für die «Kirchliche Frauenstelle» Baselland.

1991: Synode der ERK BL beschliesst Schaffung einer kirchlichen Frauenstelle für Kurs- und Projektarbeit: 50 % Kurs- und Projektstelle, 25 % Sekretariat (aufgestockt 2002 auf 30 %).

1993: Gründung «Kirchliche Frauenstelle»

1993–1997: Stellenleiterin Pfarrerin Ruth Best-Loppacher (mit einer Begleitkommission von Frauen und Männern)
Projekte und Aktivitäten:

1992–1994: Drei Jahreskurse feministische Theologie (gemeinsam mit Elisabeth C. Miescher/Leuenberg) → Programm siehe Artikel zum Leuenberg

Seit 1992: Vorbereitungsveranstaltungen für den Weltgebetstag, zusammen mit dem Leuenberg (Elisabeth C. Miescher und Patricia Remy) in einer ökumenischen Arbeitsgruppe

1993–2003: «FrauenFeiern» in Liestal

1996: «Frauen-Patchwork». 1. Baselbieter Frauenkirchenfest in Liestal

1998–2011: Stellenleiterin Pfarrerin Anja Kruysse
Stelle wird alle 4 Jahre ohne Gegenstimme der Synode wiederbewilligt.

1998–2015: Amtspflegepräsidentin Eva-Maria Fontana-Hübner (Mitinitiantin der Frauenstelle BL)

Projekte und Aktivitäten (Auswahl):

Ab 1999: Feministisch-theologische Kurse wie «Aufbrüche von Frauen» – Feministisch-theologische Lese- und Gesprächsrunden über Frauen aus der Bibel. Leitung: Anja Kruysse, Frauenstelle BL, und Agnes Leu, Projektstelle für Frauen BS

1999: Mitbegründung der «Gruppe 14. Juni»

1999: «Wir hauen auf die Pauke» – Frauenkirchenfest in Basel, gemeinsam mit der Projektstelle für Frauen BS

2000: «Projekt Mädchengerechter Religionsunterricht» (mit Projektstelle für Frauen BS, Fachstelle Religionsunterricht BL und Rektorat für Religionsunterricht BS)

Ab 2000: Weiterbildung für kirchliche Mitarbeiterinnen (bezahlt und unbezahlt), mit dem Leuenberg, Fachstelle für Jugendarbeit und Projektstelle für Frauen BS

2004: «Anders – wie denn sonst?» 3. Schweizer Frauensynode in Basel, gemeinsam mit anderen kirchlichen Frauenstellen

Ab 2004: Interreligiöse Feministische Arbeit, u. a. interreligiöse Gespräche in der «Woche der Religionen» (mit Projektstelle für Frauen BS und «Projekt Frauentheologie»)

2002/2005: Initiierung und Mitarbeit am «Leitfaden sexuelle Übergriffe im Arbeitsfeld Kirche»

2006: «Gewalt wahrnehmen und überwinden. Lehrmittel für den Religionsunterricht», Konzept und Texte: Patricia Remy; Projektleitung: Anja Kruysse und Eva-Maria Fontana-Hübner

2009–2010: Projekt «merk.würdig» der Konferenz kirchl. Frauen- und Genderstellen

2011: «Beinahe Gewalt Geschichten.» Authentische Beiträge zum Abschluss der «Dekade zur Überwindung von Gewalt», gesammelt und bearbeitet von Margrit Balscheit, Projektleitung: Frauenstelle BL

Mein erstes Projekt waren die «FrauenFeiern» in der Stadtkirche Liestal. Meine Kollegin, Pfarrerin Rosmarie Brunner, brauchte nur kurze Zeit, um mehrere Frauen zu finden, die bereit waren, mit uns beiden frauengerechte Gottesdienste zu planen und vorzubereiten und einmal monatlich am Sonntagabend zu feiern. Es schien, als hätten sie nur darauf gewartet. 10 Jahre lang wurden diese Gottesdienste weitergeführt.

Im September 1996 haben diese Gruppe und die Dekadegruppe mit der Frauenstelle zum ersten Baselbieter Frauenkirchenfest in Liestal eingeladen, an dem gegen 200 Personen teilnahmen. Als Thema wählten wir «Frauenpatchwork – wir suchen, wir streiten, wir feiern». Ein weiteres Angebot der Frauenstelle waren Ausflüge und Wanderungen zum Thema «Frauengeschichte der Region», z. B. Verenaschlucht, Mariastein, Odilienberg und andere. Eine kleine Arbeitsgruppe unterstützte mich voll Begeisterung. Schwerpunkt meiner Arbeit waren auch die drei Jahreskurse feministische Theologie, die ich zusammen mit der Studienleiterin Elisabeth C. Miescher vorbereitete und 1992/93, 1994 und 1995/96 auf dem Leuenberg durchführte. Sie dauerten je 15 Tage (mehrere Wochenenden, eine Ferien- und Studienwoche und kleine Lesegruppen). 1997/98 habe ich mit Agnes Leu, Leiterin der «Projektstelle für Frauen» Basel-Stadt, im Forum für Zeitfragen einen weiteren Grundkurs feministische Theologie mitgeleitet. In diesen Kursen arbeiteten wir mit verschiedenen Lernformen wie bildnerischem Gestalten, Tanz, Bibliodrama u. a. Und wir haben auch das Labyrinth auf dem Leuenberg gebaut. 1998 übernahm Anja Kruysse die Leitung der Frauenstelle und führte die Arbeit bis 2011 mit neuen Akzentsetzungen engagiert weiter.

In den 5 Jahren als Leiterin der Frauenstelle der ERK BL habe ich viele Frauen erlebt, die mit Ernsthaftigkeit und Begeisterung auf der Suche nach ihren religiösen Wurzeln und nach neuem tragfähigem Glauben waren. Dabei habe ich selbst viel gelernt und bin überzeugt, dass die Kirchen dringend feministisches Bewusstsein und ganzheitliches Denken bei Frauen und Männern fördern müssen, wenn sie überleben wollen.

FACHSTELLE FÜR GENDERFRAGEN UND ERWACHSENENBILDUNG

Judith Borter

2010 wird die Frauenstelle neu konzipiert. Im neuen Namen wird ausgedrückt, was die Kernaufgabe der «Fachstelle für Genderfragen und Erwachsenenbildung» ist. Sie steht für eine offene und solidarische Kirche, setzt neue Akzente und ist ein Kompetenzzentrum, das Kirchgemeinden in den Bereichen Erwachsenenbildung, Gender und Diversity unterstützt. Oder wie es in den Leitsätzen heisst: «Sie setzt sich mit dem Ansatz der geschlechtergerechten Theologie ein für ein gutes Leben in Vielfalt. Durch kirchliche Erwachsenenbildung sollen Menschen, Suchende und Glaubende, auf ihrem Weg begleitet, Wissen über religiöse Themen vertieft und die selbstkritische Auseinandersetzung mit dem christlichen Glauben gefördert werden. Menschen sollen in ihrer Unterschiedlichkeit wahrgenommen und ihren besonderen Bedürfnissen Rechnung getragen werden.»

Immer wieder versucht die Fachstelle durch Themenschwerpunkte Junge und Ältere in ihren aktuellen Lebenssituationen anzusprechen: Mitglieder kirchlicher Behörden, Freiwillige, Frauen, Mütter, Väter, Menschen mit besonderen Bedürfnissen, Alleinerziehende. Durch verschiedenste Angebote wird geschlechtergerechte Theologie gelebt und gendergerechtes Handeln gefördert. Ein Beispiel ist das Projekt «Nimms an die Hand», das ich gemeinsam mit der «Gruppe 14. Juni» (Verbund von Baselbieter Frauenorganisationen) durchführte. Bedruckte Stofftaschen mit diesem Slogan sollten junge Frauen ermutigen, an den Knackpunkten des Lebens (Berufswahl, Ausbildung, Weiterbildung, Heirat, Familiengründung) bewusste Entscheide zu treffen. Der «Gruppe 14. Juni» wurde dafür der Basler Frauenpreis 2016 verliehen. Zu einem Grundpfeiler sind zudem die regelmässig stattfindenden Gottesdienste «Zäme fiire» geworden, an denen Menschen mit und ohne Behinderung aus dem ganzen Kanton teilnehmen. Ein wichtiger Fokus der Fachstellenarbeit liegt auch auf der Vernetzung und Zusammenarbeit mit anderen Gleichstellungsorganisationen und -verbänden und u. a. bei der Präventionsarbeit vor sexuellen Übergriffen in der reformierten Kirche.

2010: Neukonzeption der kirchlichen Frauenstelle der ERK BL und Umbenennung in «Fachstelle für Genderfragen und Erwachsenenbildung» der ERK BL
Anja Kruysse bleibt Stellenleiterin bis 2011.
2011: Céline Graf übernimmt die Leitung des Sekretariats und prägt seither die Fachstelle mit ihrem engagierten Wirken.
2012: Pfarrerin Judith Borter wird neue Stellenleiterin.
2017: Nach eingehender Evaluation wird die «Fachstelle für Genderfragen und Erwachsenenbildung» an der Synode vom 22. November unbefristet wiederbewilligt.

Angebote: Vernetzungsapéros, Mentoringprogramme, Feierabendgespräche, Kinoabende, Gottesdienste, verschiedenste Bildungsveranstaltungen
www.gender-bildung.ch

185

FACHSTELLE FRAUEN, MÄNNER, GENDER DER REFORMIERTEN LANDESKIRCHE AARGAU

Kerstin Bonk

1995: «Fachstelle für Frauenfragen» wird von der Synode eingerichtet.
Stelleninhaberinnen: Johanna Hooijsma Winzeler, Theologin, 1.6.1996 bis 30.9.2002 (30 %) und Ruth Voggensberger, lic. iur.,1.9.1996 bis 30.4.2003 (20 %)

Mitte 2005: Umbenennung in «Fachstelle Frauen, Männer, Gender»
Stelleninhaberinnen: Andrea Kolb,12.1.2004 bis 30.4.2007, Irmelin Kradolfer, 16.3.2007 bis 31.3.2013

Ab 2013: Die Fachstelle wird in den Bereich Bildung und Gesellschaft integriert, der Aufgabenbereich wird um «Prävention von Grenzverletzungen und sexuellen Übergriffen» erweitert.

Ab 2016: Die Fachstelle wird dem Bereich Gesamtkirchliche Dienste zugeordnet.
Stelleninhaberinnen: Sabine Brändlin, 1.9.2013 bis 31.12.2018, Kerstin Bonk, seit 1.1.2019

Seit Ende der 80er Jahre ist der Aufbruch von Frauen in der Kirche auch im Aargau unübersehbar. Seit 1988 setzt sich die vom Kirchenrat eingesetzte aargauische Kommission für die ökumenische Dekade «Kirchen in Solidarität mit den Frauen» ein. Die 1993 gegründete ökumenische «Gruppe Frauenperspektive» erstellt ein «Weiterbildungskonzept feministische Theologie», fördert Frauensolidarität, vernetzt und ermächtigt Frauen, will Frauenstellen schaffen. Nachdrücklich fordert sie Veranstaltungen und Weiterbildungsangebote von Frauen für Frauen, die die veränderten Lebenssituationen berücksichtigen und die kirchliche und gesellschaftliche Situation von Frauen kritisch beleuchten.

Dank dieser beharrlichen Arbeit sowie einer breiten Unterschriftenaktion am ersten Aargauer FrauenKirchenFest in Lenzburg wurde die «Fachstelle für Frauenfragen» in der reformierten Landeskirche Aargau eingerichtet. Von der Synode am 22. November 1995 beschlossen, damit man durch «geschwisterliche Zusammenarbeit von Frauen und Männern auf glaubwürdige Art Kirche sein kann» (Referat für den Kirchenrat von Suzanne Rohr Kaufmann, Synodeprotokoll 22. November 1995), wird sie 1996 mit je einer Theologin und Juristin besetzt. «Die Zusammensetzung aus feministisch-theologischen und juristischen Aufgaben ist ein Ausdruck dafür, dass Frauen ihre Vorstellung von Gleichstellung in konkreten Handlungsstrategien in der Kirche umsetzen wollen.» *(Jahresbericht 1996, 49)* Schwerpunkte sind: Vernetzungsarbeit, Aufbau einer Bibliotheks- und Dokumentationsstelle, Beratung von kirchlichen Organen in Gleichstellungs- und Frauenfragen sowie bei Gesetzesvorlagen, Frauen eine Stimme verleihen, ganzheitliche Sichtweisen einbringen, Räume für Frauenspiritualität schaffen, Geschlechterdiskriminierung und sexuelle Gewalt bekämpfen.

Die Arbeit an Referaten, Stellungnahmen, Kampagnen, die Planungen der ökumenischen Aargauer FrauenKirchenFeste und Tagungen, die vernetzt mit der Aargauischen FrauenLandsGemeinde (heute: frauenaargau) stattfinden, füllen die Agenda. Hinzu kommen Projekte wie «Vergeld's Gott», das Freiwilligenarbeit sichtbar macht und neue Umverteilung von Arbeit fordert, sowie der Sozialausweis KANA, ein Kompetenz- und Arbeitsnachweis für Freiwillige. Das ökumenische Infoblatt feMail erscheint erstmals 1997 und erhält 2006 einen Preis für besonderes Engagement zur Geschlechtergerechtigkeit. Der «Leitfaden zur sprachlichen Gleichstellung der Geschlechter» erscheint 1999. 2002 entsteht das Vernetzungsprojekt «Reformierter Frauentisch» von Frauen aus verschiedenen Organisationen zum Austausch von Erfahrungen und Fachwissen und für Stellungnahmen zu frauen- und sozialpolitischen Themen. Die Broschüre «Sexuelle Übergriffe in der Kirche» wird 2003 herausgegeben. Ab Mitte 2005 wird die Fachstelle in «Fachstelle Frauen, Männer, Gender» umbenannt. Geschlechtsspezifische Angebote und die Männerarbeit kommen stärker in den Blick. Feministisch-theologische Themen werden weiterverfolgt. Es gibt Diskussionsabende zur «Bibel in gerechter Sprache». Darüber hinaus bringt die Fachstelle Genderthemen im interreligiösen Dialog ein, thematisiert die Ausbeutung von Frauen durch Zwangsprostitution/Menschenhandel und engagiert sich in der Kampagne «16 Tage gegen Gewalt an Frauen».

2013 startet das Präventionsprojekt «Respektvoll und wertschätzend miteinander umgehen – Schutz vor Grenzverletzungen und sexuellen Übergriffen». In den folgenden Jahren wird ein professionelles Präventionskonzept institutionell verankert. Ab 2016 wird das «Mentoring für Frauen» zur Förderung von Frauen in kirchlichen Leitungspositionen angeboten, ein Anliegen, welches auch durch den Sylvia Michel Preis unterstützt wird, dessen Ziel ebendiese Förderung in der Weltgemeinschaft der reformierten Kirchen ist. 2016 wird den landeskirchlichen Diensten von der «Fachstelle UND» das Prädikat «Familie UND Beruf» für die Vereinbarkeit von Familie und Beruf verliehen – ein Anliegen, welches auch die Kirchgemeinden aufgreifen.

Die Fachstelle nimmt stets aktuelle Fragen und Anliegen auf und verfolgt Bewährtes wie den reformierten Frauentisch, das FrauenKirchenFest und die Vernetzungsarbeit kontinuierlich weiter. Der Einsatz für Gleichstellung und Geschlechtergerechtigkeit auf den unterschiedlichsten Ebenen sind neben der Präventionsarbeit Kernanliegen der Fachstelle. Die feministische Theologie bleibt wesentlich.

DIE KATHOLISCHE FRAUENSTELLE IM KANTON AARGAU

DIE ANFÄNGE

Regula Haag Wessling

1995 von der Synode für 5 Jahre bewilligt (zu 50 %). Eine Beschwerde rechtskonservativer Kreise wurde von Kirchenrat und Regierungsrat des Kantons Aargau abgewiesen.

1997–2003: Stellenleiterin Regula Haag Wessling

2001: Entscheid zur unbefristeten Weiterführung

2003: Susanne Andrea Birke leitet in einer Übergangsphase den Bereich zusätzlich zu zwei weiteren Stellenbereichen.

Projekte in den ersten 6 Jahren:
– feMAIL: ökumenisches Infoblatt, 3 × pro Jahr
– Mappe und Kurse zu «Ritualen»
– Projekt «Vergeld's Gott» zu Aufwertung der Freiwilligenarbeit
– Sozialzeitausweis «KANA» mit kirchenspezifischem Kompetenznachweis für die Freiwilligenarbeit
– Projekt «mamma mobile» zur Planung und Durchführung von Kursen für Familienfrauen
– Mitwirkung «Frauenperspektive Aargau» zur Gründung und Durchführung des Aargauer FrauenKirchenFests seit 1996

Voller unerwarteter Wendungen war der Anfang der katholischen Frauenstelle Aargau, denn erst nachdem ein Rekurs seitens rechtskonservativer Kreise 1995 vom Regierungsrat abgewiesen worden war, konnte die Arbeit beginnen: «Frauen und Frauengruppen, die ihre eigene Spiritualität suchen, unterstützen und fördern» und «Frauenanliegen innerhalb der kirchlichen Strukturen Gehör verschaffen», das waren die Themen. Schnell zeigte sich, dass zu deren Umsetzung eine projektbezogene Arbeitsweise besonders geeignet war. So entstand die kreative «Ritual-Mappe», die einen nie erwarteten Absatz fand und half, dem damaligen Bedürfnis nach neuen Spiritualitätsformen Inhalt und Form zu geben. Beleg für dieses Bedürfnis war auch das neugeschaffene Aargauer FrauenKirchenFest der ökumenischen Gruppe «Frauenperspektive», die seit 1996 bis heute jährlich das Fest organisiert (mit jeweils 100–200 Teilnehmerinnen). Wichtig wurden bei Auswahl und Umsetzung der Themen Kooperationen über die Konfessionsgrenzen, kirchlichen Hierarchiestufen oder politischen Gruppierungen hinweg. So entstand das Projekt «Vergeld's Gott» zur Aufwertung der – meist weiblichen – Freiwilligenarbeit in der Kirche, das viel bewegt und Betroffene zu Beteiligten gemacht hat. Das grosse Nachfolgeprojekt «KANA -Sozialausweis» war an der Schnittstelle von kirchlicher Freiwilligenarbeit und der generellen Aufwertung von Frauenarbeit angesiedelt. Auch das nächste Projekt «mamma mobile», eine Mappe zur Planung und Durchführung von Kursen für Familienfrauen in Zusammenarbeit mit dem aargauischen Gleichstellungsbüro, der Frauenzentrale und der FH Gesundheit, griff ein Thema an der Schnittstelle zwischen Kirche und Gesellschaft auf.

Beigetragen zum Erfolg der Projekte und der unbefristeten Verlängerung der Frauenstelle hat sicher die breit abgestützte, von der Stelleninhaberin eingesetzte Begleitgruppe, welche die Arbeit kritisch begleitet hat, sowie ein bewusstes Augenmerk auf Öffentlichkeitsarbeit, sei es durch das eigene Infoblatt feMAIL oder durch professionelle Pressearbeit.

So hat die Frauenstelle ein Gesicht und ein Profil erhalten, das den Aufbruch der Kirchenfrauen auch ausserhalb der engen Kirchenmauern sichtbar werden liess und ihr auch über die Jahre sicheren Boden unter den Füssen verlieh.

BEREICH FRAUEN* UND GENDER BEI BILDUNG UND PROPSTEI DER RÖMISCH-KATHOLISCHEN KIRCHE IM AARGAU

Susanne Andrea Birke

Der Bereich Frauen* und Gender (ehemals Katholische Frauenstelle Aargau) ist Teil des Aargauer Frauennetzwerkes. Das ökumenische Frauen-KirchenFest gehört ebenso zur Arbeit wie die Mitarbeit bei der 2005 neu besetzten FrauenLandsGemeinde (heute frauenaargau.ch). Die Bande zwischen kirchlichen und säkularen Frauenorganisationen und Feminist:innen im Aargau sind stark und ermöglichen Vieles: die Erhaltung des kantonalen Gleichstellungsbüros 2006, Unterstützung von Frauen bei den Wahlen, Lesungen zu Friedensarbeit oder die Frauensynode 2016. Deutlich spürbar war das beim Frauen*streik 2019. Von Beginn an wurde Hand in Hand gearbeitet. Eine Forderung zur Gleichstellung in den Kirchen gehörte selbstverständlich mit ins Aargauer Manifest des Komitees Frauenstreik Aargau. Aktuell engagiert sich die ganze Fachstelle Bildung und Propstei für dieses Anliegen bei den Feiern vor der Kirchentür. Auch bei der Unterstützung der #JuniaInitiative geht es um innerkirchliche Gleichstellung.

Arbeit gegen Gewalt an Frauen und Mädchen ist ein wiederkehrendes Thema: sei es im Rahmen der Kampagne «16 Tage gegen Gewalt an Frauen» mit Abendveranstaltungen oder Gottesdienst, oder sei es die Aktualisierung der Broschüre zu sexueller Belästigung, eine Ausstellung und das Bereitstellen weiterer Präventionsunterlagen für die Jugendarbeit gemeinsam mit der Jugendseelsorge.

Ganzheitliche Spiritualität, Mystik, Frauentraditionen, weibliche Gottesbilder oder auch die verschiedenen Facetten Marias in der römisch-katholischen Kirche sind wichtige Ressourcen. Die (Wieder-)Aneignung von Bibel und Tradition und das Sichtbarmachen der Konstruiertheit römischer Traditionsvorstellungen wirken ermächtigend, ebenso wie spirituelle Körperarbeit.

Seit 2004: Susanne Andrea Birke ist Leiterin des Teilbereichs bei der Fachstelle Bildung und Propstei.
2006: Verleihung des Peperona-Preises für das Infoblatt feMAIL der beiden kirchlichen Aargauer Frauenstellen durch die SP-Frauen
Seit 2014: Aufgabenbereich Regenbogenpastoral
Seit 2019: Bereich Frauen* und Gender bei Bildung und Propstei der Römisch-Katholischen Kirche im Aargau

Schwerpunkte des Bereichs Frauen* und Gender:
– feministisch-theologische Bildungsarbeit für Leib und Seele
– Kontakt-, Informations- und Anlaufstelle für Frauen* in der Kirche
– arbeitet mit Frauen*- und Gleichstellungsorganisationen zusammen
– bezieht Stellung zu kirchlichen und frauen*politischen Themen
– Angebote im Bereich Regenbogenpastoral

Seit 2014 gehört die Regenbogenpastoral dazu, u. a. mit Segens- und Solidaritätsfeiern für gleichgeschlechtlich Liebende, ihre Freund:innen und Angehörigen, mit Familienvielfaltstagen, Regenbogenpilgern oder universellen Gebeten zum Spirit Day und zur Pride. Damit verbunden ist auch die Notwendigkeit, das binäre Geschlechtermodell zu überwinden.

Titelseite feMAIL – News aus den kirchlichen Frauenstellen des Kantons Aargau, März 2010. Herausgegeben von der Fachstelle Frauen, Männer, Gender, Ref. Landeskirche Aargau, und der Kath. Frauenstelle Aargau.

FRAUENSTELLE DER KATHOLISCHEN GESAMTKIRCH-GEMEINDE BIEL

Regula Strobel

Bei einer Reorganisation der Kirchgemeinde Biel haben Pfarreien Stellenprozente für deutschsprachige regionale Aufgaben zur Verfügung gestellt – so die Spitalseelsorge, die Sozialethische Arbeitsstelle und die Bildungsstelle. Mit einem personellen Wechsel anfangs 1997 wurde die Hälfte der Bildungsstelle als Frauenstelle definiert. Zuvor hatte Renate Scheller neben ihrer Mitarbeit in der Pfarrblattredaktion einige Frauenprojekte lanciert.

Konzept der Frauenstelle war, Frauenfragen als Fragen der Gerechtigkeit in Gesellschaft und Kirche präsent zu halten, das heisst alles, womit Frauen täglich konfrontiert sind: Arbeits- und Familiensituation, Identitätsbildung (Rollenbilder), kirchlich-theologische Themen. Ihr Ziel war es, auf der individuellen wie der strukturellen Ebene präsent zu sein. Catina Hieber von der reformierten Frauenstelle Biel und ich haben unsere knappen Ressourcen gebündelt, Themen, Schwerpunkte und Programme abgesprochen und gemeinsame Angebote entwickelt.

Gewalt und sexuelle Übergriffe gegenüber Frauen und Kindern war eines der zentralen, mir sehr wichtigen Themen: Wahrnehmen von häuslicher Gewalt und was Rollenbilder von Frauen und Männern damit zu tun haben; sexuelle Gewalt gegen Kinder, auch von Frauen gegenüber Mädchen; Übergriffe in professionellen Konstellationen, nicht nur, aber auch innerhalb der Kirche. Ebenso das Entlarven von theologischen Traditionen, die Gewalt fördern oder stabilisieren, wie etwa das Sich-aufopfern für andere als heilbringend – mit dem Verweis auf das Opfer Christi am Kreuz. Als niederschwelligen Zugang zu theologischen Aspekten des Themas habe ich zusammen mit der FrauenKirche Bern und sechs weiteren Theologinnen eine 10-teilige Kartenserie gestaltet, mit den gängigsten Fussangeln für Frauen. Gefässe für diese Themen waren auch Kurs- und Weiterbildungsangebote, Selbsthilfetreffen, Biografiewerkstatt, Gesprächstreffen unter/mit Geschiedenen, Strassenaktionen mit dem Bieler Frauenhaus. Susanne Andrea Birke hat als Projektmitarbeiterin mit ihrer Fachkompetenz und Vernetzung diese Arbeit gegen Gewalt unterstützt, auch während meiner kurzen Auszeit. Mehrmals habe ich das Thema für

Jan. 1997: Gründung der Frauenstelle, 50 %-Stelle: Teil eines freiwilligen Pools von Stellenprozenten aus Pfarreien für überpfarreiliche Aufgaben; keine institutionelle Verankerung. Kanton wollte Mitfinanzierung nicht übernehmen, wie bei Pfarreistellen.

1997–2003: Regula Strobel ist Stellenleiterin; Projektmitarbeit und Stellvertretung während unbez. Urlaub: Susanne Andrea Birke; Vorarbeit: Renate Scheller

April 2003: Auflösung der Frauenstelle

2003–2013: Nach Auflösung «Mitbegleitung» durch die Bildungsstelle Elsbeth Caspar

2013–2018: Maria Regli greift als Leiterin der Bildungsstelle auch feministisch-theologische Themen auf und vernetzt sich mit kirchl. Frauenstellen in der ganzen Schweiz. 2018 wurden der Fachstelle Bildung (145 %) finanzielle Ressourcen entzogen; sie schrumpfte zum Bereich «Koordination & Bildung von Freiwilligen» (50 %).

Aktionen und Angebote zum Thema «Gewalt und sexuelle Übergriffe gegenüber Frauen und Kindern» (Auswahl):
– 10-teilige Kartenserie «Stopp Gewalt gegen Frauen», zusammen mit der FrauenKirche Bern und den Theologinnen Sabine Bieberstein, Susanne Andrea Birke, Helmute Conzetti, Isabelle Noth, Silvia Schroer, Marianne Vogel Kopp (2001)
– Einem Tabu im Tabu auf der Spur. Sexuelle Ausbeutung von Mädchen durch Frauen. Workshop für Betroffene und Weiterbildung von Fachpersonen (2002, Susanne Andrea Birke)

– Heilbringende Gewalt? 3-teiliger Kurs für Männer und Frauen

Kurse, Tagungen und Weiterbildungen zu kritischer, feministischer Bibellektüre (Auswahl):
– Von der Normalität des Reiches Gottes. Kurs für Frauen und Männer, die einen neuen Blick auf unsere Welt und biblische Gleichnisse werfen wollen (2002)
– Frauen auf dem Weg von Galiläa nach Jerusalem. Eine Entdeckungsreise für Frauen und Männer (2003)

Anlässe (Auswahl):
2000: Organisation und Durchführung der Frauensynode in Biel zum Thema «Schichtwechsel – Sichtwechsel. Arbeit und Frau», gemeinsam mit Catina Hieber, Susanne Andrea Birke, Elsbeth Caspar, Barbara Frei-Koller, Marie-Josèphe Glardon, Rita Inderbitzin, Susanne Kramer, Judith Schläpfer, Ria van Beek, Margrith Wieser
März 2003: Öffentliches Gespräch mit Ivone Gebara, Befreiungstheologin aus Brasilien
Mai 2003: 3-teilige Veranstaltung mit Elisabeth Schüssler Fiorenza zu ihrer Hermeneutik:
– Sich der Wortgewalt der Normalität entziehen. Weiterbildungstag für Theolog:innen und Mitarbeiter:innen in kirchlichen und sozialen Institutionen
– Mit Lust hinterfragen, was als «normal» ausgegeben wird. Elisabeth Schüssler Fiorenza im Gespräch mit Doris Strahm und Regula Strobel
– Für den kritischen Blick auf die herrschenden Verhältnisse gibt es keinen Ruhestand! Fest zur Pensionierung und Würdigung von Elisabeth Schüssler Fiorenza

die obligatorischen Weiterbildungen der Seelsorgenden des Bistums Basel vorgeschlagen – leider erfolglos.

Ein weiterer Schwerpunkt meiner Arbeit war die *feministische Bibelarbeit*. Stark inspiriert von Elisabeth Schüssler Fiorenzas Hermeneutik und der sozialgeschichtlichen Arbeit von Luise Schottroff wollte ich biblische Texte gegen den Strich bürsten und dazu beitragen, dass Menschen selbständig und kritisch biblische Texte lesen und zwar so, dass diese für ihren Alltag zu Nahrung werden: Brot statt Steine (Schüssler Fiorenza 1988). Dies geschah an Kursabenden, Bildungstagen mit Frauengemeinschaften, im Glaubenskurs, in der Weiterbildung von Katechet:innen und Theolog:innen, ebenso in Pfarrblattartikeln und gelegentlichen Beiträgen in der Lokalzeitung. Es ging mir darum, Frauen in den Bibeltexten sowie deren Rolle bei der Gründung von Nachfolgegemeinschaften des Jesus von Nazaret sichtbar zu machen, antijudaistische Fallstricke wie das Gegeneinander-Ausspielen von frauenfeindlichem Judentum und frauenfreundlichem Jesus offenzulegen, aber auch ein anderes, nicht heroisch-exklusives Jesusbild zu entwickeln und zu betonen, dass alle Menschen, Frauen und Männer, als Töchter und Söhne Gottes zu verstehen sind, die aufstehen ins Leben und somit beitragen zum «Erden» des Reiches Gottes in dieser Welt. Ich habe mich gefreut, dass mein Abschied von der Frauenstelle im Mai 2003 mit einer Grossveranstaltung mit Elisabeth Schüssler Fiorenza in Biel zusammenfiel.

Arbeitsintensiv in den Vorbereitungen und spannendes Ereignis zugleich war die Frauensynode 2000 in Biel mit Micheline Calmy Rey, damals noch Staatsrätin in Genf, zum Thema «Schichtwechsel – Sichtwechsel. Arbeit und Frau». Rund 700 Frauen nahmen an dieser 2. Schweizer Frauensynode teil!

Kürzungen der Kantonsbeiträge brachten die Pfarreien dazu, die vorhandenen Stellen wieder für die «eigentliche» kirchliche Arbeit zu beanspruchen. Die regionalen Dienste wurden bei personellen Wechseln systematisch gestrichen, so auch die Frauenstelle.

Öffentliches Gespräch mit Ivone Gebara, feministische Befreiungstheologin aus Brasilien, am 2. März 2003 in Biel.

(v. l. n. r.) Regula Strobel, Elisabeth Schüssler Fiorenza und Doris Strahm: Anlass am 2. Mai 2003 in Biel.

FACHSTELLE FRAUENARBEIT ZÜRICH

Sabine Scheuter

1995–1997: Pfarrassistenz für kirchliche Frauenarbeit (Vorläuferin der Fachstelle Frauenarbeit) Stelleninhaberin: Sabine Scheuter, 50 %
1997–2004: Fachstelle Frauenarbeit. Stelleninhaberin: Sabine Scheuter, 60 %
2004–2010: Fachstelle Frauen und Männer. Stelleninhaber:innen: Sabine Scheuter und Christoph Walser, je 60 %
2011–2015: Geschlechter und Generationen. Stelleninhaber:innen: Sabine Scheuter, Mark Schwyter, Walter Lüssi, je 60 %
Seit 2015: Stelle integriert in Personalentwicklung. Auftrag: Genderfragen und Diversity 60–80 %. Stelleninhaberin: Sabine Scheuter (im Team mit anderen PE-Verantwortlichen)

Bereits als Pfarrerin in einer Stadtzürcher Kirchgemeinde Anfang der 90er Jahre spürte ich das Interesse von zahlreichen Frauen in dieser Gemeinde an Frauenthemen und Feministischer Theologie. Gerne gab ich in Gottesdiensten und Frauengruppen weiter, was ich mir nicht *im,* sondern *neben* oder gar *trotz* dem Theologiestudium an Wissen angeeignet hatte. Es war die Zeit der Neuentdeckung der biblischen Frauenfiguren. Das Empowerment der Frauen in meiner Gemeinde durch Geschichten und Gespräche bleibt mir unvergesslich. Die Arbeitsgruppe zur ÖRK-Dekade «Solidarität der Kirchen mit den Frauen» setzte sich dann Mitte der 90er Jahre dafür ein, dass ich auf Landeskirchenebene eine Fachstelle zu diesem Thema aufbauen durfte. Hilfreich war auch, dass bereits ein Jahr vorher eine Fachstelle Männerarbeit eingerichtet worden war.

Die «Fachstelle Frauenarbeit», später «Fachstelle Frauen und Männer», später «Geschlechter und Generationen», gab in der Reformierten Kirche Zürich fast 20 Jahre lang Impulse zu Feministischer Theologie und vernetzte die Arbeit zu diesem Thema in den Kirchgemeinden. Die Fachstelle war ein Teil der Abteilung Bildung und Gesellschaft. 2015 wurde sie integriert in den Bereich Personalentwicklung in der Abteilung Kirchenentwicklung. Ab dann lag der Schwerpunkt der Arbeit auf der internen Gleichstellungsarbeit.

Die Arbeit der Fachstelle war hauptsächlich auf die Unterstützung der Frauenarbeit in den Kirchgemeinden ausgerichtet, aber es gab auch zentrale Veranstaltungen, viele davon in Kooperation mit anderen Organisationen wie Boldern, Paulus-Akademie, der Ökumenischen Frauenbewegung Zürich und dem Evangelischen Frauenbund Zürich. Neben offenen Tagungen war das spezielle Ziel meiner Stelle, die Feministische Theologie nutzbar zu machen für verschiedene Zielgruppen wie Frauen in den Kirchgemeinden und Behörden, für Pfarrpartnerinnen und Pfarrerinnen. Da ging es um Themen wie Macht und Dienen, Sprache und Vorbilder und natürlich auch immer wieder um Kritik am patriarchalen System, unsere christliche Tradition und Kirche inbegriffen. Unvergesslich wie wir damals in unserem Schattenkapitel der Pfarrerinnen die erste Bischöfin der Evangelischen Kirche in Deutschland, Maria Jepsen, eingeladen hatten und mit ihr ins Gespräch über die Pfarrerinnen-Rolle kamen. Unvergesslich für mich auch darum, weil ich damals meine viermonatige Tochter dabeihatte und erste, nicht ganz einfache Erfahrungen in der Vereinbarkeitsthematik (Mutter und Leitungsfunktion) sammelte.

Spezifikum der Zürcher Fachstelle war von Anfang an die Kooperation von Frauenarbeit und Männerarbeit. Mit meinem Stellenpartner führte ich jahrelang spannende (Streit-)Gespräche zu allen möglichen Themen. Wir waren eigentlich nie einer Meinung, aber trotzdem einig in der Kritik an traditionellen Rollenmustern und im Engagement für eine geschlechtergerechte Kirche. Die Auseinandersetzung mit Exponenten der theologischen Männerforschung schärfte auch immer wieder mein feministisch-theologisches Denken und Handeln.

Leider wurde die Männerarbeit nach einer grossen Reorganisation 2015 nicht weitergeführt. Von der Fachstelle Geschlechter und Generationen wurde der Anteil Gleichstellungsarbeit überführt in die Personalentwicklung, wo sie strukturell mehr Wirkung erzielte. Die feministisch-theologische Bildungsarbeit konnte sich während den Jahren des Reformationsjubiläums noch einmal entfalten. Mit der Tagung und dem Buch «Hör nicht auf zu singen. Zeuginnen der Schweizer Reformation» (Giselbrecht/Scheuter 2016) konnten wir dafür sorgen, dass auch in vielen Kirchgemeinden die Erfahrungen und Beiträge der Frauen zur Reformation nicht ganz vergessen gingen.

Die Förderung der Feministischen Theologie steht heute nicht mehr in meinem Stellenprofil. Und doch fördert mich die Feministische Theologie weiterhin in meiner Arbeit. Sie lässt mich Strukturen und Machtmechanismen durchschauen, Gottes- und Menschenbilder hinterfragen und mich weiterhin für mehr Gerechtigkeit und Vielfalt in unserer Landeskirche einsetzen.

STABSSTELLE FRAUEN UND GENDER VON MISSION 21

Meehyun Chung

1842: Gründung «Frauenverein zur Erziehung des weiblichen Geschlechtes in den Heidenländern» mit der Zielsetzung der Mädchen- und Frauenbildung

1901: Umbenennung in «Verein für Frauenmission»

1928: Sekretariatsstelle für die Koordination von Frauenangelegenheiten

1982: Das Frauenreferat wird im Jahresbericht der Basler Mission erwähnt.

2001: Mit Entstehung von Mission 21 wird das Frauenreferat zur Stabsstelle Frauen und Gender. https://www.mission-21.org/wer-wir-sind/stabsstelle-frauen-und-gender

Prominente Pionierinnen in Sachen struktureller Verankerung von Geschlechtergerechtigkeit: Dorothee Sarasin, Beatrice Jenni, Ruth Epting und Marie-Claire Barth-Frommel

Stabsstelleninhaberinnen:
– Johanna Eggimann, Schweiz (2001–2003)
– Rose Akua Ampofo, Ghana (2003)
– Meehyun Chung, Südkorea (2005–2013)
– Josefina Hurtado Neira, Chile (2013–2021)
– Barbara Heer, Schweiz (seit 2021)

Zur Geschichte der Frauen in der Basler Mission: Waltraud Ch. Haas: Erlitten und erstritten. Der Befreiungsweg von Frauen in der Basler Mission 1816–1966, Verlag Basileia, Basel 1994.

«Friede sei mit euch! Wie mich Gott gesandt hat, so sende ich euch» (Joh 20,21). Auf diesem Wort Jesu zu den Jüngerinnen und Jüngern basiert die «missio Dei», die Sendungsbotschaft. Die Kernbotschaft der Auferstehung wurde von den Frauen getragen. Aber in der institutionellen Mission wurden die Frauen systematisch ausgeschlossen. Im 19. Jahrhundert, am Anfang der Basler Mission, war es nicht viel anders. Frauenarbeit wurde nicht als selbständige Arbeit betrachtet, Mission war in der christlichen Tradition Männeraufgabe und all die minderen, aber nötigen Arbeiten wurden zu Frauenaufgaben erklärt und als selbstverständlich angesehen. Im 19. Jahrhundert hatten Frauen in der Basler Mission nur als Missionarsgattinnen und als deren Helferinnen Bedeutung. Von der Entscheidungsfindung waren sie ausgeschlossen, während es gleichzeitig selbstverständlich war, dass sie auch anspruchsvolle Care Arbeiten ausführten, wie z. B. die Leitung von Mädchenschulen oder Waisenhäusern.

1842 wurde der «Frauenverein zur Erziehung des weiblichen Geschlechtes in den Heidenländern» mit der Zielsetzung der Mädchen- und Frauenbildung gegründet. Dies machte die Aussendung von ausgebildeten Lehrerinnen erforderlich, die durch die Erziehung von Mädchen die Unterdrückung der Frau aufheben oder zumindest mildern sollten. 1901 wurde der Verein in «Verein für Frauenmission» umbenannt und 1928 wurde im Verein eine eigene Sekretariatsstelle für die Koordination von Frauenangelegenheiten eingerichtet. Prominente Pionierinnen wie Dorothee Sarasin, Beatrice Jenni, Ruth Epting und Marie-Claire Barth-Frommel haben die Vorarbeit zur strukturellen Verankerung von Geschlechtergerechtigkeit geleistet. Ruth Epting war auch verantwortlich für Kandidat:innenauswahl und Erwachsenenbildung. Zwischen 1974 und 1981 hat sie die Frauenarbeit in Asien, Lateinamerika und Afrika geleitet, während Marie-Claire Barth-Frommel zwischen 1980 und 1985 das Frauenreferat leitete. Erstmals wird das Frauenreferat 1982 im Jahresbericht der Basler Mission erwähnt. Es wird offiziell «Referat für die Schweiz und Frauenarbeit» genannt.

Nach der Entstehung von «Mission 21» (einem 2001 erfolgten Zusammenschluss von fünf Missionswerken) wurde das Frauenreferat im Jahr

2001 zur «Stabsstelle Frauen und Gender» umgestaltet und unterstand operationell direkt der damaligen Direktorin Madeleine Strub-Jaccoud. Unterstützt wird es seither durch das Fachwissen einer Frauenkommission. Die Frauenarbeit hat sich national und international vernetzt und einen wesentlichen Beitrag zur Verbesserung der Stellung der Frauen innerhalb der heutigen Trägervereine von Mission 21 und deren Partnerkirchen geleistet. Der Fokus der Arbeit wurde vermehrt auf Gender, Geschlechtergerechtigkeit sowie den Abbau geschlechtsspezifischer Benachteiligungen gelegt. Verschiedene Trägervereine und weltweite Mitgliedskirchen bringen eine Vielfalt von Genderkulturen und Gendersichtweisen ein. Diversität wird zur Stärke von Mission 21; sie soll genutzt und gut sichtbar werden – mit dem Ziel, geschlechtsspezifische Benachteiligungen zu überwinden, dabei jedoch kulturelle Unterschiede im Auge zu behalten.

Ein Schwerpunkt der Stabsstelle Frauen und Gender war zu meiner Zeit, kontextuelle Theologien des globalen Südens aus Frauen- und Gendersicht zu stärken und diesen Stimmen in Europa und weltweit Gehör zu verschaffen. Weitere Schwerpunkte waren und sind: Empowerment durch Netzwerke, um frauenspezifische Benachteiligung zu überwinden, sowie «Advocacy-Arbeit», um das Potenzial von Religion für Frieden fruchtbar zu machen. Geschlechtergerechtigkeit ist ein Qualitätskriterium, das sowohl auf allen Organisationsebenen, als auch in allen Projekten im Sinne von Gendermainstreaming wirksam werden soll. Die Förderung von Frauen bezieht sich auf den Zugang zu Ressourcen sowie auf die Definitionsmacht über «christliche Werte». Dabei soll nicht vergessen werden, dass Gendergerechtigkeit nicht nur die Partnerkirchen und -länder betrifft und dass Intersektionalität nicht auf den globalen Süden beschränkt ist.

FRAUENSTELLE DER RÖMISCH-KATHOLISCHEN KIRCHE BASEL-STADT

Monika Hungerbühler

2002: Die Synode der RKK BS entscheidet, auf den 01.01.2003 eine 50 %-Frauenstelle zu schaffen. Begleitgruppe der Frauenstelle: Birgitta Albrecht, Gabriele Manetsch, Magdalene Molina, Doris Strahm
2013: Die Frauenstelle wird auf den 01.01.2013 abgeschafft.

Projekte:
2003–2004: 3. Schweizer Frauensynode in Basel «Anders – wie denn sonst?» mit BR Micheline Calmy-Rey, SR Anita Fetz, Prof. Andrea Maihofer, 600 Besucherinnen
2004–2005: «Marias Mantel» mit Pfarreifrauen – ein Patchworkprojekt. Unterstützt durch die Pfarrköchin Hedi Brun, beraten durch die Textil-Fachfrau Ursula Kern
2005–2006: «Unternehmen Martha. Von der Spiritualität der Hausarbeit», mit der Ethnologin und Putz-Unternehmerin Katharina Zaugg. Nachhaltig begleitet und unterstützt mit ihren Wildkräuter-Getränken mit und ohne Geist durch die «Hexe von Feldis», die Pfarrerin Gisula Tscharner
2008–2009: Postkarten-Bouquet mit der Künstlerin Heinke Torpus
2009–2010: Projekt «merk.würdig» der Konferenz kirchl. Frauen- und Genderstellen
2009–2011: Fernstudium Feministische Theologie mit Luzia Sutter Rehmann
2010–2011: AG neue religiöse Sprache, Tagsatzung
2010–2012: Lancierung der Kirchlichen Gleichstellungsinitiative https://www.kirchlichegleichstellung.ch

Die Frauenstelle der römisch-katholischen Kirche Basel-Stadt (RKK BS) gab es genau zehn Jahre: vom 1. Januar 2003 bis zum 31. Dezember 2012. Ich war deren erste und einzige Stelleninhaberin. Die 50 %-Frauenstelle wurde im Nachgang zu der im Jahr 1999 ausgewerteten Basler Ökumenischen Kirchenstudie geschaffen, in der die Rückständigkeit der römisch-katholischen Kirche als zweitgrösster Faktor beim Kirchenaustritt genannt wurde. Die Schaffung dieser Stelle verdankte sich der langjährigen Sensibilisierungsarbeit vieler Frauen – auch im Umfeld des katholischen Frauenbunds, aber auch der damaligen sehr engagierten Kirchenratspräsidentin Gabriele Manetsch und vor allem den Synodenmitgliedern, die diesem Konzept mehrheitlich zugestimmt hatten.

Im Rahmen der Frauenstelle der RKK BS sind unzählige Projekte zustande gekommen: Ich habe mich in Netze geknüpft – an meine reformierten Kolleginnen in BS und BL, ans Projekt Frauentheologie, an den Katholischen Frauenbund Basel-Stadt, an die IG Feministische Theologinnen der Deutschschweiz und Liechtensteins, an die Aktion 8. März, ans Gleichstellungsbüro, an den Verein Aliena usw. Ich habe versucht, Theologie neu zu buchstabieren, gemeinsam mit zahlreichen kompetenten christlichen, aber auch jüdischen und muslimischen Referentinnen, ich habe diverse feministisch-theologische Gottesdienste und Besinnungstage gestaltet, mit sehr vielen Frauen Seelsorge-Gespräche geführt. Vor allem habe ich versucht, mich für die Sache der Frau in der Kirche und in der Gesellschaft einzusetzen: persönlich, durch Artikel im Pfarrblatt «kirche heute» und an vielen Sitzungen.

Aus meiner 10-jährigen Arbeit möchte ich drei wichtige Projekte hervorheben:

1. Marias Mantel: Dies war das erste Frauenstellen-Projekt mit ca. 100 Pfarreifrauen aus der ganzen Stadt Basel. Die Idee war, ein Pfarreienübergreifendes Patchwork-Projekt auf die Beine zu stellen, an dem sich Basler Pfarreifrauen beteiligen können. Auslöser für das Projekt war die tiefgreifende strukturelle Veränderung der kirchlichen Landschaft und die daraus folgenden Zusammenlegungen und Kooperationen. Es schien mir nötig, die Kräfte des Zusammenhaltens oder eben «des Zusammennähens» zu mobilisieren. Der Mantel hing nach seiner Fertigstellung in fast allen römisch-katholischen Kirchen Basels und reiste sogar nach Zwingen im Laufental und in die Marienkirche in Bonn.

2. Unternehmen Martha: Mit der Ethnologin, Philosophin und laut WOZ der wohl berühmtesten Putzfrau der Schweiz, Katharina Zaugg, habe ich von 2000–2006 das 30-teilige Projekt mit dem Namen «Unternehmen Martha. Vielfalt und Spiritualität der Hausarbeit» durchgeführt. Beim halbjährigen Projekt waren politische, biblische und persönliche Themenkreise massgebend. Patin des Projekts waren sowohl die Figur der biblischen Martha als auch jene Martha aus den Legenden über die Drachenbezwingerin im südfranzösischen Tarascon. Überdies flossen die Gedanken der reformierten Theologin und Publizistin Ina Praetorius zu «Gott, der guten Hausfrau der Welt» ins Projekt ein.

3. Postkartenbouquet: Im Projekt mit der Künstlerin Heinke Torpus sollten 49 Frauen – stellvertretend für viele andere – sichtbar gemacht und für ihre ehrenamtliche und/oder professionelle Arbeit im Umfeld der römisch-katholischen Kirche Basel-Stadt geehrt werden. Von jeder einzelnen Frau entstand eine farbige A6-Postkarte. Dargestellt wurden das Gesicht oder die ganze Gestalt der Frau. Dazu kam jeweils ein Attribut/Symbol, das diese Frau kennzeichnete oder auszeichnete. Es symbolisierte eine Tätigkeit, eine Handlung, ein Erlebnis oder eine Besonderheit dieser Person. Sowohl das Foto der Person als auch ihr Attribut/Symbol wurden von Heinke Torpus in eine Beziehung gesetzt und künstlerisch bearbeitet.

Aufgrund von Umstrukturierungen und Sparschritten wurde die Frauenstelle auf Ende 2012 abgeschafft bzw. deren Anliegen in die neu geschaffene bi-kantonale Fachstelle «katholisch.bl.bs» überführt.

Postkartenbouquet der Künstlerin Heinke Torpus.

KOMMENTAR

Silvia Strahm Bernet

Sabine

«Mamma mobile», «Lasst uns aus der Rolle fallen … damit wir aus der Falle rollen»: griffige Slogans für wichtige Themen. Gefällt mir, erstaunt mich auch ein bisschen. Hätt' ich den Kirchenfrauen nicht unbedingt zugetraut. Viele politische Aktionen, viel Netzwerken und Zusammenarbeit auch mit anderen Frauenorganisationen, über die politischen und konfessionellen Grenzen hinweg. Toll!

Corina@Sabine

Netzwerken ja! Aber auch Einbringen der Dimension «Spiritualität», oft in Form von Frauenfeiern. Gerade bei schockierenden Ereignissen griffen säkulare Frauenorganisationen gerne auf die Erfahrung der kirchlichen Fachstellen in Sachen Rituale zurück.

Hanna@Corina

Feministisch-theologisch ausgerichtete Stellen bringen sicher eine zusätzliche religiöse Dimension in die Arbeit rund um Geschlechtergerechtigkeit ein. Das beschert ihnen aber auch einen schwereren Stand bei jenen, die nicht oder kaum mehr christlich sozialisiert wurden und denen eine Auseinandersetzung mit religiösen (christlichen) Traditionen, auch unter feministischen Vorzeichen, nichts mehr bedeutet.

Monika@Hanna

Natürlich bricht der Boden christlicher Sozialisierung in Westeuropa unaufhaltsam weg. Aussicht auf Zukunft also nur mehr für kirchliche Genderstellen? In diese Richtung scheint es ja zu gehen. Aber alle anderen Versuche, Jenseits von Gottvater, Sohn & Co., interessieren nicht mehr?

Corina@Hanna

All diese klugen feministisch-theologischen Analysen und Einsichten, all die Aufbrüche und tollen Projekte verpuffen einfach? Verlieren nach und nach ihre institutionalisierte und finanzierte Verankerung?

Terri@Monika

Ok. Mag ja alles so sein oder ausgehen: Ich kriech da mal lieber ganz regressiv unter diesen Basler Mantel Mariens, der so schön anknüpft an den alten Bildern der Schutzmantelmadonna. Ein Mantel auch zum Überwintern? Vielleicht. Zum gemeinsamen Drunter kriechen, zum Ideen ausbrüten … Denn das kann nun doch noch nicht alles gewesen sein!

ANJA KRUYSSE

«Kreatives Schaffen an einer besseren und gerechteren Welt»

Anja Kruysse

Märchenhafte und oft nur scheinbar christliche Geschichten meiner Grossmutter weckten mein Interesse an Theologischem. In diesen Geschichten war irgendwie alles miteinander verbunden und mit Mut liess sich die Welt verändern. Später suchte ich diesen Zauber in der «Jungen Kirche» und stiess auf Indoktrinationsversuche in vordergründig offenen Diskussionen. Als damals aktives Mitglied einer Amnesty Gruppe sah ich Ähnlichkeiten zwischen dem religiösen Fundamentalismus und dem Totalitarismus der Unrechtsstaaten.

So startete ich 1987 ins Theologiestudium und stürzte mich auf historische und exegetische Studien, auf Textkritik und vergleichende Religionswissenschaften. Hinzu kam die Beschäftigung mit der Befreiungstheologie, die parteilich für die Befreiung aus Armut und Ausnützung kämpfte. Gleichzeitig las ich Calvins Theologie, die erbarmungslos Menschen dem ewigen Verderben preisgibt. Noch heute wundert mich, dass diese Auslegung theologischer Grundfragen geschätzt, geglättet und verteidigt wird. Zum Glück gab es auch gleichgesinnte, diskutierbegeisterte Mitstudierende. Und dass ich nach der Lektüre von Calvin weiterstudierte, war sicherlich dem Buch «Aufbruch zu neuen Räumen. Eine Einführung in feministische Theologie» (1987) von Doris Strahm zu verdanken.

Was mich zudem bei der Theologie hielt, war die Idee, dass seit Tausenden von Jahren Menschen ihren Weg mit dem Unbegreiflichen und Unaussprechlichen zu beschreiben versuchen und wir heutigen Menschen uralte Fragestellungen und Vorstellungen im kritischen Dialog mit eigenem Leben füllen und neu interpretieren. Jetzt. Hier. Frei vom Zwang der Übernahme von Vorstellungen der Vordenkenden.

Nach dem Frauenstreik 1991 wurde in Solothurn ein Frauenzentrum gegründet, in dessen Betriebsgruppe ich mitmachte und in dessen Bibliothek ich auf feministische Sprach- und Wissenschaftskritik stiess. Vorträge, Feste, Kämpfe um die Fristenregelung, gegen den Zwang zur Heterosexualität, feministische Krimis machten mein Leben farbig, frech, interessant und neugierig auf mehr. Wegen dieser Neugierde wurde ich die Theologie nie ganz los, sie wurde angestachelt durch den Ärger über die Dauervereinnahmung von Religion durch erzkonservative patriarchale

Kreise. Das Entdecken und Nutzen des systemsprengenden Potenzials von Theologie, Religion oder Spiritualität machen mir bis heute Freude, weil es öffnet und die Welt weit macht.

Nach einer guten Erfahrung als Pfarrverweserin und einem Exkurs in die Bildungs- und Coachingarbeit mit Erwerbslosen konnte ich als Leiterin der Kirchlichen Frauenstelle Baselland dank einer tragenden und innovativen Vorgesetztenbehörde dieses systemsprengende Potenzial in der Bildungsarbeit und in kirchen- und gesellschaftspolitischen Projekten einbringen. Feminismus, Solidarität, Theologie und Politik zusammen mit interessierten Personen weiterentwickeln zu dürfen, ist ein Privileg. Sich in interreligiöse Dialoge verwickeln lassen, gleichzeitig lehren und lernen, denken und überdenken, solidarisch sein und Solidarität erleben: Diese Art des kreativen Schaffens an einer besseren und gerechteren Welt zeichnete meine feministische, genderbewusste Arbeit an der Frauenstelle, später auch im Forum für Zeitfragen in Basel und im Vorstand der IG Feministische Theologinnen aus. Nun bin ich aus der bezahlten kirchlichen Arbeit ausgestiegen, weil der solidarisch offene Denk- und Freiraum in den Kirchen schwindet. Ich überlege mir immer öfter, ob wir eine alternative Kirche gründen sollten.

SPIRITUELLE RÄUME

Der Begriff Spiritualität (von lat. *spiritus,* Geist) beschreibt die Vorstellung, dass unsere sinnlich erfahrbare, sichtbare Welt nicht alles ist, was es gibt, sondern dass eine darüber hinausgehende Dimension existiert, die diese unsere Welt *transzendiert,* übersteigt. Sich mit dieser Welt zu verbinden und diese Verbindung wieder ins eigene Leben hineinwirken zu lassen, ist das Ziel der unterschiedlichen Formen und Räume, in denen Spiritualität erfahrbar gemacht wird. Seit den 1980er Jahren, ausgelöst durch die Ökumenische Dekade «Kirchen in Solidarität mit den Frauen» oder durch feministisch-theologische Veranstaltungen, haben Frauen begonnen, sich und ihre (Lebens-)Themen ins Zentrum eigener religiöser Feiern zu setzen – jenseits kirchlicher Strukturen, konfessioneller Grenzen und traditioneller liturgischer Formen. Frauengottesdienste, Frauen- und Jahreszeitenfeiern, später auch Labyrinthplätze waren und sind Ausdruck dieser vielfältigen Herangehensweise an das Bedürfnis, eigene Formen der Verbundenheit mit dem, was «uns unbedingt angeht» (Paul Tillich), zu entwickeln.

Ob durch feministisch-theologische Sichtbarmachung vielfältigster Frauentraditionen angeregt, ob durch jahreszeitliches Anknüpfen an alten Märchen, Mythen und Ritualen oder durch das Begehen von Labyrinthen, die seit vielen tausend Jahren die Lebenswege der Menschen zwischen Geburt und Tod begleiten – die hier vorgestellten regionalen Beispiele werfen einen Blick auf den Reichtum und die Offenheit der unterschiedlichen Formen des Feierns. Dass Feiern auch der Reflexion bedarf, daran erinnern uns im christlichen Kontext die «Liturgiewerkstätten», die sowohl zum Erlernen des «liturgischen Handwerks», als auch zur Experimentierlust im Umgang mit alten Gottesdiensttraditionen beitrugen. (ssb)

FRAUENGOTTESDIENSTE

BASEL
Monika Hungerbühler

Ab Dez.1988: Frauengottesdienste unter dem Namen «Frauen unterwegs»
Ab Mai 1989: Unter neuem Namen «Frauen-Feiern», organisiert von der ökumenischen Frauenbewegung Basel
1992: 1. FrauenKirchenKalender Basel, inklusive Daten der Frauengottesdienste
1994–1997: Frauen feiern Hohe Feste in Basel: Weihnachten, Lichtmess, Ostern, Pfingsten, Allerheiligen, mit Dorothee Dieterich, Monika Hungerbühler, Agnes Leu und Luzia Sutter Rehmann
Ab 2000: «FeierAbendMahl – Frauen am Altar» Ökumenische Agape-Feiern in der «Offenen Kirche Elisabethen» Basel mit Eva Südbeck-Baur (bis 2008) und Monika Hungerbühler (bis 2021)
2001: Jährliches «Ritual zum Widerstand gegen Gewalt an Frauen» am 25.11., dem Internationalen Tag gegen Gewalt an Frauen, organisiert von den kirchlichen Frauenstellen und Frauen-Beratungsstellen BS/BL
2002: FrauenKirchenKalender in neuem Gewand Er wurde zweimal jährlich bis 2012 von den drei kirchlichen Frauenstellen BL und BS herausgegeben und vernetzte die frauenspezifischen Veranstaltungen im Raum Basel.
Nach Auflösung der drei Frauenstellen wurde der Kalender 2012 eingestellt.

Die Frauengottesdienste existieren weiterhin und finden in der «Offenen Kirche Elisabethen» statt.

Seit Dezember 1988 haben Frauengottesdienste in Basel – zu Beginn unter dem Namen «Frauen unterwegs» – Tradition. In der Krypta der Leonhardskirche wurde der Grundstein dafür gelegt. Ab Mai 1989 hiessen die Frauengottesdienste «FrauenFeiern». Während der «Ökumenischen Versammlung für Frieden, Gerechtigkeit und Bewahrung der Schöpfung» 1989 in Basel, organisierten Frauen, angeregt durch die Aktivitäten rund ums Frauenschiff, in der Predigerkirche eine «Permanence de Prière». Daraus entstand die erste Frauengottesdienst-Reihe, die sich u. a. der Initiative von Luzia Sutter Rehmann von der «Projektstelle für Frauen» der evang.-ref. Kirche Basel-Stadt verdankt. Die erste Feier zum Thema «Schwesterlichkeit – Schwesternstreit» fand am 3. Dezember 1989 statt. Verschiedene Kirchen Basels beherberg(t)en die ökumenischen Frauengottesdienste bis heute: die christkatholische Predigerkirche, die evangelisch-reformierte Leonhardskirche, die römisch-katholische St. Clarakirche, die evangelisch-reformierte Theodorskirche und die ökumenische Citykirche «Offene Kirche Elisabethen».

Vorbereitet und gestaltet wurden die Feiern jeweils von einer Gruppe von Frauen unterschiedlichen Alters und verschiedener Herkunft. Beteiligt waren die «Frauen für den Frieden», das «Katharina-Werk» (eine ökumenische Gemeinschaft mit interreligiöser Ausrichtung), eine feministisch-theologische Lesegruppe, eine evangelisch-methodistische Pfarrerin, eine Gruppe von Pfarrersfrauen aus Basel, die «Projektstelle für Frauen» und die «Beratungsstelle für Frauen» am Forum für Zeitfragen der evangelisch-reformierten Kirche Basel-Stadt, eine Gruppe von lesbischen Frauen, die «Beratungsstelle des Frauenhauses Basel», die «Frauenstelle» der römisch-katholischen Kirche Basel-Stadt, «OFFLINE – Zentrum für Meditation und Seelsorge» in Basel-Stadt, das «Pastorale Zentrum Katholisch BL», der «Katholische Frauenbund» Basel-Stadt, die «Kirchliche Fachstelle für Genderfragen und Erwachsenenbildung» der evangelisch-reformierten Kirche Baselland, die «Offene Kirche Elisabethen» Basel-Stadt und die «Spezialseelsorge der römisch-katholischen Kirche Basel-Stadt».

In den Feiern kamen und kommen unterschiedliche Lebenserfahrungen von Frauen zur Sprache (Lebensalter der Frau, der weibliche Körper, gelingende Beziehungen, Pilgern/Migrieren/Reisen, Heimat, meine Quellen, Körper-Zeiten), Frauengeschichte wird sichtbar gemacht (Mystikerinnen gestern und heute, spirituelle Frauengemeinschaften in Basel, Wirkmächtige Frauen) und zentrale Themen der feministischen Theologie werden buchstabiert (Gottesbilder, Prophetinnen, biblische Frauengestalten). Ausserdem werden kirchliche Feste und Feste im keltischen Jahreskreis neu interpretiert, wie z. B. Maria Lichtmess, Ostern, Pfingsten, Walpurgisnacht, Kräuterfeier an Maria Himmelfahrt, Ahninnenfeier an Allerheiligen und Weihnachten. Gemeinsam ist den Feiern die spirituelle Vielfalt, eine grosse Kreativität und die Orientierung an einer frauenbefreienden christlichen Tradition sowie der feministischen Theologie. Zu den Feiern sind Frauen, Männer und Kinder eingeladen.

CHUR

Margrit Glükler

1988/89 hatte ich die Gelegenheit, auf Boldern und auf dem Leuenberg den Ausbildungskurs in feministischer Theologie zu besuchen. Das weckte in mir den Wunsch nach Frauenfeiern. Aber wie anpacken? Da kam mir die ökumenische Liturgie der Frauenverbände zum Anlass der Europäischen Ökumenischen Versammlung für «Gerechtigkeit, Friede und Bewahrung der Schöpfung» (GFS) 1989 in Basel zu Hilfe. Dies gab mir Mut, diesen Anlass mit einigen Churer Frauen zu organisieren. Es wurde ein Erfolg und gab den Startschuss zum Weitermachen. So konnten wir seit August 1989 bis zum «Coronastopp» 2020 ohne Unterbruch jeden Monat (ausser im Juli) eine Feier durchführen. Einige Frauen interessierten sich für feministische Theologie. Gemeinsam vertieften wir uns in Bücher von Marga Bührig, Carter Heyward, Doris Strahm und anderen. Selbstverständlich flossen unsere Erkenntnisse auch in die Gottesdienste ein. Wir nahmen an feministisch-theologischen Veranstaltungen teil, und Frauenkirchenfeste, Frauensynoden und Liturgietreffen boten uns die

Mai 1989: Gründung der Gruppe «Frauengottesdienste Chur»
Beteiligte Personen bei der Gründung:
Magrit Glükler, Lili Tanner, Marlyse Fuchs, Lisbeth Trepp, Rosi Hunger
Delegierte der katholischen Kirchgemeinde:
Monika Müller (sie blieb 1 Jahr dabei).
Delegierte der evangelischen Kirchgemeinde:
Cornelia Bischoff. Sie ist bis heute aktive Trägerin, sowie Sr. Herta Handschin.
1992: Gründung der Ökumenischen Frauenbewegung GR
2019: Feier des 30-jährigen Jubiläums der «Frauengottesdienste»

Heutige Gruppe:
Gisella Belleri (evangelische Pfarrerin), Esther Menge (katholische Theologin) und Frauen der Ökumenischen Frauenbewegung GR (Cornelia Bischoff, Margrit Glükler, Lydia Kohli, Mirjam Hefti, Elsi Bruggisser, Marguerite Schmid-Altwegg)

Möglichkeit zum Austausch mit gleichgesinnten Frauen aus der ganzen Schweiz.

Für die Gestaltung und Durchführung der Frauengottesdienste sind jeweils zwei bis drei Frauen zuständig. Das Jahresprogramm wird gemeinsam zusammengestellt und enthält so einen bunten Strauss von Themen, welche uns ganz konkret beschäftigen. Es gibt zwar Gestaltungsempfehlungen, die Vorbereitenden sind jedoch frei in der Wahl der Elemente wie Austausch, Tanz oder Rollenspiel und im Ablauf. Die Vorbereitung ermöglicht jeweils eine vertiefte Auseinandersetzung mit dem gewählten Thema, fördert neue Erkenntnisse und ermöglicht bei den Feiern oftmals auch tiefe Erfahrungen. Nach der ersten Feier zur GFS wählten wir das Thema «Lydia – eine Christin aus Thyatira». Sie war für uns ein Vorbild für den Anspruch von Frauen, in den Gemeinden wichtige Aufgaben zu übernehmen. Viele Feiern waren biblischen Frauen gewidmet, aber auch gesellschaftspolitische Themen waren uns wichtig. In den ersten Jahren gestalteten nur ab und zu Theologinnen mit, später, als sich aus Altersgründen nicht mehr genug Frauen zur Verfügung stellten, übernahmen immer mehr auch Pfarrerinnen die Gestaltung von Feiern. Bis zum Jahr 2004 hatten wir Gastrecht im Haus der Dominikanerinnen. Die Schwestern waren sehr interessiert, und eine von ihnen hat auch jedes Mal am Gottesdienst teilgenommen. Leider wurde das Haus abgebrochen, und wir durften ab da unsere Feiern bei der evangelischen Landeskirche abhalten, zuerst im Antistitium, später und bis heute im Gemeindesaal in Chur-Masans. Auf Wunsch dürfen wir auch die Kirche Masans oder die Regulakirche benutzen.

Mit Freude und auch etwas Stolz feierten wir im August 2019 in der Regulakirche das 30-jährige Jubiläum. Erneut mit dem hochaktuellen Thema des Beginns «Gerechtigkeit, Friede und Bewahrung der Schöpfung» – und dieses Mal gemeinsam mit Jugendlichen der Klimastreikbewegung.

JAHRESZEITENGRUPPEN

BASEL
Dorothee Dieterich

Ich habe in den 90er Jahren über mehrere Jahre eine Jahreszeitengruppe geleitet, in der hohen Zeit der Frauengruppen und -feste, der Selbsterfahrung und des Experimentierens. Im Rückblick hat für mich die ganze Geschichte begonnen, als ich in der Ausbildung «Weibliche Wirklichkeit; Feministische Therapie» in der Villa Kassandra ein Mondritual mitfeierte. Das war harmlos, wir standen im Garten und sollten uns der Mondenergie öffnen. Mich hat's umgehauen – Ohnmacht, Übelkeit … nicht wegen der Mondenergie, sondern wegen des ungeheuren Tabubruchs. Ich bin in einem reformierten Pfarrhaus aufgewachsen.

Also besuchte ich eine Jahreszeitengruppe bei Marianne Schneider. Wochenenden, meist an irgendwelchen energiereichen Orten. Rituale, die gar nichts mit Kirche zu tun hatten, berührend, handgestrickt, auf einer sehr ungefähren Tradition fussend, oft ein wenig lächerlich. Was mir gefiel, war die Aufmerksamkeit auf die grossen Themen, übers Jahr verteilt. Und es wurde gefeiert, nicht darüber gelesen und diskutiert!

1994 schrieb ich: «Wir feiern die acht traditionellen Jahreskreisfeste. Damit gehen wir bewusst durchs Jahr und die dazugehörigen Themen. Wir feiern (…) in der Stadt und suchen Formen, wie wir hier im Einklang mit den Kräften der Jahreszeit leben und einen angemessenen rituellen Ausdruck dafür finden.» Zur roten Zeit kamen wir in Rot, zur schwarzen in Schwarz, sassen im Kreis, um eine gestaltete Mitte, assen passend … Ein Gesamtkunstwerk. Was wir spielerisch und naiv taten, war völlig zwecklos und genau darum wichtig. Wir zündeten Kerzen im Wind an, bewachten Feuer im Stadtwald, spannen Fäden … Wir achteten darauf, keinen Ritualmüll anzusammeln (die Kräuter vom August wurden im Frühjahr verbrannt), konfrontierten uns unbeirrbar mit uns selbst, waren still, lachten viel, stritten ab und zu. Wir waren sehr verschieden. Gelegentlich nahm ich den Mund sehr voll – eine gute Magierin hat immer bei sich, was sie braucht – und mich dabei niemals ganz ernst. Und doch konnte ich mich in dem wohlgeordneten Jahr bergen. Ich hoffe, die Teilnehmerinnen auch.

Die Jahreszeitenfeste in Basel fanden 8 Mal jährlich von 1994–2003 statt, in einer Gruppe von maximal 12 Frauen.
Dauer: ca. 5 Stunden zu unterschiedlichen Tageszeiten
Veranstalterin: Forum für Zeitfragen, Basel
Leiterin: Dorothee Dieterich; später wurden die Jahreszeitenfeste zusammen mit Ruth Weber durchgeführt.

In der im Text erwähnten Villa Kassandra in Damvant (JU) schufen Mitte der 80er bis in die 90er Jahre hinein Frauen einen Bildungs- und Arbeitsort für Frauen und neue Arbeits- und Lebensentwürfe jenseits patriarchaler Strukturen.

Erst durch die katholischen Teilnehmerinnen wurde mir klar, wie viele Jahreszeitenfeste zum katholischen Kirchenjahr gehören, mitsamt Lichtmesskerzen und Kräutersträussen. Vielleicht wären die Feste liturgisch fruchtbarer gewesen, wäre ich Katholikin. Vielleicht auch weniger frei, weniger verspielt. Ich weiss es nicht. Der Nutzen lässt sich auch jetzt nicht ver- oder berechnen, wenn es einen hatte, dann den, zwecklos und überflüssig gewesen zu sein.

LUZERN

Lisbeth Weber Lichtsteiner

1998: erstes Ritual zur Herbst-Tagundnachtgleiche
1999: erstes Ritual zur Frühlings-Tagundnachtgleiche
2002–2004: Beltane (Sommerbeginn gemäss irischem Kalender), Walpurgis mit Mannebüro Luzern
2018: 20 Jahre Herbst-Tagundnachtgleiche
2019: 20 Jahre Frühlings-Tagundnachtgleiche
2018/2019: Walpurgis
2020 Coronabedingter Verzicht auf die Ritualfeiern

Mitleitende Frauen:
Lisbeth Weber Lichtsteiner, Ursula Eckert, Cécile Fähndrich, Nicola Ottiger, Doris Eigenmann-Niederberger, Bernadette Blum-Elsener, Birthe Sörensen Henzi, Irmgard Schmid-Fäh, Christa Wick, Nicole Sigrist, Pia Pfister, Astrid Krummenacher-Slamanig, Sandra Näf Nietlispach, Marita Capol
Mitleitende Männer:
Thomas Feldmann, Bernd Lenfers Grünenfelder, Hansruedi Blum-Elsener

Der Aufbruch begann mit der Gründung des Vereins Frauenkirche Zentralschweiz. Marga Bührig hatte uns ermuntert, nicht mehr länger zu warten, weil wir Frauen Kirche sind. Eine ökumenisch orientierte Frauengruppe suchte nach neuen Räumen und Formen, um abseits von patriarchalen Strukturen und männlich geprägter Theologie eine eigene Spiritualität zu entwickeln. Motiviert durch die feministische Theologie, fanden wir auch in der Mythologie und in alten Märchen verdrängte Frauengestalten. Die matriarchalen Rituale wiesen auf die Ursprünge der christlichen Feste hin. Das Gemeinsame all dieser Entdeckungen war das Wissen um Werden und Vergehen, die Gleichwertigkeit von Dunkel und Hell. Die Schöpfung als Quelle von Lebenskraft und Freude inspirierte uns, vor allem in der Natur, im RomeroHaus und später in der St. Johanneskirche/Würzenbach entsprechende Plätze und Räume zu finden, um unsere neu entwickelten Rituale zu gestalten.

Im Namen der Frauenkirche Zentralschweiz feierten wir zum ersten Mal die Herbst-Tagundnachtgleiche. Diese neue Möglichkeit, unsere Sinne wachzuhalten für das Weibliche im Göttlichen, entsprach einem grossen Bedürfnis. Die Auseinandersetzung mit der weiblichen Spiritualität führte uns gleich zur ersten Ritualfeier der Frühlings-Tagundnachtgleiche. Das gemeinsame Feiern in Räumen, die frei waren von Symbolen einer bestimmten theologischen Ausrichtung, war wohltuend. Die feministische Theologie bedeutete Herausforderung und Chance zugleich, uns in diesen Feiern zu stärken für unsere privaten, beruflichen und politischen Anliegen.

Dreimal gestalteten wir zusammen mit dem Mannebüro Luzern ein Beltaneritual. Wir übten den Umgang mit der Gegensätzlichkeit und feierten die Gleichwertigkeit. Die später folgenden Walpurgisrituale waren den geschichtlichen Verletzungen der Frauen gewidmet und dem inneren Feuer, das die weibliche Spirituelle entwickeln und leben will. Wasser für die Reinigung, Brot backen am Feuer zur Stärkung, Singen zur Heilung und zum Tanz, waren hilfreiche Handlungen. Im Aufbruch der fra-z wird sich zeigen, wie sich die Rituale im Wissen um Werden und Vergehen weiterentwickeln.

Flyer der Walpurgisfeier 2020.

Walpurgisfeuer.

Herbstspirale.

209

LABYRINTHPLÄTZE

ZÜRICH
Agnes Barmettler

1986: Vision von Rosmarie Schmid-Adam (geb. 1935) – neue Labyrinthe entstehen auf der ganzen Erde.

1986–1991: Vorbereitung «Projekt Labyrinth – öffentliche Frauenplätze international», mit Frauen verschiedener Länder, unterstützt von Brigit Keller (PAZ) und Susanne Kramer-Friedrich (Boldern) Der Labyrinthplatz Zürich ist seit der Gründung international vernetzt (mit Dr. Lauren Artress (geb. 1945, https://www.veriditas.org), Lisa Gidlow-Moriarty (geb.1954, https://www.pathsofpeace.com).

1989: Kantonaler Wettbewerb «Zürich morgen» im Rahmen des 700-jährigen Bestehens der Eidgenossenschaft 1991. Eingabe von Rosmarie Schmid für ein Stein- und Pflanzenlabyrinth in der Stadt Zürich (als ein Forum von Frauen, um Kultur im öffentlichen Raum zu ermöglichen, mit der Bevölkerung neue Begegnungs- und Umgangsformen zu erschaffen, auch beim Kultivieren eines Gartens auf öffentlichem Land).

1990: Das Labyrinth wird prämiert.

1990–2021: Unterstützung durch die Stadt Zürich, namentlich durch die Stadträt:innen Ursula Koch, Ruedi Aeschbacher, Monika Stocker, Ruth Genner, Kathrin Martelli und Corine Mauch

1990: Gedruckte Broschüre unter dem Titel «Projekt Labyrinth»

1991: Gründung des heutigen Pionier Labyrinths auf dem ehemaligen Militärgelände im Zeughaus-Areal

In den 1980er Jahren hat das «Internationale Frauenprojekt Labyrinth» mit einer Vision angefangen: Sie zeigt eine Sicht auf die Erde, mit zahlreichen Labyrinthen auf allen Kontinenten. Um so etwas anzugehen, braucht es interessierte Beteiligte. Mit Frauen aus Deutschland, Österreich und der Schweiz bereiten wir uns in Paspels GR (mein damaliger Wohnort) gemeinsam vor, an der Verwirklichung dieser Vision zu arbeiten. Alle wollen mit dabei sein und sich in ihren Ländern engagieren, um öffentliche Frauenplätze zu gründen.

In der Schweiz arbeiten wir im gegenseitigen Austausch mit interessierten Frauen aus unterschiedlichen Kreisen, auch mit feministischen Theologinnen, während einiger Jahre an der Umsetzung dieses Projektes. Das Zürcher Projekt konnte 1991 realisiert werden. Mitbegründerinnen sind: *Rosmarie Schmid-Adam* (geb. 1935), die sich schon früh und bis heute in der Frauenbewegung in geschichtlich-kulturellen Zusammenhängen engagiert und 1977 an der Gründung von «Frauen für den Frieden» beteiligt war. Ebenso *Ursula Knecht-Kaiser* (1945–2017) – engagiert in der Flüchtlings- und Friedensarbeit, vernetzt mit Frauen in Ostdeutschland und mit Autorinnen der Feministischen Theologie und Philosophie sowie Autorin bei «beziehungsweise weiterdenken» (https://www.bzw-weiterdenken.de). Und schliesslich *Cornelia Weber* (geb. 1947) mit dem Schwerpunkt Choreographie und Tanz, die im Hintergrund bis heute die administrativen Arbeiten übernimmt.

Schon während unserer Vorbereitungszeit und auch später versammeln wir – Frauen aus unterschiedlichen Berufen und Orten – uns z. B. in der Paulus-Akademie und in Boldern, erörtern politische Verbindungen zum familiären Raum und zu entsprechenden Bereichen im öffentlichen Leben. Unter freiem Himmel bauen wir mit Müttern und Kindern im Wald ein Labyrinth und lernen Wichtiges über das Leben auf einem Bauernhof, genauso wie wir es auch in einer Psychiatrischen Klinik oder im Frauengefängnis tun. Gemeinschaftlich denken stärkt, sich verbinden mit andern aus diversen Orten erweitert die Sicht, Zusammenhänge erkennen begeistert und sie einbeziehen in gemeinsame Vorhaben ermutigt zu interaktiven Schritten.

Das Labyrinth ist ein Erbe diverser Kulturen. Es ist nicht vom Himmel gefallen, es ist eine menschliche Erfindung. Ein wegweisendes Bild seit einigen tausend Jahren. Für uns Menschen ist dieses Sinnbild, verbunden mit anderen Urzeichen, hilfreich geblieben im Umgang mit vorgegebenen Lebensbedingungen auf der Erde. Wir brauchen noch immer sinnvolle Orientierungshilfen zum Überleben. Unterwegs dienen sie uns als Merkzeichen in Beziehung zum Kreislauf der Tages- und Jahreszeiten an Ort im Zusammenhang mit dem Lauf der Himmelskörper im All.

Das Zürcher Labyrinth heisst alle willkommen und ist ein sozialer Ort der Begegnung mitten in der Stadt. Für Flüchtlinge aus diversen Ländern und für andere Gruppen am gesellschaftlichen Rand ist die Hoffnung auf eine solche Veränderung des zwischenmenschlichen Klimas entscheidend. Generell sind Achtung und Gleichwürdigkeit aller Wesen zentral. Sie dürfen alle, wie wir Menschen, als Gäste auf der Erde leben und sind gleichberechtigt willkommen. Die Stadt Zürich schätzt unsere Arbeit und die Nachbarpfarrei Sankt Jakob sorgt schon bald nach der Eröffnung für den gegenseitigen Kontakt mit uns und Menschen unterschiedlicher Religionen. Bei unseren Veranstaltungen, begleitet von Kunstschaffenden aller Sparten, gibt es interaktive Möglichkeiten für alle, die da sind. Das Labyrinth ist ein vielfältiges Zeichen; es kann Vieles in Einem sein und gleichzeitig Eines in Allem. Vielleicht haben Menschen in ihrem Dasein, besonders in Wendezeiten, immer wieder den labyrinthischen Weg einleuchtend gefunden, wie eine göttliche Offenbarung.

BASEL

Agnes Leu

Die Frauenbewegung hat in den 1980er Jahren das Labyrinth wieder ins Bewusstsein der modernen Zeit befördert. Aus der Frauen- und Friedensbewegung stammen die Erfahrungen, dass der schnellste, gerade Weg gar nicht unbedingt die angestrebte Wirkung erzeugt, dass vernetztes Denken in Kreisen geschieht und Körper und Geist umfasst. Die feministische

Seit 1996: Das Steinlabyrinth ist integriert in der Mitte des Pflanzenlabyrinths als Begegnungsort und für zahlreiche Veranstaltungen.

1997: Gründung des Vereins Labyrinthplatz Zürich

2004: Gründung von labyrinth-international.org durch Rosmarie Schmid, Agnes Barmettler, Maria und Res Fritschy, Ursula Knecht, Zita Küng, Regula Farner-Rachdi. Die Gründungs-Broschüre des Projekts bleibt aktuell: https://www.labyrinth-international.org/labyrinth-international-4.html

2011: Buchveröffentlichung «Erzähl mir Labyrinth» (https://www.christel-goettert-verlag.de/produkt/erzaehl-mir-labyrinth/)

2021: www.labyrinthplatz.ch

Präsidentinnen des Vereins ab 1997: Rosmarie Schmid-Adam (1997–2001); Ursula Knecht (2001–2017); Cornelia Weber als Vice ad interim (2017–2019); ab 2019 gemeinschaftliche Vorstandsleitung: Joly Bächli, Gärtnerin (geb. 1975); Coni Schott, Gärtnerin (geb. 1973), Julia Deppeler, Gärtnerin (geb. 1988); Andrea Schurter Thurner (geb. 1980); Mirjam Woodtli (geb. 1984)

1993: Garten-Stein-Labyrinth an der Maiengasse in Basel

1994: Gründung Labyrinthgruppe Basel im Forum für Zeitfragen

1996: Gründung Initiativkreis Labyrinthplatz und Labyrinthfest in Basel

1997: 1. Labyrinthfestival Basel
7.6.2002: Bau und Eröffnungsfest des Labyrinths auf dem Leonhardskirchplatz
Entwurf: Agnes Barmettler
Weglänge: ca. 140,3 Meter, Durchmesser: ca. 11 Meter
Besonderheit: zwei Krimlinden als Wendepunkte
Sponsor: Christoph Merian Stiftung Basel

Mitglieder Labyrinthgruppe:
Ruth Best, Dorothee Dieterich, Sabine Eberhard, Hélène Geiser-Frölicher (gest.), Franziska Heuss, Elisabeth Kaestli, Ursa Krattiger (Initiantin), Agnes Leu, Hanna Schoder, Cornelia Schoenenberger, Luzia Sutter Rehmann, Eliane Flach, Eva Gertsch, Franziska Grob, Christine Heiniger (gest.), Dorothea Largiadèr, Sonja Nees, Katharina Zaugg

Theologie hat die Berührungsängste der Kirchen gegenüber alten Kulturen mit der Erforschung und dem Suchen nach uraltem Wissen überwunden. Das Labyrinth ist ein Symbol für den Lebensweg, öffnet Horizonte und kann zu neuen Herangehens- und Sichtweisen führen. Es ist ein sicherer Weg in die Mitte, trotz Pendelbewegung, Desorientierung, Verblüffung, Ratlosigkeit. Hier ist Raum für die Themen des Lebens zwischen Geburt und Tod und macht sie auf spiritueller, philosophischer, ökologischer, sozialer, historischer und künstlerischer Ebene erlebbar.

1996 wurde der Initiativkreis «Labyrinthplatz Basel» gegründet, 2002 konnten die Initiantinnen, unterstützt von den Studienleiterinnen im Forum für Zeitfragen, ein fest installiertes Labyrinth auf dem Leonhardskirchplatz Basel einweihen. Seitdem gibt es an jedem 13. im Monat eine geführte Begehung.

Das Labyrinth lädt Frauen, Männer und Kinder ein zum Feiern der Jahreszeiten. Die labyrinthischen Kehren führen in die Tiefe, zu den Quellen unserer Kraft. Ein Weg, der keine Abkürzungen vorsieht, aber sicher zur Mitte und wieder hinaus führt, der achtsam gegangen, gemeinsam getanzt oder spielerisch entdeckt werden kann. Bei der Begehung kommen Körper und Geist in Bewegung, Menschen werden ganzheitlich angesprochen und berührt. Den Weg zu gehen, wird als heilsam erlebt, als Hilfe zur Besinnung und Klärung und zur Selbstfindung.

Das Labyrinth ist Ausdruck einer Frauenspiritualität, die eigenes Erleben, Fragen und die Auseinandersetzung mit Mythen und Weltbildern verbindet und eine neue Kommunikationsform geschaffen hat.

Labyrinthplätze Zürich und Basel

Feuerlabyrinth von Agnes Barmettler.

Weg Pflanzenlabyrinth Zürich, Design 1990
von Agnes Barmettler.

Pflanzenlabyrinth Zürich auf dem Kasernen-
areal.

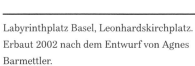

Labyrinthplatz Basel, Leonhardskirchplatz.
Erbaut 2002 nach dem Entwurf von Agnes
Barmettler.

Labyrinthplatz Basel, Leonhardskirchplatz.
Das Basler Labyrinth integriert die beiden
Linden als Wendepunkte.

FEMINISTISCHE LITURGIE-WERKSTATT ROMEROHAUS

Li Hangartner

Vorbereitungsgruppe Liturgiewerkstätten in unterschiedlicher Zusammensetzung: Lisianne Enderli, Li Hangartner, Heidi Müller, Claudia Jaun, Helga Kohler-Spiegel, Silvia Strahm Bernet, Lisbeth Weber Lichtsteiner

12./13.9.1997: Erste Liturgie-Werkstatt

«Wer die Erde nicht berührt, kann den Himmel nicht erreichen» (Elisabeth Moltmann-Wendel)

Referentinnen: Dorothee Dieterich, Regula Grünenfelder, Regula Haag, Diann Neu, Cornelia Vogelsanger

21.11.1998: Zweite Liturgie-Werkstatt

«Ritual und Wandel»

Referentin: Cornelia Vogelsanger

Musiker: Remo Genzoli und Hans-Peter Muri

11./12.2.2000: Dritte Liturgie-Werkstatt

«Mahl feiern»

Referentinnen: Sabine Bieberstein, Marianne Biedermann, Li Hangartner, Regula Haag, Monika Hungerbühler, Claudia Mennen, Heidi Müller, Silvia Strahm Bernet

9./10.2.2001: Vierte Liturgie-Werkstatt

«Wessen Brot essen wir?»

Referentinnen: Claudia Jaun, Karin Klemm, Silvia Planzer, Jacqueline Sonego Mettner, Silvia Strahm Bernet

Musikerinnen: Ursi Kleeb, Christina Müller

22./23.2.2002: Fünfte Liturgie-Werkstatt

«unaussprechlich heilig»

Referentinnen: Marianne Schneider, Reinhild Traitler

Mit Unmut und Ärger hat es angefangen: Die Gemeindegottesdienste wurden für viele Frauen zunehmend schwierig, die Worte der Gebete und Lieder waren ihnen fremd geworden. Für eine lebensbezogene Spiritualität von Frauen war in den liturgischen Feiern wenig Raum. Aufgrund dieses Mangels entstanden in den 80er und 90er Jahren vielerorts ökumenische Frauengottesdienst- und Liturgiegruppen, die eine neue Kultur des spirituellen Ausdrucks entwickelten. Diese Gottesdienste waren geprägt von der Kreativität und vom Reichtum der Erfahrungen von Frauen, von ihrer Sensibilität für Gerechtigkeit. Das Konzept von Frauenkirche war die gemeinsame theologische Grundlage für die Vielfalt an Gottesdienstfeiern, die sich in den 80er und 90er Jahren herausgebildet haben.

Wir hatten viele Fragen: Ist die Liturgie der Ort, wo wir genährt und gestärkt werden in unserem Engagement für Gerechtigkeit, oder ist es nur ein Fluchtort? Auf welche Traditionen berufen wir uns als Frauen? Sind christliche Konfessionen hinderlich oder förderlich? Was sind feministische Rituale und inwiefern sind sie befreiend? Wie gehen wir mit dem Thema Macht in Frauengottesdiensten um?

Das RomeroHaus Luzern und die Fachstelle Feministische Theologie der FrauenKirche Zentralschweiz initiierten, unter der Leitung von Li Hangartner und Silvia Strahm Bernet, die Tagungsreihe «Feministische Liturgie-Werkstatt». Erstmals durchgeführt am 12./13. September 1997, fand die Werkstatt bis 2003 sechs Mal statt. Ohne Denkverbote, dafür mit Lust und Kreativität, entwickelten wir unsere Tagungen. Praxisbezogener Austausch, Anleitung im «liturgischen Handwerk», feministisch-theologische Auseinandersetzung mit systematischen und ekklesiologischen Fragen, die «Grammatik der Rituale» (Cornelia Vogelsanger) und die Gestaltung von Feiern und Ritualen bestimmten die Struktur der Tagungen. Wir experimentierten und tauschten uns aus. Wir überprüften, was an vielen Orten, in vielen liturgischen Formen entstanden war. Auf diese Weise haben wir viel gelernt. Wir haben uns in einigen Punkten geirrt und wir hatten keine Angst vor Irrtümern.

Wir befassten uns insbesondere mit dem Abendmahl. Der Aufruf von Bärbel Wartenberg-Potter hat uns eingeleuchtet: Sie wollte das Abendmahl befreien aus den Fesseln seiner frommen Wirklichkeitsferne, aus den Streitereien des 16. Jahrhunderts, aus dem erstarrten Ritual. Wir suchten miteinander seine weltverändernde Kraft. Es ging uns um die profane Frage nach einem Essen, das wirklich satt macht. Wir dachten darüber nach, wie Brot und Gerechtigkeit zusammengehören. Wir wollten das Mahl nicht nur als Erinnerung an Schmerz und Tod, sondern ebenso als Kraft, Leben, Heilung. Wir versuchten, jenes Blut mit dem Blut (der Frauen) zusammenzudenken, das nichts mit Gewalt zu tun hat, sondern Zeichen neuen Lebens ist.

Nicht nur die thematischen, auch die methodischen Zugänge waren bei unseren Tagungen vielfältig und inspirierend: musikalische Lesungen, Bildmeditationen, Kirchenbegehungen, Vorträge, Mahlfeiern, Rituale. Ich häufe hier in bunter Zufälligkeit einige Beispiele unserer liturgischen und theologischen Versuche auf. Da war das «feministisch-theologische Tischgespräch zur Lage des Abendmahles» mit elf Jüngerinnen, dem Gemälde Leonardo da Vincis nachgestellt. Die Frauen hatten vor sich ein Symbol, das einen Aspekt des Abendmahls darstellte: ein leerer Teller, eine Wasserschale, eine Bibel, Mazze, eine Schale mit Brot und Rosen, ein Alleszünder Feuerhexe und – eine Tamponschachtel. Da waren die «eucharistischen Häppchen», die nach Frauenhänden dufteten und die geschmeckt, zerbissen, geschluckt und verdaut werden wollten. Da war der Segen von Getränken, die die Frauen aus allen Landesteilen mitbrachten – Wasser, Apfelsaft, Tee, Kaffee, Milch, Rotwein, Kräuterschnaps und Sekt: Begrüssungsritual und Zeichen für den Durst nach dem, was lebendig macht. Vielleicht lächeln die theologisch interessierten Frauen, die nach uns kommen, über die Wildheit unserer Versuche. Wir lächeln ja selbst ein bisschen. Aber ich möchte die Zeit nicht missen, in der wir so herrlich auf ungebahnten Wegen unterwegs waren.

14./15.2.2003: Sechste Liturgie-Werkstatt «Die Weisheit lädt zum Mahl» Referentinnen: Irina Bossart, Li Hangartner, Silvia Huber, Monika Hungerbühler, Helen Schüngel-Straumann, Silvia Strahm Bernet

215

KOMMENTAR

Silvia Strahm Bernet

Aline

Wenn schon weg von alten Gottesdienstformen, dann richtig. Hätte ich überhaupt Lust auf «Spirituelles», dann ginge ich an eine Jahreszeitenfeier oder ins Labyrinth: Freierer Raum – auf gute Art fremd.

Zara@Aline

Ich bin Städterin, durch und durch. Meins sind Wort und Bild, nicht Jahreslauf. Muss kein Gegensatz sein. Hat aber zu tun mit den «Echokammern» der Erinnerungen. Da rühren halt neue Versuche in den vertrauten Räumen, mit den alten Ritualen und Worten mehr an.

Berni@Zara

Ich hab da ein grundsätzlicheres Problem. Auffallend gut und lange haben sich Frauengottesdienste auf den Angebotslisten gehalten. Politische, gesellschaftspolitische Fragen? Nicht gerade der Renner. Kam uns irgendwie bekannt vor, diese Engführung: Kirche = Gottesdienst!?

Wanda@Berni

Gab es da nicht das feministische Credo: nicht länger dieses patriarchale Denken in Gegensätzen, dieses ewige entweder – oder … Gemeinsam fei-

ern ist doch ok, das Leben wohltuend vertiefend, anregend und wenn es das einzige wäre, das übrig bliebe, dann ist es eben so.

Christine@Berni

Wo immer es Räume des Ausscherens aus dem alltäglichen Getriebe gibt, her damit! Klar spielen auch die Inhalte eine Rolle. Aber nur schon mal das Smartphone ausgeschaltet; einfach Auszeit, Nachdenken, Musik, mit anderen Frauen zusammen, irgendwie doch «zwecklos». Wie wohltuend ist das denn!

Aline@Berni

Den Lebensweg im Labyrinth nachgehen, und es ist eben kein Irrgarten, und eine Feier auf einem Berg, und da ist nichts virtuell, da ist Erde, Himmel, Wasser, Feuer. Das gibt ja auch Kraft für den langen Atem im Kämpfen um all das, was in Sachen Gerechtigkeit und Zukunft nötig ist.

Xenia

Ich krieg das Abendmahl nach Da Vinci nicht mehr aus dem Kopf. Die Tamponschachtel auf dem Tisch. Das ist ja so was von genial! *Unser* Blut des Lebens! Auf diesem theologieträchtigen Tisch, in der Mitte christlicher Theologie!

URSA KRATTIGER

«Warum Frauen die Göttin brauchen»

Dem einst so ganz in der patriarchalen Glaubenswelt des Papas «enthaltenen» Pfarrerstöchterlein verkümmerte an der Uni das Christentum zur Sozialethik. Diese brachte die junge Frau Doktor nebenberuflich brav bei «Christ und Welt» ins «Gesellschaftspolitische Forum» ein. Aber 1977 erlebte ich an einem ILO-Kongress in Groningen die Kernfusion meines feministischen Engagements mit der heimatlos gewordenen Religiosität. Catharina Halkes sprach nämlich vom «Neuen Bild des Menschen in der feministischen Theologie». Tags drauf Interview mit ihr, das wenig später gross in der Kulturbeilage der BaZ erscheint – m.E. in der Schweiz die erste Publikation explizit zur *feministischen* Theologie und nicht zu Aspekten traditionell kirchlicher Frauenarbeit.

Ursa Krattiger

Nach diesem Urknall lud ich Catharina (Tine) zu Vorträgen in die Schweiz ein, vermittelte sie an Radio DRS, professionalisierte mein Holländisch und übersetzte ab Manuskript «Gott hat nicht nur starke Söhne» (1979). Im frauenbewegten Basel gründete ich mit der Theologin Pat Remy die «Arbeitsgruppe feministische Theologie». In Bad Boll lernte ich an einer der «Werkstätten feministische Theologie» Erika Wisselinck kennen, Philosophin und bald congeniale Übersetzerin von Mary Daly. Tine lud uns zwei Laien- und Medienfrauen – als einzige nicht «vom Fach» – ein an die europäischen Treffen feministischer Theologinnen aus NL, DE, AU und bald auch aus den USA. Über dieses Netzwerk bekam ich für Radio DRS manche weibliche Geistesgrösse vors Mikrophon: So gingen nach Tine etwa Mary Daly, Rosemary Radford Ruether und Elisabeth Moltmann-Wendel über den Sender. Auch die damals noch blühenden kirchlichen Bildungshäuser blieben nicht aussen vor. 1981 referierte ich auf Boldern bei Marga Bührig und Else Kähler über die neuen Strömungen. Schon vorher hatte ich Luise Rinser zu «Unterentwickeltes Land Frau» (1970) auf den Leuenberg geholt. An der Paulus-Akademie sass ich oft auf Podien und lernte dort Rosmarie Schmid kennen. 1991 stellte ich ihr europäisches Labyrinthprojekt am Radio vor und begleitete in den folgenden Jahren die Schweizer Labyrinthbewegung kontinuierlich mit Berichterstattung.

Von allem Anfang an gab es parallel zur kirchlich-feministischen Theologie andere Strömungen, die sich explizit mit kulturell-kultischen

Frauenthemen befassten. Erika Wisselinck forschte und lehrte in München über Hexen, und Pat Remy brachte mir aus den USA ein Büchlein von Zsuzsanna Budapest mit über die dortigen Hexen-Coven mit ihren Jahreszeitenritualen. Heide Göttner-Abendroth beschrieb 1982 die «Tanzende Göttin» und das «Rad des Jahres»; ihre Akademie HAGIA lädt seit 1986 zu Veranstaltungen ein. Mit «The Spiral Dance» beschreibt Starhawk 1979 die Wiedergeburt der Alten Religion der Grossen Göttin und leitet praktisch zu Ritualen an, liefert entsprechende Texte und Übungen: theoretisch brillant und praktisch brauchbar. Im selben Jahr erscheint Naomi R. Goldenbergs «Changing of the Gods. Feminism & the End of Traditional Religions» (1979); eine Sichelmondgöttin von William Blake ziert den Titel. 1978 hält Carol P. Christ den bahnbrechenden Vortrag «Why Women need the Goddess».

In diesem Umfeld kam mir fast unbemerkt das Christentum abhanden, und ich wuchs denkend, fühlend, handelnd hinein in Jahreszeitenspiritualität und «Goddes Movement», undogmatisch und geistig-seelisch stimmig. Auf dieser Basis feierte ich über Jahrzehnte privat im Freundeskreis Jahresfeste und gründete 1998 meine Ritualwerkstatt für konfessionell unabhängige Feiern (www.ave-ave.ch).

VERNETZUNG, NETZWERKE UND ORGANISATIONEN

Sich organisieren, sich zusammenschliessen, Netzwerke knüpfen, um die eigenen Anliegen und Interessen zu stärken: Dies ist der gemeinsame Nenner der höchst unterschiedlichen Vereine, Verbände und Organisationen, die in diesem Kapitel vorgestellt werden. Gewürdigt werden dabei auch Organisationen, die bei ihrer Gründung keine explizit feministische Optik vertraten (eine solche gab es meist noch gar nicht!), sich aber für die Rechte und Interessen von Frauen in Kirche und Gesellschaft einsetzten: der Katholische und Evangelische Frauenbund Schweiz, der Schweizerische Theologinnenverband, das Ökumenische Forum Christlicher Frauen in Europa, der Weltgebetstag der Frauen Schweiz. Sie alle setz(t)en sich für Geschlechtergerechtigkeit in den Kirchen ein und haben unzählige Frauen «ermächtigt».

Erst in den 1990er Jahren wurden feministisch-theologisch orientierte Netzwerke gegründet wie die IG Feministische Theologinnen oder die Frauenkonferenz des Schweizerischen Evangelischen Kirchenbundes. In den 2000er Jahren entstanden neue Gruppierungen, die spezifische Interessen vertraten wie CooL, eine christliche Organisation von Lesben, oder PanKS, in der sich amtierende und nicht amtierende Präsidentinnen der reformierten Kirchen Schweiz zusammenschlossen. Ein «Netzwerk geschlechterbewusste Theologie» suchte den Geschlechterdialog zwischen Theologinnen und Theologen, während «Tsena Malalaka» sich bis heute dem Austausch zwischen afrikanischen und europäischen Theologinnen widmet.

In der Romandie und im Tessin ist feministische Theologie vor allem über einzelne Gruppierungen und Organisationen präsent geworden. Anders als in der Deutschschweiz gab es keine «FrauenKirche» und es kam nicht zur Gründung kirchlicher Gender-Fachstellen. Doch wie sich zeigt, ist in letzter Zeit etwas in Bewegung gekommen. (ds)

SCHWEIZERISCHER KATHOLISCHER FRAUENBUND (SKF)

Simone Curau-Aepli

Der SKF wurde 1912 von Klerikern gegründet, um katholisch-konfessionelle Werte gegen ein zunehmend säkularisiertes Umfeld zu verteidigen. Er sollte in einer katholischen Sonderwelt Ledige und Verheiratete, Mütter, Lehrerinnen und Turnerinnen in je eigenen Vereinen davon abhalten, interkonfessionellen oder gar konfessionell neutralen Frauenvereinen beizutreten.

Immer wieder gab es Initiativen von SKF-Frauen, aus diesem Korsett auszubrechen und neue Allianzen zu schmieden. So wurde 1947 der Staatsbürgerliche Verband katholischer Schweizerinnen STAKA gegründet, der Frauen vereinte, die mit der konservativen und kirchentreuen Linie des SKF nicht mehr einverstanden waren. Erst seit den 60er Jahren ist der SKF mehr und mehr aus der konfessionell-weltanschaulichen Enge und aus der institutionellen Umklammerung durch die kirchliche Hierarchie ausgebrochen. Auf lokaler Ebene gab es in der Suisse Romande seit jeher katholische Frauenvereine, die aber nicht über die Pfarrei hinaus aktiv waren und sich nie als Teil des SKF verstanden. Seit dem Frauen* (Kirchen)Streik 2019 organisieren sich im «Réseau des Femmes en Église» katholische Frauen mit dem Slogan «Égalité des chances – Amen». Die daraus entstandene Zusammenarbeit mit dem SKF ist für beide Seiten Gewinn und Ermutigung.

Seit Beginn pflegte der SKF Beziehungen mit katholischen Frauen (verbänden) in Europa und weltweit: angefangen in der «World Union of Catholic Women's Organisations» (WUCWO), im «Ökumenischen Forum Christlicher Frauen in Europa» (ÖFCFE), der Arbeitsgruppe «Frauen Ost-West» (FOWE) und ab 2006 in «andante», der europäischen Allianz katholischer Frauen(organisationen) Europas. Mit dem Elisabethenwerk hat der SKF zudem ab 1958 Solidarität mit Frauen im globalen Süden in Form von Entwicklungszusammenarbeit konkretisiert. Die projektbezogene Zusammenarbeit mit den Evangelischen Frauen Schweiz (EFS) und der Vereinigung Christkatholischer Frauen (VCF) war und ist intensiv, sei es mit der Zeitschrift «Schritte ins Offene», dem Weltgebetstag, der Frauen-Synode oder bei politischen Stellungnahmen. 2019 haben sich EFS und SKF in einer Vereinbarung zu Schwesternschaft und einer Intensivierung der Zusammenarbeit bekannt. Auch Frauenvereine vor Ort stellen sich die Frage, warum sie zum einen oder anderen Dachverband gehören, spielt doch die Konfession eines Mitglieds längst keine Rolle mehr.

Aus- und Weiterbildung ist seit jeher ein wichtiger Bereich des SKF als Mitgliederverband. Reden wir über Bildung, dann reden wir immer auch über Chancengerechtigkeit und Emanzipation. Religiöse Bildung, Persönlichkeitsbildung und Verbandsmanagement werden laufend den Bedürfnissen und Erfordernissen angepasst und sind für ehrenamtlich tätige SKF-Frauen kostenlos.

Um sich weltweit für gleiche Würde und gleiche Rechte in der Katholischen Kirche einzusetzen, bildeten Frauen aus Verbänden, Initiativen, Orden und Universitäten 2019 das «Netzwerk Catholic Women's Council» (CWC), zu dessen Gründungsmitgliedern der SKF gehört. Denselben Zielen verschreibt sich auf schweizerischer Ebene die 2021 gegründete «Allianz Gleichwürdig Katholisch». Der SKF beteiligt sich in beiden Projekten aus der Überzeugung heraus, im politisch stabilen System der Schweiz und durch das kirchlich-duale System dem Einsatz für Veränderungen besonders verpflichtet zu sein.

Die Durchlässigkeit im SKF vom Ortsverein über den Kantonalverband bis zum Dachverband ist organisatorisch und sozial nach wie vor beeinträchtigt. Was in der Wirtschaft als schwer durchdringbare gläserne Decke bezeichnet wird, nennen wir in Verbänden den gläsernen Boden, den es aufzulösen gilt. Die Digitalisierung bietet in dieser Hinsicht neue Chancen, die der SKF mit einer zukunftsgerichteten Strategie aktiv gestaltet. Wir sind uns bewusst, Vernetzung lebt frau heute kaum mehr im Frauenverein, sondern im Berufsverband, im Projektchor, im Fitnessclub oder in den sozialen Medien. Es wird sich zeigen, ob ein grösseres WIR in verbindlichen Beziehungen in Zukunft wieder mehr gefragt sein wird.

Grösster konfessioneller Frauenverband der Schweiz
Stand 2021: 120 000 Mitglieder in 600 Ortsvereinen in 17 Kantonen, drei Mitgliederverbände, 450 Einzelmitglieder (Tendenz steigend)
Website: www.frauenbund.ch

SCHWEIZERISCHER THEOLOGINNENVERBAND /
REFORMIERTE THEOLOGINNEN SCHWEIZ

Doris Brodbeck

Hochzeit in Nufenen 1966. Vorne Pfarrerin Greti Caprez-Roffler, nach der Ordination 1963 in Zürich, legale Pfarrerin in Nufenen.

Der Theologinnenverband wurde 1939 von neun im Berufsleben stehenden Theologinnen zur Kontaktpflege und Arbeitsvermittlung gegründet. Es gab nur vereinzelt Arbeitsmöglichkeiten in den reformierten Landeskirchen, und zwar meist als «Pfarrhelferin» neben einem männlichen Pfarrer. Dora Scheuner war als einzige ab 1942 an der Universität Bern als Dozentin für Hebräisch tätig. Wie auch in anderen Berufen, besonders bei der öffentlichen Hand (Schule, Post usw.), wurde bis zu Beginn der 1960er Jahre vorausgesetzt, dass Frauen mit der Verheiratung ihre Berufstätigkeit aufgaben. Viele Theologinnen blieben ledig, um den Beruf ausüben zu können. Es gab aber dennoch zwei verheiratete Pfarrerinnen: Verena Pfenninger-Stadler, die 1930 bis 1939 in Brig im Wallis neben ihrem Mann als Pfarrerin gewählt war, und Greti Caprez-Roffler, die 1931 bis 1934 in Graubünden, nach einer illegalen Wahl durch die Gemeinde Furna, tätig war. Beim Wechsel in eine Thurgauer Gemeinde musste Verena Pfenninger jedoch schmerzlich erfahren, dass dies anderswo nicht mehr möglich war. Bis in die 1990er Jahre hinein hatten Pfarrehepaare zudem meist nur eine gemeinsame Anstellung. Auch waren Teilzeitanstellungen und Jobsharing noch Neuland.

Mehrere Theologinnen fanden eine Anstellung in den Verbänden der Mädchen- und Frauenarbeit (CVJT, Evangelische Frauenhilfe) und verbanden biblische Exegese mit der Persönlichkeitsentwicklung der jungen Frauen und Mütter. Sie profitierten zudem vom internationalen Austausch im Verband. Die Theologinnen arbeiteten auch im Pfarramt anders als ihre Kollegen, indem sie den Austausch mit Lai:innen suchten und (Frauen-)Gesprächskreise aufbauten. Als die Schweizerische Ausstellung für Frauenarbeit SAFFA 1958 in Zürich die Tore öffnete, leiteten Theologinnen im SAFFA-Kirchlein das Abendmahl, liessen aber sonst den Lai:innen und Diakonissen den Vortritt. Theologinnen veröffentlichten zudem Schriften zu Fragen der Berufstätigkeit von Frauen und deren Auswirkungen auf ihre Persönlichkeit.

In den Jahresversammlungen des Verbandes wurden in den 1990er Jahren auch feministisch-theologische Ansätze und Rollenbilder diskutiert – jede Theologin brachte wieder andere Aspekte mit ein, wenn sie zu einem Referat angefragt wurde. Die Theologinnen der Romandie und der Deutschschweiz waren sich uneins über die feministischen Anliegen. So wurden weibliche Formen wie die «pasteure» erst später salonfähig. Der anklagende oder kämpferische Stil kam bei den Romandes schlecht an, die eher eine poetische theologische Sprache pflegten. Theologinnen beteiligten sich an der kirchlichen Frauenbewegung, doch hatten sie als Pfarrerinnen eigene Gestaltungsmöglichkeiten, die ihnen auch Kompromisse abverlangten.

Belastend war neben der lange Zeit fehlenden Ordination und der unterschiedlichen kirchenrechtlichen Anerkennung im Beruf der Umgang mit den Pfarrkollegen. Letzteres änderte sich, als eine neue Generation männlicher Theologen heranwuchs, für die es selbstverständlich war, mit Theologinnen zu studieren. Die Pfarramtsstrukturen wurden jedoch auch später als belastend empfunden. Das ging Pfarrern oft ähnlich, doch suchten sie weniger Beratung als die Theologinnen. Hinzu kam die Schwierigkeit, als Pfarrerin ein Privatleben aufzubauen. In früheren Generationen hatten manche Ledige enge Freundschaften zu einer ebenfalls berufstätigen Freundin aufgebaut. Für spätere Generationen war es schwieriger, neben dem Pfarrberuf «im Glashaus» private Freundschaften oder eine Partnerschaft aufzubauen.

Als schliesslich sechzig Jahre nach der Gründung 1999 das Jubiläumsheft «Beruf Pfarrerin» erschien, waren unterdessen regionale Theologinnentreffen entstanden (im Heft wurden neun solche Treffen aufgeführt), dazu Treffen lesbischer Theologinnen und Supervisionsgruppen von Theologinnen. Neben der Gemeindearbeit wollten und konnten sich viele die Zeit für die schweizerischen Treffen nicht mehr nehmen. So wurde der Verband 2001 aufgelöst.

Publikationen:
– «Beruf Pfarrerin». Persönliche und theoretische Beiträge von reformierten Theologinnen. Hg. von Reformierte Theologinnen Schweiz zum 60 Jahr-Jubiläum 1939–1999, Bern 1999 (Selbstverlag, 24 S., deutsch und französisch).
– Christiane Besson/Doris Brodbeck/Margrit Schütz (Hg.): Denn wir Frauen sind anders … zum Jubiläum des CVJF-Weltbundes. Gutenswil 1996 (Selbstverlag).
– Historisches Lexikon der Schweiz HLS: Artikel zu Theologinnen.

Website: www.theologinnen.ch
Konfessionelle Frauengeschichte
www.theologinnen.ch/bibliographie

Ordination von zwölf Theologinnen am 17.11.1963 im Grossmünster Zürich.

DIE EVANGELISCHEN FRAUEN SCHWEIZ (EFS)

Gabriela Allemann

31.5.1947: Gründung des «Evangelischen Frauenbunds der Schweiz»
Erste Präsidentin Marianne Burckhardt-Pfisterer
Ab 1950: Engagement für den Weltgebetstag
1958: Teilnahme an zweiter SAFFA mit SAFFA-Kirchlein
1971: «Schritte ins Offene» wird die gemeinsame Verbandszeitschrift von EFS, SKF und VCF
Ab 1973: Einladung zu Vernehmlassungen des Bundes
1981: Gründung ACAT «Aktion Christen gegen die Folter»
1982: Gründung «Ökumenisches Forum Christlicher Frauen in Europa»
1984: Gründung der «Südafrika Arbeitsgruppe christlicher Frauen» für die Beendigung der Apartheid
1988: Frauenkirchenfest und Gründung «Verein Frauensynode»
1993: Petition «Stop der Gewalt» mit 26 000 Unterschriften
1996: Mitorganisation des Fünften Schweizerischen Frauenkongresses
2007: Namensänderung in «Evangelische Frauen Schweiz»
2014: Umzug der Geschäftsstelle von Zürich nach Bern
2019: Aufruf zum Frauen*KirchenStreik «Gleichberechtigung. Punkt. Amen.»
2021: Mitinitiantin «Helvetia predigt» und «Frauenrütli»
29./30.10.2021: Frauensession im Bundeshaus, gemeinsam mit den anderen Frauendachverbänden
2022: Jubiläum 75 Jahre EFS

Was sind die Anliegen der evangelischen Frauen? Das fragte man für den dritten schweizerischen Frauenkongress 1946 zum Thema «Das Christentum im Leben der Frau» einen Mann. Denn anders als bei den Katholikinnen gab es keine Ansprechfrau für gesamtschweizerische Fragen. Diese Tatsache wollten die Pfarrfrau Marianne Burckhardt-Pfisterer, die Theologin Marga Bührig und weitere Frauen nicht hinnehmen, und sie erarbeiteten einen evangelischen Beitrag aus Frauensicht. Ein Jahr später, am 31. Mai 1947, wurde auf Einladung des Verbands Frauenhilfe im Glockenhof Zürich der Dachverband der evangelischen Frauenvereine gegründet. Das «evangelisch» im Namen verwies einerseits auf das Evangelium, andererseits auf die konfessionelle Prägung des Verbandes.

Die Verwurzelung im Evangelium ist bis heute massgeblich bei der Frage nach Gerechtigkeit und Friede. Konfessionelle Grenzen wurden im Laufe der Jahre aufgeweicht, die Ökumene ein wichtiger Pfeiler des Engagements: Weltgebetstag, Ökumenisches Forum christlicher Frauen in Europa, die mit dem katholischen Frauenbund herausgegebene Zeitung «Schritte ins Offene», Engagement für fairen Handel als «Bananenfrauen», Mitgründung der «Aktion Christen gegen die Folter ACAT» und die Frauenkirchenfeste.

Der EFS verstand sich immer als Teil der reformierten Kirche, stand allerdings auch in einem spannungsvollen Verhältnis zu ihr, nicht zuletzt weil in ihr lange ausschliesslich Männer das Sagen hatten. Ein wichtiges Anliegen war daher immer die volle Gleichberechtigung der Theologinnen in allen Ämtern der Kirche sowie der Zugang von Frauen zu Leitungsfunktionen in Kirchgemeinden und Landeskirchen. Im Rahmen der Evangelischen Kirche Schweiz EKS engagieren sich die EFS, um die Sicht der Frauenvereine und -organisationen einzubringen. Unter dem Dach der EFS finden sich auch heute noch ganz unterschiedliche Vereine, wie z. B. die Pfarrfrauen, Frauenhilfen, die EVP Frauen oder die IG Feministische Theologinnen. Seit 1969 können auch Einzelpersonen Mitglied sein. Sie bilden die vielfältigen Betätigungen von Frauen im kirchlichen Umfeld ab: diakonisches, freiwilliges, pastorales, politisches Engagement, das sich an der Botschaft des Evangeliums orientiert, dass «Leben in Fülle für alle» sein soll.

In all diesen Tätigkeiten geht es auch um das Einbringen der Frauen und ihrer Anliegen in die Gesellschaft. So wird der EFS ab 1973 vom Bund zu Vernehmlassungen eingeladen und nimmt diese Möglichkeit rege wahr. Auch mit Standpunkten, Faktenblättern und Broschüren bringt der EFS sich in die Gesellschaft ein – zu aktuellen, einen Frauenblick verlangenden Themen.

Beim Frauenstimmrecht war der EFS unterschiedlich stark engagiert. Nach der Abstimmungsniederlage 1959 zog er sich zurück, auch weil unter den Mitgliedervereinen keine Einigkeit herrschte. Dafür setzte er sich intensiv für einen leichten Wiedereinstieg der Frauen ins Berufsleben ein. In diesem Zusammenhang steht auch das weiter andauernde Engagement für eine solide ausgestaltete Altersvorsorge und Mutterschaftsversicherung sowie die Anerkennung von Care- und Freiwilligenarbeit. Bei den traditionell christlichen Themen «Frieden und Krieg» trat der Verband profiliert in der Öffentlichkeit auf.

Auch 75 Jahre nach der Gründung braucht es die Evangelischen Frauen Schweiz, wie sich der Verband seit 2007 nennt, als konsequent zweisprachige Stimme der evangelischen Frauen in der Schweiz. Die EFS engagieren sich pointiert, wo es um die Geschlechtergerechtigkeit in Kirche und Gesellschaft geht, im Bewusstsein, dass die Gleichstellung der Frauen in vielen Bereichen rechtlich erreicht, aber im alltäglichen Leben noch lange nicht umgesetzt ist. Das starke Netzwerk mit den anderen Frauendachverbänden wird weiter gepflegt, um gemeinsam in die Gesellschaft zu wirken, so zum Beispiel im Jahr 2021, dem 50-jährigen Jubiläum des Frauenstimmrechts, mit der Frauensession im Bundeshaus. Neben dem regen Austausch mit dem Katholischen Frauenbund ist auch der verbandsinterne Dialog mit den unterschiedlichen evangelischen Denominationen sowie punktuell die Zusammenarbeit mit weiteren religiösen Frauenverbänden wichtig.

Stand 2021: Rund 37 000 Mitglieder in 36 Mitgliedverbänden und 14 Kollektivmitglieder sowie 343 Einzelmitglieder. 1948 waren es 30 Verbände.
In der Hochblüte 1987: 80 Frauenverbände mit knapp 200 000 Mitgliedern
Website Evangelische Frauen Schweiz (EFS): www.efs.ch; Website Femmes protestantes en Suisse (FPS): www.fps.ch

Dokumentationen:
– Barbara Helg: Zwischen Evangelium und Politik. Zur Geschichte der Evangelischen Frauen Schweiz. Broschüre. Zürich 2011 (ISBN: 978-3-033-02880-7).
– Geschichte der EFS: https://www.efs.ch/de/ueber-uns/geschichte/

Vor dem Bundeshaus bei der Übergabe der Unterschriften der Petition «Stop der Gewalt» 1993.

WELTGEBETSTAG DER FRAUEN SCHWEIZ

Vroni Peterhans-Suter

1887: Erste Weltgebetstagsfeier der Frauen

1927: Gründung internationale Weltgebetstags-organisation der Frauen

Ökumenische Feier am 1. Freitag im März rund um die Welt mit einer Liturgie und einem Thema von Frauen aus einem Land

1936: Erster Weltgebetstag in der Schweiz durch Methodistinnen

Liturgie in der Schweiz in 5 Sprachen: vallader, sursilvan, italienisch, französisch, deutsch

2007: WGT Schweiz erhält den Marga Bührig-Preis in Würdigung der gelebten Ökumene und des Engagements für Frieden, Gerechtigkeit und Bewahrung der Schöpfung aus Sicht der Frauen.

Präsidentinnen des WGT Schweiz:
Langjährige Präsidentinnen prägten den WGT Schweiz, unterstützt von jeweils kürzeren Co-Präsidentinnenzeiten.

1962: Bildung des schweizerischen Komitees unter der Leitung von Dora Schlatter

1976: Helen Stotzer-Kloo

1985: Margret Herzog-Hitz

1989: Marty Voser, war auch von 1995–1999 Europadelegierte im internationalen Komitee.

Seit 1995: Co-Präsidium (mit überschneidenden Amtszeiten): Dorli Crabtree, Liliane Jelmini, Jeannette Kasper, Paula Méry, Anina Stieger, Karin Flury, Brigitte Koring, Heidi Wettstein

2010: Heidi Wettstein

2017: Gründung Verein WGT Schweiz

Ab 2021: Vroni Peterhans-Suter

Wer kennt Surinam oder Vanuatu? Diese Länder habe ich dank dem Weltgebetstag (WGT) kennengelernt, der in etwa 180 Ländern immer am ersten Freitag im März gefeiert wird. Er wurde mir so zu einem Fenster in unbekannte Regionen der Welt, sozusagen zu einer alljährlichen Weltreise. Diese ökumenische Basisbewegung sprang nach der Gründung 1887 in Amerika von Land zu Land über und kam 1936 durch die Methodistinnen in die Schweiz. Bald schlossen sich die reformierten und christkatholischen Frauen an. Einen weiteren Schub erhielt diese Bewegung durch die Gespräche im ökumenischen SAFFA-Kirchlein 1958. 1962 entstand ein schweizerisches Komitee. Nach dem 2. Vatikanischen Konzil (1962–1965) durften auch Katholikinnen offiziell mitwirken, obwohl sie dies schon vorher taten. Die klare Ausrichtung dieser Bewegung unter dem Motto «Informiert beten – betend handeln» zeigt sich einerseits in der alljährlichen Feier aus einem anderen Land und durch die finanzielle Solidarität mit Benachteiligten und deren Stärkung, Förderung und Ermutigung. Diese Solidarität begeistert auch die Frauen des aktuellen schweizerischen Komitees. Sie fühlen sich gestärkt durch das Frauen-Netzwerk, das wie ein imaginäres Band die Welt umspannt. Solidarisch zeigt sich der Weltverband wie auch das schweizerische Komitee durch die Teilnahme am «Thursday in black» und demonstriert so gegen jegliche Gewalt gegen Frauen.

In jeder Komitee-Sitzung verbinden wir Frauen uns mit dem Weltverband, insbesondere mit unseren Gebetspartnerinnen, also WGT-Gruppen aus ganz anderen Winkeln der Erde, die uns jeweils alle vier Jahre zugeteilt werden. Im Moment sind dies: Slowenien, Armenien und Indien. Das zeugt vom grossen Glauben an die Wirkung des Gebetes durch Gottes Geistkraft und auch von Schwesternschaft über Grenzen hinweg.

Im Weltgebetstag wird nicht nur über Ökumene gesprochen, sondern sie wird im wahrsten Sinne des Wortes gelebt. Dieses weltweit grösste ökumenische Netzwerk von Frauen wird seit Generationen von Frau zu Frau weitergegeben, trägt zur Völkerverständigung und zur Zusammenarbeit vieler christlicher Denominationen bei. In vielen Ländern mit langer Ökumene-Tradition leisteten die Weltgebetstags-Frauen über Jahrzehnte einen grossen Beitrag dazu. Auch hier in der Schweiz wurde der

226

WGT zur Wegbereiterin durch sein seit vielen Jahren klares Bekenntnis zur Ökumene. Die konfessionellen, schweizerischen Frauenverbände sind mit dem WGT verbunden und haben ihn auch mitgeprägt. In vielen Ländern arbeiten die Frauen der verschiedenen christlichen Kirchen zum ersten Mal für die Erstellung der Weltgebetstags-Liturgie zusammen, die jedes Jahr von Frauen aus einem anderen Land zusammengestellt wird. Durch die Länderkomitees wird sie dann in die Landessprachen übersetzt und an ihre Basisgruppen weitergeleitet.

Lassen wir noch einige WGT-Frauenstimmen sprechen: «Ich hatte das grosse Glück, die Bereicherung durch internationale Veranstaltungen erfahren zu können. Das biblisch begründete Motto jeder Liturgie motiviert, sich für Gleichberechtigung, Bewahrung der Schöpfung und Achtung der Menschenrechte einzusetzen», sagen Anina und Brigitte, zwei ehemalige Co-Präsidentinnen. Simona und Sonja, die über 20 Jahre lang im WGT-Komitee mitwirkten, berichten mit einem inneren Feuer, dass es sie vor allem begeistert habe, viele Länder aus Frauenperspektive zu entdecken. Zahlreiche Begegnungen hier und mit Frauen aus aller Welt haben sie persönlich bereichert und zu Schwestern und Freundinnen im Glauben über alle kulturellen, sozialen und Konfessions-Grenzen hinweg gemacht.

Und richtig lebendig wird diese Bewegung, die auch mich fasziniert, wenn wir rund um den Weltball alle dieselbe Liturgie feiern und dabei das Weltgebetstagslied singen: «Die Sonne, die uns sinkt, bringt drüben den Menschen überm Meer das Licht; und immer wird ein Mund sich üben, der Dank für deine Taten spricht!»

Komitee-Mitglieder 2021 (evangelisch-reformierte, römisch-katholische und methodistische Frauen, oft sind auch Christkatholikinnen und Heilsarmee vertreten): Annemarie Akermann, Béatrice Battaglia, Sara Hanselmann, Ute Hesselbarth, Rahima Heuberger, Carola Kneubühler, Vroni Peterhans, Maya Rosselli, Irene Schwyter, Ursula Sigg, Theres Zumsteg

Das Titelbild zum Weltgebetstag der Frauen von den Philippinen 2017, «A Glimpse of the Philippine Situation», stammt von der Künstlerin Rowena «Apol» Laxamana Sta Rosa.

ÖKUMENISCHES FORUM CHRISTLICHER FRAUEN IN EUROPA (ÖFCFE)

Eva-Maria Fontana-Hübner

«Mutter» des ÖFCFE: Ruth Epting (Basel)

1977: Treffen von 80 Verantwortlichen der Frauenarbeit aus allen Teilen der Welt und allen christlichen Konfessionen in Glion/Schweiz

1978: Konsultation europäischer christlicher Frauen in Brüssel zu den Fragen: Friede, Gerechtigkeit und die befreiende Botschaft der feministischen Theologie. 7 Vertreterinnen aus 7 Kirchen werden beauftragt, mit Ruth Epting als Koordinatorin einen Vorschlag auszuarbeiten, der einen Austausch und gegenseitige Förderung ermöglicht.

1982: Im Mai wird das «Ökumenische Forum christlicher Frauen in Europa» (ÖFCFE/EFECW) in Gwatt/Schweiz gegründet.

Alle vier Jahre findet in einem anderen europäischen Land eine Generalversammlung statt, die vom amtierenden Coordinating Committee und den drei Co-Präsidentinnen zusammen mit einer Vorbereitungsgruppe des jeweiligen Landes vorbereitet wird. Website: www.efecw.net

Schweizerinnen im Vorstand und Coordinating Committee (CC) des EFECW:
– Nicole Fischer, Genf, 1. Präsidentin (1982–1986)
– Ruth Epting, Basel, Ehrenpräsidentin (1986–2016)
– Martha Schädelin, Hinterkappelen, Schatzmeisterin (1990–1997)
– Ruth Baumann-Zbinden, Hinterkappelen, Schatzmeisterin (1997–2004)
– Catherine Gyarmathy-Amherd, Zürich, kath. Co-Präsidentin (1998–2006)
– Carla Maurer, St. Gallen/London, Mitglied CC (2010–2014)
- Evelyne Zinsstag, Basel, Mitglied CC (2018–2022)

An der 5. Vollversammlung des Ökumenischen Rats der Kirchen 1975 in Nairobi konnten Frauen an einer Plenarsitzung «klar, rückhaltlos und radikal» die konkrete Situation, in der Frauen sich befinden, deutlich machen. Im Januar 1977 trafen sich mehr als 80 Verantwortliche für Frauenarbeit aus aller Welt in Glion/CH. Sie waren von der Abteilung «Frauen in Kirche und Gesellschaft» des ÖRK eingeladen herauszufinden, was die *Hälfte der Weltbevölkerung* umtreibt. Dabei merkten die Europäerinnen, dass in Europa die Koordination und Kommunikation zwischen den christlichen Frauen fehlt.

«So war es nichts Besonderes als (…) 1978 der Ruf aus Genf an mich erging, die erste europäische Frauenkonsultation in Brüssel zu moderieren. Nicht ahnend, was hier auf mich zukam, sagte ich damals zu. Seit jenen Tagen vor 15 Jahren bin ich immer unterwegs auf den Strassen Europas, um Frauen aller Konfessionen zu begegnen und ihnen zu helfen, in ihren örtlichen Situationen eine ökumenische Verständigung und Arbeit aufzubauen.» (Epting 1994, 2).

Dies schrieb Pfarrerin Dr. h. c. Ruth Epting, «Mutter» des «Ökumenischen Forums Christlicher Frauen in Europa» ÖFCFE, die das Projekt bis zu ihrem Tod 2016 begleitete.

Im Februar 1978 fand in Brüssel eine Konsultation europäischer christlicher Frauen statt. Im Mai 1982 wurde das ÖFCFE in Gwatt/CH gegründet. Dies mit der Anerkennung des Vatikans (ein Frauenrat sei unmöglich und gefährlich, deshalb schlug Rom den Namen Forum vor). Das Netzwerk ermöglicht christlichen Frauen Begegnungen über Mauern und Grenzen hinweg und ist Lernort, um Modelle des Verständnisses im Zusammenleben zu entwerfen und auszuprobieren.

Schon im April 1983 kam es auf Initiative des ÖFCFE zur 1. Frauenkonferenz der Kirchen in den sozialistischen Ländern Europas in Kiew, unter Beteiligung des Metropoliten von Kiew (damals UdSSR). Der Dialog zwischen Ost und West war nicht nur ein Herzensanliegen Ruth Eptings, sondern ist eine der Kernaufgaben des Forums bis heute. Während die nationalen Foren in Westeuropa angesichts der Säkularisierung der

Gesellschaft mit Schwierigkeiten kämpfen, ist die Forumsidee in Ost- und Südosteuropa sehr aktuell, und das europäische Forum dehnt sich weiter nach Osten aus (Armenien, nächstens Georgien).

Im ÖFCFE treffen sich Frauen aus ganz Europa alle vier Jahre zu einer mehrtägigen Generalversammlung mit spannenden Beiträgen zu einem vorgegebenen Thema. Ziele des Forums für diese Treffen sind: Entdecken der Theologie aus Frauensicht; Einsatz für Gerechtigkeit und Frieden; Organisation von Seminaren und Konsultationen, um religiöse, politische, ökonomische und soziale Fragen, die Frauen betreffen, zu studieren; Frauen jeden Alters ermächtigen und ermutigen, Leitungsaufgaben zu übernehmen und sich einzubringen. An der GV 2010 in Loccum (D) entstand das Projekt «Young Women's Strategy». Eine Gruppe Frauen unter 40 machte sich auf die Suche nach neuen Impulsen und Ideen, wie z. B. das «Pop-up-Monastery». Während zweier Wochen trafen sich im August 2015 Frauen in einer klösterlichen Gemeinschaft. Daraus resultierte auch ein wunderbarer Film: «The Gardens of Eve» (abrufbar auf www.efecw. net/Activities/Projects).

Der Schweizer Zweig des ÖFCFE wurde 1986 gegründet. Das Forum sah sich nie als Rivalin der bestehenden Frauenorganisationen, sondern verstand sich als Netzwerk der Zusammengehörigkeit. So waren die konfessionellen Frauendachverbände von Anfang an Mitglieder respektive Trägerinnen des Schweizer Forums, da die ökumenische Zusammenarbeit der konfessionellen Frauenverbände in der Schweiz seit langem selbstverständlich war. Die Aufgabe des Schweizer Forums war immer, die Erfahrungen eines intensiven ökumenischen Zusammenlebens, das auf der Gemeindeebene und im Privaten zur Selbstverständlichkeit geworden war, gegen aussen einzubringen. Ende 2021 wurde der Verein Ökumenisches Forum christlicher Frauen Schweiz aufgelöst, nachdem seine Arbeit national und international viel bewirkt hatte. Die ökumenische Zusammenarbeit der Frauen in der Schweiz und in Europa werden die beiden Frauendachverbände SKF und EFS weiter pflegen.

1986: Der Schweizer Zweig des EFECW wird gegründet.

2009: Symposium anlässlich des 90. Geburtstags von Pfarrerin Dr. theol. h. c. Ruth Epting, Initiantin des EFECW, in Basel am 5. 6.

Ende 2021: Auflösung des Schweizer Zweiges des EFECW

Dokumentationen:
– Epting, Ruth (Hg.): Eine Vision wird Wirklichkeit. Das ökumenische Forum Christlicher Frauen in Europa von den Anfängen bis 1990. Eigendruck EFECW-CH, 1994 (Broschüre).
– Ökumenisches Forum Christlicher Frauen (Hg.): Ökumene weiblich. Frauen überschreiten Grenzen. Berlin 2010.
– EFECW (Hg.): Three Generations – with energy and vision. 30 years EFECW 1982–2012. Eigendruck EFECW, 2012 (Broschüre).

Ruth Epting, «Mutter des ÖFCFE», am NC Meeting in Malvern (GB), am 22.09.2012.

INTERESSENGEMEINSCHAFT FEMINISTISCHE THEOLOGINNEN DEUTSCHSCHWEIZ UND LIECHTENSTEIN

Doris Strahm

10.11.1990: Treffen zur Planung eines schweizerischen Netzwerks feministischer Theologinnen in Luzern
Theres Spirig-Huber, Claudia Jaun, Silvia Strahm Bernet, Doris Strahm, Jacqueline Sonego und Rahel Schüepp bereiten danach Gründung einer IG vor.
4.5.1991: Gründung der «Interessengemeinschaft Feministische Theologinnen der Schweiz» (später: «der Deutschschweiz und Liechtensteins»)
In den ersten Vorstand werden gewählt: Sigrun Holz, Claudia Jaun, Carmen Jud, Dora Müller und Sabine Rimmele.

Vorstandsfrauen (alphabetisch) ab 2002:
Veronika Bachmann, Carmen-Cattarina Baumli, Brigitte Becker, Meehyun Chung, Dorothea Egger, Monika Frieden, Johanna Hess, Catina Hieber, Sylvia Hodek, Monika Hungerbühler, Verena Hungerbühler, Claudia Jaun, Katharina Kindler, Sara Kocher, Anja Kruysse, Clara Moser, Tania Oldenhage, Nicola Ottiger, Pascale Ramseier-Huber, Maria Regli, Ulrike Sals, Sabine Scheuter, Luzia Sutter Rehmann, Ursula Vock, Bettina Wiesendanger, Gertrud Würmli, Evelyne Zinsstag, Stéph Zwicky Vincente (Quelle: Jahresberichte auf Website)
Aktueller Vorstand (2021):
– Tina Bernhard-Bergmaier (seit 2019)
– Katharina Merian (seit 2020), Präsidentin
– Doris Strahm (seit 2014)

«Draussen regnet es und ist kalt – in unserer Mitte stehen blühende Tulpen. Ein Bild unserer Situation: Um uns feministische Theologinnen ist unfreundliches Wetter. Doch wir blühen!» Mit diesen Gedanken wurde am 4. Mai 1991 in Luzern ein Treffen von rund 40 Frauen verschiedener christlicher Konfessionen eröffnet, das der Vereinsgründung einer «Interessengemeinschaft feministischer Theologinnen der Deutschschweiz» diente. Bereits am 10. November 1990 hatten sich Theologinnen in Luzern getroffen, um ein schweizerisches Netzwerk feministischer Theologinnen zu planen, da es kaum strukturell verankerte Vernetzungen zwischen katholischen und reformierten feministischen Theologinnen gab. Eine Gruppe von Frauen – Theres Spirig-Huber, Claudia Jaun, Silvia Strahm Bernet, Doris Strahm, Jacqueline Sonego und Rahel Schüepp – arbeitete an der Struktur des geplanten Netzwerks weiter, verfasste ein Leitbild und Vereinsstatuten und bereitete das Gründungstreffen vor.

Mitglieder der IG sollten Frauen sein, die eine feministisch-theologische Option teilen und «die sich in der Aufarbeitung und Umsetzung feministischer Theologie engagieren», heisst es in den Gründungsstatuten. Die IG wollte ein Sprachrohr der feministisch-theologischen Bewegung in der Schweiz sein, um zu kirchlichen und gesellschaftlichen Ereignissen Stellung zu nehmen. Zu Diskussionen Anlass gab an der Gründungsversammlung die Frage, ob das Leitbild, das den Gründungsmitgliedern vorlag und in dem der Begriff «feministisch» geklärt wurde, nicht zu sehr auf gesellschaftspolitische und zu wenig auf theologische und kirchliche Fragestellungen ausgerichtet sei. Diskutiert wurde auch das Verhältnis der IG zur Frauenkirche sowie die Frage, ob wir explizit eine IG christlicher Theologinnen sind oder auch Frauen anderer Religionsgemeinschaften der IG beitreten können (was unterdessen der Fall ist). Und leidenschaftlich diskutiert wurde die Frage, wie der Begriff «Mitglied» in den Statuten ersetzt werden könne, da es sich bei diesem im Wortsinn um einen phallischen Begriff handle.

In den ersten Vorstand wurden an der Gründungsversammlung Sigrun Holz, Claudia Jaun, Carmen Jud, Dora Müller und Sabine Rimmele gewählt. Geplant waren ausserdem der Aufbau einer Expertinnen-Kartei sowie Arbeitsgruppen zu bestimmten Themen. Längerfristig wollten wir sogar eine Arbeitsstelle einrichten, die die Organisation und Teile der inhaltlichen Arbeit wahrnehmen sollte. Die Ziele der IG waren sehr hochgesteckt – zu hoch, wie sich bald zeigte. Bereits 1993 wurden neue, realistischere Ziele formuliert, da an der Vereinsversammlung über die Hälfte der Vorstandsfrauen wegen Arbeitsüberlastung und Überforderung zurücktrat. Als *realistische* Aufgaben wurden daraufhin Weiterbildung, Austausch und Vernetzung sowie öffentliche Stellungnahmen festgelegt.

Auf diese Aufgaben hat sich die IG dann konzentriert: Sie hat alljährlich Weiterbildungen zu pastoralen, theologischen und gesellschaftlichen Fragestellungen angeboten, die meist von IG-Mitfrauen als Referentinnen bestritten wurden, öffentliche Stellungnahmen zu feministisch-theologischen und geschlechtergerechten Anliegen in Kirche und Gesellschaft verfasst sowie die Vernetzung feministischer Theologinnen gefördert. Auf der IG-Website werden seit einigen Jahren in der Rubrik «Frau des Monats» von der IG-Mitfrau Esther Gisler Fischer Theologinnen der Gegenwart, aber auch Pionierinnen der Vergangenheit vorgestellt und gewürdigt. Vermehrt geht die IG Feministische Theologinnen auch Kooperationen ein und hat z. B. 2017 die Comic-Broschüre «Let's talk about Gender!» mitverfasst sowie eine Tagung zu «Frauenrechte zwischen Religion, Kultur und Politik» im RomeroHaus Luzern mitorganisiert und 2019 den «Frauen*Kirchenstreik» mitlanciert.

Mit der Schaffung einer Geschäftsleitungsstelle im Oktober 2014 hat sich der IG-Vorstand von den administrativen Aufgaben entlastet und hat seither mehr Zeit für die inhaltliche Arbeit. Die IG hat damit auch einen Akzent für die Zukunft feministischer Theologie gesetzt.

2014: Schaffung einer Geschäftsleitungsstelle (10 Stellenprozent), finanziert aus den Mitgliedsbeiträgen und Spenden
Stelleninhaberinnen:
– Miriam Schneider (1.10.2014–31.12.2015)
– Annette Berner (1.1.2016–31.12.2020)
– Maria Regli (seit 1.1.2021)

Mitgliedsfrauen (Stand 2021): 150

Informationen zu Stellungnahmen und Weiterbildungen: Online-Archiv der IG: www.feministische-theologinnen.ch

Flyer zum Anlass von 30 Jahre IG Feministische Theologinnen: Zoom Gespräche mit Theologinnen aus Afrika, Asien, Lateinamerika und der Schweiz.

FRAUENKONFERENZ DES SCHWEIZERISCHEN EVANGELISCHEN KIRCHENBUNDES (SEK) / EVANGELISCHE KIRCHE SCHWEIZ (EKS)

Sabine Scheuter

1999: Gründung der Frauenkonferenz SEK-EKS

14.11.2005: Feministische Theologie im Leitbild der Frauenkonferenz verankert

18.12.2018: Gleichstellungsartikel in der neuen Verfassung der EKS verankert

25.10.2019: 20-jähriges Jubiläum unter dem Motto: «Fördern – Fordern – Feiern»

Präsidentinnen:
– Flurinda Raschèr Janett (1999–2002)
– Co-Präsidium Ria van Beek und Sabine Scheuter (2002–2007)
– Sabine Scheuter (seit 2007)

Seit ihrer Gründung im Jahr 1999 ist die Frauenkonferenz des Schweizerischen Evangelischen Kirchenbundes (SEK), heute Evangelische Kirche Schweiz (EKS), eine Plattform für Weiterbildung, Austausch und Vernetzung zwischen der EKS, ihren Mitgliedkirchen und kirchlichen Frauenorganisationen. Obwohl selber ein Organ des SEK hatte die Frauenkonferenz dabei auch immer wieder die Funktion eines kritischen Gegenübers. Die Orientierung an der feministischen Theologie gehörte von Anfang an zu ihrem Selbstverständnis.

Die Frauenkonferenz des SEK wurde 1999 als Nachfolge-Gremium der «Dekadekonferenz» und damit wie viele andere Frauengremien als erfolgreiches Ergebnis der Dekade «Solidarität der Kirchen mit den Frauen» (1988–1998) gegründet. An zwei jährlichen Konferenzen treffen und vernetzen sich Delegierte aus den Mitgliedkirchen des SEK mit Vertreterinnen von kirchlichen Frauenorganisationen (u. a. Evangelische Frauen Schweiz und IG Feministische Theologinnen) sowie den kirchlichen Frauenstellen.

Insbesondere in den Anfangsjahren stand die Frauenkonferenz im Spannungsfeld zwischen den Forderungen nach Gleichstellung und den Frauenkirchebewegungen auf der einen Seite und der Zusammenarbeit von Frauen und Männern sowie der Strategie des Gendermainstreamings auf der anderen Seite. Sie war gleichzeitig beratendes und unterstützendes Gremium des Rates und der Geschäftsstelle des SEK im Hinblick auf Frauen- und Genderfragen wie auch immer wieder ein kritisches Gegenüber, wenn die Frauenperspektive vergessen ging, die feministische Theologie in den theologischen Publikationen nicht vorkam oder zu wenige Frauen auf den Podien der Veranstaltungen oder in den Gremien des SEK sassen.

2005 verabschiedete die Frauenkonferenz ein Leitbild, in welchem die Orientierung an der feministischen Theologie für die Arbeit der Frauenkonferenz verankert wurde. Dieser Passus führte immer wieder zu Diskussionen, hielt sich aber hartnäckig bis zum heutigen Tag.

Ein regelmässiges Anliegen der Konferenzen war das Einbringen der feministisch-theologischen Perspektive bei Themen und Projekten des SEK. Dies zum Beispiel beim Thema Abendmahl, beim reformierten Bekenntnis, beim Reformationsjubiläum und bei vielen Themen rund um Geschlechterrollen und Familienmodelle.

Im Jahr 2019 konnte die Frauenkonferenz unter dem Motto «Fördern – Fordern – Feiern» ihr 20-jähriges Jubiläum begehen. Sie hat in diesen zwanzig Jahren viel bewirkt. Als letztes die Verankerung eines Gleichstellungsartikels in der neuen Verfassung, die seit 2020 der EKS als Nachfolgeorganisation des SEK zugrunde liegt. Auch für die Wahl von Frauen in den Rat und die Gremien von SEK / EKS hatte sich die Frauenkonferenz immer wieder eingesetzt. Mit der Wahl von Rita Famos als Ratspräsidentin ist 2021 eine neue Ära in der EKS angebrochen. Nachdem die Frauenkonferenz immer wieder mit Gegenwind kämpfen musste, sind wir zuversichtlich, dass sie ihre Arbeit nun für eine Weile mit Rückenwind weiterführen kann.

COOL – CHRISTLICHE ORGANISATION VON LESBEN

Irène Schwyn

20.2.2000: Gründung des Vereins mit Sitz in Bern
Gründungspräsidentin: Dorothee Waldvogel
Weitere Präsidentinnen: Isabel Baer, Marie-Hélène
Aubert, Marianne Kern, Minka Rohrer-Weerkamp
Webseite: www.cool-schweiz.ch

CooL bietet lesbischen / frauenliebenden, bisexuellen, Cis-, Trans- und Inter-Frauen einen geschützten Rahmen, um sich gegenseitg kennenzulernen. CooL bietet Raum, über Fragen und Erfahrungen rund um den (christlichen) Glauben und über grundsätzliche Lebensfragen nachzudenken und sich auszutauschen.
Zusammenarbeit mit:
LOS: Lesbenorganisation Schweiz:
https://www.los.ch/
European Forum (EF) of Lesbian, Gay, Bisexual and Transgender Christian Groups
https://www.lgbtchristians.eu/

Position beziehen und Offenheit praktizieren – diese beiden Grundprinzipien prägen CooL seit der Gründung, die in eine Zeit fällt, in der vor allem in den reformierten Kirchen der Deutschschweiz gleichgeschlechtliche Beziehungen ein kontrovers diskutiertes Thema waren. 1993 berichteten Tagespresse und Wochenblätter über die Segnung eines Frauenpaars in Sils im Domleschg und über das Outing eines schwulen Pfarrers im Emmental. Daraus entwickelte sich eine lebhafte innerkirchliche Diskussion, die in den reformierten Kirchen mit der Zeit zu Positionsbezügen bezüglich der Stellung von gleichgeschlechtlich liebenden Personen in den Kirchen und auch zu Änderungen des Kirchenrechts führten. Frauen aus der HuK-Frauengruppe (Homosexuelle und Kirche) traten dabei als Fachreferentinnen, als Gesprächspartnerinnen und, wo es trotz der Bezeichnung Sinn machte, als «Betroffene» auf.

Ebenfalls 1993 fand die erste Tagung für frauenliebende Frauen in- und ausserhalb der Kirchen mit mehr als sechzig Teilnehmerinnen in der reformierten Heimstätte Gwatt statt. Kleine, eng begleitete Gruppen ermöglichten den Tagungsteilnehmerinnen eine Auseinandersetzung mit ihrer religiösen Ver- oder Entwurzelung, mit den darin erfahrenen Verletzungen aber auch mit der Hoffnung und Kraft, die sie in ihren Glaubensquellen fanden. Durchgeführt wurde die Tagung von der Frauenstelle der Reformierten Kirchen Bern-Jura-Solothurn, zusammen mit Frauen aus dem (inzwischen aufgelösten) Verein Lesbische Theologinnen und der HuK-Frauengruppe. Bis 2007 fanden diese Tagungen regelmässig statt, zuletzt war CooL alleine Trägerin.

1999 löste sich der Verein HuK-Schweiz auf. Formell gegründet wurde CooL von neun Frauen aus der ehemaligen HuK-Frauengruppe. Die Erfahrungen aus den Neunzigerjahren prägen die Vereinsziele bis heute, auch wenn sich die Schwerpunkte über die Jahre verschoben haben. Die Zahl der Mitfrauen nahm anfangs schnell zu, inzwischen hat sie sich bei rund vierzig Frauen eingependelt.

Öffentlichkeitsarbeit war seit 2000 ein wichtiger Schwerpunkt. Die kirchlichen Diskussionen drehten sich um Segnungsfeiern für gleichgeschlechtliche Paare und die Stellung von nicht-heterosexuellen kirchlichen

234

Mitarbeitenden sowie um Konversions-«therapien», wie sie religiös-konservative Kreise propagier(t)en. Durch die «Plattform Religion» von LOS und PinkCross waren die verschiedenen Organisationen, die sich hier engagierten, gut vernetzt. CooL war auch eingebunden in das Netzwerk Offene Kirche Schweiz (NOKS), in dem sich reformorientierte Gruppen aus dem Umfeld der römisch-katholischen Kirche trafen. Gegen Ende der Nullerjahre verloren diese Diskussionen an Brisanz, entsprechend traten bei CooL der Austausch untereinander, die Reflexion der eigenen Spiritualität und der sorgfältige Umgang mit den Unterschieden untereinander in den Vordergrund.

Für die internationale Vernetzung trat CooL 2002 dem European Forum of LGBT Christian Groups (EF) bei. Zusammen mit anderen Gruppen organisierten CooL-Frauen unter anderem die Jahrestagungen des EF 2013 und 2022 in der Schweiz und engagierten sich bei verschiedenen gesamteuropäischen Projekten.

Bei in der Regel monatlichen Treffen und einem jedes Jahr stattfindenden Wochenende bietet CooL seit den Anfängen allen Frauen einen geschützten Rahmen zum Austausch und einen Ort zum ungezwungenen geselligen Beisammensein. «Christlich» und «lesbisch» wird seit den Anfängen als Schwerpunktsetzung verstanden. Eine achtsame Grundhaltung unter den Anwesenden ist für CooL wichtig, und wer zu den Treffen dazustösst, soll sich willkommen fühlen. Die bei CooL aktiven Frauen beschreiben sich selbst sehr unterschiedlich, was ihre sexuelle Orientierung und ihre religiöse Identität betrifft.

So sieht sich CooL heute: CooL bietet lesbischen / frauenliebenden, bisexuellen, Cis-, Trans- und Inter-Frauen einen geschützten Rahmen, um sich gegenseitig kennenzulernen und über Fragen und Erfahrungen rund um den (christlichen) Glauben und über grundsätzliche Lebensfragen nachzudenken und sich auszutauschen.

NETZWERK GESCHLECHTERBEWUSSTE THEOLOGIE

Tania Oldenhage

2005: Gründung des Netzwerks
Gründungsteam:
Andreas Borter, Tania Oldenhage, Sabine Scheuter,
Christoph Walser, Heike Walz
Das Netzwerk entwickelte Theologische Geschlechterdialoge querbeet und organisierte jährlich eine Fachtagung. Es verstand sich als innovatives und inspirierendes Forum zwischen wissenschaftlicher Theologie, kirchlicher Praxis und Gender Studies.

Tagungen:
«Perspektive Gender» (Boldern, 14.–15.1.2006)
«Fokus Gender» (Boldern, 23.–24.6.2007)
«Körper & Geschlecht» (Boldern, 7.–8.6.2008)
«Befreite Körper» (Boldern, 30.–31.1.2010)
«Sexualitäten Geschlechter Gerechtigkeit» (Frankfurt am Main, 17.–19.6.2011)

«Feministische Theologie geht auch Männer an!» Mit dieser Überzeugung begann ich 2003 meine Arbeit als Studienleiterin am Evangelischen Tagungs- und Studienzentrum Boldern. Ich kam direkt aus den USA und war im akademischen Kontext die Zusammenarbeit mit Männern zu feministischen Fragen gewohnt. 2005 gründete ich mit zwei Kollegen, Christoph Walser und Andreas Borter, und mit Heike Walz, damals noch Doktorandin an der Universität Basel, das «Netzwerk geschlechterbewusste Theologie». Etwas später stiess Sabine Scheuter zum Leitungsteam.

Ich könnte allein schon zum Namen unseres Netzwerks von zahllosen Debatten berichten. Was soll das sein – «geschlechterbewusst»? Dieser eher unscharfe Begriff war unser Versuch, eine möglichst vielfältige Gruppe von Theologen und Theologinnen zusammenzubringen: feministische Theologinnen, queer Theolog:innen, schwule Theologen, Theologen aus der kritischen Männerforschung und aus der kirchlichen Männerarbeit.

Mich motivierte bei der Gründung des Netzwerks vor allem der Wunsch, feministisch-theologische Forschung aus der Nische zu holen. Ich vermutete, dass der theologische Geschlechterdialog das Interesse der kirchlichen Öffentlichkeit wecken würde. Und so war es auch. Einige Kirchengremien und kirchliche Medien interessierten sich für das Netzwerk, und wir bekamen als Theologinnen im Geschlechterdialog das eine oder andere Interview. Mir war das durchaus auch etwas unheimlich. Was bedeutete es, dass wir über den Dialog mit Männern plötzlich für die Medien interessant wurden?

Die Frage der finanziellen Unterstützung unseres Netzwerks führte zu Spannungen, denn die Frauen im Leitungsteam waren sich einig, dass sie für das Netzwerk auf keinen Fall einen «Frauentopf» anzapfen würden. Ausserdem stellten wir unter uns sehr schnell eine Art Ungleichzeitigkeit fest. «Es ist, als ob die theologische Männerarbeit 20 Jahre hinterherhinkt!» So formulierte es einer unserer Kollegen, der sich in seiner Arbeit auf die Suche nach befreienden biblischen Männerbildern gemacht hatte. Für uns als feministische Theologinnen war die Suche nach befreienden Frauenbildern der Bibel durch interkulturelle und postkoloniale Ansätze schon vielfältig in Frage gestellt worden. Während unsere Kollegen die

Opfergeschichte von Männern im Christentum aufarbeiteten, waren wir Theologinnen dabei, unsere Verstrickung in Schuldzusammenhänge zu verarbeiten. Und während die Theologen unter uns ihren epistemologischen Standort als «Männer» reflektierten, waren wir Theologinnen uns nicht klar darüber, ob und wie wir überhaupt noch von «Frauenerfahrungen» reden konnten.

Diese Ungleichzeitigkeiten waren ärgerlich und produktiv zugleich. Was mich persönlich am meisten herausforderte, war ein ständiges Misstrauen, ob in unserem Geschlechterdialog die Geschichte des Sexismus genügend aufgearbeitet worden war. Ich wollte sicher sein können, dass sich meine Kollegen mit den frauenfeindlichen Traditionen im Christentum auseinandergesetzt hatten. Ich wollte mich auf die potentiell interessanten Formen männlicher Sexualität bei Augustinus nur dann einlassen, wenn für alle Beteiligten klar war, dass dieser selbe Augustinus Texte verfasste, die für Frauen tödliche Folgen hatten.

Gründungsteam des Netzwerks: vorne (v. l. n. r.): Heike Walz und Andreas Borter; hintere Reihe (v. l. n. r.): Tania Oldenhage, Christoph Walser und Sabine Scheuter.

Das Netzwerk geschlechterbewusste Theologie organisierte neben informellen Treffen und Retraiten insgesamt fünf öffentlich ausgeschriebene grössere Tagungen. Aus der Arbeit entstand der Sammelband «Theologie und Geschlecht. Dialoge querbeet», von Heike Walz und David Plüss herausgegeben (Walz/Plüss 2008). Nachdem der Studienbereich von Boldern aufgelöst wurde, gab es verschiedene Versuche, das Netzwerk über andere Organisationen in Deutschland und Österreich institutionell abzustützen. Eine 2014 ausgeschriebene sechste Tagung kam nicht mehr zustande.

Inzwischen hat sich das Netzwerk aufgelöst, doch die Debatten, die damals geführt wurden, sind nach wie vor aktuell.

PANKS UND DER SYLVIA-MICHEL-PREIS

Lini Sutter

2007: Gründung PanKS (Präsidentinnen – amtierende und nicht amtierende – der reformierten Kirchen Schweiz) als Konferenz

2007: Lancierung des Sylvia-Michel-Preises (5000 US Dollar)

2009: 1. Preisverleihung: Esther Mombo und Dorcas Chebet Wamalwa, Forschungsprojekt zur Frauenordination in Kenia

2011: 2. Preisverleihung an Agnes Lisulo Mulemwa, Ausbildung von Frauen in Sambia

2013: 3. Preisverleihung an Hee Soo Kang und Nan Hee Lee, Stärkung der Frauen in den Kirchen von Südkorea

8.3.2014: Gründung des Vereins PanKS

2015: 4. Preisverleihung an Yvette Rabemila und Brigitte Rabarijaona, Gleichstellung von Frau und Mann in der protestantischen Kirche Madagaskars

2018: 5. Preisverleihung an Mery Koliman, Aufbau von Netzwerken für Frauen in Indonesien

2020: 6. Preisverleihung an Cecilia Castillo Nanjari, Einsatz für Gendergerechtigkeit in Politik, Ökumene und interreligiösem Dialog in Chile, Peru, Bolivien und Costa Rica

Ein Netzwerk für gegenseitigen Austausch und Empowerment zu schaffen – dies war die Motivation der 10 Präsidentinnen der reformierten Landeskirchen der Schweiz für ein Treffen auf dem Aargauer Rügel im Jahr 2005. Diese erste Begegnung führte 2006 zum Buch «Wenn Frauen Kirchen leiten» und kurz darauf zur Gründung der PanKS (Präsidentinnen – amtierende und nicht amtierende – der reformierten Kirchen Schweiz).

Damals arbeiteten die PanKS als Konferenz, die Gründung des Vereins folgte erst später. Im Vordergrund stand und steht die Förderung, gegenseitige Unterstützung und Vernetzung der Frauen auf kirchenleitender Ebene in unserem Land. Schon bald aber wurde klar, wie wichtig die Vernetzung und Förderung der Frauen in Leitungspositionen der Kirchen weltweit ist. Der Sylvia-Michel-Preis als internationaler Preis zur Förderung der Leitungsfunktionen von Frauen in der Kirche wurde lanciert. Der Name des Preises erinnert an Sylvia Michel, die als erste Frau in Europa das Präsidium einer kirchlichen Exekutive übernahm. Prämiert werden Projekte und Einzelaktionen, die das Bewusstsein von Kirchen und kirchlichen Gruppen für die gleichberechtigte Stellung von Frauen in der Kirchenleitung fördern und Frauen und Männer in den Führungspositionen der reformierten Kirchen weltweit einander gleichstellen. Zudem stehen Projekte im Fokus, welche die Ordination von Frauen und deren Zugang zu allen Ämtern fordern und Frauen ermutigen und dafür ausbilden, ein Leitungsamt zu übernehmen. Die Preisverleihung findet alle 2 Jahre rund um den 8. März in einer reformierten Landeskirche der Evangelisch-reformierten Kirche Schweiz statt.

Zurzeit ist die Zukunft dieses Vereins aber unsicher, obwohl es wieder mehr Frauen in Präsidien der reformierten Landeskirchen der Schweiz gibt. Was sicher in irgendeiner Form weitergeführt wird, ist der Sylvia-Michel-Preis. Die Gleichstellungsthematik in kirchlichen Strukturen weltweit bleibt aktuell, ebenso die Vernetzung und Förderung von Frauen in kirchenleitenden Positionen.

238

NETZWERK TSENA MALALAKA

Verena Naegeli und Brigitte Rabarijaona

Das ökumenische interkontinentale Netzwerk «Tsena Malalaka» ist aus zufälligen Begegnungen entstanden. Eine madegassische Theologin kommt für ihr Studium in die Schweiz, eine Schweizer Theologin reist nach Madagaskar, es entstehen Freundschaften. Schweizerisch-deutsche Theologinnen, die sich aus der Studienzeit kennen, treffen sich an einer Geburtstagparty, erzählen einander von ihren Afrika-Bekanntschaften, die demokratische Republik Kongo kommt ins Spiel, Tansania – wir haben Lust, an unseren weitgespannten Beziehungen dranzubleiben und uns als Theologinnen zu vernetzen. 2010 entsteht das Netzwerk «Tsena Malalaka» und bekommt einen offiziellen Internetauftritt. Weitere Theologinnen aus Europa (vor allem aus der Schweiz) und verschiedenen Ländern Afrikas schliessen sich an.

So zufällig-zufallend wie es begonnen hat, soll es mit dem Netzwerk weitergehen. Mitglied kann werden, wer eine theologische Ausbildung hat und sich für die Lebens- und Glaubenswelt der Kolleginnen interessiert – über den eigenen Kontinent hinaus. Der madegassische Name des Netzwerks ist Programm: *Tsena Malalaka* bedeutet «Offener Marktplatz», «Begegnungsort», «liebevoller und freier Austausch». In unseren Beziehungen wollen wir uns über festgefahrene Nord-Süd-Hilfs-Strukturen hinwegsetzen und den Austausch auf Augenhöhe praktizieren. Denn auch wenn die materiellen Möglichkeiten sehr unterschiedlich verteilt sind, hat im Bereich existentieller (Glaubens-)Fragen und möglicher Handlungsschritte keine von uns eine Vormachtstellung. Wichtig ist uns, dass das Netzwerk nicht zu gross wird und persönliche Beziehungen seine Basis bleiben.

Seither haben wir uns über Bibeltexte und anderes ausgetauscht, meist via Internet. Wir haben Begegnungen organisiert, wenn eine Theologin von einem Kontinent in den anderen gereist ist, einmal auch eine grössere Konferenz (im RomeroHaus Luzern). Wir haben einander besucht und gemeinsam Gottesdienste gefeiert, in Afrika und Europa. Und wir haben gemeinsam ein Buch geschrieben: «Nous avons un désir – There is Something We Long For» (Naegeli u. a. 2015). Dort erzählen wir, was uns als Theologinnen motiviert und inspiriert, wonach wir Sehnsucht haben für

2010: Gründung von «Tsena Malalaka»: Austauschforum für afrikanische und europäische Theologinnen

Website: www.malalaka.org

Kontakt: coordination@malalaka.org

Aktuelle Mitgliederzahl: 33

Aus folgenden Ländern: Benin, Deutschland, Holland, Kamerun, Kenia, Demokratische Republik Kongo, Madagaskar, Schweiz, Simbabwe, Tansania, Togo.

Koordinatorinnen des Netzwerks:
– Brigitte Rabarijaona, Jahrgang 1975, Dr. theol., Pfarrerin der reformierten Kirche in Madagaskar, wohnhaft in Nairobi/Kenia
– Verena Naegeli, Jahrgang 1955, Dr. theol., Pfarrerin der reformierten Kirche Schweiz, wohnhaft in Zürich/Schweiz

den eigenen Kontext und die Zukunft unserer Erde. Das im Dialog geschriebene Buch ist auch ein Sprachexperiment. Französisch und Englisch sind die Schreibsprachen, eine Vielfalt von Muttersprachen steckt dahinter. Die nötige Übersetzungsarbeit steht sinnbildlich für den interkulturellen Dialog. Was braucht es an gegenseitigen Kenntnissen, um sich wirklich zu verstehen? Das Buch wurde 2017 mit dem Marga Bührig-Preis ausgezeichnet.

Das letzte grössere Ereignis von «Tsena Malalaka» fand 2019 statt, kurz vor dem Ausbruch der Corona-Pandemie. Wir trafen uns zu einem Seminar in Antananarivo (Madagaskar) zum Thema «Zuhören». Eine Woche lang waren Kontinental-Afrikanerinnen und Europäerinnen bei den madegassischen Kolleginnen zu Gast. Die gemeinsame Zeit hat uns einander nähergebracht und gleichzeitig Befremdliches intensiver wahrnehmen lassen – nicht nur zwischen Afrikanerinnen und Europäerinnen, sondern querbeet. Kategorisierungen gerieten überraschend durcheinander. Diese Erfahrung hat uns angeregt, vertieft darüber nachzudenken, inwieweit wir selbst Stereotypen von «afrikanisch» beziehungsweise «europäisch» in uns tragen – bis hin zum subtilen Rassismus.

Wie es mit dem Netzwerk weitergeht, ist offen. Es hängt von der Initiativkraft der Mitglieder ab. Mit der oben genannten Erfahrung stehen auch schwierige Themen auf unserer Agenda. Gleichzeitig hoffen wir, dass unser Austausch das Spielerische nicht verliert und wir uns weiterhin beherzt und unbekümmert aufeinander einlassen. Schön wäre es, wenn «Tsena Malalaka» auch neue Ableger, neue interkulturelle Marktplätze generierte. Denn das Anliegen bleibt wichtig: den interkulturellen Dialog nicht nur ideell und intellektuell zu begrüssen, sondern reale Beziehungen einzugehen.

Foto wurde im September 2019 in Antananarivo/ Madagaskar aufgenommen, anlässlich des Tsena Malalaka Seminars.

AKTIVITÄTEN UND PROJEKTE DER FEMINISTISCHEN THEOLOGIE IN DER ROMANDIE

Lauriane Savoy

In der französischen Schweiz nehmen Theologinnen periodisch Fragen und Herausforderungen der feministischen Theologie auf. Als Stadt-Kanton hat Genf den Vorteil, über eine sehr internationale Plattform zu verfügen: Die feministische Theologie wird von Theologinnen des Ökumenischen Rates der Kirchen eingebracht, aber auch von Genfer Pastorinnen, die sich im Ausland aufhielten, etwa den Vereinigten Staaten, Kanada oder Zentralamerika, sowie durch Pastorinnen aus anderen europäischen Ländern (Deutschland, Frankreich). Von 1978–1998 bildeten sich, aufeinanderfolgend, drei Gruppen von je etwa 15 Frauen, die sich regelmässig trafen, um Ideen, Gedanken und Erfahrungen auszutauschen und miteinander die Bibel auszulegen.

Die erste Gruppe nannte sich «In but still out» (IBSO). Diese Bezeichnung drückte das Gefühl von Theologinnen aus, die in ihrer Kirche völlig engagiert sind und als Pastorinnen oder in anderen Funktionen Verantwortung übernehmen, sich aber dennoch manchmal auf Grund ihres Geschlechts diskriminiert fühlen. Die Gruppe publizierte zwei Nummern des «Bulletin du Centre Protestant d'études»: «Réflexions théologiques au féminin» (1983) und «Femmes-sang-vie; Femmes sans vie?» (1987). In dieser Nummer ging es besonders um Begriffe wie Opfer, Reinheit und Unreinheit sowie um das Menstruationsblut. Solche Fragen wurden mutig in öffentlichen Seminaren behandelt. Die Gruppe IBSO, von 1978 bis 1989 aktiv, war horizontal organisiert, ohne Präsidentin.

Danach bildeten andere Theologinnen eine zweite Gruppe, die sich «Vies à vies» nannte. Von 1989–1997 organisierten ihre Mitglieder gemeinsame Zusammenkünfte für Erfahrungsaustausch und liturgische Feiern. Es handelte sich aber auch um einen Ort gegenseitiger Weiterbildung: Bei einer Zusammenkunft, vorgeschlagen von der Pastorin Isabelle Graesslé, ging es um «Ashera, die ‹Freundin› von YHWH». Eine der Organisatorinnen, Pastorin Gabrielle Pilet Decorvet, schrieb dazu: «So haben wir geteilt, was eine solche Idee an emotionalen und theologischen Perspektiven für unseren Glauben eröffnen oder verschliessen könnte.»

Wichtige feministisch-theologische Gruppierungen:

1978–1989: Gruppe «In but still out» (IBSO)

1989–1997: Gruppe «Vies à vies»

1992–1997: Gruppe «Magdalites»

1996–1998: Gruppe «Fuchsia» oder «Frauen im kirchlichen Dienst»

2001: Wahl der ersten Moderatorin der Compagnie des pasteurs et des diacres: Isabelle Graesslé

2015: Katholikinnen gründen ein «Réseau des femmes en Eglise» (Netzwerk der in der Kirche tätigen Frauen). Seit 2020 offiziell als eine diözesane Bewegung anerkannt.

2016: «Antenne LGBTI» der protestantischen Kirche in Genf wird gegründet.

2017: Vereinigung «Arc-en-ciel» im Kanton Neuenburg wird gegründet.

2018: Die Gruppe «Inklusive Kirche» in der evangelisch reformierten Kirche des Kantons Waadt entsteht.

2020: Protestantinnen eröffnen im LAB, das von der Pastorin Carolina Costa 2015 mitbegründet wurde, nach dem Frauenstreik die «Roten Zelte» für Frauen.

2021: Ein Angebot der Genfer katholischen Kirche für LGBT wird gegründet.

2021: Kolloquium in Genf: «Au nom de la Mère. Perspectives féministes et théologiques sur la condition sexuée et sexuelle dans les églises chrétiennes»

Die dritte Gruppe, «Fuchsia», bestand viel weniger lang, was im Zusammenhang stand mit einer Restrukturierung der Genfer protestantischen Kirche. Es wurde dabei nämlich deutlich, dass es für Frauen im Rahmen der «Compagnie des pasteurs et des diacres» (eines beruflichen Zusammenschlusses, dessen Gründung auf Calvin zurückgeht) schwierig war, zu Wort zu kommen. Eine Mehrheit der weiblichen Mitglieder beschloss daraufhin, während eines Jahres getrennt von der Compagnie zu tagen – eine Entscheidung, die die ehrwürdigen kirchlichen Institutionen aufrüttelte. Dieses Jahr des Gedankenaustausches von in der Kirche tätigen Frauen führte 2001 zur Wahl der ersten Moderatorin (Sprecherin der Compagnie), der Pastorin Isabelle Graesslé. Die zweite gewählte Moderatorin ist Laurence Mottier (erst 2021!), die sowohl Mitglied von «Vies à vies» als auch von «Fuchsia» war. Sie wurde 1999 gemeinsam mit vier anderen Pastorinnen ordiniert und formulierte in ihrem Glaubensbekenntnis: «Wir vertrauen auf Gott (…) Vater und Mutter aller Menschen …» In der französischen Schweiz gilt eine solche Formulierung bei vielen als schockierend. Im kirchlichen Kontext gibt es bis heute Kontroversen um die inklusive Sprache, wenn es um die Rede von Gott geht.

Im Kanton Waadt, in Lausanne, gründeten Michèle Bolli und Bernadette Neipp, die der Gruppe IBSO resp. «Vies à vies» angehört hatten, die Gruppe «Magdalites», in der Frauen verschiedener Konfessionen zusammenkamen. Sie hat von 1992–1997 bestanden. Der Name «Magdalites» geht auf die wichtige Figur der Maria von Magdala zurück. Die Gruppenmitglieder trafen sich zum Erfahrungsaustausch, zu gemeinsamer Reflexion und Lektüre und organisierten einmal im Jahr einen Gottesdienst.

Ökumenische und globale Ausrichtung christlicher feministischer Theologie

Das christliche feministische Engagement gewinnt in den Jahren vor 2020, dank der neuen Kommunikationsmittel, eine deutliche ökumenische und globale Ausrichtung. Hier ist auf das Erscheinen eines Sammelbandes hinzuweisen: «Une bible des femmes» (Parmentier/Daviau/Savoy 2018). Darin finden sich Artikel von etwa zwanzig katholischen und protestantischen Theologinnen aus verschiedenen frankophonen Ländern, die im Tandem schreiben und versuchen, im Hinblick auf ein breites Publikum Bibellektüre und Feminismus zu vereinbaren. Das in Genf veröffentlichte

Buch löste, dank eines von den Medien ausgehenden Schneeballeffekts, in der französischen Schweiz und dann im gesamten französischen Sprachraum ein weitreichendes Echo aus. Es wurde ins Italienische übersetzt und erhielt im Jahr 2021 den Preis der Bibelgesellschaft des Kantons Waadt. Das Buch gibt Anlass zu zahlreichen Konferenzen und Diskussionen mit den verschiedenen Autorinnen und ermöglicht einen neuen Aufschwung der feministischen Theologie.

Ein wichtiger Meilenstein war der Frauenstreik von 2019: Katholische und protestantische Frauen, darunter Pastorinnen und Pastoralassistentinnen, trafen sich in Genf und organisierten in der Kirche von Plainpalais einen Tag mit Konferenzen und Ateliers, um dann mit Zehntausenden von Frauen in den Strassen zu demonstrieren. Die Protestantinnen übergaben dem Konsistorium, die Katholikinnen der Ordinarienkonferenz der französischsprachigen Schweiz ihre Forderungen; letztere trafen mehrmals den Bischof. Die Katholikinnen hatten 2015 ein «Réseau des femmes en Eglise» (Netzwerk der in der Kirche tätigen Frauen) gegründet, das seit 2020 offiziell als eine diözesane Bewegung anerkannt wird und etwa 60 Frauen umfasst. Die Zusammenarbeit mit diesen und weiteren Frauen besteht weiterhin: Die Protestantinnen öffnen im LAB (einer inklusiven, feministischen, der Jugend zugewandten Gemeinschaft, die von der Pastorin Carolina Costa mitbegründet wurde) die «Roten Zelte» für Frauen – ein Ort, an dem intime Gespräche geführt und neue Rituale gelebt werden können sowie feministisch-theologische Beiträge angeboten werden. Ein Ort des befreiten Wortes, in dem auch Themen behandelt werden, die sonst tabu sind: Körper, Sexualität, Menstruation, Transidentität, Gewalt und Diskriminierungen.

Feministische Theologie und Inklusivität

Die feministische Theologie verbindet sich mehr und mehr mit der Sorge um Inklusivität in der Kirche, besonders die der sexuellen oder Gender Minoritäten (LGBTQI+). Dieses Anliegen wird deutlich in den Publikationen «L'accueil radical. Ressources pour une Eglise inclusive» (Bourquin/Charras-Sancho 2015) sowie in «Homosensibilité et foi chrétienne» (Rochat 2021). Und es wird langsam in den Kirchen institutionalisiert. Beispiele sind die «Antenne LGBTI» der protestantischen Kirche in Genf, die von Adrian Stiefel geleitet wird; die Gruppe «Inklusive Kirche» in der evangelisch-reformierten Kirche des Kantons Waadt oder die Vereinigung «Arc-en-ciel» im Kanton Neuenburg und ein neues, den LGBT Personen zugewandtes Angebot der Genfer katholischen Kirche. Man kann feministische Theologie nicht mehr denken ohne Inklusivität oder Intersektionalität und Ökofeminismus! Im September 2021 wurde in Genf von jungen katholischen Theologinnen der katholischen und feministischen französischen Plattform «Oh My Goddess!» ein internationales Kolloquium organisiert, das diese unterschiedlichen Themen vorstellte. Partner waren die protestantische theologische Fakultät und das Zentrum Maurice Chalumeau für Sexualwissenschaften. Der Titel des Kolloquiums lautete: «Au nom de la Mère. Perspectives féministes et théologiques sur la condition sexuée et sexuelle dans les églises chrétiennes.»

Gott sei Dank wird die feministische Theologie in der Romandie von einem neuen Impuls getragen.

Übersetzung aus dem Französischen: Anke Lotz

FEMINISTISCHE THEOLOGIE IM TESSIN – EINE FRAG-
MENTARISCHE UND BIOGRAFISCHE SPURENSUCHE

Valeria Ferrari Schiefer und Daria Pezzoli-Olgiati

Nach den historischen Entwicklungen einer feministischen Theologie im Tessin zu suchen, ist eine herausfordernde Aufgabe: Weder kann von einer lokal verankerten intellektuellen Auseinandersetzung mit feministischer Theologie – wie immer sie auch zu definieren ist – gesprochen, noch behauptet werden, dass keinerlei kritische Beschäftigung mit der christlichen Tradition durch Frauen in diesem südlichen Kanton stattgefunden habe oder stattfindet. Was vorliegt, sind Fragmente von Debatten, die meistens nicht schriftlich dokumentiert sind. In diesem Text versuchen wir nun, einige Einblicke in die Geschichte theologischen Denkens von Frauen im Tessin zu geben, im Bewusstsein, dass es dabei auch um eine biografische Selbstreflexion geht. Wir haben uns beide professionell mit Theologie, Religionsforschung und Feminismus beschäftigt, und, obwohl wir im Tessin geboren sind, hier wohnen und uns im Tessiner Dialekt austauschen, erfolgte unsere universitäre Ausbildung in der deutschen Schweiz, in der Romandie, in Deutschland, Grossbritannien und Italien. Als promovierte Theologinnen, als Fundamentaltheologin bzw. Religionswissenschaftlerin, haben wir anschliessend – bis auf einzelne Einladungen in Pfarreien oder durch theologisch interessierte Lai:inneninitiativen – vorwiegend in akademischen Institutionen ausserhalb der kantonalen und der nationalen Grenzen gearbeitet und gewirkt. Die verschiedenen Etappen theologischen Denkens im Tessin konnten wir demnach eher aus einer Aussenperspektive beobachten.

Erneuerung von Kirche und Gesellschaft

In diesem mehrheitlich katholischen Kanton kam das Interesse der Lai:innen für die Theologie im Zuge des Zweiten Vatikanischen Konzils auf. Zum Theologiestudium ging *mann* nicht mehr ins Diözesanseminar, sondern an die Universität Fribourg, die als Volluniversität einen intellektuell breiteren Horizont anbot. Dort promovierten Theologen wie Alberto Bondolfi und Renzo Petraglio, die seit den 1970er Jahren interessierten Frauen und Männern die Möglichkeit boten, das kritische Denken über religiöse Traditionen und ihren Einfluss auf die zeitgenössische Gesell-

1968: Verschiedene Lai:inneninitiativen rezipieren theologische Anliegen im Zuge des zweiten vatikanischen Konzils.

1980er Jahre:
Punktuelle Thematisierung feministisch-theologischen Gedankengutes durch evangelisch-reformierte Pastorinnen
Interesse an feministisch-theologischen Debatten rund um die Buchhandlung Klexidra in Lugano

September 1988: Die Zeitschrift «Donnavanti» veröffentlicht einen Beitrag mit dem Titel «Nuova teologia». Das Thema wird bis in die 1990er Jahre von Valeria Ferrari Schiefer betreut.

1990er Jahre:
1991: Tagung «Teologia femminista», die von der feministischen Aktivistin und Schriftstellerin Erika Zippilli Ceppi in Zusammenarbeit mit Valeria Ferrari Schiefer organisiert wurde.
Die Tagung ist in einer Sondernummer der Zeitschrift «Donnavanti» mit dem Titel «Teologia femminista» 1991 dokumentiert.

Zeitschriften:
– Donnavanti, Bollettino dell'organizzazione per i diritti della donna, Lugano, 1983–1992.
– Dialoghi, Trimestrale di riflessione cristiana, Locarno, 1968–

Archivquellen:
Archivi Riuniti delle Donne Ticino,
www.archividonneticino.ch/
Internetseiten:
Convento Santa Maria dei Frati Capuccini, Bigorio,
https://bigorio.ch/
Biblioteca Salita dei Frati,
http://www.bibliotecafratilugano.ch/

schaft zu vertiefen. Wesentliches dazu leisteten ausserdem der Orden der Kapuziner und Universitätsprofessoren wie Giovanni Pozzi und Mauro Jöhri. 1966 wurde das Kapuzinerkloster Bigorio oberhalb von Lugano in einen Ort religiöser, theologisch informierter Bildung umgewandelt. In Lugano wurde die ebenfalls von Kapuzinern geführte Fachbibliothek Salita dei Frati seit den 1970er Jahren der Öffentlichkeit zugänglich gemacht, und durch die Gründung eines Vereins im Jahr 1976 entwickelte sie sich zu einem Kulturzentrum, in dem auch italienische feministische Theologinnen regelmässig involviert wurden und werden.

Zu diesen theologisch begründeten Versuchen, die Kirche und die Gesellschaft zu erneuern, gehörten auch Initiativen wie die unabhängige Zeitschrift «Dialoghi». Diese griff seit 1968 ökumenische Themen auf und rezipierte durchaus Anliegen der feministischen Theologie, ging es doch darum, die Theologie als Reflexion der christlichen Tradition in einer Zeit voranzutreiben, die durch starke politische und kulturelle Spannungen zwischen Traditionalismus und Modernität gekennzeichnet war. Darin spielten die familiäre, berufliche, politische und soziale Rolle der Frauen sowie Fragen der körperlichen und sexuellen Selbstbestimmung eine ganz zentrale Rolle. Es ging um die Kritik an der autoritären, auf Macht ausgerichteten Tradition mit den Mitteln eines intellektuellen, historisch-kritisch informierten Zugangs zur biblischen Tradition und zu damals aktuellen gesellschaftspolitischen und ethischen Fragen. Das Interesse für eine wissenschaftlich legitimierte, ökumenische Theologie konnte sich jedoch nie wirklich durchsetzen. Die Mehrheit der katholischen Kirche orientierte sich nach wie vor an traditionellen Vorstellungen einer ontologischen Differenz zwischen Geweihten und Lai:innen und schaute mit skeptischem Blick auf diese autonom ausgerichteten Aneignungen biblisch-christlicher Tradition.

Konservative Bewegungen und innovative Entwürfe

Um die Jahrtausendwende stand die katholische Kirche im Tessin stark unter dem Einfluss von Bewegungen wie «Comunione e Liberazione» und anderer im Hinblick auf kirchliche Hierarchien und Geschlechterpolitik äusserst konservativen Gruppierungen, welche die feministische Theologie vollkommen ablehnten. Die Gründung der Facoltà di Teologia di Lugano im Jahr 1992 lieferte die entsprechende akademische Legitimation dafür. Erst seit Kurzem scheint ein Interesse für eine wissenschaftliche Theologie zu entstehen, die die intellektuelle Unabhängigkeit gegenüber den kirchlichen Institutionen sucht.

Neben diesen konservativen Bewegungen des 20. und 21. Jahrhunderts sind jedoch auch die Lebensreformbewegungen zu nennen, die meist fremdsprachige Persönlichkeiten aus Kunst, Kultur und Wissenschaft umfassten, die periodisch im Tessin weilten. In Kreisen um den Monte Verità, aber auch um Einzelpersonen wie Georgette Klein, die sich in ihrer Casa Sciaredo ein persönliches, denkerisches, künstlerisches und lebensweltliches Universum aufgebaut hatte (Macconi/Raggi-Scala 2014), spielten religiöse und innovative weltanschauliche Entwürfe eine zentrale Rolle, die bürgerliche Gesellschaftsmodelle radikal in Frage stellten.

Die Vorstellung einer kritischen Theologie war in der evangelisch-reformierten Kirche des Tessins gut vertreten, in der seit den 1980er Jahren Pastor:innen tätig waren, die feministisches Gedankengut verbreiteten, ohne jedoch eine starke Resonanz jenseits der Grenzen ihrer meist zweisprachigen Diasporagemeinden zu erreichen (Campi/Schwarz/Tognina 2004).

Feministische Theologie spielte dann in der politischen Szene der frühen 1980er Jahren eine explizite Rolle. Um die Buchhandlung Klexidra in Lugano entfaltete sich ein starkes Interesse für feministisch-theologische Debatten, in denen Themen und Zugänge sowohl aus den deutschsprachigen Auseinandersetzungen in der Theologie als auch aus den in Italien vertretenen feministischen, religiösen, philosophischen und politischen Tendenzen rezipiert und debattiert wurden. Die Relevanz theologischer Reflexion für die politische Emanzipation der Frau als aktives Subjekt der Gesellschaft wurde mit Vorträgen und Beiträgen in der Zeitschrift «Donnavanti» dargelegt. Die feministische Aktivistin und Schriftstellerin Erika Zippilli Ceppi lancierte diese Reflexion in der Nr. 19 vom September 1988 in einem Beitrag mit dem Titel «Nuova teologia». Sie übergab dann die Feder zu diesem Fachbereich an Valeria Ferrari Schiefer, die sich bis in die 1990er Jahre aktiv bei der Zeitschrift engagierte. Aus dieser Zusammenarbeit entstand die Tagung «Teologia feminista», die anschliessend in einer Sondernummer gleichen Titels im Juni 1991 dokumentiert wurde. Leider konnten sich diese Versuche nicht etablieren. Weder die Kirche noch andere Institutionen hatten Platz für Theologinnen. Wir beide entschieden uns deshalb für eine akademische Laufbahn an Hochschulen jenseits der Alpen. Andere Frauen, die eine theologische Ausbildung genossen hatten, suchten sich alternative Beschäftigungen. Ihre theologische Stimme ist nicht schriftlich dokumentiert oder liegt begraben in Archiven, die noch zu erforschen sind.

Seit den 1920er Jahren fanden in der «Azione Cattolica femminile» immer wieder Initiativen von Frauen für Frauen statt – letztes Jahr feierte die Vereinigung ihr 100-jähriges Jubiläum –, ohne jedoch zunächst die kirchlich-katholischen patriarchalen Strukturen in Frage zu stellen. Seit 2010, mit der Übernahme der Leitung durch Corinne Zaugg, scheint ein vorsichtiges Umdenken stattzufinden. Die Vereinigung beginnt sich für kirchenkritische Themen zu öffnen, lädt feministische Theologinnen ein und leitet eine dauerhafte Kooperation mit dem «Coordinamento delle teologhe italiane» ein (Maffezzoli 2021). Auch die «Associazione Biblica della Svizzera Italiana» bietet in ihrer regen Aktivität immer wieder Frauen eine Stimme. Es scheint, dass etwas in Bewegung kommt.

KOMMENTAR

Silvia Strahm Bernet

Getrude

Verrückt, was hier alles unter Vernetzung zusammenkommt. Vom Theologinnenverband bis zum Verein CooL, von den feministischen Theologinnen bis zu den Weltgebetstagsfrauen. Eine ziemliche Bandbreite und eine ganz schön bunte Frauenrunde, oder?

Sabine

Schön dabei ist die Verbundenheit über Kontinente. Und dass das immer ökumenisch funktionierte! Toll. Bin fast etwas neidisch auf all die Begegnungen, die hier im europäischen, im schweizerisch-afrikanischen, dem weltweiten Kontext zustande kamen.

Nadja@Sabine

Offenbar gab's da aber auch Schwierigkeiten. So ganz einfach lassen sich wohl die Prägungen durch die eigene Herkunft und die aktuelle Situation der jeweiligen Gesellschaften, in denen frau lebt, nicht ausser Acht lassen.

Verena@Nadja

Das lese ich hier aber so nicht raus. Und abgesehen davon, Dialoge sind nie einfach. In diesem Zusammenhang ist ja auch das Stichwort «Ungleichzeitigkeit» zwischen den feministischen Theologinnen und den männlichen Kollegen im Netzwerk geschlechterbewusste Theologie interessant. Wie oft haben wir das schon erlebt.

Karin@Verena

Apropos Ungleichzeitigkeit: Säkularisierung bei uns im Westen, aber Ausbau etwa des Ökumenischen Forums Christlicher Frauen in Europa Richtung Osten. Ob die Frauen im Osten Europas keine Nachwuchsschwierigkeiten haben? Es ist ja doch auch traurig zu sehen, dass bei uns ein paar der Netzwerke inzwischen aufgelöst wurden. Meist aus Ressourcengründen.

Mariella@Karin

Ja, wo sollen sie denn herkommen, die Ressourcen der jüngeren Frauen für solche Arbeiten? Die meisten sind doch ausgelastet mit Berufsarbeit und Familie. Das reduziert seit vielen Jahren die Zahl an engagierten Frauen in diesen Bereichen, die meist ehrenamtlich funktionieren.

Michelle@Mariella

Aber in der Romandie und im Tessin, da tut sich offenbar was. Auch wenn da in Sachen Feministische Theologie und FrauenKirche vieles anders abgelaufen ist als in der Deutschschweiz, so verändert sich in diesen Regionen gerade etwas. Auch hier Ungleichzeitigkeiten? Aber nun hoffnungsvolle!

Esther R. Suter

ESTHER R. SUTER

«Feministisch – friedenspolitisch – ökumenisch – interreligiös»

Eines Tages hatte ich den Eindruck, «nicht vorzukommen» oder «nicht gemeint zu sein». Also unsichtbar zu werden. Etwa zur selben Zeit griffen feministische Frauen diese Einsicht auf: Frauen werden unsichtbar gemacht (Bührig 1987). Mein Widerstand begann.

1980 wurde ich in der Evangelisch-reformierten Kirche Schweiz (Basel) als Pfarrerin ordiniert. Eine intensive persönliche Auseinandersetzung zur Ordination war vorausgegangen, denn mein herkömmliches Umfeld vertrat die Ansicht, dass eine Frau zu schweigen habe in der Gemeinde und Pfarrerinnen in der Bibel nicht vorkämen. Ich suchte also nach einer theologischen Begründung und Legitimierung, Pfarrerin zu werden, und fand sie im Motiv der Berufung. Doch wer bestätigt (m)eine Berufung? Meine persönlichen Begegnungen in und mit Taizé waren der bestärkende Hintergrund, den richtigen Entscheid zu treffen. Die theologische Begründung fand ich im Wirken der Geistkraft, die weht, wo sie will. Ruach! Also begann ich als Pfarrerin zu arbeiten und wandte bald eine frauengerechte, inklusive Sprache in den Predigten an. Heute wird dies als gendergerechte Sprache bezeichnet. Welche Genugtuung, wenn Frauen in den Gemeinden positiv darauf reagierten und sagten, das mache einen Unterschied für sie! Doch Distanz und Ablehnung zu (m)einem feministisch-theologischen Ansatz kamen mir ebenso entgegen.

Als Vorstandsmitglied von Frauen für den Frieden Basel (1982–1992) schlug ich vor, an biblischen Texten zu arbeiten, die von Gewalt handeln. Der Mythos der «Paradiesgeschichte» bot sich dafür als Schlüsselgeschichte an. Dorothee Sölle hatte dies 1983 im Union Theological Seminary in New York in Vorlesungen zum Thema «Creation, Work and Sexuality» thematisiert (Sölle 1985) und auf Phyllis Trible's «God and the Rhetoric of Sexuality» (Trible 1978) verwiesen. Für mich war es die Kernaussage in Genesis 2,7–3,24 (3,16): «Auf deinen Mann richtet sich dein Verlangen. Doch der wird dich beherrschen» (BigS). Diese Aussage männlicher Dominanz und weiblicher Unterwerfung in Bezug auf die Sexualität lehnte ich ab. Ist sie Ausdruck des aufkommenden Patriarchats? Nach Trible wird im Bibeltext jedoch nicht die Frau verflucht, sondern die Schlange. Diese Interpretation öffnete mir die Augen für die Macht religiösen Sprachgebrauchs gegenüber Frauen sowie die Macht von Bildern und ihrer Wirkungsgeschichte bis heute.

Ich verstand mich als feministische Theologin und wollte die Kirche von innen her verändern. Im Theologinnenverband (1931–2001) arbeitete ich mit Dora Wegmann (1939–2001) zusammen. Wir brachten die Frage nach der Stellung und Anerkennung der Frau im Pfarramt auf und eine theologische Arbeitsgruppe des Kirchenbunds entstand (1990–1993). Sie analysierte den Ist-Zustand und kritisierte die Machtverhältnisse. Damit trug sie zu einer weltweiten Umfrage zur Situation der Frauenordination bei den Mitgliedskirchen des Reformierten Weltbunds (1992) bei.

In den folgenden Jahren richtete ich mich ökumenisch sowie interreligiös aus und nahm als Fachjournalistin an internationalen Konferenzen des Weltkirchenrats, des Lutherischen Weltbunds, der Weltgemeinschaft Reformierter Kirchen und der UNO teil. Zunehmend wurde mir die Verbindung Kirche–säkulares Umfeld und das Thema «Religion und Frauenrechte» wichtig. Als Vorstandsmitglied und UNO-Menschenrechtsvertreterin der International Alliance of Women (IAW 1904) und als Vizepräsidentin der International Association of Liberal Religious Women (IALRW 1910) bin ich überzeugt: Ein feministisch-theologischer Ansatz kann gerechtere Verhältnisse schaffen.

PROJEKTE UND INITIATIVEN

Die in diesem Kapitel vorgestellten Projekte und Initiativen sind unterschiedlich stark feministisch ausgerichtet. Würde man mit einem Messgerät den prozentualen Anteil «Feminismus» nachweisen wollen, so würde man wohl zum Befund kommen: oftmals gegen 80 %, ab und zu gegen 50 % und manchmal nur etwas mehr als eine Prise. Doch ob explizit feministisch-theologisch unterwegs wie das Projekt «merk-würdig» und die feministischen Bibelübersetzungen, feministisch-ökonomisch angelegt wie das innovative Projekt «Weiberwirtschaft» bzw. «Care-Ökonomie», mit Genderblick «geschult» wie die Gender-Broschüre und die interreligiösen Projekte oder auf kirchliche Reformen aus wie die kirchlichen Gleichstellungs- und die JuniaInitiative und das Projekt «Kirche* mit den Frauen» – sie alle setz(t)en sich für eine Veränderung der Verhältnisse und für Geschlechtergerechtigkeit in Kirche und Gesellschaft ein.

Was fast alle diese Projekte und Initiativen überdies verbindet, ist die Tatsache, dass es sich um Eigeninitiativen von einzelnen Frauen handelt, die meist ohne institutionelle Unterstützung spannende, neue Projekte geschaffen haben. Dass sie am Schluss des Buches stehen, bedeutet nicht, dass sie weniger wichtig wären, sondern dass es sich dabei meist um Projekte und Initiativen handelt, die auf ein spezielles Thema zugeschnitten sind – und dass einige von ihnen relativ neu sind. Gerade letztere deuten ein erneut aufgekommenes Interesse an, feministisch-theologische Anliegen und Forderungen in Kirche und Gesellschaft wieder öffentlichkeitswirksamer einzubringen. Kreative feministische Aktionen wie etwa der Frauen*Kirchenstreik verleihen den nach wie vor uneingelösten Forderungen nach Geschlechtergerechtigkeit in den Kirchen neuen Schwung und stärken die Anstrengungen, unsere Welt «neu zu denken». (ssb)

VON DER PROJEKTGRUPPE WEIBERWIRTSCHAFT ZUR CARE-ZENTRIERTEN ÖKONOMIE

Ina Praetorius

1988–1991: «Projektgruppe Ethik im Feminismus»: Marianne Briner, Ruth Egloff, Andrea Günter, Sigrun Holz, Ursula Pia Jauch, Rose Killinger, Ina Praetorius, Beatrix Schiele, Jacqueline Sonego-Moser, Heidrun Suter-Richter und andere

1991–1998: «Projektgruppe Weiberwirtschaft»: Heidi Bernhard Filli, Andrea Günter, Maren Jochimsen, Ulrike Knobloch, Sabine Kutzelmann, Ina Praetorius, Lisa Schmuckli, Ursula Vock, Ulrike Wagener u. a.

2015: Gründung des Vereins «WiC – Wirtschaft ist Care»

Gründerinnen: Martha Beéry-Artho, Gaby Belz, Cornelia Camichel Bromeis, Esther Gisler Fischer, Ina Praetorius, Nadja Schnetzler

Koordinationsteam seit 2017: Gaby Belz, Caroline Krüger, Ina Praetorius

Website: www.wirtschaft-ist-care.org

Materialien:
– Regula Grünenfelder/Ina Praetorius: Wirtschaft ist Care. Comic-Broschüre, hg. von der Schweizerischen Frauen*synode 2020, Zürich 2018.
– Erklärfilm: «Wirtschaft ist Care» (2019): Ein Kurzfilm (in fünf Sprachen), der den heutigen Stand der Wirtschaft mit kleinen Gedankenspielen hinterfragt und mit einem Blick in die Vergangenheit zeigt, wie es zum jetzigen Wirtschaftsverständnis gekommen ist. https://www.economy-is-care.com

Vom 23. bis 25. August 1991 trafen sich sieben Frauen im Luzernischen Adligenswil, um über «feministische Denkverbote» nachzudenken. Vier von uns, Jacqueline Sonego-Moser, Sigrun Holz, Andrea Günter und ich, allesamt Theologinnen, waren schon seit dem Sommer 1988 gemeinsam unterwegs gewesen: als «Projektgruppe Ethik im Feminismus». Gerade hatten wir ein Buchprojekt abgeschlossen: «Vom Tun und vom Lassen. Feministisches Nachdenken über Ethik und Moral» (Projektgruppe Ethik im Feminismus (Hg.) 1992).

In doppelter Hinsicht markierte das Treffen in Adligenswil einen Aufbruch: Zum einen waren drei Frauen neu zur Gruppe gestossen: die Ökonomin Ulrike Knobloch, die Philosophin Lisa Schmuckli und die Theologin Ursula Vock. Wir waren dadurch interdisziplinär geworden. Zum anderen stand das Stichwort «Denkverbote» für den Wunsch, Grenzen zu überschreiten: Statt in gewohnten Bahnen weiter zu funktionieren, wollten wir Neuland erkunden. Wir begannen mit einem Gespräch, in dem wir «einander die Fragen zum Geld stellten, die wir immer schon mal stellen wollten» (Protokoll 25. August 1991). Danach war schnell klar, welche Brache wir beackern wollten: die Ökonomie.

Wir beschlossen, eine Tagung zu organisieren und ein zweites Buch zu schreiben. Nach vier Vorbereitungstreffen, in deren Verlauf sich die transdisziplinär gewordene Gruppe den Namen «Weiberwirtschaft» gab, fand die Tagung mit dem Titel «Frauen. Ökonomie. Ethik. Unerzähltes Leben zur Sprache bringen» am 12. und 13. März 1993 in Luzern statt. Das einführende «Patchwork-Referat» zum Thema «Weiberwirtschaft: ausgeblendete Grundlage der Ökonomie» hatten wir in zahllosen Sitzungen akribisch vorbereitet und hielten es schliesslich zu siebt im grossen Saal des RomeroHauses. Es wurde zur Einleitung des Buches «Weiberwirtschaft. Frauen – Ökonomie – Ethik» (Bernhard Filli u. a.), das im Jahr 1994 erschien. Ihm folgte im Jahr 1998 ein weiterer Band: «Weiberwirtschaft weiterdenken. Feministische Ökonomiekritik als Arbeit am Symbolischen» (Günter u. a. 1998).

Fremdheit zur Sprache bringen

«Steht Ökonomie zur Debatte, so ist … Fremdheit für viele Frauen das erste, worauf sie zu sprechen kommen … Sie haben das Gefühl, ihr Alltag stehe ausserhalb dessen, was Ökonomie genannt wird.» (Bernhard Filli u.a 1994, 9) Von diesem Gefühl, in einem dominanten Diskurs nicht gemeint zu sein, gingen wir in unserer Arbeit aus. Zwar hatten sich einige von uns in den 1970er und 1980er Jahren an der «Feministischen Hausarbeitsdebatte» (Praetorius 1995, 159–170) beteiligt, zwar konnte diese Debatte ihrerseits auf eine Tradition feministischer Interventionen in die politische Ökonomie bauen. Trotzdem war ein Unbehagen geblieben, das sich zum Beispiel dann zeigte, wenn wir gelangweilt den Wirtschaftsteil der Tageszeitung überschlugen. Dass es sich beim Fremdheitsgefühl nicht um eine Folge mangelnder Sachkenntnis handelte, merkten wir daran, dass gerade auch die Ökonominnen davon zu erzählen wussten. Im Frühjahr 1992 war Maren Jochimsen als zweite Vertreterin des Faches zu uns gestossen, wie Ulrike Knobloch auch sie Doktorandin an der Universität St. Gallen.

Angeregt von Texten Luce Irigarays und italienischer Philosophinnen erkannten wir als Ursache des Fremdheitsempfindens die «androzentrische symbolische Ordnung». Sie trennt weiblich konnotierte Innenräume von den scheinbar allein massgeblichen männlich konnotierten Sphären Markt und Staat und weist den Frauen kompensatorische Tätigkeiten im Haus zu. Diese seit der Antike wirksame zweigeteilte Ordnung sagt uns, dass alles, was mit «Weiblichkeit» zu tun hat – Gefühle, Fürsorge, Familie, Körper, Natur – ausserhalb der «höheren Sphäre» Wirtschaft angesiedelt ist, in der es einzig um das vermeintlich Entscheidende, um Produktion, Industrie, Geld, Kontrolle, Fortschritt, Arbeit, Besitz geht. Wir fanden heraus: Nur wenn wir diese dualistische Struktur *als solche* aus den Angeln heben, können wir von einer neu definierten Subjektposition aus die Welt mitgestalten.

Neues sagen: Wirtschaft ist Care

Als wir im Jahr 1991 an der Dekonstruktion der herrschenden Ökonomie zu arbeiten begannen, gab es noch kaum statistische Erhebungen zur Wertschöpfung in Privathaushalten. Am 11. November 2017 feierte ein voller Saal im Rahmen des synodalen Prozesses «Siebte Schweizer Frauen*syno-

«Wirtschaft ist Care bedeutet: Wir stellen Care in die Mitte der Ökonomie. Denn da gehört die Sorge für sich, für andere und für die Welt hin, als Kriterium, an dem sich alles Wirtschaften zu messen hat. Ohne Fürsorge gibt es nämlich keine Menschen, und ohne Menschen braucht es keine Wirtschaft.» (Ina Praetorius)

de» mitten in Bern zwanzig Jahre Datenerhebung zur unbezahlten Arbeit. Hauptrednerin war Jacqueline Schön-Bühlmann, die langjährige Leiterin des Moduls «Unbezahlte Arbeit» im Statistischen Bundesamt der Schweiz. Zwischen Adligenswil 1991 und der Siebten Schweizer Frauen*synode «Wirtschaft ist Care», die im Sommer 2021 ihren vorläufigen Abschluss fand, liegen drei Jahrzehnte denkerischer und politischer Arbeit. Vom anfänglichen Gefühl der Fremdheit ausgehend haben wir uns in dieser Zeit konzeptionell ins Zentrum der Ökonomie vorgearbeitet.

Im Jahr 2015 gründeten fünf Frauen in St. Gallen den Verein WiC. Dieses Ultrakurznarrativ «Wirtschaft ist Care» bedeutet: Was einst in verschwiegene Privatsphären abgedrängt, was ausgebeutet und trivialisiert wurde, ist jetzt erwiesen als der grösste der ökosystemrelevanten Wirtschaftssektoren. Er trägt und ermöglicht alles andere: Industrie und Banken, Handel und Profit. Und mehr noch: Fürsorge, Vorsorge, *Care* ist nicht einfach ein Sektor, sondern das *Kriterium* fürs Ganze der Wirtschaft: Weder die Frauen* noch die aussermenschliche Natur werden in Zukunft die vermeintlich «höheren» Sphären subventionieren, nur um selbst ausgebeutet, schliesslich zerstört zu werden. Stattdessen wird *Care* zur Mitte und zum Massstab allen Wirt*inschaftens (Knecht u. a. 2015, 50–52).

Cover der Comic-Broschüre «Wirtschaft ist Care», hg. von der Schweizerischen Frauen*synode 2020. Verfasserinnen: Ina Praetorius und Regula Grünenfelder, Illustration: Kati Rickenbach, Zürich 2018.

256

ÖKUMENISCHE KAMPAGNE «FRAUEN GESTALTEN DIE WELT»

Silvia Strahm Bernet

«Frauen gestalten die Welt», so lautete 1994 der Aktionstitel der ökumenischen Kampagne der drei kirchlichen Hilfswerke «Fastenopfer», «Brot für alle» und «Partner sein». Dass die Wahl dieses Themas in Zusammenhang mit der «Dekade der Solidarität der Kirchen mit den Frauen» und dem «Internationalen Jahr der Familie» stand, ist anzunehmen, dass auch die vielfältigen, feministisch-theologisch geprägten kirchlichen Frauenaktivitäten und überall entstandenen Frauen-Kirche-Bewegungen eine Rolle spielten, ist zu vermuten, dass sie in den Kirchen einiges in Bewegung setzten, ist gewiss.

Dass Frauen die Welt mitgestalten, wer wollte das bestreiten. Schön, dass hier für einmal das «mit» fehlte und von ihrem eigenständigen Tun die Rede war. Von den Hilfswerken wurde zudem betont, dass man «Frau» und «Familie» nicht gleichsetze, sondern den Reichtum der Frauenaktivitäten aufzeigen und der Vielfalt der Frauenbiografien, Fraueninitiativen und Frauenarbeit Rechnung tragen wolle. Den Beitrag der Frauen sichtbar machen, das, was marginalisiert und abgewertet wird, ins Zentrum rücken, darum ging es dieser Kampagne. Dass mit diesem Sichtbarmachen auf allen Ebenen der Kampagne allein Frauen – in Wort und Bild – zum Zuge kamen und darüber hinaus auch und gerade die bisherigen gesellschaftlichen, entwicklungspolitischen, kirchlichen und theologischen Diskriminierungsformen – Sexismus, Patriarchat, Frauenarmut u. v. m. – ebenfalls in den Fokus rückten, missfiel offenbar vielen Leuten in den Kirchen – ein regelrechter Spendeneinbruch war die Folge.

Eröffnet wurde die Kampagne am 19. Februar 1994 in Bern von der Friedensnobelpreisträgerin Rigoberta Menchu und Bundesrätin Ruth Dreifuss. Viele bedeutende Frauen aus dem Süden waren während der Kampagne in den Schweizer Kirchgemeinden und Pfarreien unterwegs, Theologinnen übernahmen das Predigen, in den Kirchen hing das Hungertuch der indischen Künstlerin Lucy D'Souza mit biblischen Frauengestalten als Mitwirkende der Heilsgeschichte – Frauen, wohin man sah. Sie zu übersehen … unmöglich!

Die Ökumenische Kampagne der Hilfswerke Fastenopfer und Brot für alle ist eine Informationskampagne und eine Spendensammelaktion; sie startet jährlich am Aschermittwoch und endet am Ostersonntag. Seit 1994 beteiligt sich auch «Partner sein».

19.2.1994: Nobelpreisträgerin Rigoberta Menchu und Bundesrätin Ruth Dreifuss eröffnen die Kampagne «Frauen gestalten die Welt» in Bern.
– Inhaltliche Vorbereitung (Konzept und Ziel der Aktion): eine Frauengruppe der ökumenischen theologischen Kommission von Fastenopfer und Brot für alle
– Verfasserinnen des Grundlagentextes: Regula Frey Nakonz, Ethnologin (entwicklungspolitischer Teil), und Silvia Strahm Bernet, Theologin (theologischer Teil)
– Grafik: Martine Waltzer, Renens, die den Plakatwettbewerb gewonnen hatte.
– Vielfältige Ideen und Materialien (Tischsets für Suppen-Z'Mittage, Vorlagen für Predigten) und Vermittlung von Expert:innen aus dem Süden usw. unterstützen die Aufarbeitung des Themas in Pfarreien und Gemeinden.

Weitere Kampagnen mit dem Fokus auf Frauen:
2012: «Mehr Gleichberechtigung heisst weniger Hunger». Wurde wegen der Verwendung des Gender-Begriffs von den Bischöfen scharf gerügt («Gender-Ideologie») und führte zu heftigen Kontroversen.
Seit 2017: Gender-Konzepte werden in die eigene Organisation, in Entwicklungspolitik und Programmarbeit integriert.

ZÜRCHER BIBEL FEMINISTISCH GELESEN

Esther Straub

1998: Gründung der dreiköpfigen Frauen-lesegruppe

Beteiligte Personen: Katharina Schmocker (bis 2001), Ursula Sigg-Suter, Angela Wäffler-Boveland, ab 2001 Esther Straub

Projektdauer: 9 Jahre

524 Beispiele von feministisch übersetzten Bibelstellen

77 kritisierte Begriffe und Alternativen dazu (z. B. «Glanz» statt «Herrlichkeit»)

53 kritisierte Titelsetzungen

Dokumentation:

Die Entstehungsgeschichte der Zürcher Bibel und ihres feministischen Begleitbandes ist umfassend dokumentiert in: Hanne Köhler, Gerechte Sprache als Kriterium von Bibelübersetzungen, Gütersloh 2012, 191–230.

Als die Evangelisch-reformierte Kirchensynode des Kantons Zürich 1987 beschloss, der Zürcher Bibel von 1931 eine neue Übersetzung folgen zu lassen, waren die Hoffnungen vieler Frauen gross, dass auch feministische Anliegen in das Projekt einfliessen. 1996 erschienen als Vorabdruck der ersten Arbeitsergebnisse die Evangelien und Psalmen. Die Übersetzung enttäuschte die Erwartungen und rief die Arbeitsgruppe «Dekade Solidarität der Kirchen mit den Frauen» auf den Plan. Sie forderte die Mitarbeit von Theologinnen in den Übersetzungskommissionen, eine Auseinandersetzung mit feministischen Forschungsergebnissen und die Konstituierung einer Gruppe zur Begleitung der Übersetzung auf der Ebene der deutschen Texte.

1998 setzte der Kirchenrat eine dreiköpfige «Frauenlesegruppe» ein und ernannte Katharina Schmocker, promovierte Theologin, Ursula Sigg-Suter, Linguistin, und Angela Wäffler-Boveland, Pfarrerin, als ihre Mitglieder. 2001 ersetzte Esther Straub die ausscheidende Katharina Schmocker. Gemäss kirchenrätlichem Auftrag sollten die beiden mit der Übersetzung des Alten und des Neuen Testaments beauftragten Kommissionen der Lesegruppe übersetzte Texte zur Verfügung stellen und Änderungsvorschläge der Frauen wieder entgegennehmen. Die Entscheidungsbefugnis, vorgeschlagene Änderungen in die Übersetzung aufzunehmen, lag allein bei den Übersetzungskommissionen.

Die Übersetzungskommission Altes Testament stellte der Frauenlesegruppe keine Texte zu. Die Texte des Neuen Testaments konnte die Lesegruppe vollständig auf sprachliche Diskriminierungen hin prüfen und Änderungen in der Übersetzung beantragen. In den Diskussionsrunden zu den gemachten Vorschlägen kamen teilweise Annäherungen zustande, doch nur ganz vereinzelt fanden Änderungen tatsächlich Eingang in die Textredaktion (dokumentiert in: Köhler 2012, 191–230).

Der kirchenrätliche Auftrag sah zudem vor, dass die Frauenlesegruppe zusätzlich zu ihrer kritischen Arbeit eine biblische Schrift in eigener Regie übersetzen und veröffentlichen soll. Die Gruppe entschied gegen Ende ihrer Arbeit, anstelle dieser Sonderübersetzung ihre gesammelten Änderungsvorschläge zu systematisieren und als ein die Zürcher Bibel be-

258

gleitendes feministisches Handbuch zu veröffentlichen. Unter dem Titel «‹… und ihr werdet mir Söhne und Töchter sein.› Die neue Zürcher Bibel feministisch gelesen» erschien 2007 ein Rechenschaftsbericht, der als Arbeitshilfe und Nachschlagewerk eine Anleitung liefert, die Zürcher Bibel feministisch zu lesen und in dieser Sprache in der Gemeindepraxis zu verwenden (Sigg-Suter/Straub/Wäffler-Boveland 2007).

Die Autorinnen nehmen althergebrachte Lesegewohnheiten und Übersetzungstraditionen unter die Lupe und prüfen sie auf patriarchale Prägung. Die Kritik an der Übersetzung ist in thematische Kapitel gruppiert, die jeweils einleitend zu den Textbeispielen erläutern, wo und weshalb die Autorinnen Defizite in der Wiedergabe des griechischen Textes feststellen. Die alternativen Vorschläge ersetzen z. B. das generische Maskulinum durch inklusive Sprache oder kritisieren androzentrische Begriffe wie «Herr» für Gott. Wo Frauen oder ihre Erfahrungswelten im Zentrum einer Textstelle stehen, werden marginalisierende Begriffe korrigiert: Eine Frau, die gebiert, «seufzt» nicht unter Geburtswehen, sondern «stöhnt». Die Kritik bezieht sich nicht nur auf Begriffe, sondern auch auf Titelsetzungen. So wird dem «Petrusbekenntnis» das «Marthabekenntnis» an die Seite gestellt. Thematisiert werden zudem Übersetzungsprobleme, die in weiterem Sinn mit patriarchalen Denkmustern zusammenhängen – wie eine von Gewalt oder von Hierarchisierung geprägte Sprache, die sich nicht zwingend aus dem griechischen Wortlaut ergibt, oder theologische Fachbegriffe wie Sünde oder Gnade, die im heutigen Sprachgebrauch falsch konnotiert werden. Ein Bibelstellen- und ein Stichwortregister erleichtern den Gebrauch des Handbuchs in der Praxis.

Das Buch erschien zusammen mit der Zürcher Bibelübersetzung und weiteren Begleitbänden. Das Schweizerische Katholische Bibelwerk erklärte den Band zum Buch des Monats August 2007.

EUROPÄISCHES PROJEKT FÜR INTERRELIGIÖSES LERNEN (EPIL)

Reinhild Traitler

Pilotphase: EPIL wird von einer Gruppe interessierter Institutionen finanziell oder durch andere Zuwendungen unterstützt. Dazu gehörten: Weltkirchenrat, Universität Hannover, Stadtverwaltung Barcelona, Tagungs- und Studienzentrum Boldern, die Interreligiöse Arbeitsgemeinschaft Schweiz/IRAS, das European Women's College u. a.
Diese gründeten, unter der Leitung von Wesley Ariarajah, Teny Pirri-Simonian und Reinhild Traitler, ein «International Advisory Committee» und bereiteten ein Curriculum sowie den Pilot-Lehrgang vor.

2005: Verein EPIL wird in der Schweiz gegründet Erster Präsident: Prof. Wesley Ariarajah.
Prof. Ulrich Becker, Religionspädagoge Universität Hannover, führte EPIL engagiert durch die formativen Jahre.
Weitere Präsidentinnen: Barbara Heyse-Schaefer, Österreich, Sabiha Haskić, Bosnien-Herzegowina, sowie aktuell Martina Heinrichs, Niederlande
Teny Pirri-Simonian und Reinhild Traitler-Espiritu sind Gründungsfrauen und Ehrenpräsidentinnen des EPIL.

Die Lehrgänge umfassen jeweils 5 Module und finden in verschiedenen Städten statt:
2002–2004: Erster Lehrgang als Pilotprojekt in Zürich, Barcelona, Sarajevo, Berlin, Beirut
2008–2010: Zweiter Lehrgang in Zürich, Wien, Sarajevo, Köln und Beirut
2011–2013: Dritter Lehrgang in Zürich, Wien, Sarajevo, Amsterdam/Köln, Beirut

«Wir Frauen sind Kirche, worauf warten wir noch!» Diesen Satz hatte Marga Bührig den Schweizer Frauen am 1. Schweizer Frauen-Kirchen-Fest 1987 in Luzern zugerufen. Ähnlich klang es in vielen Ländern Europas. Mehr als tausend Frauen aus einem Dutzend Ländern kamen im Sommer 1996 in Gmunden/A zur Ersten Europäischen Frauensynode zusammen!

Zur Erinnerung an Vorträge, Workshops und liturgische Experimente gesellt sich die Erinnerung an spontane Beiträge, welche sich der Dynamik der neuen Situation im Europa nach der Wende von 1989/90 verdanken. Gemeinsam mit Teny Pirri-Simonian, armenisch orthodoxe Mitarbeiterin beim Ökumenischen Rat der Kirchen, hatte ich zwei Workshops zur Pädagogik des interreligiösen Dialogs angeboten. Die Veranstaltung hatte gerade begonnen, als die Tür aufging und eine elegante junge Frau auf Zehenspitzen in den Saal trat. Sie trug ein langes, hellgraues Kostüm und ein kunstvoll gefaltetes Kopftuch und stellte sich als Sabiha Haskić aus Sarajevo vor. Sie blieb für beide Workshops und anschliessend noch für ein Gespräch.

Mit dieser Begegnung begann eine langjährige inspirierende Zusammenarbeit. Miteinander entwickelten wir die Idee, eine Art Lehrgang für christliche und muslimische Frauen zu schaffen, dessen Inhalt und Ziel lautete: «Learning to live in a Europe of many religions.» Es ging darum, die sich wandelnde religiöse Landschaft Europas kennenzulernen und zu verstehen. Das «Europäische Projekt für Interreligiöses Lernen» (EPIL) war, zumindest als Idee, geboren. Es sollte ein Frauenprojekt werden, aber in die Planung haben wir alle einbezogen, von deren Fachwissen wir profitieren konnten. Gründe für den Fokus auf den christlich-muslimischen Dialog waren: die historische Bedeutung des Islam in der europäischen Vergangenheit und die gegenwärtigen Spannungen.

Lernen wollten wir an Orten, wo es Probleme gab, aber auch Menschen, die sich intensiv damit auseinandergesetzt und Bewältigungsstrategien entwickelt hatten. In fünf einwöchigen Modulen, über zwei Jahre verstreut, und vertieft in Lerngruppen, setzten wir uns mit Konfliktfeldern und Lösungsansätzen auseinander. Der erste Lehrgang von 2002–2004 war ein Pilotprojekt.

Das *erste Modul* auf Boldern widmete sich einer vertieften Einführung in die Methodik des Kurses. Begegnungen, nach dem Vorbild der lateinamerikanischen «Encuentros», spielten eine grosse Rolle und wurden sorgfältig evaluiert. Das *zweite Modul* setzte sich mit der Geschichte der christlich-muslimischen Beziehungen in Europa auseinander. Ein *drittes Modul* widmete sich der komplexen religiösen Situation in Bosnien-Herzegowina und deren Missbrauch für politische Zwecke. Das *vierte Modul* setzte sich mit der durch die Migrationsbewegungen der letzten Jahrzehnte geschaffenen neuen religiösen Situation in Europa auseinander. Das *letzte Modul* fand in Beirut statt. Die Teilnehmerinnen lernten eine andere multi-religiöse Situation und deren Verquickung mit politischen Konzepten kennen.

Im zweiten Lehrgangsjahr schrieben die Teilnehmerinnen eine «Diplomarbeit». Sie sollten das im EPIL Gelernte in ihr berufliches oder privates Umfeld übertragen. Dabei sind wertvolle Ideen entwickelt worden, vor allem was Möglichkeiten der Übernahme in schulische Situationen betraf. Weitere Lehrgänge folgten in den Jahren 2008–2010, 2011–2013 und 2015–2017. Ein fünfter Lehrgang 2020–2021 wurde aufgrund der Corona-Pandemie verschoben.

EPIL ist ein einzigartiger Prozess des gemeinsamen Lernens. Es beinhaltet einen Mix aus akademischen Inputs, Live-Begegnungen mit Menschen und Gemeinschaften in verschiedenen Ländern – mit der Absicht, voneinander zu lernen, sowie Partizipation am religiösen und spirituellen Leben der anderen. EPIL ist quasi ein «wanderndes College», denn das Lernen findet nicht in einer «Laborsituation» statt, sondern vor Ort, dort, wo Menschen Spannungen erlebt und Lösungen gesucht haben. Sein Ziel ist es, als christliche und muslimische Frauen neue Wege des friedlichen und konstruktiven Zusammenlebens in einem religiös diversen Europa zu finden.

2015–2017: Vierter Lehrgang in Istanbul, Wien, Sarajevo, Amsterdam

2020–2021: Fünfter Lehrgang. Er wird aufgrund der Corona-Pandemie verschoben. Es finden in den Mitgliedsländern Online-Aktivitäten und Webinare statt.

Dokumentationen:
– Reinhild Traitler (ed.): In the Mirror of Your Eyes. Report of the European Project for Interreligious Learning. Broschüre Eigendruck, Zürich und Beirut 2004.
– Reinhild Traitler/Teny Pirri-Simonian (eds.): Towards a Pedagogy of Religious Diversity, Beirut 2015.

Website: http://epil.ch/

4. Modul des 1. Lehrgangs von EPIL in Beirut (2004): v. l. n. r. Teny Pirri-Simonian und Reinhild Traitler (Gründerinnen), Gerdien Jonker, Sabiha Haskić.

BIBEL IN GERECHTER SPRACHE

Luzia Sutter Rehmann

Erschienen im Herbst 2006, Gütersloher Verlag,
4. Auflage 2014.

Herausgeber:innen:
Ulrike Bail, Frank und Marlene Crüsemann,
Erhard Domay, Jürgen Ebach, Claudia Janssen,
Hanne Köhler, Helga Kuhlmann, Martin Leutzsch,
Luise Schottroff
52 Übersetzer:innen
Fundraising: Luise Metzler

Unterstützer:innen in der Schweiz:
– Feministisch-theologische Zeitschrift FAMA
– Marga Bührig Stiftung
– Evang. Frauenbund der Schweiz (EFS)
– ESWTR Schweiz
– IG FrauenKirche Schweiz
– Ökumenische Frauenbewegung Zürich
– Frauenkirche Thurgau
– röm.-kath. Frauengemeinschaft Binningen-
   Bottmingen
– Haus St. Dorothea
– Mission 21
– Zürcher Lehrhaus (heute ZIID – Zürcher Institut
   für interreligiösen Dialog)
– Jugendseelsorge Allschwil
– Verband Christkath. Frauen in Stein
– sowie verschiedene ref. Kirchgemeinden und
   röm.-kath. Pfarreien und Einzelpersonen

Gerechtigkeit ist ein zentraler theologischer Begriff der gesamten Bibel. Dies sollte endlich auch sprachlich zum Ausdruck kommen, indem die Erkenntnisse der drei neuen theologischen Bewegungen zusammengeführt wurden: des jüdisch-christlichen Dialogs, der feministischen Theologie und der Befreiungstheologie. Das Übersetzungsprojekt «Bibel in gerechter Sprache» (BigS) erwuchs aus Bibelarbeiten für den deutschen evangelischen Kirchentag und wurde zu einem riesigen Vernetzungsprojekt.

Ich wurde angefragt, am Übersetzungsprojekt mitzuarbeiten und das Lukasevangelium neu zu übersetzen. Ich weiss noch, dass ich sagte: «Ich mache gerne mit, aber nur, wenn der Gottesnamen nicht mit ‹Herr› wiedergegeben wird.» Zu meiner Erleichterung war dies nicht nur mein Wunsch, sondern ein Anliegen des Herausgabekreises. Der Name Gottes lautet JHWH und nicht «Herr» (was kein Eigenname ist, sondern eine soziale Funktion bezeichnet). Wo immer der unaussprechliche Name JHWH im Text steht, setzt die «Bibel in gerechter Sprache» dafür eine Reihe von verschiedenen Ersatznamen wie z. B. «die Ewige», «der Name», «der Heilige», die grau hinterlegt sind. Somit kann sich das Gottesbild der Lesenden für die Fülle Gottes erweitern. Dieses Beispiel zeigt, dass genaues Übersetzen auch Konsequenzen für theologische Konzepte, wie etwa das Gottesbild, mit sich bringt.

Die zweiundfünfzig Bibelwissenschaftler:innen übersetzten die hebräischen, aramäischen oder griechischen Texte von Grund auf neu und prüften dabei, wo eine Feindschaft zwischen der jüdischen und christlichen Religion in die bisherigen Übersetzungen hineingekommen ist, die im Originaltext gar nicht gemeint war. Die jüdische Lebenswirklichkeit, die in den Texten zu Wort kam, sollte ohne Abwertung benannt werden. Ein anderes Ziel war es, Frauen sprachlich sichtbar zu machen, die ja durch eine androzentrische Sprache unsichtbar gemacht wurden. So verändert das plötzliche Auftauchen von Prophetinnen, Königinnen, Jüngerinnen, Apostelinnen, Hirtinnen, Zöllnerinnen die Vorstellung von der Vergangenheit und regt an, über die Texte neu nachzudenken, neue Fragen zu stellen, wie es denn damals gewesen war und worauf sich unsere Vorstellungen beziehen.

Die öffentliche Auseinandersetzung um die «Bibel in gerechter Sprache» begann schon vor ihrer Drucklegung. Sie war noch nicht erschienen, war sie bereits umstritten. Da zur selben Zeit die Zürcher Übersetzung revidiert wurde, entstand auch in der Schweiz ein Disput darüber, wer überhaupt übersetzen dürfe. Für einige war es stossend, dass feministische Theologinnen sich anmassten, wissenschaftlich übersetzen zu können. Für viele war Befreiungstheologie ein absolutes Fremdwort, dem sie nicht über den Weg trauten. Wer an diesem Projekt mitgearbeitet hatte, wurde von einigen theologischen Fakultäten wissenschaftlich nicht mehr ernst genommen.

In Basel, Bern, Chur, Luzern, Schaffhausen, St. Gallen und Zürich fanden Vernissagen statt, an unzähligen Orten gab es Referate, Seminare, Podien oder Gottesdienste, viele Pfarrteams begannen über die beste Übersetzung zu diskutieren, und die «Bibel in gerechter Sprache» wurde in der ganzen deutschsprachigen Schweiz auch für Konfirmand:innen, Bibelgruppen und Bildungsorte gekauft.

Die evangelischen und katholischen Übersetzer:innen arbeiteten unentgeltlich. Die evangelische Theologin Luise Metzler hat mit dem Fundraising – mehrere hunderttausend Euro kostete das Projekt – ein Netzwerk von Unterstützer:innen und Sponsor:innen sichtbar gemacht, die in der «Bibel in gerechter Sprache» explizit erwähnt werden. Die Liste zeigt, wie viele Unterstützer:innen das Projekt auch in der Schweiz hatte. Denn auf eine Bibel ohne «Herr» wurde auch hierzulande gewartet. Sie war für viele und für die Schweizer Frauen-Kirche-Bewegung insgesamt ein Meilenstein. Nun konnte frau endlich mit der Bibel arbeiten, ohne sich zu verbiegen.

DER INTERRELIGIÖSE THINK-TANK

Doris Strahm

April 2008: Amira Hafner-Al Jabaji (Islamwissenschaftlerin, muslimisch), Eva Pruschy (Judaistin, jüdisch) und Doris Strahm (Theologin, christlich) entwickeln Ideen für ein Gefäss, das den Stimmen von Frauen im interreligiösen Dialog Gewicht verleihen soll. Zur Diskussion stehen: ein Frauenrat der Religionen, ein interreligiöses Lehr- und Lernhaus für Frauen, ein interreligiöser Think-Tank.

Mai 2008: Amira Hafner-Al Jabaji, Eva Pruschy und Doris Strahm erarbeiten Projektskizze für einen «Interreligiösen Think-Tank».

4.11.2008: Gründung des Vereins «Interreligiöser Think-Tank» durch Amira Hafner-Al Jabaji, Doris Strahm und Gabrielle Girau Pieck. Vereinssitz ist Basel.

11.5.2009: Going Public des Interreligiösen Think-Tank (ITT). Projektleitung für die Phase des Aufbaus des ITT 2008/2009: Doris Strahm

Vorstand des ITT:
– Amira Hafner-Al Jabaji, muslimisch, Präsidentin (seit 2008)
– Doris Strahm, christlich, Vizepräsidentin (seit 2008)
– Gabrielle Girau Pieck, jüdisch, Beisitzerin (2008–2015)
– Annette M. Böckler, jüdisch, Beisitzerin (2017–2020)

Mitglieder des ITT:
– Tanja E. Kröni, jüdisch (2010–2015)
– Rifa'at Lenzin, muslimisch (seit 2009)
– Irene Neubauer, christlich (2009–2013)
– Heidi Rudolf, christlich (seit 2009)
– Reinhild Traitler, christlich (seit 2009)

Wie können wir uns als interreligiös aktive Frauen besser in die interreligiösen und gesellschaftlichen Debatten einbringen? Diese Frage trieb mich als feministische Theologin um, seit ich mich ab den 2000er Jahren in interreligiösen Dialogprojekten von Frauen engagiert und mit einer evangelischen Kollegin ein Buch zum interreligiösen Dialog aus der Sicht von Frauen herausgegeben hatte (Strahm/Kalsky 2006). Denn es konnte nicht angehen, dass religionspolitische Fragen in der Schweiz ohne die Frauen verhandelt wurden, wie dies z. B. im 2006 gegründeten «Rat der Religionen» der Fall war. So suchte ich gemeinsam mit Amira Hafner-Al Jabaji und Eva Pruschy, mit denen ich in den «Interreligiösen Theologiekursen» zusammengearbeitet hatte, nach einer Form, wie wir uns in einer breiten Öffentlichkeit Gehör verschaffen könnten. Die Idee eines «Frauenrats der Religionen» gaben wir schnell wieder auf, da sie uns sowohl organisatorisch wie auch, was die Frage der Repräsentation anbelangte, nicht realisierbar erschien. Geeigneter schien uns stattdessen das Gefäss eines Think-Tank, um uns in die öffentlichen Debatten einzumischen sowie der Frauen- und Genderperspektive im interreligiösen Dialog Gewicht zu verleihen.

Realisieren konnten wir unsere Idee dank einer finanziellen Unterstützung durch die Bethlehem Mission Immensee (BMI), die ein Preisgeld, das sie erhalten hatte, für ein Projekt einsetzen wollte, das die Position von Frauen im kirchlichen bzw. religiösen Kontext stärkt. Als wir davon hörten, haben wir zu dritt eine Projektskizze zu einem «Interreligiösen Think-Tank» (ITT) erarbeitet und eingereicht. Die BMI hat diese gutgeheissen und mit dem Preisgeld eine Anschubfinanzierung für unser Projekt geleistet, ohne damit eigene (PR-)Interessen zu verfolgen.

Eva Pruschy hat für die Phase der Umsetzung des Projekts aus beruflichen Gründen leider nicht mehr in der Leitungsgruppe des ITT mitarbeiten können. An ihrer Stelle konnten wir die jüdisch-feministische Theologin Gabrielle Girau Pieck für die Mitarbeit gewinnen. Sie, Amira Hafner-Al Jabaji und ich haben am 4. November 2008 dann den Verein «Interreligiöser Think-Tank» gegründet. Als Mitglieder fragten wir weitere jüdische, muslimische und christliche Fachfrauen an, die wir aus unserer interreligiösen Dialogarbeit kannten. Wir richteten eine Website ein und gingen im Mai 2009 an die Öffentlichkeit. In unserer Medienmitteilung beschrieben wir uns als «Zusammenschluss von Exponentinnen des interreligiösen Dialogs in der Schweiz», die Stellungnahmen zu aktuellen gesellschaftlichen und religionspolitischen Fragen verfassen, religiöse Standpunkte und Werte in gesellschaftliche Debatten einbringen und aus Gendersicht kritisch die interreligiösen Debatten in der Schweiz verfolgen. Zudem wollten wir unser Fachwissen und interreligiöses Know-how der Öffentlichkeit und den Behörden zugänglich machen.

Seit seinem Bestehen hat der ITT unzählige Stellungnahmen verfasst, Studien zur Stellung von Frauen in Judentum, Christentum und Islam, zu Frauenrechten und Religion, zu Ökologie und Schöpfung erarbeitet sowie einen Leitfaden zum interreligiösen Dialog publiziert, der auf unseren eigenen Dialogerfahrungen beruht und grosse Verbreitung fand. Dass wir im ITT, trotz unterschiedlicher Glaubensvorstellungen, sehr produktiv und weitgehend konfliktfrei zusammenarbeiten, hat damit zu tun, dass wir die gleichen gesellschaftspolitischen Ziele verfolgen und das gemeinsame Engagement unsere Beziehungen vertieft und das Vertrauen zwischen uns hat wachsen lassen.

Der «kleine» Think-Tank hat sich als institutionell unabhängige, institutionskritische und anerkannte Stimme des interreligiösen Dialogs in der Schweiz etablieren können. In einer Zeit, wo Religionen wieder dazu benutzt werden, das «Eigene» vom «Fremden» abzugrenzen, setzt er sich für einen positiven und respektvollen Umgang mit religiöser Vielfalt, für Geschlechtergerechtigkeit in den Religionen sowie gegen jegliche Form von Fundamentalismus ein, der in allen Religionen – gerade auch für Frauen – äusserst negative Folgen hat.

Zuständig für Website, Newsletter, Administration und Finanzen des ITT: Doris Strahm
Finanzierung: Spenden (Private und Kirchgemeinden) und Projektbeiträge von Stiftungen

Alle Stellungnahmen, Studien und Texte des Interreligiösen Think-Tanks sind zu finden unter: www.interrelthinktank.ch

Die drei Gründerinnen des Interreligiösen Think-Tanks, (v. l. n. r.) Doris Strahm, Amira Hafner-Al-Jabaji und Gabrielle Girau Pieck, an der Vernissage des «Leitfadens für den interreligiösen Dialog» 2013 in Basel. Die Broschüre ist inzwischen in 5. Auflage erschienen und hat sich zu einem «Klassiker» des interreligiösen Dialogs entwickelt.

FAKTENBLATT «MERK.WÜRDIG»

Monika Hungerbühler

2009: Herausgabe des Faktenblattes «merk.würdig»

Herausgeberin: Konferenz der kirchlichen Frauen- und Genderstellen Deutschschweiz

Herausgeberinnen-Kreis: Susanne Andrea Birke, Meehyun Chung, Dorothee Dieterich, Li Hangartner, Catina Hieber, Monika Hungerbühler, Irmelin Kradolfer, Anja Kruysse, Agnes Leu, Sabine Scheuter, Luzia Sutter Rehmann

Dem Projekt wurde 2009 der Marga Bührig Förderpreis verliehen.

Finanziell unterstützt wurde das Faktenblatt von: Bildung Mobil der Röm.-Kath. Kirche im Aargau, reformierte Landeskirche Aargau, FORUM für Zeitfragen Basel, Bildungsstelle der kath. Kirche Biel, Arbeitskreis für Zeitfragen Biel, reformierte Kirche Baselland, reformierte Kirche Bern-Jura-Solothurn, FrauenKirche Zentralschweiz, evangelisch-reformierte Landeskirche des Kantons Zürich / Fachstelle Frauen & Männer / Frauenarbeit, BROT FÜR ALLE, Hilfswerk der Evangelischen Kirche Schweiz HEKS, mission 21 (Evangelisches Missionswerk Basel) und Frauenstelle der röm.-kath. Kirche Basel-Stadt.

Das Faktenblatt «merk.würdig» ist als PDF auf der Website der IG Feministische Theologinnen greifbar unter der Rubrik «Netzwerk»: https://feministische-theologinnen.ch/netzwerk/

«Wir waren jung. Ich sage *Wir, wir Frauen*
Es gab viel Aufbruch, jungen alten Aufbruch
Wir fühlten uns stark, atmeten auf, sahen uns um
liessen Mauern Vorschriften Ängste sinken und sie zerfielen
Es gab viel Aufbruch …» (Brigit Keller, FAMA 4/2009)

Im Januar 2007 entstand an der Jahresversammlung der «Konferenz der Frauen- und Genderstellen der Kirchen und Hilfswerke Schweiz» die Idee, die feministisch-theologischen Errungenschaften seit 1985 bis 2009 zu sichten und zu dokumentieren. Inspiriert wurden die zwölf evangelisch-reformierten und römisch-katholischen Frauen aus dem Aargau, aus Basel-Stadt, Baselland, Bern, Biel, Luzern und Zürich durch den Leporello der Eidgenössischen Kommission für Frauenfragen «Viel erreicht – viel zu tun», der Fakten zu nationaler und internationaler Frauenpolitik und Gleichstellung seit 1971 auflistet. Und in der Kirche? In der Theologie? Was haben Frauen hier ersonnen, bewegt, konzipiert, strukturiert, eingefordert, erdacht, kritisiert, neu buchstabiert …?

Nach zweijähriger Arbeit lag ein farbiges, einseitig bedrucktes, gefaltetes Faktenblatt in der Grösse A1 vor und eine dazu gehörige FAMA-Nummer (4/2009, die 100ste! Ausgabe) mit dem Titel «merk.würdig. FRAUEN – KIRCHE – THEOLOGIE seit 1985. RückblickAusblick». (www.fama.ch/archiv)

Auf der Website-Version des Faktenblatts war einleitend zu lesen: «Seit 2000 Jahren bewegen Frauen die Kirche. Das ist merk.würdig! Dank der Frauenkirchenbewegung und der feministischen Theologie lesen sich heute Kirchengeschichte und Bibel anders als vor wenigen Jahrzehnten. Das Projekt merk.würdig hat sich daran gemacht, die allerjüngste Kirchengeschichte von 1985 bis 2009 zu dokumentieren. Die Konferenz der Frauen- und Genderstellen der Kirchen und Hilfswerke Schweiz hat eine Auswahl der wichtigsten Fakten und Daten auf einem Plakat zusammengetragen. Das Plakat merk.würdig präsentiert eine Vielfalt neu geschaffener Rituale und Liturgien, Strukturen und Leitfäden, Aktionen und Bücher. Es zeigt eine Kirche und feministische Theologien, die an existentiellen Lebensfragen ebenso wie am Puls der Zeit tätig sind. Es macht die Wirksamkeit frauenkirchenbewegten Engagements sichtbar und ermutigt, am Ball zu bleiben. Damit schenkt es den engagierten Basis-Kirchenfrauen ein Stück ihrer eigenen Geschichte …»

Das Plakat enthält neben angepinnten Fotos eine Auswahl der wichtigsten Fakten auf Pin-Zettelchen aus vier Bereichen: 1. Frauengottesdienste, Synoden, Aktions-Gefässe, Kampagnen, einmalige Aktionen, 2. Netzwerke, Vereine, Frauenstellen, 3. feministische Theologie und 4. Kirche als Arbeitgeberin.

Die Pin-Zettel hatten folgende Überschriften: Frauen in kirchlichen Strukuren, Frauengottesdienste, Kantonale/Regionale Frauenkirchenfeste/Frauenkirchentage, Ausstellungen + Bibliotheken + Archive, Frauen- und Genderstellen von Kirchen, Hilfswerken und Missionen, Feministische Theologiekurse + Weiterbildungen (Auswahl), Spezielle Gottesdienste, Ökumenische Dekade «Solidarität der Kirchen mit den Frauen 1988– 1998», Feministische Tagungen + Symposien (Auswahl), Labyrinthe, Verbände + Kommissionen, Schweizerische Kundgebungen + Aktionen, Leitfäden und Konzepte zur Gleichstellung, Universitäten, Schweizerische Konferenzen + Kampagnen, Schweizer Frauenkirchenfeste – Schweizer Frauensynoden, Websiten (Auswahl), Zeitschriften + Kalender + Frauenhandbücher, Vereine + Gruppen + Interessengemeinschaften + Netzwerke, Preise + Stiftungen + Fonds, Gendergerechte Sprache.

Das Faktenblatt war elektronisch einseh- und ergänzbar auf www. fama.ch und www.theologinnen.ch und ist heute auf der Website der IG Feministische Theologinnen als PDF greifbar (www.feministische-theologinnen.ch).

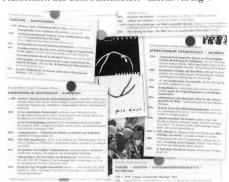

Ausschnitt aus dem Faktenblatt «merk.würdig».

KIRCHLICHE GLEICHSTELLUNGSINITIATIVEN BASEL-STADT UND BASEL-LANDSCHAFT

Denise Buser

Januar 2011: Der Verein «Kirchliche GleichstellungsINITIATIVE» wird gegründet. Nach der erfolgreichen Abstimmung wurde der Verein am 17.11.2014 aufgelöst.

Wortlaut der neuen Verfassungsbestimmungen in den baselstädtischen und basellandschaftlichen Kirchenverfassungen: «In diesem Rahmen [gemeint ist der Dialog zwischen Kantonalkirchen und kirchlichen Behörden] unterbreitet sie das Anliegen – auch bei der Weiterentwicklung des kirchlichen Rechts –, dass Veränderungen insbesondere in Bezug auf die gleichberechtigte Zulassung zum Priesteramt, unabhängig von Zivilstand und Geschlecht, ermöglicht werden.»

Quoren der Unterschriften:
Gesammelte Unterschriften 12.6. –31.12.2011
Basel-Stadt   1074 (notwendig: 700)
Basel-Landschaft 1952 (notwendig: 1000)
Total   3026 (1700)
Abstimmungsergebnisse vom 28.9.2014:
81.8 % JA-Stimmen Basel-Stadt
87.55 % JA-Stimmen Basel-Landschaft

Januar 2017: Unter dem Namen «Verein Kirchliche Gleichstellung» wird ein neuer Verein gegründet. Gründungsmitglieder des neuen Vereins: Monika Hungerbühler, Helen Schüngel-Straumann, Josef Jeker, der zum ersten Präsidenten ernannt wurde. Als Vizepräsidentin fungiert Monika Hungerbühler.

Am 28. September 2014 nahmen die römisch-katholischen Mitglieder der Kirchen von Basel-Stadt und Basel-Landschaft zwei jeweils gleichlautende kirchliche Gleichstellungsinitiativen an. Damit wurde in beiden Kirchenverfassungen ein Passus aufgenommen, der den Reformwunsch der «gleichberechtigten Zulassung zum priesterlichen Amt, unabhängig von Zivilstand und Geschlecht», festschreibt. Die kantonalkirchlichen Behörden stehen damit in der Pflicht, die Realisierung der Reformanliegen bei den zuständigen amtskirchlichen Behörden immer wieder in Erinnerung zu rufen. Neben der Frauenordination wird in den gesetzlichen Grundlagen auch die Abschaffung des Zwangszölibats verlangt.

Der Abstimmung war ein eigentlicher Begriffs-Hickhack vorausgegangen: Im Unterschied zu Basel-Landschaft war 2014 nämlich noch eine Genehmigung des Bistumsbischofs für die baselstädtische Verfassungsänderung erforderlich, der jedoch Vorbehalte gegenüber dem Wortlaut der geplanten Verfassungsbestimmungen anmeldete. Die beiden Präsidien der Synoden und die Kirchenräte von Basel-Stadt und Basel-Landschaft handelten daraufhin mit dem Bischof aus, das Verb «hinwirken» durch «unterbreiten» zu ersetzen. Der Bischof nahm diese Auseinandersetzung zum Anlass, auf seine Genehmigung bei künftigen Änderungen der Kirchenverfassung im Kanton Basel-Stadt ganz zu verzichten. In der Abstimmung vom 28. September 2014 wurde dies ebenfalls angenommen.

Die Idee zu den schweizweit ersten kirchlichen Gleichstellungsinitiativen geht auf die Theologin und Co-Leiterin (bis 2022) der Offenen Kirche Elisabethen Monika Hungerbühler und den Staatsrechtsprofessor Felix Hafner zurück. Den beiden gelang es in der Folge, ein Initiativkomitee aus engagierten Mitgliedern der beiden Basler Kantonalkirchen zu gründen. 2012 waren die notwendigen Unterschriften für die Initiativen zusammen. Am 12. Januar wurden die Unterschriften den Synodenpräsidien von Basel-Stadt und Basel-Landschaft in der Basler Elisabethenkirche übergeben. Die dafür erforderlichen Quoren von 700 (Basel-Stadt) und 1000 (Basel-Landschaft) wurden in beiden Kantonen deutlich übertroffen.

Die Anliegen der Initiativen stiessen bei beiden Kirchenräten und Synoden auf mehrheitlich offene Ohren. Es entstanden für beide Kirchenverfassungen gleichlautende Formulierungen, die nach der bischöflichen Intervention noch einmal synchronisiert werden mussten. Am 15. August 2014 fand der viel beachtete Auftakt zum Abstimmungskampf in beiden Kantonen auf dem Barfüsserplatz in Basel statt. Die Annahme der Initiativen erfolgte in beiden Kantonen mit grossem Mehr.

Am 17. Januar 2017 wurde der «Verein Kirchliche Gleichstellung» gegründet, und am 19. März wurden die basisdemokratischen Gleichstellungsinitiativen mit dem renommierten Herbert-Haag-Preis ausgezeichnet. Der Verein nahm das Preisgeld der Herbert-Haag-Stiftung in der Höhe von Fr. 10 000 entgegen und entscheidet seither über dessen Verwendung, um «weitere Aktivitäten im Sinne der kirchlichen Gleichstellung zu fördern» (Statuten).

Gestützt auf ihre verfassungsrechtliche Verpflichtung überbrachten die beiden Kantonalkirchen am 1. Juli 2016 eine Bittschrift nach Rom in die Glaubenskongregation, in der auf die Abstimmungen und die damit verbundenen Reformwünsche des Kirchenvolks hingewiesen wurde. In ihrer Antwort vom 5. August 2016 schrieb diese, dass bezüglich Weihe von Frauen das Verbot von 1994 gelte, das auch «von Papst Franziskus mehrfach bekräftigt wurde». Aufgrund einer Eingabe des «Vereins Kirchliche Gleichstellung» hat die Synode der Römisch-Katholischen Kirche Basel-Stadt 2019 zuhanden des Vatikans eine Resolution zur Gleichstellung der Frauen in der Amtskirche verabschiedet.

Im Kanton Thurgau wurde das Basler Vorgehen als Anlass genommen, bei der Totalrevision des Kirchenorganisationsgesetzes eine ähnliche Reformbestimmung aufzunehmen. In der neuen Verfassung der römisch-katholischen Kantonalkirche Thurgau wird festgehalten, dass sich die Landeskirche «für die Gleichstellung von Mann und Frau in allen Ämtern und Aufgaben der katholischen Kirche» einsetzt (Volksabstimmung vom 13. Juni 2021).

4.6.2019: Resolution der Synode der Röm.-Kath. Kirche Basel-Stadt an den Vatikan:

«Sehr geehrte Verantwortliche in unserer Kirche Die Gleichstellung von Mann und Frau in unserer Kirche ist leider im Rahmen der bereits vorhandenen Möglichkeiten immer noch nicht hergestellt. Ausgehend vom Ingress der Verfassung der Römisch-Katholischen Kirche des Kantons Basel-Stadt in der Schweiz […] bitten wir Sie zu folgendem Ziel beizutragen:

[…] Es sollen für Frauen Möglichkeiten geschaffen werden, damit sie an Entscheidungsprozessen der Kirche auf allen Ebenen teilhaben können. Um die Geschlechtergerechtigkeit zu erreichen, braucht es die Ermächtigung der Frauen.

Die Gleichstellung der Geschlechter ist ein bereichsübergreifendes Thema, welches in alle Kommissionen, kirchlichen Gremien, Institutionen, Strategien und Programmen der Kirche integriert werden muss.»

Der volle Wortlaut ist auf der Homepage des Vereins abrufbar unter:

https://www.kirchlichegleichstellung.ch/resolution-fuer-gleichstellung-geht-nach-rom/

SCHLEIER UND ENTSCHLEIERUNG

Elisabeth Reichen-Amsler

Die Ausstellung «Schleier und Entschleierung – Unterschiedliche Wirklichkeiten» ist eine zweisprachige Wanderausstellung (Voile & dévoilement – le voile dans tous ses états).
Konzept und Realisierung: Elisabeth Reichen-Amsler

Erstmals ausgestellt in der Religionswoche 2012 im Stadthaus Neuenburg.
Weitere Orte: Biel-Bienne, Genève, Zürich, Basel, St. Gallen, Luzern, Lausanne, Liebfrauenberg (Elsass), Strassburg (Elsass), Brugg, Aigle, Wil, La Chaux-de-Fonds, Delémont, Fribourg, Bern, Speyer (Deutschland), Aubonne, Saint-Chamond (Frankreich)

Begleitkomitee:
Sibylle Kamber, Katja Müller, Heinz Haab, Catherine Schallenberger, Maria Manaï, Maryse Perret, Willy Walther, Alina Manatsakian, Mariette Mumenthaler, Alexandru Tudor, Barbara Minder, Schwester Ingrid Grave

Website: www.expositionvoile.ch

Immer wieder diese Schleierfrage! Wird sie diesmal, nach der Abstimmung zur «Burka-Initiative» im März 2021, vom Tisch sein? Wie lange beschäftigt sie eigentlich schon die Menschheit?

Es ist Sonntagmorgen 2009. Am Radio vermittelt die sachliche Stimme von Christina von Braun kulturhistorische Forschungen zur Schleierfrage. Wie bitte? Das Christentum hat als erste Religion den Frauen das obligatorische Schleiertragen aufgebürdet mit der Begründung, dass sie ja «nur» der Abglanz des Mannes seien (1. Kor 1–16)! Ein Gebot, fast 2000 Jahre befolgt, basiert auf dem Mythos, die Frau sei aus einer Rippe des Mannes entstanden? Wie ist das möglich?

Ich beschliesse: Die bedeutsamen Forschungen von Christina von Braun (von Braun/Mathes 2007) sollen in den öffentlichen Raum getragen werden. Könnte damit die Schleierdebatte vielleicht etwas weniger emotional geführt werden? So entsteht die zweisprachige Wanderausstellung rund um den Schleier. Das Thema ist unerschöpflich: Verschleiert, hypersexualisiert … wieso werden Frauen immer wieder auf ihren Körper reduziert? Und warum wird in der Politik entschieden, was mit dem Frauenkörper geschieht? Ob Verschleierung vorgeschrieben oder verboten ist? Ob Frauen abtreiben dürfen? Dann die Geschichte rund um das Hymen! Wieso sollen Frauen bevormundet werden?

Das Thema ist ausserordentlich komplex. In den sieben Kapiteln der Ausstellung «Schleier und Entschleierung» versuche ich, diesen unterschiedlichen Wirklichkeiten mit ihren kulturhistorischen Aspekten und religiösen Deutungen auf den Grund zu gehen. Es ist eine spannende Zeitreise und beginnt mit dem *historischen Schleier* der Antike und dem Gesetz eines assyrischen Herrschers: *Ehefrauen eines a'ilu, Witwen oder assyrische Frauen, die auf die Strasse hinausgehen, lassen ihren Kopf nicht unverschleiert* (…). Und das 1100 v. Chr.! Die Haare der Frau symbolisieren die magische Kraft ihrer Sexualität; sie gelten als verführerisch und gefährlich. Noch bis in die frühe Neuzeit werden lange zerzauste Haare und weibliche Erotik als teuflisch gedeutet. Eingebettet in die antike Kultur, haben sich die daraus entwachsenen Religionen ebenfalls schwer getan mit dem weiblichen Geschlecht. Aber was sagen die Heiligen Schriften der drei monotheistischen Religionen dazu? Der *religiöse* und der *patri-archale Schleier,* zwei weitere Kapitel, gehen auf Spurensuche. Doch die Textaussagen sind karg und wenig genau, ausser in einem der Briefe des Apostel Paulus an die Korinthergemeinde. Seine Begründungen über die Verschleierung der Frauen tönen zwar etwas «an den Haaren herbeige-zogen», sind jedoch unmissverständlich: Frauen der jungen christlichen Gemeinde dürfen die Haare (ihre «Ehre») nicht zeigen. Die weiteren Ka-pitel, *kultureller Schleier, politisierter Schleier, natürlicher Schleier und Entschleierung,* untersuchen geschichtsträchtige Elemente, philosophi-sche Hintergründe sowie Deutungen ausschlaggebender Stellen in den Heiligen Schriften – lange Zeit ausschliesslich von männlichen Kom-mentatoren interpretiert. Und in jeder Epoche kommen neue Elemente hinzu und prägen das Leben der Menschen, seien es politische Verände-rungen und/oder die Rückkehr zum vermeintlichen Fundament oder zu vermeintlicher Freiheit, wie das Beispiel Mode zeigt. Und immer wieder wird dabei der Körper der Frau in Mitleidenschaft gezogen. Viele Fragen bleiben offen – und das will die Ausstellung so. Die heutigen Forschun-gen sind in ständiger Entwicklung, definitive Antworten gibt es keine. Das Thema «Schleier und Entschleierung» versucht, eine Brücke zu schlagen zwischen traditionellen und modernen Gesellschaften. Es will dazu anre-gen, der eigenen Kultur- und Religionsgeschichte und ihrer Entwicklung nachzugehen und sich damit auseinanderzusetzen. Und auch: sich für die Geschichte anderer Kulturen zu interessieren! Das stärkt, das ermächtigt, eigenverantwortlich zu handeln, moralische Vorschriften zu überprüfen, so wie es die Muslimin Emel Zeynelabidin ausdrückt mit der Frage: *Was hat Allah eigentlich gegen Damenfrisuren?*

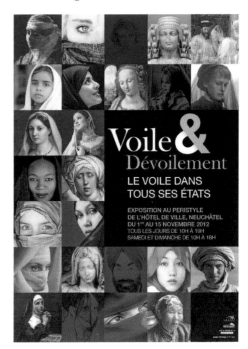

Flyer zur zweisprachigen Ausstellung «Schleier und Entschleierung – Unterschiedliche Wirklichkeiten».

INTERRELIGIÖSES FRAUENPARLAMENT

Heidi Rudolf

Projektteam: Angela Büchel Sladkovic, Heidi Rudolf, Anna Tekako, Dilek Ucak Ekinci, Magdalena Zimmermann

Trägerschaft: Das 1. Interreligiöse Frauenparlament ist im Nachgang zu einem SKF-Positionspapier zum muslimisch-christlichen Dialog entstanden, an dem Angela Büchel Sladkovic und Heidi Rudolf mitgearbeitet haben. Danach gab es wechselnde Trägerschaften: SKF, EFS, Katharina-Werk Basel, Mission 21, VIOZ, GCM.

4.5.2014: Frauen wollen sichtbar mitgestalten. Sich begegnen, wahrnehmen, füreinander einstehen, sichtbar werden, Union Basel

25.9.2016: Stand up! Aufstehen, sich erheben, füreinander einstehen, Verantwortung übernehmen. Inputs von jüdischer, muslimischer und hinduistischer Seite, Haus der Religionen Bern

10.9.2017: Vernetzungs- und Arbeitstreffen engagierter Musliminnen. Mitfinanziert vom Frauenparlament, Iman-Moschee Volketswil

24.6.2018: Sichtbar beteiligt in Gesellschaft und Politik. Beiträge von Politikerinnen und Antworten von religiösen Frauen, Zentrum Glaubten Zürich-Affoltern

29.8.2021: Selbstfindung und Selbstbildung zwischen verschiedenen möglichen Identitäten in einer pluralen Gesellschaft. Erfahrungsinputs aus vier Religionen, Haus der Religionen Bern

Religiöse Frauen unterschiedlicher Religionszugehörigkeit treffen sich erstmals zu einem Interreligiösen Frauenparlament im Mai 2014 in Basel. Sie wollen nicht länger im Hinterzimmer, unsichtbar, die Hauptarbeiten in ihren religiösen Gemeinschaften tun und auch die interreligiösen Begegnungen nicht mehr allein den Männern überlassen. Sie wollen sichtbar werden. Frauen sind weltweit Motor des Fortschritts und des Friedens. Viele Männer meinen aber zu wissen, was für religiöse Frauen wichtig ist. In vielen Gesprächen mit Frauen verschiedener religiöser Traditionen haben sich Themen herausgeschält, die sie als Frauen beschäftigen: Wie bekommt unsere Stimme mehr Gewicht – in der Gemeinschaft und in der Gesellschaft? Welches Bild haben wir von uns selbst? Wie können wir einen interreligiösen Frauendialog gestalten? Frauen haben erkannt, dass sie trotz oft grosser Diversität viele ähnliche Themen bewegen, dass sie sich vernetzen und gegenseitig in ihren Bemühungen stärken wollen und müssen. Dazu braucht es auch die entsprechenden Rahmenbedingungen, die Örtlichkeiten und den (Zeit)Raum, um sich in Ruhe zuhören und austauschen zu können, das Gemeinsame in aller Unterschiedlichkeit zu erspüren, zu entdecken und sich miteinander auf den Weg zu machen. Wichtig ist auch, dass sich Frauen verschiedenster Herkunftstraditionen an einem solchen Ort unverkrampft begegnen können und so ein farbiges Bild der bereichernden Diversität entstehen kann.

Doch dabei soll es nicht bleiben. Ein weiteres Parlament im Juni 2018 hat zur Sichtbarkeit in Gesellschaft und Politik auch Politikerinnen eingeladen, damit religiöse Frauen und ihre Bedürfnisse sowie ihr Beitrag an unser aller Zusammenleben bereits im Rahmen von Integrationsveranstaltungen und dem übergeordneten Thema «Integration» Beachtung finden. Viele religiöse Frauen fragen sich, was es bedeutet, in einer pluralen und zunehmend säkularisierten Gesellschaft ihre Identitäten zu leben, wie sie über die Generationen hinweg frauenfreundliche Entwicklungen stärken und die Gesellschaft aktiv mitgestalten können.

FÜR EINE KIRCHE MIT* DEN FRAUEN

Hildegard Aepli

Die Idee – ein Blitzgedanke: «Wäre nicht jetzt, bei diesem Papst, der Zeitpunkt, wo man für eine Kirche mit den Frauen nach Rom pilgern und so ein Zeichen setzen müsste?!»

Wir setzen ein Zeichen und pilgern im Mai/Juni 2016 «Für eine Kirche mit* den Frauen» nach Rom. Viele Frauen fühlen sich in unserer Kirche fremd, nicht ernst genommen oder unwillkommen, weil sie zu wenig in verantwortlichen Gremien eingebunden und an Entscheidungsprozessen beteiligt sind. Diese Anfragen von vielen liegen zuoberst in unserem Gepäck. Wir wollen sie bei Papst Franziskus deponieren. Wir wünschen, dass Männer der Kirche in Zukunft nicht mehr ohne Frauen über deren Stellung, Rolle und Funktion und über die Belange der Kirchen im Allgemeinen beraten und entscheiden. Dafür nehmen wir 1200 Kilometer unter die Füsse – für das Miteinander von Männern und Frauen auf allen Ebenen, für eine geschwisterliche und dialogische Kirche.

Unser Ausgangspunkt ist St. Gallen, am 2. Mai 2016, dem Festtag der Heiligen Wiborada. Diese St. Gallerin war Rompilgerin und die erste offiziell vom Vatikan heiliggesprochene Frau. Am 2. Juli 2016 möchten wir in Rom ankommen. Alles, was unsere Initiative «Für eine Kirche mit* den Frauen» in sich birgt und ausgelöst hat, wollen wir dem Papst überbringen: unsere Sehnsucht und unsere Sorgen, unsere Freuden und Fragen. Wir lassen ihn an unseren Erfahrungen teilhaben: Wie wir Christsein leben als Getaufte, die sich darin üben, in ihren Berufungen und Charismen miteinander auf Augenhöhe zu wachsen. Schön wäre es, mit Papst Franziskus zu feiern.

Unsere Einladung: Kommt mit auf den Weg! Jede und jeder kann sich mit den eigenen Möglichkeiten bewegen, der Resignation entgegentreten und für Veränderungen auf den Weg gehen. Teilen wir ermutigend und kraftvoll die Botschaft Jesu Christi! Dann wird die Freude am Glauben aufleuchten, uns die Angst nehmen und befreien.

Wir sind in einer Haltung des Gebetes unterwegs. Im Vorfeld, während des Pilgerns und in Rom laden wir ein, im Sinne unseres globalen («katholischen») Verbundenseins an der Initiative teilzuhaben:

2.5.–2.7.2016: Pilgerreise von St. Gallen nach Rom. Start der Pilgerreise am 2.5.2016, dem Festtag der Heiligen Wiborada. Diese St. Gallerin war Rompilgerin und die erste offiziell vom Vatikan heiliggesprochene Frau. www.wiborada2022.ch Papst Franziskus wird ein Brief mit den Sorgen, Sehnsüchten und Fragen von Frauen übergeben.

Kernteam: Professorin Eva-Maria Faber, Priorin Irene Gassmann, Bruder Damian Keller, Dr. med. Lea Stocker, Dr. Urban Fink-Wagner, Esther Rüthemann, Professor Franz Mali, Hildegard Aepli
Pilgerinnenteam St. Gallen–Rom: Claire Renggli-Enderle, Mariette Mumenthaler, Cäcilia Koller, Theres Steger Broger, Silvia Letsch-Brunner, Ursula Höfs, Esther Rüthemann, Franz Mali, Hildegard Aepli

Dokumentationen:
– Dokumentarfilm «HABEMUS FEMINAS» von Silvan M. Hohl, Nino Burkart und Ahren Merz, 2017.
– Hildegard Aepli/Eva-Maria Faber (Hg.): Ein weiter Weg. 1200 Kilometer für eine Kirche mit den Frauen, Verlag am Klosterhof St. Gallen, St. Gallen 2018.

Website: www.kirche-mit.ch

- einen inneren Weg gehen: Von Mai 2015 bis Mai 2016 wird täglich ein Impuls über die Website aufgeschaltet: www.kirche-mit.ch
- selber die Initiative ergreifen und zuhause eine Etappe pilgern: mit einer Gruppe, in der Familie, in der Partnerschaft, alleine
- eine eigene Gruppe bilden und im gleichen Zeitraum nach Rom pilgern, auch per Fahrrad, Motorrad, Rollstuhl oder auf dem Pferd
- eine Etappe mit dem Pilgerteam mitgehen
- an der Eröffnungsfeier (2. Mai 2016, 11:00 Uhr) in der Kathedrale St. Gallen teilnehmen
- am ersten Tag (2. Mai 2016) von St. Gallen nach Teufen mitpilgern
- in Rom am 2. Juli 2016 mit dem Pilgerteam auf dem Petersplatz für das Anliegen einer Kirche mit den Frauen einstehen
- eigene Ideen und Initiativen «Für eine Kirche mit* den Frauen» entwickeln
- den Weg betend begleiten
- das Projekt mit einer Spende unterstützen

Pilgerinnenrucksäcke vor dem PetrusPaulus-Altar im Petersdom in Rom (Juli 2016).

Am Tag des Eintreffens in Rom erreichte das Pilgerinnenteam der Brief des vatikanischen Staatssekretariates mit dem Inhalt, dass bedauerlicherweise mit dem Papst in den Sommermonaten keine Audienzen oder Gottesdienste stattfänden.

Am Schlusstag, beim Pilgern durch die Stadt Rom, wurden die Pilgerinnen begleitet von mehreren Hundert Menschen – auch Bischöfe und Ordensleute befanden sich darunter –, die eigens nach Rom gereist waren. Bischof Markus Büchel nahm im Petersdom den Brief an Papst Franziskus entgegen. Der Papst erhielt die Unterlagen des Projektes durch den Kapuziner Bruder Mauro Jöhri am 26. November 2016. Auf seine Frage hin, was er den Frauen in der Schweiz nun sagen solle, sagte der Papst: «Sag ihnen, dass ich den Brief lesen werde.»

Das Weitergehen: Von Priorin Irene Gassmann wurde im Kloster Fahr das Gebet am Donnerstag «Schritt für Schritt» initiiert. Es ist ein Gebet um Kraft und Zuversicht in dieser düsteren Zeit der Kirche. Das Gebet zieht Kreise. Viele Menschen, Gruppen und Gemeinschaften beten donnerstags um Kraft und Zuversicht für eine Kirche mit* den Frauen.

«LET'S TALK ABOUT GENDER!»

Béatrice Bowald

Eine Anfrage der Schweizer Bischofskonferenz hat, unbeabsichtigt, das Projekt angestossen. Dadurch erfuhr ich nämlich, dass sie eine Arbeitsgruppe zu *Gender* gebildet hatte. Sollten einmal mehr von lehramtlicher Seite aus Vorgaben gemacht werden – und dies bei einem Thema, um das innerkirchlich und gesellschaftlich ein heftiger Deutungsstreit entbrannt war? Theolog:innen hätten dann wieder einmal nur aus der Defensive heraus Kritik anbringen können. Da galt es, das Heft in die eigene Hand zu nehmen und die Deutungshoheit über das Thema Gender zu beanspruchen! Aber nicht mit akademischen Aufsätzen, die eh kaum zur Kenntnis genommen werden. Nein, eine ansprechende, witzige Broschüre mit den wichtigsten Erklärungen sollte es sein, die sich gut verbreiten liess. So meine Vision!

Der Schweizerische Katholische Frauenbund, die FrauenKirche Zentralschweiz, die IG Feministische Theologinnen und die feministisch-theologische Zeitschrift FAMA liessen sich davon überzeugen und schickten Vertreterinnen in die Projektgruppe. Inhaltlich und von der Form her war frau sich rasch einig: eine kurze, knackige Broschüre mit Comics, die wesentliche Bereiche von Gender erläutern. In vielen Sitzungen haben wir das Konzept und die Inhalte erarbeitet und die einzelnen Comicszenen entworfen, die die Zeichnerin Kati Rickenbach dann gestaltet hat. Mittels Feedbackschlaufen haben wir uns auch Inputs von Fachpersonen geholt.

Drei Bereiche schienen uns wesentlich. «Kaum auf der Welt, schon zugeteilt» legt dar, wie Menschen schon vor, spätestens nach der Geburt in das binäre Geschlechtermodell eingeteilt werden. Prägend sind auch die Arbeitswelt und die Sorgearbeit, bei denen nach wie vor eine Geschlechtersegregation zu beobachten ist. «Berufswahl und Arbeitswelt – geprägt vom Geschlecht» und «Knackpunkt Sorgearbeit» zeigen das in exemplarischen Szenen auf. Unseres Erachtens funktioniert das ganze System nur dank tief sitzender Überzeugungen, die biologistisch oder theologisch motiviert sind. Letzteres basiert auf einer patriarchalen Auslegung der Schöpfungsgeschichte, die sich so nicht mehr halten lässt, wie der Comic «Gottes vielfältige Menschheit» mit einem Augenzwinkern erklärt. Der letzte Comic ist ein fröhliches Plädoyer für Vielfalt.

Konzept und Texte «Let's talk about Gender!»:
– Béatrice Bowald (FAMA)
– Regula Grünenfelder (FrauenKirche Zentralschweiz)
– Maria Oppermann (FrauenKirche Zentralschweiz)
– Regula Ott (Schweizerischer Katholischer Frauenbund)
– Doris Strahm (IG Feministische Theologinnen)
– Illustration: Kati Rickenbach

Herausgeberinnen:
– Schweizerischer Katholischer Frauenbund SKF
– FrauenKirche Zentralschweiz
– IG Feministische Theologinnen
– FAMA feministisch, politisch, theologisch

Erstauflage: März 2017, 5000 Exemplare
Zweitauflage: August 2017, 5000 Exemplare
Download der Broschüre, die vergriffen ist:
https://www.frauenbund.ch/was-wir-bewegen/stellungnahmen/details/lets-talk-about-gender/

Daran anschliessend werden die sieben häufigsten Kritikpunkte der Gegner:innen von «Gender als sozialem Geschlecht» argumentativ entkräftet. Und am Schluss der Broschüre werden noch die wichtigsten Begriffe kurz erklärt. Hinzu kam eine Website mit ausführlicheren Texten, Links und Anregungen für die Arbeit mit der Broschüre im Unterricht oder in der Erwachsenenbildung. Sie ist inzwischen nicht mehr aktiv, weil die Ressourcen für eine Weiterführung des Projekts fehlten.

Neben der inhaltlichen Erarbeitung war das Fundraising eine grosse Aufgabe. Die erste Auflage von 5000 Exemplaren war, dank grosser Nachfrage und positivem Medienecho, innert Kürze vergriffen. Mit nochmaligem Fundraisen konnten wir eine zweite Auflage herausbringen, die ebenfalls bald vergriffen war. Was für ein Erfolg! Es ist uns gelungen, eine feministische Sicht von Gender auch in kirchlichen Kreisen zu verbreiten.

Comic zu «Gottes vielfältige Menschheit», aus der Comic-Broschüre: «Let's Talk about Gender», Zürich 2017, S. 5. Illustration: Kati Rickenbach.

EINE KIRCHE UMFASSENDER GLEICHWERTIGKEIT

Jacqueline Keune

Mit einem schlichten «Wir gehen!» haben sechs Schweizer Feministinnen die Medienmitteilung überschrieben, mit der sie am 19. November 2018 ihren gemeinsamen Austritt aus der römisch-katholischen Kirche bekanntgegeben haben.

«Wir gehen!» – Ich habe die Nachricht gelesen und unmittelbar danach Doris Strahm, einer der sechs Frauen, geschrieben: «Ich sitze vor dem Computer und weine vor Freude über den Mut meiner grossen Schwestern. Und vor Trauer – vor allem über mich selber. Sehr dankbar für dich und die anderen.»

Obwohl ich nicht alle sechs Frauen persönlich kenne, habe ich ihren Austritt aus «meiner» Kirche als persönlichen Verlust erfahren und gespürt, dass die Gemeinschaft ärmer und ich selber einsamer zurückbleibe. Nach der Trauer aber hat sich die Wut in mir gemeldet. Die Wut auf eine Institution, die sich so gebärdet, dass Menschen, dass Frauen es nicht länger ertragen, auch nur Teil von ihr zu sein.

Sie sind gegangen, Monika Hungerbühler und ich sind geblieben. Aber der Schritt der Schwestern hat uns beide nicht bloss betroffen gemacht, sondern bewegt und beteiligt, sodass wir ihn nicht unwidersprochen hinnehmen wollten. Wir haben die Stellungnahme *Reaktion auf den Kirchenaustritt der sechs Frauen. Eine Kirche umfassender Gleichwertigkeit»* verfasst, die wir an einige Berufskolleginnen und -kollegen geschickt haben mit der Einladung, sie mitzutragen. Was als kleine Aktion im Bekanntenkreis gedacht war, hat weite Kreise gezogen, und der Text wurde innert kürzester Zeit von über 300 kirchlich Engagierten, zumeist Theologinnen und Theologen, unterzeichnet. Zwei Auszüge daraus:

«Lange bevor sich die Frauen gemeinsam von der römisch-katholischen Kirche abgewandt haben, hat sie sich von ihnen abgewandt. Und auch wenn sich die Frauen vordergründig selber von der Kirche ausgeschlossen haben: Sie waren im Grunde schon längst Ausgeschlossene. Jahrzehntelang waren sie mit einer Institution solidarisch, die mit ihnen nie solidarisch gewesen ist. […] So wenig wir uns mit der Ungerechtigkeit in der Welt abfinden, so wenig finden wir uns mit jener in der eigenen Kirche ab und halten an der

19.11.2018: Die Schweizer Katholikinnen Cécile Bühlmann, Anne-Marie Holenstein, Monika Stocker, Doris Strahm, Regula Strobel und Ruth-Gaby Vermot treten gemeinsam aus der römisch-katholischen Kirche aus.

2.12.2018: Monika Hungerbühler und Jacqueline Keune reagieren mit einer Stellungnahme, die von über 300 kirchlich Engagierten namentlich mitgetragen wird.

März 2019: Die Solidaritätsaktion findet mit der Initiative «Wir haben es satt!» eine Weiterführung. Die Theologinnen und Theologen Marie-Theres Beeler, Angela Büchel Sladkovic, Nico Derksen, Monika Hungerbühler, Jacqueline Keune, Elke Kreiselmeyer und Felix Senn formulieren 20 konkrete Forderungen im Blick auf «Eine Kirche umfassender Gleichwertigkeit».

277

Forderung umfassender Gleichwertigkeit fest – am Geschwister-Sein von Gleichgestellten.»

«Frauen hören zu – Männer erteilen die Absolution.
Frauen backen das Brot – Männer konsekrieren es.
Frauen begleiten Kranke bis an die Schwelle des Todes – Männer spenden das Sakrament.
Frauen leisten die Beziehungsarbeit – Männer befinden über Partnerschaft und Familie.
Frauen füllen die Bänke der Gebete – Männer belegen die Sessel der Entscheide.
Frauen sind mit-gemeint – Männer werden genannt.
Die ‹Ämtli› weitgehend den Frauen, die Ämter den Männern. Und je höher hinauf es geht, desto männlicher wird es. Und auch wenn es Frauen gibt, die Gemeinden leiten, und Männer, die die Kirchenböden bohnern: Es sind vorwiegend Frauen, die dienen, und vorwiegend Männer, die bestimmen. Nicht weil sie besser ausgebildet, begabter oder berufener wären, sondern weil sie Männer sind. Das, was nicht Verdienst der einen und nicht Versagen der anderen ist, macht den entscheidenden Unterschied: das Geschlecht.»

Ich werde mich nie damit abfinden, dass sich eine Kirche, die sich auf Jesus von Nazaret beruft, fort und fort an einer «Ordnung» der Welt beteiligt, die Weisse, Reiche, Heterosexuelle und vor allem Männer bis heute als die wertvolleren Menschen erachtet als Farbige, Arme, LGBT und Frauen. Und das tut sie – aller anderslautenden Beteuerungen zum Trotz. Andernfalls hätte sie längst ernst damit gemacht, jede Diskriminierung aus ihrer Verfasstheit, ihrem Denken, Glauben, Reden und Tun zu verbannen.

Die gleiche Würde und die gleichen Rechte von Frauen und Männern sind keine Frage von Sympathie, von männlichem Wohlwollen, von päpstlicher Barmherzigkeit, von Gunst und Gnade, sondern sind eine Frage von Gerechtigkeit. Jede Herabsetzung von Menschen widerspricht dem Willen Gottes und hätte zu keiner Zeit Teil kirchlicher Lehre und Praxis sein dürfen. Dass sie es auch im Jahre 2021 nach Christus immer noch ist, schreit millionenfach zum Himmel.

BIBELERZ – VEREIN FÜR BIBLISCHE ERZÄHLKUNST

Katja Wißmiller

Drei Freundinnen gründen 2018 in Luzern einen Verein, der seither die Kunst des freien Erzählens biblischer Geschichten fördert. Sie selbst erzählen die alten Geschichten neu und befreien sie von Tendenzen, die so gar nicht nach froher Botschaft schmecken. Zwischen Weihnachten und Neujahr bieten sie jeweils eine «Biblische Rauhnacht» auf einer kleinen Kulturbühne in Luzern an und präsentieren zu dritt ihre neuesten Geschichten, die sie nun unter «pfannefertig» im Programm führen.

In Kursen und Weiterbildungen in der Schweiz, Österreich und Deutschland wird der Wert von eigener Mundart und Herzenssprache bei der Weitergabe der Geschichten entdeckt. Der Verein BibelErz möchte nicht nur das Kulturgut «Bibel» wiederbeleben, sondern die biblische Erzählgemeinschaft als geselliges und generationenübergreifendes Geschehen wieder kultivieren. Ganz in der eigenen Mund-Art erzählen und trotzdem möglichst nah am biblischen Text bleiben, lautet ein Leitsatz von BibelErz. Das setzt präzise Lektüre und Unvoreingenommenheit voraus.

Ein Beispiel aus einer Sprechwerkstatt in Wien (2021): «Hardcoreamüsiert» redet die Frau am Jakobsbrunnen mit einem «müden», aber «charmanten» Jesus. Im Laufe des Gesprächs wirkt sie verunsichert und sucht mit dem Mann eine gemeinsame Sprache. Es entsteht ein ernsthafter Dialog. Die gleiche Szene anders erzählt: Die Frau geht «neugierig» auf diesen Mann aus Galiläa zu, der sie aber in «belehrendem, leicht genervtem» Ton anquatscht, ihre Lebensart verunglimpft und nicht richtig hinhört, was sie sagt. Diese Frau wendet sich verbittert ab … Solche Übungen rund ums freie Erzählen biblischer Geschichten dienen dem besseren Verständnis der Figuren. So werden sowohl der Text als auch die Figuren aus der gewohnten Konserve befreit.

Das hörbare «Wort Gottes» ist abhängig von der Beschaffenheit des Körpers, der der Schrift eine Stimme gibt. Wenn die Lektorin gerade erkältet und heiser ist, schlägt sich das in der Verkündigung nieder. Wird das Evangelium gesungen, wird der Bibeltext zum Lied usw. In der freien Erzählung können alle diese Register der körperlichen Möglichkeiten gezogen werden. Das Bewusstsein für den körperlichen Zusammenhang wird in den Kursen von BibelErz wachgehalten. Der Körper ist das Instru-

9.11.2018: Gründung Verein BibelErz durch Dr. Moni Egger, Marie-Theres Rogger und Katja Wißmiller

Angebote:
– Ausbildungskurse (250 Erzähler*innen absolvierten bereits mindestens einen Grundkurs)
– Erzählauftritte
– Vermittlung von Erzählenden
– WerkstattTage
– AufstellTage
– Coaching für Erzählende

«pfannefertig» für 90 Minuten:
– Schöpfungen (2017)
– ESTER – das Buch (2018)
– ENGEL (2019)
– Priska_Lydia_Phoebe.com (2020/2021)

Website: www.bibelerz.ch

ment, auf dem beim Erzählen gespielt wird. Er ist wie eine Schatzkammer, welche die Geschichten in sich trägt. Die Erzählenden lernen keine Texte auswendig, sondern nehmen sich eine Geschichte zu Herzen und lernen inwendig. Ob es so passiert ist, spielt weniger eine Rolle. Wichtiger ist, ob die Geschichte stimmt und plausibel ist. Es wird etwas erzählt und nichts behauptet. Die aufgeklärten Zuhörenden sind frei zu glauben, was sie wollen, und die Erzählerin kann die eigenen Zweifel an Wundern oder an Gott miterzählen. Ob ich an Gott glaube oder nicht, spielt dabei keine Rolle.

Ich werde immer wieder gefragt, wie ich zu dieser «Erzähl-Sache» gekommen bin. Die Antwort ist immer dieselbe: Es war das Hören von Erzählungen. Moni Egger und Marie-Theres Rogger absolvierten eine Erzählausbildung, und Moni Egger übertrug die Technik des freien Erzählens auf biblische Geschichten. Sie erzählte von Hagar, während sie über Gen 11–25 in Luzern promovierte. Es war einfach ein Ohrenschmaus. Aber als Gott mit Noah sprach, flossen bei mir die Tränen, ich war berührt und bestürzt zugleich. Es war wie eine Katharsis.

In keinem anderen Zusammenhang meiner theologischen Arbeit ist für mich das Erleben biblischer Geschichten so unmittelbar und heilsam gewesen wie beim Erzählen – sowohl als Hörende, wie auch als Erzählerin. Ein genderbewusster Blick auf Figuren und die wissenschaftliche Auseinandersetzung mit den Texten sind beim Erarbeiten einer Erzählung wichtige Werkzeuge. Die Vermittlung durch das Erzählen selbst aber passiert auf der Baustelle des Lebens im Moment. Dann ist es erbaulich, tröstend oder erschütternd.

Eigene Worte für das «Wort Gottes» zu suchen und zu finden, ist beglückend. Im Sinne des oben genannten Beispiels erschliesst sich die heilsame Quelle durch das Wort nicht über das, worüber geredet wird, sondern wie heute noch davon erzählt wird – und wie Worte dafür bei jeder Erzählung neu gesucht werden.

FRAUEN*KIRCHENSTREIK 2019 –
GLEICHBERECHTIGUNG. PUNKT. AMEN.

Moni Egger

Es begann mit einem Missverständnis. Im kath.the@sChat wurden wieder einmal Hiobsbotschaften geteilt. Und dann:

22. 11. 2018: *«Liebe the@s. Ich möchte anregen, dass wir JETZT zum Frauenkirchenstreik aufrufen. Beteiligung mit allen anderen am 14. Juni und ausdehnen auf das Wochenende.»* (Regula) 27. 11. 2018 08:54 *«Wie sieht es mit dem Frauenstreik aus? 14.–16. Juni? Wir organisieren hier bereits um, möchten aber wissen, ob das definitiv ist.»* (Elke) 09:02 *«Bin dabei»* (Ingrid) 27. 11. 2018 11:56 *«Unbedingt!!»* (Moni) 12:07 *«Lasst es uns definitiv machen!»* (Monika) 13:33 *«Das fänd ich schön»* (Sarah) 17:33 *«Ja!»* (Regula) 17:37 *«Ein kleines Missverständnis. Ich wollte eigentlich nur sagen, dass ich bei der Gruppe mit dabei bin. Das war noch keine Aussage zum Frauenstreik …»* (Ingrid) 17:54 *«Zu spät. Alea iacta est. … Du kannst später mal sagen, dass Du es warst, die den Anstoss zu unserem Frauenstreik gab! … Ich vermute, die Ruach arbeitet gerne so.»* (Elke)

Nur wenige Tage später traf ich mich mit Monika Hungerbühler zum allerersten Fädenspinnen. Anfang Januar war der SKF (Schweizerischer Katholischer Frauenbund) im Boot, wenig später stand die erste Projektgruppe. Das Tempo war hoch und das war auch nötig. Kaum ein halbes Jahr Zeit, um eine nationale Protestbewegung aufzubauen. Aber die Gelegenheit günstig. Das katholische Unbehagen war nicht nur in der Schweiz wieder einmal am Brodeln. In Deutschland erreichten mit Maria 2.0 eine Handvoll Frauen innert kürzester Zeit beachtliche Aufmerksamkeit und viel Medienecho. Und dann war da eben der nationale Frauenstreik am 14. Juni 2019. *Die* Gelegenheit, als Kirchenfrauen als Teil der Gesellschaft aufzutreten und sichtbar zu werden.

Und dann lief es fast wie von selbst. (Na ja, jede, die schon mal bei sowas dabei war, weiss, dass auch «wie von selbst» mit sehr viel Arbeit verbunden sein kann.) Zusammen mit dem SKF übernahmen die Evangelischen Frauen Schweiz den Lead, ausserdem Vertretungen aus der IG Feministische Theologinnen, aus der Pfarreiarbeit und aus der FAMA-Redaktion; namentlich: Evelyne Zinsstag, Kathrin Winzeler, Vroni Peterhans, Simone Marchon, Monika Hungerbühler, Silvia Huber, Moni Egger.

Nov. 2018: Moni Egger und Monika Hungerbühler entwickeln erste Ideen eines FrauenKirchenStreiks. Anlass dafür: Kirchenaustritt von 6 prominenten Katholikinnen im November 2018; angestauter Frust der Verbleibenden, Beteiligung am geplanten nationalen Frauen*Streik 2019 bietet Gefäss für sichtbaren Protest von Kirchenfrauen.

Januar 2019: SKF und EFS übernehmen den Lead, Vertreterinnen von IG Feministische Theologinnen und FAMA sind mit dabei.

März 2019: 1. Medienmitteilung Frauen*KirchenStreik: Wir fordern Gleichberechtigung: Gemeinsames Tun, Entscheiden, Gestalten von Frauen* und Männern* auf allen kirchlichen Ebenen. Gleichberechtigung. Punkt. Amen.

14.–16.6.2019: Pinke Streik-Zeichen und Aktionen:
– Pinke Gummistiefel, um gut durch Sumpf und Schmutz zu kommen.
– Pinke Mitren (Bischofshüte): Wir spielen mit Insignien der Macht.
– Pinke Punkte, Ballone, Plakate mit den Forderungen
– Unzählige Aktionen in Pfarreien, Kirchgemeinden, Frauengemeinschaften

14.6.2019: Kirchenglockengeläut quer durch die Schweiz
– um 11 Uhr als Zeichen gegen Gewalt an Frauen
– um 15.30 Uhr zum Einläuten des eigentlichen Streiks – jetzt hätten Frauen Feierabend, wenn sie für ihren Lohn nicht länger arbeiten müssten als Männer.

Dokumentationen:

– https://www.frauenbund.ch/ueber-uns/fotos/detail/frauenkirchenstreik/
– https://www.frauenbund.ch/was-wir-bewegen/kirche-und-spiritualitaet/gleichberechtigung-punktamen/ideen-fuer-aktionen/
– https://www.frauenbund.ch/was-wir-bewegen/kirche-und-spiritualitaet/gleichberechtigung-punktamen/medienberichte-ueber-frauenkirchenstreik/

1.8.2021: Helvetia predigt! Ökumenische Aktion im Rahmen des CH-Frauenstimmrechtsjubiläums
www.efs.ch/de/helvetia-predigt-2/
www.frauenbund.ch/was-wir-bewegen/kirche-und-spiritualitaet/helvetia-predigt/

Frauen*KirchenStreik 2019 Bern.

Wir schrieben unzählige Mails an unzählige Mitstreiter:innen, verfassten zwei Medienmitteilungen, gaben bei Jacqueline Keune einen Widerstandstext in Auftrag und sammelten feministische Bausteine für die Webseite.

In allen Landesteilen schlossen sich Kirchenfrauen zusammen und heckten Aktionen aus, rund um den Frauen*KirchenStreik. Frauen in der Region Basel haben das nationale Streikmotto «Gleichberechtigung. Punkt. Schluss» kurzerhand umformuliert zu «Gleichberechtigung. Punkt. Amen». Hinzu kam in der Projektgruppe die Idee mit dem Pinken Punkt als Erkennungszeichen. Bald schon erreichten uns Fotos mit Pinken Punkten auf selbstgebastelten Mitren, auf Gummistiefeln, als Guetzli, an Kirchentüren, vor Altären, auf Hüten und Rucksäcken. Wir liessen grosse Banner damit bedrucken und hängten sie an Kirchenzentren. So entstand in den paar Wochen bis zum 14.–16. Juni 2019 eine bunte Bewegung voll kreativer Ideen und mit erfreulich grossem Echo in den kirchlichen und teilweise auch ausserkirchlichen Medien. Genauso bunt, verrückt und kraftvoll war vielerorts der Streiktag selbst.

Heute, genau zwei Jahre später, sitze ich auf dem Balkon und tippe diese Zeilen. Dankbar blicke ich zurück. Noch immer zehre ich vom mit dem Streik verbundenen Frauen*zusammenhalt. Vor allem auch das Miteinander mit säkularen Aktivistinnen habe ich als besondere Bereicherung erlebt. Und so sind wir auch 2021 in ähnlicher Art und Formation wieder unterwegs: Unter dem Motto «Helvetia predigt!» zeigen sich Kirchenfrauen im Rahmen des Schweizer Frauenstimmrechtsjubiläums und steigen am 1. August 2021 auf die Kanzel.

Frauen*Streik 2019 Chur.

Frauen*KirchenStreik 2019 Dagmersellen.

Frauen*KirchenStreik 2019 Aarau.

DIE #JUNIAINITIATIVE

Dorothee Becker

Warum wird dem Recht der Gläubigen auf den Empfang der Sakramente weniger Bedeutung zugemessen als den Zulassungsbedingungen zum priesterlichen Dienst? Aus dieser Frage entstand die Idee, dass Pfarreien und Gemeinschaften nach Männern und Frauen suchen, die sie für einen priesterlichen Dienst geeignet halten, und diese den Bischöfen zur Beauftragung und Weihe vorschlagen. Von anderer Seite kam die Idee auf, dass Frauen den Bischöfen in einem offenen Brief ihre Bereitschaft für den priesterlichen Dienst erklären. Beide Ideen zusammen führten zur #JuniaInitiative, die von einigen Frauen ins Leben gerufen und am 3. Oktober 2019 in Rom von Priorin Irene Gassmann OSB und in Einsiedeln von der Theologin Charlotte Küng der Öffentlichkeit vorgestellt wurde. Sie stellt vor allem Fragen, will zum Nachdenken und Umdenken auf allen Ebenen anregen. Sie fragt: Gibt es in unseren Pfarreien Männer und Frauen, von denen wir sagen können, sie sind zum priesterlichen Dienst berufen? Sind sie fähig, die Frohe Botschaft zu verkünden, zu heilen und zu leiten – über das hinaus, was Taufe und Firmung ihnen schon zusprechen –, und wären sie bereit, sich in den speziellen Dienst der Kirche rufen zu lassen? Die #JuniaInitiative will solche Menschen den Bischöfen zur sakramentalen Sendung bzw. zur Ordination für den sakramentalen Dienst vorschlagen.

In der #JuniaInitiative engagieren sich in erster Linie Frauen; doch es geht im Grunde um die Möglichkeit, dass jeder Mensch, unabhängig von Geschlecht, sexueller Orientierung und Lebensstand, seiner Berufung folgen kann, auch der priesterlichen. Zugleich lädt die #JuniaInitiative die Theologie dazu ein, die Zeichen der Zeit zu erkennen: Der Zusammenhang zwischen Sakrament, Weihe und seelsorgerlicher Beziehung will angesichts der pastoralen Realität und im langen Schatten des Missbrauchsskandals reflektiert und weiterentwickelt werden. In Anbetracht der unheilvollen Verknüpfung von Weihe, Sakrament, Macht und Geschlecht fragen wir uns: Welche neuen Formen der Sendung und Beauftragung sind als Modell für eine zukunftsfähige und glaubwürdige Kirche nötig?

2019: Vereinsgründung zwecks Finanzierung von Homepage und Anlässen. Die Initiative finanziert sich durch Spenden.

Die #JuniaInitiative will Männer und Frauen, die sich zum priesterlichen Dienst berufen fühlen, den Bischöfen zur Ordination für den sakramentalen Dienst vorschlagen.

Der Name JuniaInitiative leitet sich von der im Römerbrief (16,7) erwähnten Missionarin und Apostelin Junia (1. Jh. n. Chr.) her.

Beteiligte Personen: Priorin Irene Gassmann, Charlotte Küng, Dorothee Becker, Regula Grünenfelder, Iva Boutellier, Veronika Jehle und viele andere mehr

Website mit Infos: www.juniainitiative.com

Apropos Frauenpriesteramt: Bereits 1983 initiierte die Luzernerin Rosemarie Thalmann einen Brief an Papst Johannes Paul II, in dem, begleitet von einer Unterschriftensammlung, der Papst zur Revision der Zulassungsbedingungen der Frauen zum Priesteramt aufgefordert wurde.

KOMMENTAR

Silvia Strahm Bernet

Milica

Auf Gretchens Frage «Nun sag', wie hast du's mit der Religion?» würde ich wohl mit einem konsternierten: «W o m i t?» antworten. Das Buch habe ich geschenkt bekommen (Haha!). Zwar alles weit weg, aber Respekt! Von Weiberwirtschaft las ich zum ersten Mal und die Gender-Broschüre fand ich Spitze!

Lisbeth@Milica

Beschäftigst du dich mit Feminismus, kommst du doch um die Ökonomie nicht herum. Also schleunigst nachholen!

Moana@Lisbeth

The Bubble ist überall. Auch die Frauen Kirche ist eine Blase. Hast du mit Kirche nichts am Hut, kannst du damit wenig anfangen. Gut: Kunstvoll biblische Geschichten erzählen, das ist inzwischen fremd genug, könnte spannend werden.

Ana

Ich bin bei Junia hängen geblieben. Offenbar eine Apostelin. Schön für sie. Nützt uns aber heute nichts. 1983 ein Brief an den Papst, 2019 die JuniaInitiative. Nichts passiert! Also hört doch endlich auf zu betteln, dass man euch ernst nimmt!

Elisabeth@Ana

Immerhin tun die Frauen was! Natürlich wäre es wohl sinnvoller, Amtsfragen aufzugeben, eine eigene thematische Agenda zu führen. Freiräume zu nutzen, wo es sie gibt. Und wenn schon Streik, dann ein Frauenkirchenstreik, der wirklich weh tut. «Wenn frau will, steht alles still!» und nicht nur an einem Tag! Mal schauen, was dann passierte.

Selma@Ana

Zusammenarbeiten, Allianzen schmieden! So sehe ich das. Offenbar geschieht das ja schon. Aber das könnte man sicher ausbauen. Dort die Prioritäten setzen! Im Interreligiösen passiert das ja bereits: interreligiöses Frauenparlament, Interreligiöser Think-Tank, interreligiöser Lehrgang … Das sollte man auch im politischen Bereich vermehrt tun, nicht nur punktuell. Denn dort sind sie, die jungen, engagierten Frauen.

Katja@Selma

Sollte, müsste. Niemand weiss, wie es weitergehen soll, wo so viel schon wieder verschwunden ist. Vielleicht sollte man zuwarten. Und wach bleiben. Und einfach bereit sein, wenn sich etwas Neues tut.

ESTHER GISLER FISCHER

«Den Himmel entrümpeln, damit es besser wird auf Erden»

Ich hatte das Glück, in den späten 1980er und frühen 1990er Jahren an der Theologischen Fakultät der Universität Freiburg (CH) in einer Zeit zu studieren, als feministische Theologie in verschiedenen Disziplinen durch engagierte Assistentinnen zum Thema gemacht wurde. Da war die Alttestamentlerin Silvia Schroer, die uns mit den Weisheitstraditionen, alternativen Gottesbildern und spannenden Frauenfiguren aus der Hebräischen Bibel vertraut machte. Béatrice Acklin Zimmermann eröffnete uns als Kirchenhistorikerin über Nonnenviten mystische Zugänge zum Göttlichen. Eine feministisch-theologische Blockveranstaltung ermöglichte eine Begegnung mit der philippinischen Theologin Sr. Mary John Mananzan. Und last but not least waren da Doris Strahm und Regula Strobel, die sich mit dogmatischen Fragen ans «Pièce de Résistance» der patriarchalen Theologie gemacht hatten. Am Ort, wo einst Mary Daly studierte und mit ihrem Spruch «Wenn Gott männlich ist, ist das Männliche Gott» berühmt wurde, hinterfragten sie so einiges Althergebrachtes wie etwa die Kreuzestheologie und öffneten uns Student:innen neue Horizonte, z. B. für die Konzepte von Theologinnen aus dem Weltsüden. Ich lernte so, feministische Theologien als kontextuelle Befreiungstheologien zu verstehen – mit Frauen als Subjekten.

Dies alles ermöglichte es mir, Verflechtungen von Gesellschaftsformen, Gottesvorstellungen und Geschlechterrollen kritisch zu analysieren und weiter an einer befreienden Rede von Gott zu arbeiten und mich mit Mitstreiterinnen, z. B. der kirchlichen Frauenbewegung, wirksam in öffentliche Debatten einzumischen. Kurse an der Paulus-Akademie in Zürich und auf Boldern in Männedorf boten mir Orte des Nachdenkens und des Austausches. Feministische Theologie hat mich ermächtigt, von mir auszugehen und meinen Glauben als Frau gemeinsam mit anderen zu reflektieren und unseren Platz in unseren Religionsgemeinschaften selbstbewusst und vorbehaltlos einzufordern. Dies auch im Dialog mit Frauen anderer Glaubenstraditionen. Wir lernen uns gegenseitig näher kennen und setzen uns für gemeinsame Anliegen ein.

In meiner täglichen Arbeit lasse ich Erkenntnisse der feministischen Bibelinterpretation in meine Predigten einfliessen. Es gibt so Vieles, das

Esther Gisler Fischer

zu vermitteln sich lohnt! Zu entdecken gibt es verborgene und verdrängte Überlieferungen alternativer Vorstellungen des Göttlichen: in der Hebräischen Bibel, in ausserkanonischen Schriften und in der rabbinischen Literatur. Daraus resultiert die Praxis einer liturgischen Sprache, wo weibliche Gottesbilder wieder ihren gebührenden Platz erhalten. So benutze ich in der Liturgie in der Regel die «Bibel in gerechter Sprache». Auch starke Frauenfiguren finden sich in der Bibel wie etwa die Prophetin Hanna oder Judith, Ruth und Esther, welche je einem eigenen Buch ihren Namen gegeben haben.

In letzter Zeit sehr wichtig geworden sind mir Strömungen der ökofeministischen Theologie, welche einen Zusammenhang ausmachen zwischen der Ausbeutung der Natur und der Frauen und anschlussfähig sind für eine Neugestaltung des Zusammenlebens zwischen uns Menschen und unserer Mitwelt. Theologinnen aus dem globalen Süden wie Ivone Gebara inspirieren mich, das Göttliche in der Welt zu suchen und leidenden Menschen sowie der geschundenen Mutter Erde zu ihrem Recht zu verhelfen. Solche panentheistischen Konzepte, die ich bereits früher durch Projektaufenthalte in Bolivien kennengelernt hatte, motivieren mich, nach anderen Arten des Wirtschaftens und des gerechteren Zusammenlebens zu suchen.

LITERATURVERZEICHNIS

Aepli, Hildegard/Faber, Eva-Maria (Hg.): Ein weiter Weg. 1200 Kilometer für eine Kirche mit den Frauen. Verlag am Klosterhof St. Gallen, St. Gallen, 2018.

Affolter, Brigitte/Clémençon, Monika (Hg.): Pfarrbilderbuch und Bilderbuchpfarrer/in. Eine Momentaufnahme zwischen Chronos und Kairos. Brimo-Verlag, Bern, 2007.

Bandixen, Claudia (Hg.): Wenn Frauen Kirchen leiten – Neuer Trend in den reformierten Kirchen der Schweiz (Beiträge zu Theologie, Ethik und Kirche, Band 2). Theologischer Verlag Zürich, Zürich, 2006.

Barmettler, Agnes u. a. (Hg.): Erzähl mir Labyrinth – Frauenkultur im öffentlichen Raum. 20 Jahre Labyrinthplatz Zürich. Christel Göttert Verlag, Rüsselsheim, 2011.

Berlis, Angela/Leimgruber, Stephan/Sallmann, Martin (Hg.): Aufbruch und Widerspruch. Schweizer Theologinnen und Theologen im 20. und 21. Jahrhundert. Theologischer Verlag Zürich, Zürich, 2019.

Bernhard Filli, Heidi/Günter, Andrea/Jochimsen, Maren/Knobloch, Ulrike/Praetorius, Ina/Schmuckli, Lisa/Vock, Ursula: Weiberwirtschaft. Frauen – Ökonomie – Ethik. Edition Exodus, Luzern, 1994.

Bibliographie zur feministischen Theologie: Stand 1988, zusammengestellt von Ursula Vock und Ursula Riedi Galbier, in Zusammenarbeit mit Ina Praetorius. Schritte ins Offene, Zürich, 1988, Sonderdruck.

Bourquin, Yvan/Charras-Sancho, Joan (Hg.): L'accueil radical. Ressources pour une Eglise inclusive. Labor et Fides, Genf, 2015.

Brodbeck, Doris (Hg.): Unerhörte Worte. Religiöse Gesellschaftskritik von Frauen im 20. Jahrhundert. Ein Reader. eFeF Verlag, Bern/Wettingen, 2003.

Brodbeck, Doris/Domhardt, Yvonne/Stofer, Judith (Hg.): Siehe, ich schaffe Neues. Aufbrüche von Frauen im Protestantismus, Katholizismus, Christkatholizismus und Judentum der Schweiz. eFeF-Verlag, Bern, 1998.

Büchel Sladkovic, Angela (Hg.): Freundin des Lebens – Frauengebete. Paulusverlag, Freiburg/Schweiz, 2016.

Bührig, Marga: Die unsichtbare Frau und der Gott der Väter. Eine Einführung in die feministische Theologie. Kreuz Verlag, Stuttgart, 1987.

Bührig, Marga: Spät habe ich gelernt, gerne Frau zu sein. Eine feministische Autobiographie. Kreuz Verlag, Stuttgart, 1987.

Buser, Denise: Die unheilige Diskriminierung. Eine juristische Ausgeordnung für die Interessenabwägung zwischen Geschlechtergleichstellung und Religionsfreiheit beim Zugang zu religiösen Leitungsämtern. LIT Verlag, Wien/Zürich, 2014.

Campi, Emidio/Schwarz, Brigitte/Tognina, Paolo (Hg.): Ticino e Protestanti. Figure e movimenti del protestantesimo in Ticino tra Cinquecento e Novecento. Armando Dadò editore, Locarno, 2004.

Castelletti, Susanna/Congestrì, Marika: Finalmente cittadine! La conquista dei diritti delle donne in Ticino (1969–1971). Massagno: Associazione Archivi Riuniti delle Donne Ticino, 2020.

Christ, Carol P.: Why Women need the Goddess, in: Christ, Carol P./Plaskow, Judith (eds.): Womanspirit Rising: A Feminist Reader on Religion. Harper & Row, San Francisco, 1979.

Daly, Mary: The Church and the Second Sex. Harper & Row, San Francisco, 1968 (deutsch: Kirche, Frau und Sexus. Walter Verlag, Olten und Freiburg i. Br., 1970).

Daly, Mary: Beyond God the Father: Toward a Philosophy of Women's Liberation. Beacon Press, Boston, 1973 (deutsch: Jenseits von Gottvater Sohn & Co. Aufbruch zu einer Philosophie der Frauenbefreiung. Verlag Frauenoffensive, München, 1980).

Egger, Monika/Sonego Mettner, Jacqueline (Hg.): einfach unverschämt zuversichtlich. FAMA – 30 Jahre feministische Theologie. Theologischer Verlag Zürich, Zürich, 2014.

Gebara, Ivone: Das Seufzen der Schöpfung und unser Seufzen, in: Fünfsinn, Bärbel/Zinn, Christa (Hg.): Das Seufzen der Schöpfung. Ökofeministische Beiträge aus Lateinamerika. Evang. Missionswerk in Deutschland (EMW), Hamburg, 1998, 25–37.

Gebara, Ivone: Die dunkle Seite Gottes. Wie Frauen das Böse erfahren. Herder Verlag, Freiburg i. Br./Basel/Wien, 2000.

Gebara, Ivone: Ökofeminismus, in: Gössmann, Elisabeth u. a. (Hg.): Wörterbuch der Feministischen Theologie. 2., vollständig überarbeitete und grundlegend erweiterte Auflage. Gütersloher Verlagshaus, Gütersloh, 2002, 422–424.

Giselbrecht, Rebecca A./Scheuter, Sabine (Hg.): Hör nicht auf zu singen. Zeuginnen der Schweizer Reformation. Theologischer Verlag Zürich, Zürich, 2016.

Gössmann, Elisabeth: Die streitbaren Schwestern. Was will die Feministische Theologie? Herder Verlag, Freiburg i. Br., 1981.

Gössmann, Elisabeth/Kuhlmann, Helga/Moltmann-Wendel, Elisabeth/Praetorius, Ina/Schottroff, Luise/Schüngel-Straumann, Helen/Strahm, Doris/Wuckelt, Agnes (Hg.): Wörterbuch der Feministischen Theologie. 2., vollständig überarbeitete und grundlegend erweiterte Auflage. Gütersloher Verlagshaus, Gütersloh, 2002 (1. Auflage 1991).

Göttner-Abendroth, Heide: Die tanzende Göttin. Prinzipien einer matriarchalen Ästhetik. Verlag Frauenoffensive, München, 1982 (überarbeitete Aufl. 1991).

Goldenberg, Naomi R.: Changing of the Gods. Feminism & the End of Traditional Religions. Beacon Press, Boston, 1979.

Günter, Andrea/Praetorius, Ina/Wagener, Ulrike: Weiberwirtschaft weiterdenken. Feministische Ökonomiekritik als Arbeit am Symbolischen. Edition Exodus, Luzern, 1998.

Halkes, Catharina J. M: Gott hat nicht nur starke Söhne. Grundzüge einer feministischen Theologie. Gütersloher Verlagshaus, Gütersloh, 1980.

Halkes, Catharina J. M: Das Antlitz der Erde erneuern. Mensch – Kultur – Schöpfung. Gütersloher Verlagshaus, Gütersloh, 1990.

Held, Thomas/Levy, René: Die Stellung der Frau in Familie und Gesellschaft. Eine soziologische Analyse am Beispiel der Schweiz. Reihe Soziologie Schweiz, Bd. 1. Verlag Huber, Frauenfeld und Stuttgart, 1974.

Heyward, Carter: Und sie rührte sein Kleid an. Eine feministische Theologie der Beziehung. Kreuz Verlag, Stuttgart, 1986.

Heyward, Carter: Jesus neu entwerfen. Die Macht der Liebe und der Gerechtigkeit. Edition Exodus, Luzern, 2006.

Interreligiöser Think-Tank: Leitfaden für den interreligiösen Dialog. Broschüre. Basel, 2013 (5. Auflage 2015), Eigendruck. Bestelladresse: info@interrelthinktank.ch

Jensen, Anne: Gottes selbstbewusste Töchter. Frauenemanzipation im frühen Christentum? Herder Verlag, Freiburg i. Br., 1992.

Keller, Brigit: Weiter gehen. Ein Lied, in: FAMA – feministisch-theologische Zeitschrift 4/2009, 4–5.

Knecht, Ursula u. a.: ABC des guten Lebens. Christel Göttert Verlag, Rüsselsheim, 3. Aufl., 2015.

Köhler, Hanne: Gerechte Sprache als Kriterium von Bibelübersetzungen. Gütersloher Verlagshaus, Gütersloh, 2012.

Krattiger, Ursa: Die perlmutterne Mönchin. Reise in eine weibliche Spiritualität. Kreuz Verlag, Stuttgart, 1983.

Krieg, Matthias (Hg.): Reformierte Bekenntnisse. Ein Werkbuch. Theologischer Verlag Zürich, Zürich, aktualisierte 2. Aufl., 2011.

Lenzin, Danièle: Seiltänzerin zwischen Frauenbewegung und institutioneller Politik. 20 Jahre cfd-Frauenstelle für Friedensarbeit. Broschüre. Bern, 2002.

Macconi, Chiara/Raggi-Scala, Renata (Hg.): Georgette Tentori-Klein. Una vita da solista. Melano: Associazione Archivi Riuniti delle Donne Ticino/Zürich. Elster Verlag, Zürich, 2014.

Maffezzoli, Luigi: Donne che hanno fatto l'Unione. Cento anni dell'Unione femminile cattolica ticinese (1920–2020). Armando Dadò editore, Locarno, 2021.

Moltmann-Wendel, Elisabeth (Hg.): Menschenrechte für die Frau. Christliche Initiativen zur Frauenbefreiung. Kaiser Verlag/Matthias Grünewald Verlag, München/Mainz, 1974.

Moltmann-Wendel, Elisabeth: Ein eigener Mensch werden. Frauen um Jesus. Gütersloher Verlagshaus, Gütersloh, 1980.

Moltmann-Wendel, Elisabeth: Wenn Gott und Körper sich begegnen. Feministische Perspektiven zur Leiblichkeit. Gütersloher Verlagshaus, Gütersloh, 1989.

Mulack, Christa: Die Weiblichkeit Gottes. Matriarchale Voraussetzungen des Gottesbildes. Kreuz Verlag, Stuttgart, 1983.

Mulack, Christa: Jesus – der Gesalbten der Frauen. Weiblichkeit als Grundlage christlicher Ethik. Kreuz Verlag, Stuttgart, 1987.

Naegeli, Verena/Ngalula, Josée/Praetorius, Ina/Rabarijaona, Brigitte (Hg.): Nous avons un désir – There is Something We Long For. Edition Tsena Malalaka, Kinshasa, 2015. Bestelladresse: coordination@malalaka.org

Navè Levinson, Pnina: Eva und ihre Schwestern. Perspektiven einer jüdisch-feministischen Theologie. Gütersloher Verlagshaus Gerd Mohn, Gütersloh, 1992.

Ökumenisches Forum Christlicher Frauen In Europa (Hg.): Ökumene weiblich. Frauen überschreiten Grenzen. Frank & Timme Verlag, Berlin, 2010.

Parmentier, Elisabeth/Daviau, Pierrette/Savoy, Lauriane (Hg.): Une bible des femmes. Vingt théologiennes relisent des textes controversés. Labor et Fides, Genf, 2018.

Plaskow, Judith: Und wieder stehen wir am Sinai. Eine jüdisch-feministische Theologie. Edition Exodus, Luzern, 1992.

Praetorius, Ina: Skizzen zur Feministischen Ethik. Matthias Grünewald Verlag, Mainz, 1995.

Praetorius, Ina: «Aufforderung zum feministischen Nachdenken über die Wirtschaft», in: dies.: Skizzen zur Feministischen Ethik. Matthias Grünewald Verlag, Mainz, 1995, 159–170.

Praetorius, Ina: Handeln aus der Fülle. Postpatriarchale Ethik in biblischer Tradition. Gütersloher Verlagshaus, Gütersloh, 2005.

Projektgruppe Ethik im Feminismus (Hg.): Vom Tun und vom Lassen. Feministisches Nachdenken über Ethik und Moral. Morgana Frauenbuchverlag, Münster, 1992.

Rich, Adrienne: Von Frauen geboren. Mutterschaft als Erfahrung und Institution. Verlag Frauenoffensive, München, 1979.

Rochat, Nicole: Homosensibilité et foi chrétienne. Olivétan, Lyon, 2021.

Ruether, Rosemary R.: Sexismus und die Rede von Gott. Schritte zu einer anderen Theologie. Gütersloher Verlagshaus, Gütersloh, 1985.

Rufli, Corinne: Seit dieser Nacht war ich wie verzaubert. Frauenliebende Frauen über siebzig erzählen. Verlag Hier und Jetzt, Zürich, 2015.

Schmidt, Eva Renate/Korenhof, Mieke/Jost, Renate (Hg.): Feministisch gelesen. Ausgewählte Bibeltexte für Gruppen und Gemeinden, Gebete für den Gottesdienst. Kreuz Verlag, Stuttgart, 1989.

Schottroff, Luise: Lydias ungeduldige Schwestern. Feministische Sozialgeschichte des frühen Christentums. Gütersloher Verlagshaus, Gütersloh, 1994.

Schottroff, Luise/Schaumberger, Christine: Schuld und Macht. Studien zu einer feministischen Befreiungstheologie. Christian Kaiser Verlag, München, 1988.

Schottroff, Luise/Wacker, Marie-Theres (Hg.): Kompendium Feministische Bibelauslegung. Christian Kaiser/Gütersloher Verlagshaus, Gütersloh, 1998.

Schroer, Silvia: Die Weisheit hat ihr Haus gebaut. Studien zur Gestalt der Sophia in den biblischen Schriften. Matthias Grünewald Verlag, Mainz, 1996.

Schüngel-Straumann, Helen: Die Frau am Anfang. Eva und die Folgen. Herder Verlag, Freiburg i. Br., 1989. Aktualisierte und erweiterte Version: Eva – Die erste Frau der Bibel: Ursache allen Übels? Verlag Ferdinand Schöningh, Paderborn, 2014.

Schüssler Fiorenza, Elisabeth: Zu ihrem Gedächtnis... Eine feministisch-theologische Rekonstruktion der christlichen Ursprünge. Christian Kaiser Verlag/Matthias Grünewald Verlag, München/Mainz, 1988.

Schüssler Fiorenza, Elisabeth: Brot statt Steine. Die Herausforderung einer feministischen Interpretation der Bibel. Edition Exodus, Freiburg/Schweiz, 1988.

Schüssler Fiorenza, Elisabeth: Gerecht ist das Wort der Weisheit. Historisch-politische Kontexte feministischer Bibelinterpretation. Edition Exodus, Luzern, 2008.

Siegele-Wenschkewitz, Leonore: Verdrängte Vergangenheit, die uns bedrängt. Feministische Theologie in der Verantwortung für die Geschichte. Christian Kaiser Verlag, München, 1988.

Sigg-Suter, Ursula/Straub, Esther/Wäffler-Boveland, Angela: «... und ihr werdet mir Söhne und Töchter sein.» Die neue Zürcher Bibel feministisch gelesen. Theologischer Verlag Zürich, Zürich, 2007.

Sölle, Dorothee: Lieben und arbeiten. Eine Theologie der Schöpfung. Kreuz Verlag, Stuttgart, 1985.

Sölle, Dorothee: Mystik und Widerstand. «Du stilles Geschrei». Hoffmann und Campe Verlag, Hamburg, 1997.

Starhawk: The Spiral Dance. A Rebirth of the Ancient Religion of the Great Goddess. Harper & Row, San Francisco, 1979.

Starrett, Barbara: Ich träume weiblich. Essays und Gedichte. Verlag Frauenoffensive, München, 1978.

Stefan, Verena: Häutungen. Autobiografische Aufzeichnungen. Gedichte, Träume, Analysen. Verlag Frauenoffensive, München, 1975. (Neuausgabe, Fischer Verlag, Frankfurt a. M. 1994; unveränderter Reprint, Fischer Verlag, Frankfurt a. M., 2015).

Stolz, Jörg/Senn, Jeremy: Generationen abnehmenden Glaubens. Religion und Säkularisierung in der Schweiz 1930–2020. Schriftenreihe Social Change in Switzerland 27/2021, Lausanne, 2021.

Strahm, Doris: Aufbruch zu neuen Räumen. Eine Einführung in feministische Theologie. Edition Exodus, Freiburg/Schweiz, 1987. (3. Aufl. 1990; vergriffen, als PDF auf: www.doris-strahm.ch)

Strahm, Doris: Vom Rand in die Mitte. Christologie aus der Sicht von Frauen in Asien, Afrika und Lateinamerika, Edition Exodus, Luzern, 1997.

Strahm, Doris/Strobel, Regula: Vom Verlangen nach Heilwerden. Christologie in feministisch-theologischer Sicht. Edition Exodus, Fribourg/Luzern, 1991.

Strahm, Doris/Kalsky, Manuela (Hg.): Damit es anders wird zwischen uns. Interreligiöser Dialog aus der Sicht von Frauen. Matthias Grünewald Verlag, Ostfildern, 2006. (Vergriffen, als PDF auf: www.doris-strahm.ch)

Traitler, Reinhild: «Bibelarbeit zu Genesis 1–3», in: Die Gemeinschaft von Frauen und Männern in der Kirche. EKD Synode der Evangelischen Kirche in Deutschland. Gütersloher Verlagshaus, Gütersloh, 1990.

Trible, Phyllis: God and the Rhetoric of Sexuality. Fortress Press, Philadelphia, 1978.

Trible, Phyllis: Texts of Terror. Literary-Feminist Readings of Biblical Narratives. Fortress Press, Philadelphia, 1984.

Verein Stadtrundgang Basel (Hg.): bildschön & geistreich. Biblische Frauen im Spiegelbild der Stadt. eFeF-Verlag, Bern, 1999.

Verein Stadtrundgang Basel (Hg.): still & stark. Die heiligen Frauen von Mariastein. Limmat Verlag, Zürich, 2003.

von Braun, Christina/Mathes, Bettina: Verschleierte Wirklichkeit – Die Frau, der Islam und der Westen. Aufbau-Verlag, Berlin, 2007.

Wallach-Faller, Marianne: Die Frau im Tallit. Judentum feministisch gelesen. Hg. von Brodbeck, Doris/Domhardt, Yvonne. Chronos Verlag, Zürich, 2000.

Walz, Heike/Lienemann-Perrin, Christine/Strahm, Doris (Hg.): Als hätten sie uns neu erfunden. Beobachtungen zu Fremdheit und Geschlecht. Edition Exodus, Luzern, 2003.

Walz, Heike/Plüss, David (Hg.): Theologie und Geschlecht. Dialoge querbeet. Verlag LIT, Münster, 2008.

Wolf, Christa: Kassandra. Erzählung. Luchterhand Verlag, Darmstadt und Neuwied, 1983.

Zinsstag, Evelyne/Bertschinger, Dolores Zoé: «Aufbruch ist eines, und Weitergehen ist etwas anderes.» Frauenräume: von der Saffa 58 über das Tagungszentrum Boldern zum Frauen*Zentrum Zürich. eFeF-Verlag, Wettingen, 2020.

289

ABBILDUNGSVERZEICHNIS

PERSONENREGISTER

AUTORINNEN

Elisabeth Aeberli, geb. 1950, als Theologin in verschiedenen Funktionen in der Seelsorge tätig: Bundespräses Blauring, Redaktorin bei der Zeitschrift «Wendekreis» (Bethlehem Mission Immensee), Pfarreiseelsorgerin in Muri/AG, Spital- und Heimseelsorgerin in Muri AG, Luzern.

Hildegard Aepli, geb. 1963, Theologin, Mitarbeiterin im Pastoralamt und Seelsorgerin des Bistums St. Gallen, freiberuflich Exerzitienleiterin, geistliche Begleiterin, Autorin, St. Gallen.

Gabriela Allemann Heuberger, geb. 1978, Pfarrerin, seit 2019 Präsidentin «Evangelische Frauen Schweiz» (EFS), Olten.

Agnes Barmettler, geb. 1945, seit 1971 freischaffend im Bereich bildende Kunst. Ab 1973: Design, Bau, Installationen und Pflege von Labyrinth-Plätzen. Ab 1986 aktiv mitverantwortlich bei: Frauenprojekt Labyrinth, labyrinth-international verbunden mit dem Labyrinthplatz Zürich, Wölflinswil.

Dorothee Becker, geb. 1964, Theologin und Seelsorgerin, Gemeindeleiterin, Riehen.

Tina Bernhard-Bergmaier, geb. 1989, evangelisch-reformierte Pfarrerin, im Vorstand der IG Feministische Theologinnen, Gossau/SG.

Ruth Best-Loppacher, geb. 1935, Pfarrerin, Schulpflegerin, Religionslehrerin und Vertretung als Spitalseelsorgerin, von 1982–1992 50 % Pfarramt in Allschwil, 1992–1997 Leiterin der kirchlichen Frauenstelle der ERK BL, Allschwil.

Sabine Bieberstein, geb. 1962, Prof. Dr., Professorin für Neues Testament und Biblische Didaktik an der Kath. Universität Eichstätt-Ingolstadt (D), lebte und arbeitete von 1991–2003 in Fribourg, Bern und Zürich, freiberufliche Referentin bei theologiekurse.ch, freiberufliche Autorin bei www.glaubenssache-online.ch, Bamberg/D.

Susanne Andrea Birke, geb. 1968, Theologin* und Erwachsenenbildnerin*, Atemtherapeutin* und Qi Gong-Lehrerin*, war u. a. von 2013–2019 in der Pfarrei-Initiative aktiv, 2013–2018 Teil des International Church Reform Network und wirkt seit 2015 im Global Network of Rainbow Catholics mit, Bern.

Cornelia Bischoff, geb. 1954, Koordinationsfrau Ökumenische Frauenbewegung Graubünden seit 1995, Pflegefachfrau, Ausbildnerin FA, NDK Transkulturelle Kompetenz, Chur.

Kerstin Bonk, geb. 1966, reformierte Theologin, seit 2005 Gemeindepfarrerin Reigoldswil-Titterten BL, zusätzlich seit 2019 Fachstelle «Frauen, Männer, Gender» der reformierten Landeskirche Aargau, Reigoldswil.

Judith Christa Borter, geb. 1982, Pfarrerin, Leiterin der Fachstelle für Genderfragen und Erwachsenenbildung der ERK BL, Liestal/Basel.

Irina Bossart, geb. 1968, Dr. theol. et lic. phil. I, Historikerin und Pfarrerin in Stein/AR.

Béatrice Bowald, geb. 1965, Dr. theol., Theologin und Ethikerin, Ombudsfrau BL, ehem. Co-Leiterin Pfarramt für Industrie und Wirtschaft BS/BL und ehem. FAMA-Redaktorin, Allschwil.

Doris Brodbeck, geb. 1965, Pfrn Dr. theol., Beauftragte für Kommunikation und für Entwicklungszusammenarbeit der Evangelisch-reformierten Kirche des Kantons Schaffhausen, Publikationen zur interkonfessionellen Frauengeschichte, theologinnen.ch, Schleitheim.

Angela Büchel Sladkovic, geb. 1967, Dr. theol., arbeitet an der Fachstelle Kirche im Dialog der kath. Kirche Bern, 2009–2015 Verbandsvorstand SKF, engagiert im Interreligiösen Frauenparlament, freiberufliche Autorin bei www.glaubenssache-online.ch, Worb.

Denise Buser, geb. 1959, Prof. Dr., emeritierte Titularprofessorin für kantonales öffentliches Recht, Juristin und Autorin. Zahlreiche Publikationen zum Thema der Gleichstellung der Frauen im Religionsbereich, u. a. «Die unheilige Diskriminierung» (2014, englische Ausgabe 2017), Basel.

Meehyun Chung, geb. 1963, Prof. Dr. theol., evang. Theologin, Professorin und Pfarrerin an der Yonsei University, Seoul, Korea. Ehem. Geschäftsleitungsmitglied, zuständig für Frauen und Gender von Mission 21 und ehem. Vorstandsmitglied von Allumi Uni Basel und Vizepräsidentin EATWOT, Seoul.

Helmute Conzetti-Weise, geb. 1945, Pfarrerin, 1991–1998 Studienleiterin Gwatt, 1998–2009 Fachstellenleiterin im Bereich Bildung und Beratung der Reformierten Kirchen Bern-Jura-Solothurn, Bern.

Simone Curau-Aepli, geb. 1961, Marketing-Fachfrau, Mutter und Grossmutter, 1996 Teilnehmerin am feministischen Theologiekurs in Luzern, engagiert in der Frauenkirche Thurgau, seit 2016 Präsidentin des SKF, Vorstand Trägerverein Allianz Gleichwürdig Katholisch, Catholic Women's Council (CWC) Schweiz, Weinfelden.

Dorothee Dieterich, geb. 1959, Pfarrerin, 1992–2013 Leiterin der «Beratungsstelle für Frauen» der ERK Basel-Stadt, 1993–1999 FAMA-Redaktorin, 1994–2013 Studienleiterin im Forum für Zeitfragen Basel, 2014–2021 Spitalseelsorgerin, Basel.

Moni Egger, geb. 1976, Dr. theol., Theologin, FAMA-Redaktorin seit 2006, Mitglied im Stiftungsrat der Marga-Bührig Stiftung, Gründungsmitglied im Verein BibelErz, Beirätin fra-z, freischaffend als Theologin, Erzählerin, Dozentin, Thalwil.

Valeria Ferrari Schiefer, geb. 1954, Prof. Dr., Fundamentaltheologin und pensionierte Ordentliche Professorin für Humanwissenschaften in der Pflege an der Hochschule für Gesundheit der HES-SO Wallis Sion/Visp, Ludiano (CH) und Bobingen (D).

Eva-Maria Fontana-Hübner, geb. 1947, Primar-/Sekundarlehrerin, ehem. Co-Präsidentin EFS, Präsidentin ÖFCFE-CH, Vorstandsmitglied Schweizer Frauensynode, Präsidentin Aufsichtskommission der Frauen-/Genderstelle der evangelisch-reformierten Kirche BL, Binningen.

Esther Gisler Fischer, geb. 1968, lic. sc. rel., feministische Theologin, Pfarrerin in Zürich-Seebach, 4 ½ Jahre lang Mitglied der Fachkommission «Frauen & Gender» von Mission 21. Von 2012 bis 2017 Autorin bei «feministisch predigen». Seit Sommer 2018 Redaktorin der Zeitschrift «Neue Wege», Dietlikon.

Margrit Glükler, geb. 1944, Sekretariat Schweizerischer Weltgebetstag und Blockflötenlehrerin, Chur.

Regula Grünenfelder, geb. 1965, Dr. theol., 2014–2020 Leiterin Fachstelle Feministische Theologie der FrauenKirche Zentralschweiz, freischaffende feministische Theologin, Beirätin fra-z.ch, Zug.

Irene Gysel, geb. 1949, Lehrerin, Pfarrfrau, Mitgründerin der Ökumen. Frauenbewegung ZH, Sprecherin des Wortes zum Sonntag, Redaktorin bei SRF, Kirchenrätin der Ref. Zürcher Landeskirche, Gründerin des St. Anna Forums (Förderung kritischer Debatten über theologische Grundsatzfragen), Kilchberg.

Regula Haag Wessling, geb. 1966, katholische Theologin, 1997–2002 Leiterin kath. Frauenstelle Kanton Aargau, Geschäftsführerin «Stiftung für hochbegabte Kinder», Aarau.

Li Hangartner, geb. 1953, feministische Theologin, 1986–2006 FAMA-Redaktorin, Radiopredigerin, 1989–2008 Mitarbeiterin Fachstelle Feministische Theologie Luzern, 1989–2017 Leiterin der Veranstaltungsgruppe im RomeroHaus, Luzern.

Maria Hauswirth-Büchel, geb. 1942, Grossmutter, Haus- und Gartenfrau, Erwachsenenbildnerin, 11 Jahre im Vorstand der Ökumen. Frauenbewegung Zürich sowie im Vorstand der Schweizer und der Europäischen Frauensynoden, Redcross Clownin, Schleinikon.

Catina Hieber-Schilt, geb. 1945, reformierte Theologin VDM, 1978–1986 in Nigeria Unterricht an einem staatlichen Lehrerinnenseminar, 1987–1992 OeME Bern, 1993–2007 Studienleiterin der Frauenstelle beim Arbeitskreis für Zeitfragen, Biel/Bienne; Mutter von drei erwachsenen Kindern, acht Grosskinder, Biel.

Monika Hungerbühler, geb. 1959, feministische Theologin, Seelsorgerin, 1985 Mitgründerin von FAMA, 2003–2012 Leiterin Frauenstelle, 2009–2018 Co-Dekanatsleiterin des Dekanats Basel-Stadt, 2009–2022 Leiterin Offene Kirche Elisabethen, Wort zum Sonntag-Sprecherin, Radiopredigerin, 2012 Preisträgerin Herbert Haag-Stiftung, Basel.

Verena Hungerbühler-Flammer, geb. 1943, Krankenschwester, Hebamme, Familienfrau, Seelsorgerin, Rentnerin, Mitinitiantin «Ökumenisches Forum Frau + Kirche» SG-AI-AR, Wittenbach.

Carmen Jud, geb. 1955, feministische Theologin, 13 Jahre Geschäftsleiterin des «cfd», 13 Jahre Beauftragte für Ökumene, Mission, Entwicklung und interreligiösen Dialog der Reformierten Kirche Kanton Luzern, Mitgründerin der FAMA, Beirätin fra-z, Luzern.

Brigit Keller, geb. 1942, Dr. phil., Germanistin, von 1971–2006 freie Mitarbeiterin/ Studienleiterin für Frauenfragen/Frauenkultur, Literatur und Ausstellungen an der Paulus-Akademie Zürich, Zürich.

Jacqueline Keune, geb. 1961, Theologin, Luzern.

Ursa Krattiger, geb. 1946, Dr. phil., Historikerin und Journalistin, 1973 als erste Frau Inlandredaktorin bei den «Basler Nachrichten», 20 Jahre Programmschaffende in der Fachredaktion Frau bei Radio DRS/SRG, Autorin von «Die perlmutterne Mönchin» (1983), Basel.

Anja Kruysse, geb. 1967, Theologin, Ausbildungsleiterin, 1998–2011 Leiterin kirchl. Frauenstelle BL, 2012–2014 Fachmitarbeiterin Ref. Kirchen Bern-Jura-Solothurn, 2015–2019 Studienleiterin/Co-Leitung Forum für Zeitfragen, seit 2019 Lehrperson in einem Brückenangebot, Solothurn.

Agnes Leu, geb. 1958, Pfarrerin, feministische Theologin, 1988–1996 Gemeinde- und Jugendarbeit in Schwarzenburg, 1997–2012 Stellenleiterin der «Projektstelle für Frauen» der ERK BS; 2007–2017 Heimseelsorgerin in Bern, seit 2012 Gemeindepfarrerin in Biel und Lengnau, Bern.

Elisabeth C. Miescher, geb. 1932, Dr. theol., Historikerin und Anglistin, 1973–1985 Delegierte für Erwachsenenbildung der Ev.-ref. Kirche Basel-Stadt, 1985–1997 Studienleiterin auf dem ref. Tagungszentrum Leuenberg, 2004 Promotion in Theologie, langjährige Präsidentin des Projekts Frauentheologie Basel, Riehen.

Clara Moser, geb. 1955, reformierte Theologin, 1984–2020 Gemeindepfarrerin in Pratteln, Heilerin Offene Kirche Elisabethen Basel und Spitalseelsorgerin, Basel.

Geneva Moser, geb. 1988, Philosophin und Geschlechterforscherin, freiberufliche Publizistin und Tanz- und Bewegungstherapeutin, Co-Leitung der Redaktion der Zeitschrift «Neue Wege» und FAMA-Redaktorin seit 2016, Rüdesheim am Rhein (D).

Verena Naegeli, geb. 1955, Dr. theol., Pfarrerin (im Ruhestand) und Theologin, Mitgründerin und Koordinatorin von «Tsena Malalaka» (www.malalaka.org), engagiert im christlich-interkulturellen Dialog, Zürich.

Tania Oldenhage, geb. 1969, PD Dr. phil., 2003–2008 Studienleiterin Evang. Tagungs- und Studienzentrum Boldern, Pfarrerin in Zürich, Privatdozentin an der Universität Basel und FAMA-Redaktorin seit 2005, Zürich.

Sarah Paciarelli, geb. 1986, Soziologin, zuständig für die Kommunikation des Schweizerischen Katholischen Frauenbunds SKF in Luzern, Zürich.

Vroni Peterhans-Suter, geb. 1963, Lehrerin, Katechetin, Bäuerin, seit März 2021 Präsidentin Weltgebetstag Schweiz, Niederrohrdorf.

Daria Pezzoli-Olgiati, geb. 1966, Prof. Dr., Ordentliche Professorin für Religionswissenschaft und Religionsgeschichte, Ludwig-Maximilians-Universität München, Neggio (CH) und München (D).

Ina Praetorius, geb. 1956, Dr. theol., Theologin und Ethikerin, freie Autorin (www.inapraetorius.ch/d), Wattwil.

Brigitte Rabarijaona, geb. 1975, Dr. theol., Pfarrerin der reformierten Kirche in Madagaskar (FJKM), Global Translation Adviser bei den United Bible Societies, Bereich Afrika, Nairobi/Kenia.

Elisabeth Reichen-Amsler, geb. 1952, Diakonin mit Schwerpunkt «Kirche und Gesellschaft», reformierte Kirche Neuenburg, pensioniert, Saint-Louis/Frankreich.

Barbara Ruch Mirer, geb. 1952, Theologin, Erwachsenenbildnerin und Coach AEB, Gründungs- und Vorstandsmitglied Verein Frauen und Kirche Luzern, Mitarbeit Frauenhaus Luzern, 1996–2004 Autorin und Sprecherin «Zum neuen Tag» Radio DRS, 1997–2011 Geschäfts- und Bildungsleiterin, Mattli, Morschach, Bellach.

Simone Rudiger, geb. 1971, Theologin, Pfarrei- und Spitalseelsorgerin im Kanton Baselland und FAMA-Redaktorin seit 2008, Basel.

Heidi Rudolf, geb. 1946, Journalistin, Erwachsenenbildnerin und Beauftragte für interreligiöses Engagement des Katharina-Werks Basel. Engagiert im interreligiösen Frauenparlament, seit 1969 Vorstandsmitglied im Interreligiösen Forum Basel, 1992–2013 Geschäftsführerin von IRAS-COTIS, Basel.

Lauriane Savoy, geb. 1984, Historikerin und Theologin, wissenschaftliche Assistentin und Doktorandin im Bereich Praktische Theologie an der Theologischen Fakultät der Universität Genf, Genf.

Sabine Scheuter, geb. 1965, reformierte Theologin, Beauftragte für Personalentwicklung und Diversity bei der Reformierten Kirche Zürich, Präsidentin der Frauenkonferenz der EKS (Evangelische Kirche Schweiz), FAMA-Redaktorin seit 2015, Zürich.

Gina Schibler, geb. 1956, Dr. theol., Pfarrerin, feministische Seelsorgerin und Schriftstellerin, Zürich und Maur.

Silvia Schroer, geb. 1958, Prof. Dr., 1988–1992 Leiterin der Bibelpastoralen Arbeitsstelle Zürich, seit 1997 Professorin für Altes Testament unter besonderer Berücksichtigung der Biblischen Umwelt an der Universität Bern, Köniz.

Helen Schüngel-Straumann, geb. 1940, Prof. Dr., als erste Schweizerin 1968 Promotion in Kath. Theologie in Bonn, 1986–2001 Professorin für Biblische/Feministische Theologie an der Universität Kassel, Gründungsmitglied der ESWTR, Gründerin der Helen Straumann-Stiftung für Feministische Theologie, Basel.

Irène Schwyn, geb. 1968, reformierte Pfarrerin, Walchwil.

Christine Stark, geb. 1971, Dr. theol., 2003–2012 Filmbeauftragte der Ref. Kirchen der Schweiz, 2013–2021 Redaktorin und Moderatorin in der Redaktion «Sternstunden» (SRF), Pfarrerin (Zürich Witikon), FAMA-Redaktorin seit 2006, Zürich.

Esther Straub, geb. 1970, Dr. theol., reformierte Pfarrerin, Kirchenrätin, Kantonsrätin, Zürich.

Regula Strobel, geb. 1956, Theologin, Pfarreiarbeit, Mitgründerin der FAMA, Leiterin kath. Frauenstelle Biel, Aufbau der Fachstelle gegen Gewalt beim Eidg. Büro für Gleichstellung, Wort zum Sonntagsprecherin, Leiterin Gleichstellungsbüro Aargau, Vorstand Frauenkirche Bern, Hotelière in St. Antönien, Freiburg i. Ue.

Esther R. Suter, geb. 1946, Dr. theol., Pfarrerin, Spitalseelsorgerin 1988–1998 USB, Fachjournalistin SFJ, stellv. Präsidentin der International Association of Liberal Religious Women, Mitgründerin und Präsidentin Swiss Interfaith Women, Main Representative der International Association for Religious Freedom, IAW Representative an der UNO/Genf, Basel.

Lini Sutter, geb. 1951, Juristin, 17 Jahre Richterin Kantonsgericht GR, 2004–2012 erste Präsidentin der Evangelisch-Reformierten Landeskirche GR, 2011–2016 SEK (heute EKS) Vizepräsidentin, Präsidentin Fond für Frauenarbeit, Leitungsteam PanKS, Roveredo/GR.

Luzia Sutter Rehmann, geb. 1960, PD Dr., Titularprofessorin für Neues Testament an der Universität Basel, Übersetzerin des Lukasevangeliums für die BigS, seit 2008 Studienleiterin Arbeitskreis für Zeitfragen Biel, Präsidentin Marga Bührig Stiftung, Binningen.

Reinhild Traitler, geb. 1940, Dr. phil., ehem. Mitarbeiterin beim Ökumenischen Rat der Kirchen Genf, 1984–2003 (Studien-)Leiterin des Evang. Tagungs- und Studienzentrums Boldern, Mit-Gründerin des Europäischen Projekts für Interreligiöses Lernen (EPIL), Mitglied des Interreligiösen Think-Tanks, Zürich.

Lisbeth Weber Lichtsteiner, geb. 1952, Besuch des feministischen Theologiekurses in Luzern, engagiert in der Frauenkirche Luzern/Zentralschweiz, Mitbegründerin der Jahreszeitenrituale innerhalb der Frauenkirche, Musiktherapeutin, Rothenburg.

Dorothee Wilhelm, geb. 1963, Dipl. theol., Dipl. päd., MSc psych., psychologische Psychotherapeutin und feministische Theologin/Pädagogin, wohnhaft von 1994–2020 in Zürich, seit Dezember 2020 in Lemgow/Wendland/D.

Katja Wißmiller, geb. 1975, Fotografin, Theologin, Autorin und Erzählerin, Leitung Fachstelle Feministische Theologie Luzern 2008–2013, Wort zum Sonntag 2014–2016, Fachmitarbeit Bibelpastorale Arbeitsstelle (SKB), Mitgründerin Verein BibelErz 2018, Religionslehrerin, Luzern.

Gabrielle Zangger-Derron, geb. 1937, Dr. h.c. theol., Germanistin, kirchliche Erwachsenenbildung im Bereich «Literatur und Theologie», 23 Jahre Redaktorin der Zeitschrift «Schritte ins Offene», 12 Jahre Kursleiterin im «Evangelischen Theologiekurs für Erwachsene», Mitarbeiterin an der neuen Übersetzung der Zürcher Bibel, Pfäffikon.

HERAUSGEBERINNEN

Doris Strahm, geb. 1953 in Zürich, Dr. theol., Dr. h.c., Studium der Psychologie, Pädagogik und Evang. Theologie in Zürich (1973–1975) sowie der Kath. Theologie in Luzern (1975–1981). 1982–1985 Assistentin im Fachbereich Philosophie an der Theologischen Fakultät Luzern. 1987–1993 Assistentin im Fachbereich Dogmatik an der Universität Fribourg (Schwerpunkt feministische Theologien), 1996 Promotion. Lehraufträge an den Universitäten Bern, Fribourg, Luzern und Basel. Mitgründerin der feministisch-theologischen Zeitschrift FAMA, der IG Feministische Theologinnen und des Interreligiösen Think-Tank, Gründungsmitglied der ESWTR. Freiberuflich tätig als feministische Theologin und Publizistin, lebt in Basel. www.doris-strahm.ch

Silvia Strahm Bernet, geb. 1955 in Zürich, Dipl. theol., Studium der Kath. Theologie in Luzern (1975–1981). Von 1982–2010 freischaffende Theologin und Publizistin. Mitgründerin der feministisch-theologischen Zeitschrift FAMA und der IG Feministische Theologinnen. Von 1995–2001 Co-Leiterin der Fachstelle Feministische Theologie der Frauenkirche Zentralschweiz, jahrelange Mitarbeit in der Begleitgruppe der Fachstelle. Seit den 1970er Jahren Mitglied des Arbeitskreises Feministische Theologie Luzern. Von 2000–2020 in den Benutzungsdiensten der Zentral- und Hochschulbibliothek Luzern tätig (Standortverantwortung, später Leitung Benutzungsdienste), lebt in Luzern. www.silvia-strahm.ch

Evelyne Zinsstag und Dolores Zoé Bertschinger
«Aufbruch ist eines, und Weitergehen ist etwas anderes»
Frauenräume von der Saffa 58 über das Tagungszentrum Boldern zum Frauen*Zentrum Zürich

Die zweite Schweizerische Ausstellung für Frauenarbeit (SAFFA) 1958 in Zürich war nicht einfach «eine hübsche, bunte Schau mit viel traulich-fraulichem Drum und Dran». Die Saffa 58 war auch der Gründungsort der ökumenischen Frauenbewegung in der Deutschschweiz. Das «Saffa-Kirchlein» war ein Frauenraum, in dem religiöse Frauen eine neue Formen sprache für sich entdeckten. Diese Erfahrungen entwickelten Marga Bührig und Else Kähler am Evangelischen Tagungszentrum Boldern weiter, wo sie in den Austausch mit jüngeren Frauen traten.

212 Seiten   ISBN 978-3-906199-21-4

Doris Brodbeck (Hg.)
Unerhörte Worte
Religiöse Gesellschaftskritik von Frauen im 20. Jahrhundert

Unerhört mutige Worte haben Frauen im 20. Jahrhundert gefunden, um eigene Wege des Glaubens zu beschreiten – nur wurden sie selten erhört. Doch auch ohne Priesterweihe und volles Pfarramt haben sie Einfluss auf Kirche und Gesellschaft ausgeübt.
Dieser Dokumentenband gibt Einblick in die vielfältigen Widerstandsstrategien von Frauen gegen kirchliche und gesellschaftliche Bevormundung. Der Band umfasst Texte zum Nachlesen und Weiterdenken von katholischen, reformierten, jüdischen und muslimischen Frauen aus den Anfängen der schweizerischen Frauenbewegung bis zu den Vertreterinnen feministischer Theologie.

308 Seiten   ISBN 3-905561-55-7

Doris Brodbeck, Yvonne Domhardt, Judith Stofer (Hrsg.)
Siehe, ich schaffe Neues
Aufbrüche von Frauen in Protestantismus, Katholizismus, Christkatholizismus und Judentum

Porträts von Frauen, die in den christlichen Kirchen und im Judentum viel in Bewegung brachten. Sie zählten zu den Vorkämpferinnen für politische und kirchenpolitische Anliegen.
Aktiv in der Frauenbewegung setzten sie sich für gesellschaftliche Veränderungen ein, u. a. Clara Ragaz-Nadig, Emmi Bloch, Gertrud Heinzelmann, Marga Bührig, Mary Daly, Bea Wyler.

www.efefverlag.ch

255 Seiten   ISBN 3-905561-18-2